DIE WIENER PHILHARMONIKER

Herta und Kurt Blaukopf

DIE WIENER PHILHARMONIKER

Welt des Orchesters – Orchester der Welt

Löcker Verlag Wien

Wesentlich erweiterte und verbesserte Neuausgabe des
1986 bei Paul Zsolnay erschienenen Werkes
„Die Wiener Philharmoniker. Wesen, Werden, Wirken eines großen Orchesters"
von Herta und Kurt Blaukopf
Umschlagphotographie: Gerhard Trumler
Umschlaggestaltung: Dietmar Tadler
Vorsatz nach einer Originalradierung von A. Haferland, 1919:
„Felix v. Weingartner m.d.K.K.Philharm.Orchester-Wien
im Circus Busch-Berlin 1918."
Druck und Bindung: Wiener Verlag, Himberg
Printed in Austria
ISBN 3-85409-198-2

Inhalt

Am Ostermontag den 28. März 1842,
Mittags um halb 1 Uhr,

wird das sämmtliche

Orchester-Personal

des k. k. Hof-Operntheaters

im k. k. großen Redouten-Saale

ein großes

Concert

folgenden Inhaltes zu geben die Ehre haben.

Erste Abtheilung.

1. **Die grosse siebente Symphonie** (in A-dur), von **L. v. Beethoven.**
2. **Arie** aus der Oper: Fanisca, von **Cherubini**, gesungen von Hrn. **J. Staudigl.**
3. **Concert-Arie** „Ah perfido, spergiuro!" von **Beethoven**, gesungen von Frau **van Hasselt-Barth.**

Zweite Abtheilung.

4. **Beethoven's grosse DRITTE Ouverture** zu Leonore, (verschieden von denen bei den Vorstellungen der Oper Fidelio im k. k. Hof-Operntheater aufgeführten.)
5. **Concert-Arie** „Non temer, amato bene," von **Mozart**, gesungen von Fräulein **Jenny Lutzer**, mit obligater Violin-Begleitung, vorgetragen von Hrn. **Joseph Mayseder.**
6. **La Romanesca**, Melodie aus dem 16. Jahrhundert, auf dem Violoncell vorgetragen von Hrn. **Fr. Servais.**
7. **Grosses Duett** aus der Oper: Medea, von **Cherubini**, gesungen von Herrn **F. Wild** und Frau **van Hasselt-Barth.**
8. **Grosse Fest-Ouverture** von **L. v. Beethoven.** (Op. 124. — C-dur.)

Die genannten Künstler haben die Ausführung ihrer Solo-Parthien, so wie Herr Kapellmeister **Nicolai** die Leitung des Ganzen aus besonderer Gefälligkeit übernommen.

Sperrsitze auf der Gallerie zu 3 fl.; Sperrsitze im Parterre zu 2 fl.; Ein r ttskarten in die Gallerie zu 1 fl. 30 kr und Eintrittskarten in das Parterre zu 1 fl. C. M. sind in allen Musik-Handlungen, an der Kasse des k. k. Hof-Operntheaters, und am Tage des Concertes am Eingange zu haben.

Statt einer Einleitung: Klangkörper und Klanggeist

SOLL VON DEN WIENER PHILHARMONIKERN DIE REDE SEIN, dann müssen ihre Genese, ihr Selbstverständnis, ihre künstlerische Eigenart und ihre Wirkung zur Sprache gebracht werden. Das geschieht in der Jubiläumsausgabe dieses Buches, das revidiert, vielfach ergänzt und um ein Kapitel über Salzburg und seine Festspiele erweitert worden ist. Die Forschung, die sich über mehrere Jahre erstreckte, erschloß neue Perspektiven: die Rückschau auf rund anderthalb Jahrhunderte philharmonischer Geschichte und den Blick auf den schier atemraubenden technischen Wandel, der es dem Wiener Orchester ermöglichte, ein Weltpublikum zu gewinnen.

Wie stellt man es an, ein auch nur annähernd adäquates Bild eines Orchesters zu entwerfen? Richard Strauss hat angehenden Komponisten empfohlen, „sich durch die verschiedenen Instrumentalisten persönlich mit der genauen Technik, den Registertimbres und den Präludiergeheimnissen des Stimmzimmers für jedes einzelne Instrument vertraut zu machen." (Strauss, 1905, I) Er billigte dem Orchestermusiker mehr Kenntnisse der Instrumentationskunst zu als dem bloß theoretisch Geschulten, der die Musiker und ihre Instrumente nie „näher zu Gesicht bekommen hat, als in einer Entfernung von der Stuhlreihe seines Platzes im Konzertsaal bis zum Konzertpodium".

Vertraute Nähe zum Musiker und seinem künstlerischen Handeln ist Voraussetzung für das Verständnis der Leistung, die das Orchester gemeinschaftlich erbringt. Das Bild, das wir gewinnen wollen, wäre jedoch nicht vollständig, wenn es nichts von den sogenannten äußeren Lebensumständen der Musiker vermittelte. Max Weber, der große deutsche Soziologe, der sich auch mit der Musik und ihren Institutionen befaßt hat, machte sich nicht nur mit den Werken der Musik, den Techniken der Komposition und der Instrumente vertraut, sondern nutzte jede Möglichkeit zu Gesprächen mit Orchestermusikern. „Insbesondere erkundigte er sich nach Vorbildung, Examina, Gehältern, Altersversicherung und ähnlichen Dingen, die irgendwie mit seinen musiksoziologischen Interessen zusammenhingen." (Honigsheim, 1963, 248) Für Max Weber galt es als wichtig zu erkunden, welche Motive den Musiker zur Wahl eines bestimmten Instrumentes veranlaßt haben und wie zu erklären sei, daß Musiker sich auch Instrumenten zuwenden, die kaum solistische Möglichkeiten eröffnen.

Richard Strauss hat ebenso wie Max Weber die Aufmerksamkeit auf die technischen, psychologischen und sozialen Aspekte der Arbeit des Orchestermusikers gelenkt. Gemeinsam ist der Argumentation des Komponisten und des Soziologen die Hinwendung zum Musiker selbst. Nur dieser vermag Aufschluß über all die Einzelheiten zu liefern, denen der oberflächliche Beobachter bloß anekdotischen Charakter zugestehen mag und die doch erst den Weg zum wissenschaftlichen Verständnis von Struktur und Funktion eines Orchesters erschließen.

Abbildung auf Seite 6: Programm des allerersten Philharmonischen Konzerts vom 28. März 1842, das noch nicht als „philharmonisches" bezeichnet war.

PHILHARMONISCHER STATUS

Im ersten Stock des Musikvereinsgebäudes liegt die administrative Schaltstelle der Wiener Philharmoniker, die noch heute, etwas altväterisch, als Kanzlei bezeichnet wird. Der Abonnent, der seine Karten holt, der Musiker, der sich über seine nächsten Aufgaben informiert, und auch der künstlerische Partner, der künftige Zusammenarbeit bespricht, sie alle erreichen die Kanzlei durch den Eingang in der Bösendorferstraße und einen nach links abzweigenden Gang, der zur „Philharmonikerstiege" führt. (Wie sonst könnte sie heißen?) Sechs Arbeitsräume stehen hier zur Verfügung, keiner von der Art, die man „repräsentativ" nennen könnte. Repräsentation findet, wenige Meter entfernt, auf dem Podium des Großen Musikvereinssaales statt. Das Arbeitszimmer des Vorstands der Philharmoniker spiegelt in keiner Weise die gegenwärtigen Taten und die zum Teil schon ins 21. Jahrhundert reichenden Projekte des Orchesters, sondern erinnert an dessen achtunggebietende Geschichte. Das Ölportrait des Initiators der Philharmonischen Konzerte, des Komponisten Otto Nicolai, sowie das Doppelportrait der Brüder Josef und Georg Hellmesberger beschwören neunzehntes Jahrhundert herauf. An der gegenüberliegenden Wand hängt das Orchesterportrait vom Beginn des zwanzigsten Jahrhunderts, die bekannte Radierung von Ferdinand Schmutzer. In solcher Szenerie gewinnt jedes Gespräch über Verträge, Engagements, Konzertprogramme und Reiserouten unausweichlich historische Perspektive – so als könnte Otto Nicolai mithören, was hier beschlossen wird.

Verwaltungsausschuß (Komitee):
Vorstand
Vorstandstellvertreter
Geschäftsführer
Kassier
Archivar (Noten)
Ordnungswahrer
Zwei Kartenverwalter
Vier Mitglieder ohne Funktion
(einer davon ist Betriebsratsobmann des Staatsopernorchesters)

Das „Tiefeninterview" mit dem 1987 gewählten Vorstand des Orchesters, dem Cellisten Werner Resel, wendet sich freilich den Fragen der Gegenwart zu. Wie sieht eigentlich der Philharmoniker seinen eigenen Status? Träumt ein junger Instrumentalist davon, einmal Philharmoniker zu werden? Claudio Abbado, der an der Wiener Musikhochschule die Dirigentenklasse besucht und dabei auch die Mentalität seiner Studienkollegen kennengelernt hat, meinte einmal rückblickend, daß junge Musiker überall in der Welt von der Solistenkarriere träumten und den Weg ins Orchester keineswegs von Anbeginn anstrebten. Nur in Wien und Berlin komme es vor, daß sich junge Musiker das Berufsziel setzen, im Verband eines Orchesters zu spielen. (Abbado, 1988) Werner Resel kommentiert aus eigener Erfahrung: „Als ich mit dem Musikstudium begann, war mein erklärtes Ziel, Philharmoniker zu werden." Er gebrauchte schon früh die eigenartige Wendung: „Ich lerne Philharmoniker". Dem jungen Mann, der seine Ausbildung bei dem philharmonischen Cellisten Richard Krotschak genoß, galt der soziale Status des Philharmonikers, „den es sonst in der Welt nicht gibt", als Lebensziel.

Die aus solchem Berufsbild herrührende Haltung kommt auch in der tagtäglichen Orchesterarbeit zur Geltung. Dirigenten, die über Erfahrung im Umgang mit unterschiedlichen Orchestern verfügen, spüren das. Bei einer der ersten Proben, die Leonard Bernstein mit den Wiener Philharmonikern hielt, klopfte er nach kurzer Zeit ab und sagte mit verwunderter Miene: „Sie schauen alle so freundlich!" Die Augen verraten zuweilen etwas vom Einverständnis mit dem philharmonischen Status.

Zur Selbsteinschätzung tragen auch äußere Faktoren bei. Als einziges nicht-amerikanisches Orchester haben die Wiener seit 1989 alljährlich in der New Yorker Carnegie Hall ihre Kurzsaison, eine „Woche der Wiener Philharmoniker". Die New Yorker Vereinigung „Friends of the Vienna Philharmonic" steht hinter dieser Initiative und hat auch die Herausgabe einer CD-Jubiläumskassette angeregt, die bedeutende historische Aufnahmen des Orchesters zugänglich macht. Ähnlich stark ist die philharmonische Idee in der japanischen Öffentlichkeit verankert. „Wenn wir in Tokio spielen, reisen Besucher aus ganz Japan an." Die Enthusiasten, die dem japanischen Verein der „Freunde der Wiener Philharmoniker" angehören wollen, lassen sich ihre Begeisterung einiges kosten: Einzelmitglieder zahlen einen Beitrag von 6.000 Yen pro Jahr, Firmen gar 100.000 Yen.

Werner Resel und Sir Georg Solti

Das historisch gewachsene Ansehen des Orchesters hat auch Folgen für das künstlerische Wirken. Als Hans Hadamowsky, der unermüdliche Vorkämpfer der Wiener Bläserschule, für das philharmonische Klangideal eintrat (Hadamowsky, 1973), schien dieses vom Untergang bedroht. Es hätte den 1986 verstorbenen Oboisten gefreut, daß nun ein japanisches Unternehmen und dessen Wiener Werkstatt um die Erforschung der Bauweise der Wiener Blasinstrumente bemüht sind und zugleich um Verbesserungen, die den Anforderungen der neuen und neuesten Partituren gerecht werden. Eine Überlieferung, deren unvermeidliches Ende befürchtet worden war, könnte dadurch auf Dauer gesichert werden.

Der künstlerische Rang des Orchesters hat aus dem Namen „Wiener Philharmoniker" ein Markenzeichen gemacht, das zuweilen auch gewinnbringend verwendet werden kann, ohne daß dies in der Bilanz des Orchesters zu Buche schlüge. Die von der Aktiengesellschaft „Münze Österreich" emittierte Goldmünze „Wiener Philharmoniker" findet überraschend große Nachfrage und läßt den Absatz des seit rund zweihundert Jahren geprägten Maria-Theresien-Talers weit hinter sich.

Auch Sponsoren wissen das philharmonische Gütesiegel zu schätzen, wie das Beispiel des Unternehmens IBM zeigt, das die Einspeisung des Neujahrskonzertes in ein amerikanisches TV-Netz durch einen Vertrag mit dem Österreichischen Rundfunk bis zum Jahre 1994 garantiert. Das Prestige, das sich aus der Verwendung des philharmonischen Markenzeichens ergibt, kommt dem Sponsor vermutlich mehr zugute als dem Orchester, das daraus keinen unmittelbar materiellen Vorteil zieht. Manchmal aber beschert das Renommee dem Orchester einen Zuwachs an Klangqualität, der sich in klingender Münze nicht ausdrücken ließe. So etwa, wenn die Österreichische Nationalbank kostbare Stradivari-Geigen erwirbt und zwei Konzertmeistern zur Verfügung stellt.

Zu derartiger Anerkennung, die im Bewußtsein der Öffentlichkeit und – ein ganz klein wenig – auch im philharmonischen Selbstbewußtsein ihre Rolle spielt, gesellt sich die Eroberung der Weltöffentlichkeit durch die elektronischen Medien, die ohne historische Parallele ist. Ehe diese technische Umwälzung eingesetzt hatte, erreichten die Philharmoniker nur das Publikum, das ihnen im Konzertsaal begegnen konnte. Diese Hörerschaft zählte bloß nach Tausenden. Radio, Schallplatte, Kassette und Fernsehen haben diese Zahl vervielfacht und zur Bildung eines nicht mehr zählbaren Weltpublikums beigetragen. Ohnegleichen ist die globale Resonanz des Neujahrskonzertes, das allein im Wege des Fernsehens in mehr als 30 Länder in vier Kontinenten gelangt. Die philharmonische Reichweite – so lautet der Fachausdruck der Publikumsforscher – erstreckt sich beim Neujahrskonzert auf rund 50 Millionen Haushalte unseres Planeten. Die Musikgeschichte kennt kein anderes Konzert solcher Größenordnung.

KULTURELLER HORIZONT

Solche Erfolgsbilanz kann nicht als bloß äußerliches Phänomen abgetan werden. Jede Stärkung der sozialen Resonanz und jedes Beifalls-Crescendo geht in das Bewußtsein der Künstler ein und vermehrt wiederum die Zahl der jungen Musiker, die philharmonischen Status anstreben. „Wir waren schon einigermaßen besorgt über den Mangel an Streichern, aber die Lage hat sich seit den kritischen siebziger Jahren doch deutlich gebessert. Die soziale Motivation ist stärker geworden, und viele junge Menschen wollen etwas leisten. Zu den Probespielen der jüngsten Zeit haben sich wesentlich mehr Kandidaten gemeldet als zuvor." (Resel, 1991)

Der Status des Orchesters schafft ein Klima, in dem der Nachwuchs gedeihen kann. Schon die noch in Ausbildung stehenden Musiker werden mit dem philharmonischen Berufsbild vertraut und sehen ihr erstes Ziel nicht immer und nicht ausschließlich in der Solisten-Laufbahn. „Daß Mitglieder der Wiener Philharmoniker als Lehrer an der Musikhochschule wirken, ist eine Garantie dafür, daß sich ein Schüler auch für das Orchesterspiel interessiert."

Die institutionalisierte Weitergabe der Erfahrungen des Lehrers an den Schüler bewahrt entscheidende Charakterzüge. Zu diesen gehört auch die Virtuosität im Horchen auf den Partner, der innere Zwang zur klanglichen Anpassung. Es gibt in der Welt ganz gewiß Musiker, deren Einzelleistungen denen der Wiener Philharmoniker ebenbürtig sind, aber wir kennen bislang keine Künstlerschar, die es zu solcher Meisterschaft im Einander-Zuhören gebracht hat. Gerade das aber sichert der Orchesterkunst jene stilistische Kohäsion, die sonst nur in der Kammermusik erreicht wird. Zu dieser Einstellung trägt wohl auch das auffallend dichte Netz von Kammerensembles bei, die sich aus Philharmonikern zusammensetzen. Die Tätigkeit dieser Gruppen, so bedeutsam sie auch sein mag, stößt freilich an Grenzen: „Es ist nicht zu leugnen, daß die Pflege der Kammermusik dem Orchesterstil förderlich ist, doch kann diese Aktivität auch die Arbeit im Orchester behindern. Darum ist eine gewisse Reglementierung geboten." (Resel, 1991)

Die kammermusikalische Haltung bestimmt auch die Reaktion des Orchesters auf die Zeichen des Dirigenten. Dem aufmerksamen Zuhörer, der im Konzert zuweilen auch einen Blick auf den Taktstock wirft, kann nicht entgehen, daß die Wiener Philharmoniker auf diskrete Zeichen williger reagieren als auf allzu suggestive Weisungen. Ein Dirigent mit Takt (im moralischen Sinn des Wortes) wird schon bei der ersten Probe merken, daß er den Musikern nicht jede einzelne Phrase vorzeigen, daß er nicht jedes einzelne Forte mit Nachdruck markieren darf, wenn er das philharmonische Potential ausschöpfen will: „Wir brauchen nicht so viele Zeichen." Lehrhafte Überdeutlichkeit wird manchmal den amerikanischen Dirigenten zugeschrieben, doch in bezug auf Leonard Bernstein, Lorin Maazel oder James Levine wird dies von den Musikern nicht bestätigt. Eher

Mitteilung an die Abonnenten.
Wie alljährlich ersuchen wir unsere Mitglieder und Abonnenten, von den Eintrittskarten zu den Abonnementkonzerten der abgelaufenen Saison eine Karte pro Sitz aufzubewahren und diese bei Bestellung des Philharmonischen Abonnements auf das Einreichungsformular zu kleben beziehungsweise auf diesem Formular die Sitze genau zu bezeichnen.

entwickelt sich diese Tendenz bei europäischen Orchesterchefs, die längere Zeit in Amerika tätig sind und die man – im Interesse des Zusammenwirkens – zu philharmonischer Diskretion zurückzuholen sucht, um sie gleichsam wieder zu „europäisieren".

Diese Überlegungen verweisen auf den Sinn für kulturelle Verantwortung und zugleich auf das Geschichtsbewußtsein, das sich bei den Philharmonikern gerade im Verlauf der jüngsten Jahrzehnte so stark entfaltet hat. Das in langer, mühevoller Arbeit von Otto Strasser aufgebaute Historische Archiv des Orchesters erfuhr eine Aufwertung im Denken der Mitglieder, die sich schließlich auch zu Investitionen bereit erklärten, um die unschätzbaren Dokumente zu bewahren, zu ordnen und zugänglich zu machen. Dem Leiter des Archivs, dem Musikwissenschaftler Dr. Clemens Hellsberg (erste Violine), steht Wolfram Görner (Kontrabaß) zur Seite. Manchmal gelangen Nachlässe an das Archiv, gelegentlich können auch Sammlungen oder Einzelstücke erworben werden.

Otto Strasser

Die gängige Vorstellung vom Orchestermusiker, der jahrzehntelang dem Taktstock gehorcht, der sich ausschließlich in Musik ausdrücken kann und der das Reden verlernt, scheint allmählich obsolet zu werden. Indizien dafür sind die historisch-autobiographischen Publikationen von Otto Strasser (1974, 1981), die philharmonischen Studien über den Wiener Bläserklang (Hadamowsky, 1973) und über den Kontrabaß (Planyavsky, 1984). Dazu gehören auch die Arbeiten jener Philharmoniker, die sich durch ein Ergänzungsstudium zum Erwerb des akademischen Grades „Magister artium" qualifizieren. Eine dieser Studien ist dem Dienstbetrieb des Orchesters in der Wiener Staatsoper aus der Sicht des Bratschisten gewidmet (Litschauer, 1988), eine andere den Dokumenten zur Geschichte der Philharmoniker (Welt, 1990).

Zwei „Geschichten" – nicht eine

Beide Bereiche – die Tätigkeit in der Staatsoper und die philharmonische Eigeninitiative – sind eng miteinander verflochten, und wenn man die Individualität der Philharmoniker erfassen will, darf man diese Doppelfunktion nicht aus den Augen verlieren. Man könnte sagen: die Philharmoniker bilden das Orchester der Wiener Staatsoper. Weder Juristen noch Historiker werden diese Formulierung gutheißen. Man sollte in der Tat diese Aussage umkehren, denn das Opernhaus ist der Mutterschoß, dem die Philharmoniker entstammen. Durch künstlerische Leistung und Geschick haben sie sich zu Konzertruhm emporgespielt, aber – etwa im Gegensatz zur Prager Philharmonie – nie die Nabelschnur durchtrennt, die sie an die Oper bindet. Die Doppelfunktion, in Oper und Konzert, hat das Orchester nicht nur künstlerisch geformt, sondern – in einem langen geschichtlichen Prozeß – auch organisatorisch. Beim Studium der philharmonischen Geschichte merkt man bald, daß es sich eigentlich um zwei „Geschichten" handelt: um eine Ereignisgeschichte der glanzvollen Opernpremieren, der ausverkauften Abonnementzyklen, der sensationellen Auslandstourneen und des umjubelten Neujahrskonzertes und um eine innere Geschichte, in der sich das Streben nach Selbständigkeit und Autonomie manifestiert. Die beiden „Geschichten" sind voneinander nicht zu trennen, denn der philharmonische Freiraum, den sich die Musiker in langen Kämpfen eroberten, begünstigte die Steigerung der künstlerischen Qualität und die Erhaltung ihres musikalischen Sondercharakters. Qualität und Weltreputation hinwiederum ermöglichten es, den Freiraum zu erweitern.

Gerade die in jüngster Zeit entstandenen soziologischen Untersuchungen über andere Symphonieorchester bestätigen die Bedeutung dieses Freiraums. Sie zeigen, daß im Parallelogramm der Kräfte, das sich aus der oft charismatischen Autorität des Dirigenten und den ökonomischen Zwängen der Administration ergibt, wenig Raum bleibt für eine Entfaltung der Orchesterpersönlichkeit. Vergleicht man das Schicksal der Royal Philharmonic Society in London (Foster, 1912; Kamerman, 1987) oder des New York Philharmonic Orchestra (Shanet, 1975; Kamerman, 1990) mit dem historischen Weg der Wiener Philharmoniker, dann gelangt man zu dem Schluß: Die Wiener haben den jeder Institution dieser Art innewohnenden Konflikt zwischen Administration und Kunst – zwischen Buchhaltung und Partitur, wie Jack Kamerman sich ausdrückt – auf die für die Musik vorteilhafteste Weise bewältigt. Wenn das Kuratorium der Salzburger Festspiele in künstlerischen Fragen auf die beratende Stimme des Orchesters Wert legt und wenn die Direktion der Staatsoper sie auch in die Gespräche über zu engagierende Dirigenten und die Gestaltung des Repertoires einbezieht, dann kann dies als Beleg für die These gelten, daß die Autonomie der Wiener Philharmoniker, tendenziell zumindest, auch der Autonomie der Kunst dient – sogar in den festgefügten Institutionen der Musik und der darstellenden Künste, die unerbittlichen ökonomischen und administrativen Zwängen unterworfen sind.

Das Ideal autonomer Selbstbestimmung könnte das Orchester dazu verführen, in sprachlose Selbstgenügsamkeit zu verfallen und sich gelegentlich – so wie die Jubiläen eben fallen – von wohlmeinenden Festrednern in den Himmel heben zu lassen. Das Wort des Vorstands der Wiener Philharmoniker (Otto Nicolai war Zeuge!) läßt diese Gefahr nicht aufkommen: „Die Wiener Philharmoniker dürfen nicht über den Wolken schweben, sonst sieht man sie nicht."

Künstlerische Eigenart

Manche bezeichnen die Wiener Philharmoniker als das beste Orchester der Welt. Lassen sich aber künstlerische Perfektion und klangliche Schönheit überhaupt messen? Kann man musikalische Interpretation in eine Wertskala – gut, besser, am besten – zwängen? In früherer Zeit waren nur reisende Kapellmeister in der Lage,

Die Wiener Philharmoniker im Jahr 1910. An dem Tischchen in der Mitte Felix von Weingartner, der fast zwei Jahrzehnte lang der „ständige" Dirigent des Orchesters blieb. Photographie von L. Grillich, 1910.

1. Th. Schwendt.
2. H. Stiegler.
3. J. Hermann.
4. E. Hartmann.
5. J. Portele.
6. J. Strasky.
7. A. Tyroler.
8. Ad. Wunderer.
9. A. Sachseneder.
10. O. Saubermann.
11. A. Müller.
12. R. Schida.
13. J. Junek.
14. V. Heinisch.
15. K. Zahradnik.
16. K. Eßmann.
17. E. Franke.
18. A. Schurig.
19. L. Schwetz.
20. H. Thaten.
21. F. Behrens.
22. A. Herza.
23. E. Heinemann.
24. E. Madenski.
25. J. Kraft.
26. F. Engelbrech.
27. O. Fieck.
28. K. Paudler.
29. K. Heldenberger.
30. K. Wesecky.
31. R. Lustig.
32. K. Jeraj.
33. V. Robitsek.
34. R. Pirschl.
35. C. Vliet.
36. K. Freith.
37. O. Vavra.
38. J. Richter.
39. R. Schreiber.
40. G. Hawranek.
41. E. Dengler.
42. D. Martens.
43. P. Fischer.
44. F. Buxbaum.
45. K. Strobl.
46. K. Romagnoli.
47. A. Ruzitska.
48. F. Dreyer.
49. H. Klein.
50. H. Schnellar.
51. A. Bachrich.
52. J. Palm.
53. O. Stix.
54. G. Ibener.
55. J. Lier.
56. R. Vargics.
57. H. Moißl.
58. F. Hrabal.
59. K. Stiegler.
60. A. Stiegler.
61. W. Jeral.
62. Al. Wunderer.
63. W. Schwaneberg.
64. Th. Walde.
65. W. Sonnenberg.
66. K. Wittmann.
67. H. Semrad.
68. A. Stark.
69. A. Holly.
70. A. Mišek.
71. A. Weiß.
72. R. Strebinger.
73. L. Kohut.
74. F. Jelinek.
75. F. Klein.
76. J. Klein.
77. M. Schöniger.
78. A. Jandourek.
79. H. Rehn.
80. A. Siebert.
81. F. Roßbach.
82. A. Schmidl.
83. H. Winter.
84. A. Billino.
85. B. Wesser.
86. R. Reiß.
87. R. Nilius.
88. F. Mairecker.
89. F. Moißl.
90. F. Moser.
91. K. Schöfmann.
92. S. Auspitzer.
93. E. Wipperich.
94. J. Salamon.
95. M. Dauthage.
96. J. Schwegler.
97. H. Rémy.
98. F. Schmidt.
99. F. Bartolomej.
100. R. Baumgärtel.
101. J. Stwertka.
102. R. Siebert.
103. J. Czapauschek.
104. O. Berthold.
105. St. Wahl.
106. A. Markl.
107. **F. v. Weingartner.**
108. K. Prill.
109. F. Heinrich.
110. K. Unger.
111. A. Stecher.
112. H. Kreuzinger.
113. Chr. Nowak.
114. J. Desing.
115. H. v. Steiner.

Vergleiche zwischen Orchestern verschiedener Städte anzustellen. Als Richard Strauss 1902 das Wiener Hofopernorchester kennenlernte, nannte er es „das beste und schönst klingende Europas" (Schuh, 1954, 251). Wenige Jahre später hörte Gustav Mahler in Amerika das Boston Symphony Orchestra und schrieb dem Dirigenten Willem Mengelberg, daß dies ein Orchester ersten Ranges sei, „dem nur das Wiener noch an die Seite zu stellen ist" (Mahler, 1982, 332).

Seit nicht nur Dirigenten, sondern auch Orchester durch die Welt ziehen, vermag jeder Konzertbesucher Vergleiche anzustellen; Schallplatte, Video, Radio und Fernsehen liefern überdies jedem Musikfreund Darbietungen ins eigene Heim, die das Urteil herausfordern. Man kann heute verschiedenen Orchestern unter demselben Dirigenten lauschen und morgen demselben Orchester im Zusammenwirken mit verschiedenen Dirigenten. Auch sorgfältig kritisches Abwägen wird aber bloß dazu führen, daß dem Hörer die Darbietung eines bestimmten Werkes durch ein bestimmtes Orchester überzeugender, richtiger, authentischer oder gar besser erscheint als eine jede andere. Jede Verallgemeinerung einzelner Werturteile würde sich jedoch in Kürze von selbst widerlegen.

Dennoch stiftet die vergleichende Einschätzung ihren Nutzen: sie läßt die spezifischen Merkmale der Kunst eines Orchesters hervortreten. Wie wohl kein anderes Orchester weisen die Wiener Philharmoniker solch unverwechselbare Züge auf. Wir nehmen diese Eigenheiten hörend wahr: als Charakteristika des gesamten Klangbildes, das sich wiederum aus Eigenheiten nahezu aller Instrumentengruppen zusammensetzt. Dieser Höreindruck hat die Forschung veranlaßt, den Besonderheiten des „Wiener Klangstils" nachzuspüren, ihn bis in die Bauweise einzelner Instrumente zu verfolgen und das klingende Resultat meßtechnisch exakt zu prüfen. Doch auch ohne derartige Labor-Befunde wissen die einzelnen Instrumentalisten genau, wodurch und inwieweit sie sich von anderen europäischen, von amerikanischen oder japanischen Kollegen unterscheiden. Manche von ihnen hatten Gelegenheit, ausländische Orchester von innen kennenzulernen, indem sie etwa bei den Berliner Philharmonikern oder den Bostonern „aushalfen". In solchen Fällen paßten sie sich in Tongebung und Tonfall dem fremden Klangstil an; sie sprachen dann, wenn man so sagen will, einen anders gefärbten musikalischen Dialekt. Dieser klingt gelegentlich härter, rauher oder spröder als jener der Wiener, mit heftigeren Sforzati und spitzeren Staccati. Der Wiener Klangstil ist weicher, schmiegsamer, runder, fülliger, glänzender, satter, feiner schattiert, ausgewogener – doch all diese Wörter erweisen sich als unzulängliche Metaphern, den Bereichen des Gesichts- und Tastsinns entlehnt, denn unsere Sprache verfügt nur über wenige Ausdrücke für das, was ans Ohr gelangt, und sei es noch so deutlich.

Wo sind nun die Elemente philharmonischer Eigenart zu finden? Im musikalischen Milieu? In der Spielweise? Im Instrumentarium?

Im Musikverständnis? In der Überlieferung? Könnte die besondere Struktur dieses Unternehmens bestimmend sein? Oder die Synthese der Erfahrung im Orchestergraben der Staatsoper mit den Aufgaben als Konzertorchester auf dem Podium? Spielt die spezifisch philharmonische Ausbildung eine Rolle? Oder etwa gar ein besonderes Verhältnis des Orchesters zu seinen Dirigenten?

Diesen Fragen wird hier nachgegangen. Die Vermutung liegt nahe, daß keiner der genannten Faktoren für sich allein die Eigenart der Wiener Philharmoniker historisch geprägt hat. Die Arbeitshypothese, von der wir ausgingen, mußte deswegen lauten: die spezifischen Voraussetzungen philharmonischen Wirkens ergeben sich aus der Bündelung einer Vielfalt von Faktoren – musikalischer und sozialer, instrumententechnischer und spieltechnischer, organisatorischer und rechtlicher, traditioneller und innovatorischer, gruppendynamischer und individueller.

All diese Momente dingfest zu machen, ist – wie zugestanden sei – ein ambitioniertes Unternehmen, denn es gilt, eine Gemeinschaft von Musikern, die man mit unziemlicher Herablassung einen „Klangkörper" nennt, auf ihren „Klanggeist", auf ihre Gemeinschaftsseele hin zu untersuchen. Solche Entschlüsselung würde schon bei jedem gewerblichen Betrieb mit einer ähnlich großen Zahl von Mitarbeitern Schwierigkeiten bereiten. Betriebswirtschaftler, Psychologen, Systemanalytiker und Marktforscher können ein Lied davon singen, wie komplex ihre Aufgabe ist, wenn sie den Zusammenhang von Struktur, Organisation, Betriebsmitteln, Personalmentalität, Produktqualität und Marktposition zu klären wünschen – selbst wenn es sich dabei bloß um die Herstellung von Konsumgütern des täglichen Lebens handelt. Wie erst, wenn die Leistung eines Unternehmens in künstlerischen Taten besteht? Da muß, so scheint es fast, die rationale Analyse versagen . . .

Dennoch ist die Bemühung nicht aussichtslos, wenn wir den Versuch unternehmen, eine Vielfalt von Untersuchungsmethoden anzuwenden und z. B. solche der Geschichtsforschung mit jenen der Soziologie zur Synthese zu bringen.

Historische Zeugnisse

Die Nutzung historischer Quellen verstand sich von selbst. In erster Linie galt es, Dokumente, Protokolle und Briefe zu durchforsten, die im Historischen Archiv der Wiener Philharmoniker verwahrt werden. Zur Erhellung der Situation des Opernorchesters wurden einige Akten des Haus-, Hof- und Staatsarchivs (abgekürzt: HHSTA) herangezogen. Die Wirkung der Wiener Philharmoniker auf die Hörer verschiedener Zeiten konnte durch ausgewählte Pressestimmen belegt werden. Dazu kam eine Fülle von Literatur, über die in der Bibliographie im Anhang Rechenschaft gelegt wird. Sogar über spieltechnische und stilistische Traditionen waren Aufschlüsse zu gewinnen. Sie stammen nicht nur aus den

Darstellungen, die von einzelnen Orchestermitgliedern in der Vergangenheit verfaßt worden sind, sondern auch aus den Unterrichtswerken jener Philharmoniker, die als Lehrer gewirkt haben oder wirken. Ihr pädagogischer Einsatz spiegelt oft auch den geistigen Zusammenhalt, der für das Orchester insgesamt charakteristisch ist. Ein Beispiel hiefür sind die im Jahre 1910 veröffentlichten „Orchesterstudien aus Richard Strauss' symphonischen Werken". Zwölf Orchestermitglieder, meist Lehrer an der Musikakademie, haben diese Studien ausgewählt und aufbereitet, die zum Teil noch heute im Unterricht verwendet werden.

DER MUSIKER GIBT AUSKUNFT

Eine besondere Rolle unter den historischen Quellen spielen die teils veröffentlichten, teils unveröffentlichten Memoiren, die von Mitgliedern der Wiener Philharmoniker stammen und die die innere Geschichte weit detaillierter belegen als die offiziöse Geschichtsschreibung.

Bedauerlicherweise waren es nur wenige, die ihren persönlichen Erfahrungen in solcher Form Dauer verliehen. Was gäben wir darum, wenn wir mit jenen zwölf Herren ins Gespräch kommen könnten, die anno 1910 ihre „Orchesterstudien" auswählten und die Auskunft über Stil und Spielweise ihrer Epoche geben könnten! Wieviel an Einsicht in philharmonisches Musizieren und philharmonische Tradition bleibt doch verborgen, weil zu Beginn des zwanzigsten Jahrhunderts die Kunst des Orchesters noch keineswegs jene Aufmerksamkeit fand, die ihr heute zugewendet wird. Das ist auch auf den Status des Orchesters im öffentlichen Bewußtsein der Vergangenheit zurückzuführen. Es konnte geschehen, daß ein Rezensent über ein Konzert berichtete und dabei sehr wohl auf Einzelheiten des Programms und die Lenkung durch den Orchesterchef einging, ohne auch nur ein Wort über die Leistung des Orchesters zu verlieren. Orchester jener Zeiten hatten freilich noch ein gutes Stück des Weges vor sich, der sie historisch voranbringen sollte: von der lockeren Musikantenschar zur fester gefügten Vereinigung von Musikern und schließlich zu einer von einheitlichem Willen beseelten Künstlergemeinschaft.

Eben diese Wandlung hat auch das wissenschaftliche Interesse an der Orchesterkunst gefördert. Anno 1910 gab es noch keine Forscher, die es für wichtig genug gehalten hätten, mit den genannten zwölf Herren jene eindringlichen Gespräche zu führen, die man heute in der Soziologie als Tiefeninterview bezeichnet.

Diese Überlegung hat uns veranlaßt, die Wiener Philharmoniker der Gegenwart nicht etwa bloß zum Gegenstand der Darstellung zu machen, sondern zu Gesprächspartnern. Der Sozialforscher weiß, daß das „teilnehmende Beobachten" der Erkundung von außen oft weit überlegen ist. Wer aber sollte diese Beobachtung lenken, wenn nicht Mitglieder des Orchesters selbst? Nur sie, die tagtäglich auf die Herausforderung ihres künstlerischen Berufs antworten, sind in der Lage, dem Forscher das richtige Fragen beizubringen.

Es war für die Autoren Überraschung und Genugtuung zugleich, mit welcher Anteilnahme die solcherart „belästigten" Herren sich dem Unternehmen stellten. Vorgelegte Fragebogen wurden mehr als gründlich beantwortet, und die zahlreichen Tiefeninterviews – manche davon stundenlang – brachten oft Details ans Licht, die dem Nicht-Philharmoniker verborgen sein mußten. Das soziologische Experiment darf also in dieser Hinsicht als gelungen angesehen werden, denn ohne die Mitwirkung von zahlreichen Orchestermitgliedern wäre die Darstellung in der nunmehrigen Gestalt nicht möglich gewesen.

Selbstverwaltung

Aus dem Zusammenfügen historischer und soziologischer Befunde ergab sich sozusagen mosaikartig die philharmonische Physiognomie, die trotz allen Wandels und über anderthalb Jahrhunderte hinweg erkennbar identische Züge aufweist. Der Grundsatzfrage, die von philosophisch ambitionierten Forschern gerne gestellt wird – ob äußere Faktoren für die philharmonische Existenz bestimmend seien oder ob umgekehrt der philharmonische Gemeinschaftssinn sich diese Existenzbedingungen geschaffen habe –, sind wir geflissentlich und einer österreichisch-positivistischen Tradition folgend ausgewichen. Die einseitige Ableitung philharmonischer Errungenschaften aus den materiellen, administrativen oder sozialen Lebensumständen des „Klangkörpers" oder der „Menschenorgel" (wie man eine Vereinigung von Orchestermusikern einmal etwas autoritär genannt hat) lag uns ferne. Die Befunde lassen eher erkennen, daß die Wirkung ideeller Motive in der philharmonischen Geschichte stärker zu veranschlagen sind, als zu Beginn der Untersuchung zu vermuten war. In diesem Sinne könnte man, ein Dichterwort variierend, sagen, es sei der Klanggeist, der sich den Klangkörper gebaut hat.

Dennoch war es unerläßlich, auch die trivialen Aspekte philharmonischer Existenz zu erkunden. Die offizielle Musikgeschichtsschreibung meldet herzlich wenig davon. Die Frage, wer die Philharmoniker seien, wird vom Juristen mit dem summarischen Hinweis beantwortet: ein Verein. Ehe sich die Wiener Philharmoniker zu einem Verein zusammenschlossen und für ihre Freizeittätigkeit (d. h. neben den „Diensten" in der Oper) einen rechtlichen Rahmen schufen, bezeichneten sie sich als Konzertunternehmung. Dieser bis 1908 verwendete Begriff umschreibt (auch heute noch) den ökonomisch-administrativen Aspekt philharmonischer Aktivitäten. Wer sich am Wort „Unternehmung" stößt, dem sei die Größenordnung der zu bewältigenden Projekte in Erinnerung gerufen: Abonnementkonzerte, Sonderkonzerte, Schallplattenaufnahmen, Fernsehproduktionen, Tourneen, Mitwirkung bei Festspielen und schließlich auch das Neujahrskonzert. Schon der Umfang dieses Aktionsprogramms deutet ein gewaltiges administratives Pensum an. Dieses kann mit einem Verwaltungsaufwand bewältigt werden, der nur etwa fünf bis sieben Prozent vom Umsatz ausmacht, weil die leitenden Funktionäre ihre Tätigkeit – neben der uneingeschränkten Erfüllung ihrer Orchesterdienste – ehrenamtlich ausüben. „Die aktiven Mitglieder werden ausschließlich nach ihrer erbrachten Leistung honoriert. Der Verein wird infolgedessen (und auf Grund des bescheidenen Verwaltungsaufwandes) zwar nie ein negatives Betriebsergebnis aufweisen, ist aber auch nicht in der Lage, den Mitgliedern fixe Gehälter zu zahlen, geschweige denn einen Pensionsfonds zu schaffen oder aus dem Aktivitätsverhältnis ausscheidende Mitglieder abzufertigen." (Altenburger, 1987, 151)

Man versteht durchaus, daß eine ihre Autonomie verteidigende Vereinigung von Künstlern auch ihre ökonomische Existenz behaupten muß oder – wie man sagen könnte – ihre Position auf dem Musikmarkt. Wer die Verwendung unseres ökonomischen Vokabulars beanstandet, der möge bedenken, daß einer Konzert-Unternehmung, auch wenn sie noch so vornehmen Zielen dient, wirtschaftliche Entscheidungen auferlegt sind. Sie geht Verpflichtungen ein, schließt Verträge, sichert und verteilt die Einnahmen, budgetiert die Aufwendungen, sorgt für erkrankte Kollegen, bedenkt die Pensionisten ebenso wie die Hinterbliebenen verstorbener Mitglieder und entrichtet Steuern.

Um all diesen Aufgaben zu entsprechen, müssen die Philharmoniker auch im juristischen Sinne mit einheitlicher Stimme sprechen können, also das genießen, was man Rechtspersönlichkeit nennt. Sogar der Empfang von letztwilligen Zuwendungen setzt solche Rechtspersönlichkeit voraus. In den siebziger Jahren bedachte Frau Nina Maxwell-Jackson, eine amerikanische Musikenthusiastin, die Wiener Philharmoniker mit einem Legat unter der Auflage, „daß das Orchester einmal jährlich zweier Musiker gedenken möge, deren Namen mit der Geschichte der Wiener Philharmoniker untrennbar verbunden sind: Gustav Mahler und Bruno Walter." Das Vermächtnis und der Wunsch der Verstorbenen wären unerfüllbar geblieben, hätte es die Wiener Philharmoniker als „juristische Person" nicht gegeben. Doch das war nicht von Anbeginn der Fall. Es lohnt sich zu berichten, wie es dazu kam.

Von der Unternehmung zum Verein

Wir sprechen von den „Wiener Philharmonikern" und benützen diesen Namen sogar, wenn von den ersten Anfängen ihrer Konzerttätigkeit die Rede ist. Die historische Kontinuität, die mindestens bis 1842 zurückreicht, berechtigt uns hiezu. Dennoch sollten wir festhalten, daß die Musiker ihren Zusammenschluß ursprünglich nur als Mittel zur Verwirklichung eng umgrenzter Ziele auffaßten, der Abhaltung Philharmonischer Konzerte, und keine Organisa-

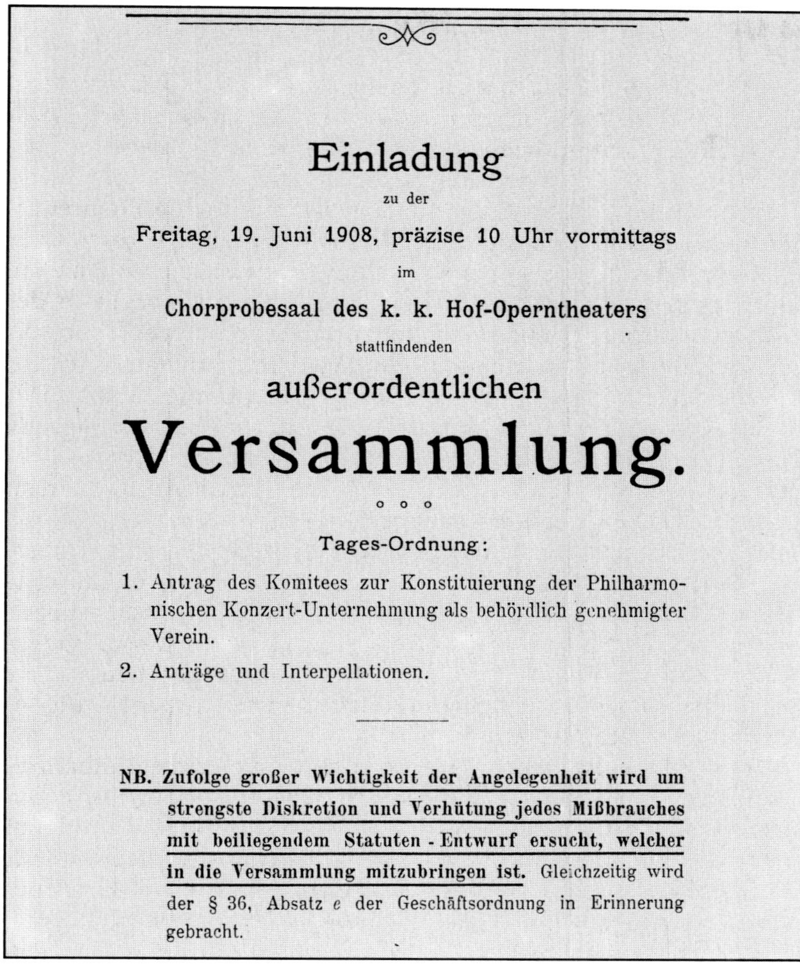

Einladung

zu der

Freitag, 19. Juni 1908, präzise 10 Uhr vormittags

im

Chorprobesaal des k. k. Hof-Operntheaters

stattfindenden

außerordentlichen

Versammlung.

Tages-Ordnung:

1. Antrag des Komitees zur Konstituierung der Philharmonischen Konzert-Unternehmung als behördlich genehmigter Verein.
2. Anträge und Interpellationen.

NB. Zufolge großer Wichtigkeit der Angelegenheit wird um strengste Diskretion und Verhütung jedes Mißbrauches mit beiliegendem Statuten-Entwurf ersucht, welcher in die Versammlung mitzubringen ist. Gleichzeitig wird der § 36, Absatz *e* der Geschäftsordnung in Erinnerung gebracht.

Anlaß zur Gründung des „Vereins Wiener Philharmoniker“, die rein juristisch bis 1908 noch nicht existierten, war die berührende Tat eines Wiener Musikenthusiasten, der die Philharmoniker testamentarisch als Erben eines Hauses einsetzte. Als Verein konnten sie dieses Erbe antreten.

tion mit eigener Rechtspersönlichkeit schaffen wollten und konnten. Die „Philharmonische Konzert-Unternehmung“, die sich im September 1862 ihre erste uns heute noch bekannte Geschäftsordnung gab, beruhte auf einer Vereinbarung der Orchestermitglieder des k.k. Hof-Operntheaters, die für die Veranstaltung dieser Konzerte gelten sollte. Die Musiker wurden von keinem Konzertunternehmer versammelt, sondern durch ihren Willensakt selbst zu Unternehmern, zu einer freien Gemeinschaft professioneller Künstler, die über musikalische Inhalte und den organisatorischen Ablauf selbst entschieden. Die klassische Definition – sie stammt von Eduard Hanslick – bringt diesen Aspekt zum Ausdruck: „Die ‚Philharmonie‘ ist eine Künstler-Assoziation im allerstrengsten Sinne. Nicht bloß besteht sie ausschließlich aus Fachmusikern, und zwar den besten der Residenz, sondern aus einem untrennbar zusam-

Das Haus im 3. Wiener Gemeindebezirk, das die Philharmoniker erbten

menhängenden und zusammenwirkenden Körper von solchen: dem Hofopernorchester." (Hanslick, 1869, 389)

Die im Historischen Archiv der Wiener Philharmoniker aufbewahrten Geschäftsordnungen (aus den Jahren 1862, 1869, 1870, 1903 und 1907) signalisieren zwar Veränderungen in Struktur und Wirkungsweise dieser Künstler-Assoziation, belegen jedoch eindeutig, daß sie sich bis zum Jahr 1908 als „Philharmonische Konzert-Unternehmung" verstand, die ihre Tätigkeit aufgrund freier Vereinbarung und demokratisch gefaßter Beschlüsse ausübte. Die Philharmoniker waren also von 1842 bis 1908 kein Verein, sondern Konzertveranstalter, für die das bürgerliche Recht zu gelten hatte.

Der Wiener Sprachgebrauch hielt sich freilich kaum an die schwerfällige Bezeichnung „Philharmonische Konzert-Unternehmung", sondern bevorzugte „Philharmonie" oder „Philharmoniker", wodurch der Akzent von den Veranstaltern zu den Künstlern hin verschoben wurde, auf die es ja schließlich ankam. Als natürliche Konsequenz dieser Sprachregelung gab sich der Verein, der 1908 gegründet wurde, auch offiziell den Namen „Wiener Philharmoniker".

Anstoß zur Umwandlung der Konzert-Unternehmung in einen Verein mit eigener Rechtspersönlichkeit gab die auch heute berührende Tat eines Wiener Musikenthusiasten, der die juristisch noch gar nicht existierenden Wiener Philharmoniker testamentarisch als Erben eines Hauses im 3. Wiener Bezirk einsetzte. Um das Erbe antreten zu können, wurde im Juni 1908 die Gründung des „Vereines Wiener Philharmoniker" beschlossen. Der Paragraph 1 der Statuten von 1908 bestimmte, daß die vormalige Philharmonische Konzert-Unternehmung in den neuen Verein überging. Die Ziele des Vereins bestanden nach Paragraph 2 darin, durch Aufführungen „den klassischen Werken bedeutender Tonsetzer die entsprechende Würdigung zu verschaffen und im Bedarfsfalle seinen Mitgliedern Darlehen und Unterstützungen zu gewähren". Derartige Verbindung von ästhetischer und ökonomischer Motivation spiegelt sich, wenn auch in mannigfacher Variation, in den Statutenänderungen von 1909, 1911 und 1919, in den Satzungen der ersten Zeit nach dem Zweiten Weltkrieg (1946), in der Geschäftsordnung von 1950 und in den Neufassungen der Satzungen von 1965 und 1978.

Ein flüchtiger Überblick über diese Dokumente zeigt, daß sich die Bedingungen, unter denen die Philharmoniker die statutarisch festgelegten Ziele erreichten, wesentlich geändert haben. Als die Konzert-Unternehmung ins Leben gerufen wurde, waren die Mitglieder des Opernorchesters schlecht bezahlt und ohne Pensionsanspruch. Heute sichert die Staatsoper die Existenz jedes Musikers und enthebt ihn der Sorgen, die früher zum Alltag gehörten. Dazu kommt, daß die Entwicklung des modernen Konzertlebens, der Rundfunkanstalten, der Phono- und der Videogrammindustrie eine Nachfrage mit sich bringt, die größer ist als das musikalische Potential des Orchesters. Vor fünfzig und mehr Jahren mußten die

Wiener Philharmoniker aus künstlerischen und wirtschaftlichen Gründen über jedes Angebot froh sein; heute erhalten sie mehr Einladungen, als sie akzeptieren können.

Als Mitglieder des Opernorchesters waren und sind die Musiker, wenn man sich moderner Terminologie anpaßt, ein „Arbeitnehmerorchester" (Bartosch, 1971, 9), als Philharmoniker verwandeln sie sich in ein „selbständiges Orchester". Während sich die Aufgaben im Opernhaus im Lauf der Geschichte zwar veränderten, aber kaum vermehrten, ist das philharmonische Eigenleben sprunghaft angewachsen: die Zahl der Darbietungen hat sich vervielfacht und ihre Wirkung vertausendfacht.

PROBLEMGESCHICHTE STATT CHRONOLOGIE

Untersucht man die innere Geschichte unter diesen Aspekten, treten entscheidende Knotenpunkte der philharmonischen Emanzipation zutage: die räumliche Trennung von Oper und Konzert durch Verlegung der Abonnementreihe in den Großen Musikvereinssaal (1870); die Funktionstrennung von Dirigent und Vorstand (1898); das Abgehen vom Grundsatz des „ständigen Dirigenten" (erstmals 1903); die Entfaltung der Reisetätigkeit im Ausland (ab 1900); die ständige künstlerische Mitwirkung bei den Salzburger Festspielen (seit 1925); die Erweiterung des Publikums durch die Massenmedien (seit 1925).

Dies und viele andere Themen, die in diesem Buch zu behandeln sind, erfordern eine besondere Darstellungsweise. Wer der inneren Geschichte des Orchesters folgt, muß unter bisweiligem Verzicht auf Chronologie die spezifischen Probleme zu isolieren suchen. Es wäre freilich für Leser wie Autoren bequemer, die Geschichte im Jahr 1842 beginnen und in unserer Zeit enden zu lassen, aber das Fortschreiten von Tag zu Tag, von Saison zu Saison würde die eigentliche Orchestergeschichte eher verdunkeln als erhellen. Ein Beispiel: Die Zahl der zu den Philharmonikern zugelassenen Musiker, die Orchesterstärke, war zu allen Zeiten limitiert, was einen latenten Konfliktstoff bedeutete, der allerdings nur fühlbar wurde, wenn die Oper ihr Orchesterpersonal vermehrte. Will man also darstellen, wie sich die Zahl der Philharmoniker von 1860 bis 1980 mehr als verdoppelt hat, wird man aus dem Kontinuum der Geschichte vor allem die Jahre 1869, 1903 und 1973 herausgreifen – und andere vernachlässigen. Solche Auswahlkriterien gelten für alle Gebiete, sei es das Repertoire, seien es die Dirigenten oder die Instrumentalisten des Orchesters. Dadurch treten einzelne Persönlichkeiten – Johannes Brahms, Hans Richter, Gustav Mahler, Richard Strauss, Franz Schmidt, Wilhelm Furtwängler und viele andere – mehrmals, das bedeutet: in verschiedenen Zusammenhängen, in Erscheinung. Die Übersicht über das in Problemkreisen vorgelegte Material wird durch chronologische Aufstellungen und Orientierungstabellen erleichtert.

Dem Leser wird nicht entgehen, daß die philharmonische Geschichte auch im Zusammenhang mit der politischen und kulturellen Geschichte Österreichs behandelt wird. Das philharmonische Orchester der Haupt- und Residenzstadt des bis 1918 bestehenden Habsburgerreichs verändert seinen Stellenwert in der Ersten Republik (1918 bis 1938), erleidet Einbußen durch die Annexion Österreichs im Jahre 1938 und gewinnt neue und umfassendere Bedeutung in der Zweiten Republik. Selbst das verwendete Vokabular unterliegt einem Bedeutungswandel. Das Wort „inländisch" bezieht sich bis 1918 auf das gesamte Gebiet der Monarchie, danach nur auf das der Republik. Nicht nur die Währungseinheiten haben sich geändert (vom Gulden zur Krone und zum Schilling), sondern auch die Namen von Institutionen (von k.k. Hofopern-Theater zu Wiener Staatsoper), ja selbst die Titel von musikalischen Repertoirewerken wie Mozarts „Don Giovanni", der in älterer Zeit „Don Juan" genannt wurde. Auch die Darstellung der Sozialgeschichte des Orchesters muß auf die politische und soziale Geschichte Bezug nehmen. Daß beispielsweise die Wiener Philharmoniker nicht schon 1842 als Verein konstituiert werden konnten, erklärt sich daraus, daß eine solche demokratische Verfassung vor der Revolution von 1848 bei den Behörden politischen Verdacht erregt hätte. Auch die Entstehung der traditionsreichen Nicolai-Konzerte ist leichter zu verstehen, wenn man das Fehlen sozialer Sicherheit im neunzehnten Jahrhundert ins Kalkül zieht.

Die Darstellung der Geschichte des Orchesters wird gerade durch die Konfrontation mit den Problemen und Errungenschaften der Gegenwart wesentlich gefördert. Unser Verständnis des philharmonischen Lebens- und Kunststils ist durch die geduldige und tatkräftige Hilfe vieler Philharmoniker vertieft worden, die besonders vermerkt zu werden verdient.

DANK FÜR PHILHARMONISCHE MÜHE

Für zahlreiche wichtige Informationen sind wir dem Vorstand der Wiener Philharmoniker, Professor Werner Resel (Violoncello), und dessen Vorgänger, Professor Alfred Altenburger (erste Violine), zu Dank verpflichtet. Unseren Blick für die Verflechtung künstlerischer, administrativer und wirtschaftlicher Probleme schärften überdies die Auskünfte des Geschäftsführers Walter Blovsky (Viola) und des Pressesprechers Wolfgang Schuster (Schlagwerk).

Zu den Unterlagen, die der Erforschung philharmonischer Wesenszüge dienten, gehören auch einige Bündel von Akten. Sie enthalten nicht nur die Nachweise historischer Funde und ihrer Quellen, sondern auch detaillierte Aufzeichnungen über Auskünfte und Einsichten, die wir einer großen Anzahl von Orchestermitgliedern verdanken. Ihre Namen sind im Text des Buches an entsprechender Stelle vermerkt.

Zuweilen empfanden wir uns bei der Niederschrift nicht als gänzlich autonome Autoren, sondern eher als Chronisten, als Berichterstatter über philharmonisches Wollen und Wirken. Dennoch soll betont werden, daß die Verantwortung für die hier vorgetragenen Auffassungen ausschließlich bei den Autoren liegt und daß bei aller Bemühung um Objektivität ein subjektives Moment erhalten bleibt. Es mag also durchaus sein, daß sich manche unserer Einschätzungen nicht mit jenen aller Orchestermitglieder decken. Die Biographie eines Orchesters soll – ebenso wie jede andere biographische Darstellung – gleich weit entfernt sein von unkritischer Heldenverehrung und unmotiviertem Mäkeln. Eine Voraussetzung erscheint uns freilich unabdingbar: die Liebe zur Kunst der Wiener Philharmoniker, die uns seit früher Jugend beseelt und die in diesem Buch wohl zum Ausdruck kommt.

Abbildung auf Seite 26: Blick vom Kärntner Ring auf (von links nach rechts) Hotel Imperial, Karlskirche und das Musikvereinsgebäude. Xylographie von A. Kronstein, 1886

In Oper und Konzert

GEHT MAN ZU FUSS VOM OPERNHAUS AN DER WIENER RINGstraße zum Musikvereinsgebäude am Wiener Karlsplatz, in dem die Philharmonischen Konzerte stattfinden, sind es nur ein paar hundert Schritte. Für jedes Orchestermitglied aber liegt eine Welt dazwischen, denn in der Oper sind die Musiker Dienstnehmer, durch Kontrakt zu genau definierten Leistungen verpflichtet, dem großen, komplizierten Apparat des Opernbetriebs ein- und untergeordnet. Außerhalb der Oper führen dieselben Streicher und Bläser den stolzen Namen „Wiener Philharmoniker" und bilden einen Verein, in dem sie als ihre eigenen Arbeitgeber auch den Umfang und die Art ihrer Leistungen bestimmen. Wenn sie zehn Doppelkonzerte im Jahr im Großen Musikvereinssaal veranstalten, so ist dies ihr freier Wille und Entschluß. Wenn sie an den Opernaufführungen und Konzerten der Salzburger Festspiele mitwirken, dann nur, weil sie ihre Ferien auf diese Art nützen wollen. Wenn sie Schallplatten- oder Fernsehaufnahmen machen, dann zu Bedingungen, die sie selbst mit den Medienunternehmen aushandeln.

Im Musikvereinsgebäude liegt auch die Kanzlei der Wiener Philharmoniker, das Schalt- und Nervenzentrum ihrer weltweiten Aktivitäten. Seine räumliche Trennung vom Operntheater erscheint dem Publikum und dem Orchester als Selbstverständlichkeit. Es hätte allerdings auch anders kommen können. Zwischen 1860 und 1870 hatte das Orchester die Philharmonischen Konzerte im damaligen Opernhaus abgehalten, wo auch die Eintrittskarten und Abonnements verkauft wurden. Wäre es dabei geblieben, so hätte die philharmonische Geschichte einen anderen Verlauf genommen, gewiß mit weniger Glanz und Gloria. Der Zwang nämlich – und es handelte sich um Zwang –, sich von der Oper zu lösen, entwickelte und garantierte die philharmonische Eigenständigkeit.

„Die k. und k. Hoftheater-Direktion hat die Überlassung des k.k. Hofopern-Theaters zur Abhaltung dieser Konzerte ... gütigst genehmigt", hieß es auf dem Programmzettel des Philharmonischen Konzerts vom 4. November 1860. Das k.k. Hofopern-Theater, das dem Orchester gütigst überlassen wurde, war noch nicht das Haus an der Ringstraße, sondern das alte Kärntnertortheater, etwa dort gelegen, wo heute das Hotel Sacher steht. Die Philharmonischen Konzerte fanden an Sonntagen um die Mittagszeit statt, denn die Abende waren mit Opern- und Ballettvorstellungen besetzt. Ihr Dirigent war Otto Dessoff, der auch als Kapellmeister am Hofopern-Theater wirkte. Ein ganzes Jahrzehnt lang scheint das Miteinander von Theater und Konzert unter einem Dach reibungslos verlaufen zu sein, vielleicht weil die Operndirektoren dieser Zeit keine Dirigenten waren.

Wenn die k.k. Hofopernmusiker zum Kärntnertortheater gingen, passierten sie die enorme Baustelle, auf der langsam, viel langsamer als erwartet, das neue Opernhaus entstand. Die Vorfreude mag gering gewesen sein. Im Juli 1860 war ein Wettbewerb ausgeschrieben worden, aus dem die Architekten Eduard van der Nüll und August Siccard von Siccardsburg als Sieger hervorgingen; im Mai 1863 wurde der Grundstein gelegt. Damit begann eines der unrühmlichsten Kapitel der Wiener Stadtgeschichte. Denn obwohl die Oper, der erste Monumentalbau der Ringstraße, heute zu deren künstlerisch wertvollsten Gebäuden gerechnet wird, wurden die preisgekrönten Architekten und ihr Werk während der Bauzeit verhöhnt und verleumdet. Das wohl von neidischen Kollegen inszenierte Kesseltreiben war so gehässig, daß sich Van der Nüll zwei Jahre vor Fertigstellung des Opernhauses das Leben nahm. Bald starb auch sein Freund und Partner Siccardsburg.

Was die Philharmoniker dazu meinten, wissen wir leider nicht. Der Bratschist Sigmund Bachrich, der bei der Eröffnung des neuen

Das Hofopernhaus am Ring entsteht: Blick in die Baugrube

Das neue Operntheater wurde am verflossenen Samstag zum ersten Male in seiner vollendeten Gestalt, wiewohl nur unter dem Titel einer Probe, dem großen Publikum zur Besichtigung geöffnet. Das Haus wie der Saal, von Unwesentlichem abgesehen, präsentierte sich in vollem Glanz. Der riesige Zuschauerraum, reich und geschmackvoll in Gold und Rot dekoriert, von einem prachtvollen Lustre, Sonnenbrennern und in vier Reihen die Logen einsäumenden Lampen tageshell erleuchtet, mit seiner mit meisterhaften Fresken geschmückten Decke, in allen Räumen mit der Quintessenz der Gesellschaft gefüllt, gewährte einen imposanten Anblick. Was mehr als dieses alles gilt, ist der Umstand, daß bei all dem verschwenderischen Reichtum nirgends eine Überladung sich bemerkbar machte; das Auge, wohin es blickte, war ästhetisch befriedigt ...
Zellner's Blätter für Theater, Musik und bildende Kunst, Jg. 15 (1869), Nr. 36 (Di. 4. Mai)

Hauses ins Orchester eintrat, berichtet in seinen Memoiren nur von üblen Gerüchten, die umhergeschwirrt seien. „Kaum war das Gebäude unter Dach, hieß es, es sei jetzt schon baufällig; dann wußte man ganz genau, daß man im Innern des Hauses weder etwas sehen noch hören würde ..." (Bachrich, 1914, 33f.)

Von solch böswilligen Prognosen abgesehen, war allen Musikern klar, daß das Orchester vergrößert werden mußte, sollte es in dem kolossalen Auditorium zur Geltung kommen. Die Gelegenheit, etwas für das sonst stiefmütterlich behandelte Orchester zu tun, war günstig. Da Errichtung und künstlerische Ausgestaltung des neuen Hauses, all die Wandmalereien, Bronze- und Steinfiguren, Gobelins, Stukkaturen und Goldornamente so viel Geld kosteten, durfte es auf neue Musikinstrumente und ein paar zusätzliche Musiker nicht ankommen. Im Herbst 1868 bewilligte der General-Intendant der Hoftheater fünfundfünfzig neue Streichinstrumente, die der Hofgeigenmacher Anton Hofmann anfertigte, sowie zwei neue Pauken und ein neues Glockenspiel für die „Zauberflöte" und die bevorstehende Wiener Premiere der „Meistersinger von Nürnberg". Die Kosten dieser Anschaffungen waren „aus der zur inneren Einrichtung des neuen Hofoperntheaters bewilligten Dotation zu bestreiten" (HHSTA, Oper, SR 149/5). Zu Beginn des Jahres 1869 wurde durch öffentlich ausgeschriebenen „Konkurs", wie das Probespiel damals hieß, das gesamte Streicherensemble vergrößert.

Im k.k. Hofopern-Theater am Ring. Zeichnung von L.E. Petrovics, 1869

DAS OPERNHAUS AM RING

Am 16. April 1869 besuchte Kaiser Franz Joseph eine Probe im neuen Operntheater, bei der ihm Orchester, Chor, Beleuchtung und die zum Heben der Dekorationen bestimmte Dampfmaschine vorgeführt wurden. Einige Tage danach erschienen Mitglieder der Regierung und Vertreter des Herrenhauses, denen das bereits verstärkte Orchester unter Kapellmeister Proch eine Ouvertüre vorspielte. Je näher der 25. Mai, der Eröffnungstag, rückte, desto besser wurde die Stimmung. Der einst so geschmähte Stilbau begann zu imponieren, und man gedachte auch seiner dahingegangenen Planer mit Nachsicht.

Am Abend des 25. Mai 1869 drängten sich Tausende Wiener vor dem von viertausend Gasflammen erleuchteten neuen Operntheater. Wenige Minuten nach sieben Uhr traf der Kaiser – ohne die Kaiserin – ein und betrat die Mittelloge. In diesem Augenblick hob Kapellmeister Esser seinen „Taktierstock“, wie es damals hieß, und dirigierte eine von ihm für den Anlaß komponierte Ouvertüre. Dann sprach die berühmte Tragödin des Burgtheaters Charlotte Wolter einen von Operndirektor Franz von Dingelstedt verfaßten Prolog, und erst nach diesen hausgemachten Festgaben hob sich der Vorhang über „Don Juan“, wie Mozarts „Don Giovanni“ zu dieser Zeit genannt wurde. Die *Neue Freie Presse* verkündete am 27. Mai im Lokalteil, daß Wien um einen Prachtbau reicher sei, „um welchen uns andere Städte beneiden können", der Musikreferent des Blattes jedoch hatte allerhand an der Akustik des Hauses und an der Orchesteraufstellung auszusetzen: „Der Übelstand, daß die Streichinstrumente von der Blechharmonie erdrückt werden, scheint noch nicht vollständig behoben. Die vollen Akkorde der letzteren verbreiten im neuen Hause leuchtenden Glanz, während man von dem eigentümlich dunklen Grunde der tieferen Holzbläser, wie sie in der Ouvertüre verwendet werden, von Klarinetten und dem Fagott, fast nichts gewahr wird ..."

Die erste Vorstellung im neuerbauten Opernhaus wurde seltsamerweise nicht vom ständigen Musikkritiker der *Neuen Freien Presse*, dem berühmten Eduard Hanslick besprochen, den Wagner in den „Meistersingern" als Beckmesser verspottet hatte. Vielleicht fehlte er bei dem Festabend, weil er noch mit seiner „Geschichte des Concertwesens in Wien" beschäftigt war, die in diesem Jahr herauskam – und noch heute lesenswert ist. Das Erscheinungsjahr des Buches ist nicht ohne Bedeutung, denn 1869 ging die ältere Epoche des Wiener Konzertwesens zu Ende. Hanslick war sich dessen bewußt, als er in einem der letzten Abschnitte auf die bevorstehende Übersiedlung der Philharmonischen Konzerte hinwies: „Mit der Eröffnung des neuen Opernhauses werden ohne Zweifel auch sie das alte

Dinstag den 25. Mai 1869.
47. Vorstellung im Jahres-Abonnement.
Erste Vorstellung im neuen Opernhaus.
DON JUAN.
Oper in zwei Aufzügen, Text nach dem Italienischen des Da Ponte. Musik von Mozart.
Vorher:
Prolog von Franz Dingelstedt,
gesprochen von der k. k. Hofschauspielerin Fräulein Charlotte Wolter.
Die begleitende Musik von Heinrich Esser. Dekorationen vom k. k. Hoftheatermaler Herrn C. Brioschi.
Maschinerien vom k. k. Maschinerie-Inspektor Herrn D. Dreilich.
Unpäßlich: Hr. Regenspurger.
Der freie Eintritt ist heute ohne Ausnahme aufgehoben.
Mittwoch 26. . Don Juan (nebst Prolog). Im neuen Opernhause. Donnerstag 27. Geschlossen. | Freitag 28. . . Sprühfeuer. Saltarello. Samstag 29. . Don Juan (nebst Prolog). Im neuen Opernhause, mit aufgehobenem Abonnement | Sonntag 30. Wilhelm Tell. Im neuen Opernhause. Montag 31. . . Romeo und Julie.
Samstag den 29. Mai, bei aufgehobenem Abonnement, die dritte Eröffnungs-Vorstellung.
Kassa-Eröffnung 6 Uhr. Anfang 7 Uhr.

Kritik an Akustik und Bauweise des neuen Opernhauses. Zeitgenössische Karikatur

Gegenüberliegende Seite: Die erste erhaltene Fotografie der Wiener Philharmoniker aus dem Jahr 1864

Kärntnertortheater verlassen, das dem Andrang des Konzertpublikums längst nicht mehr genügte und überdies durch seine zwar deutliche, aber abschwächende Akustik die Wirkung des Orchesters in allen Kraftstellen dämpfte. So wird durch eigentümliches Zusammentreffen die Saison 1869–1870 eine sichtbare Palingenesis (Wiedergeburt) des Wiener Konzertlebens darstellen: den Philharmonischen Konzerten ... öffnet sich die neue Oper, während der Neubau der Gesellschaft der Musikfreunde in seiner Prunkhalle die Gesellschaftskonzerte ... würdig empfangen wird." (Hanslick, 1869, 391)

Es kam anders, als Hanslick und die Philharmoniker dachten. Ordnungsgemäß richteten sie an die k. und k. General-Intendanz das Ersuchen, man möge ihnen das neue Haus zur Abhaltung der Philharmonischen Konzerte zur Verfügung stellen, doch ihr Antrag wurde mit Bescheid vom 22. Juni 1869 abgelehnt, weil das k.k. Opernhaus „grundsätzlich zu keiner Wohltätigkeits-Vorstellung, außer zugunsten des Pensionsfonds, also auch nicht zu einer Privatinteresse fördernden Vorstellung vergeben werden darf". Gegen die Abhaltung der Konzerte im Kärntnertortheater werde dagegen kein Einwand von seiten der General-Intendanz erhoben (Pohl, 1885, 19).

HERBECK UND DESSOFF

Dieser Bescheid ist charakteristisch für die Haltung, die Hoftheaterbehörden und Operndirektionen viele Jahre lang den Philharmonischen Konzerten gegenüber einnahmen. Was dem Publikum ein Lebensbedürfnis war – die klingende Gegenwart der musikalischen Meisterwerke – galt manchen Opernbeamten als Wohltätigkeitsveranstaltung der Musiker, als lästige Nebenbeschäftigung, die man tolerierte, solange sie den Opernbetrieb nicht störte. Das philharmonische Komitee begann jedoch bald zu ahnen, daß sich hinter der verletzenden Abweisung ihres Ansuchens mehr als der übliche Ämterhochmut verbarg. Direktor Dingelstedt hatte nämlich einen neuen Kapellmeister in besonderer „musikalischer und organisatorischer" Stellung engagiert, der bald vier Abonnementkonzerte zugunsten des Hoftheaterpensionsfonds im neuen Haus ankündigte. Dieser neue Kapellmeister hieß Johann Herbeck, war ein erfahrener Chorleiter, vielgespielter Komponist und seit 1859 Leiter der Gesellschaftskonzerte der Musikfreunde. Damals lernten die Musiker ihn näher kennen, da eine große Zahl von ihnen bei diesen Konzerten mitwirkte. Zufällig wurden in eben dieser Saison 1859–1860 die für einige Saisonen ausgesetzten Philharmonischen Konzerte in neuer Form wiederbelebt, was Herbeck als unliebsame Konkurrenz ansah. Da dem Orchester aber die eigenen Konzerte, die Philharmonischen, wichtiger waren als die Mitwirkung in den Gesellschaftskonzerten, zogen sie sich eilig von diesen zurück, und Herbeck stand vor der schwierigen Aufgabe, für die folgende Saison ein

Franz Freiherr von Dingelstedt. Direktor der Hofoper 1867–1870. Zeitgenössische Xylographie

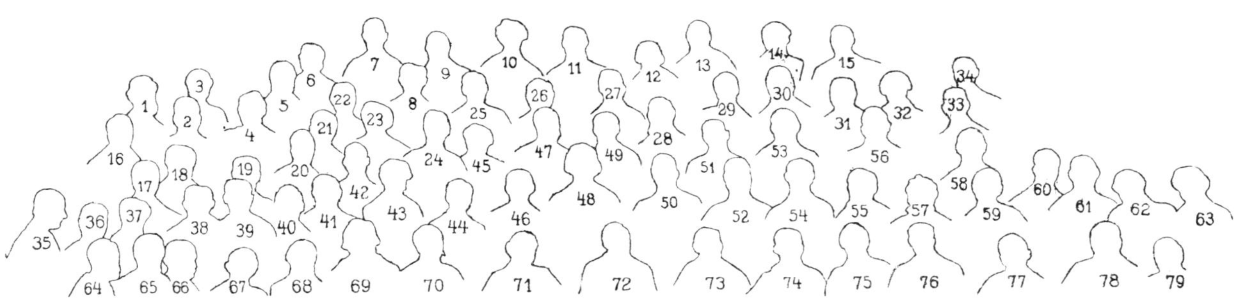

1. F. Nittmann.
2. Hans Richter.
3. J. Woditzky.
4. M. Pichler.
5. J. Amsler.
6. J. Böhm.
7. J. Adlersflügel.
8. F. Fretzer.
9. M. Tidl.
10. J. Uhlmann.
11. F. Otter.
12. J. Mettenleitner.
13. F. Albrecht.
14. P. Münzl.
15. K. Agner.
16. F. Chott.
17. A. Vock.
18. J. Helmer.
19. J. Blau.
20. D. Pollak.
21. F. Holly.
23. A. Buchta.
24. A. Seitz.
26. J. Schuöcker.
27. J. Haferl.
28. F. Blaha.
29. F. Weidinger sen.
30. A. Rabensteiner.
31. K. Hertlein.
32. N. Gitzmeyer.
33. J. Hartinger.
34. J. Markhl.
35. Th. Adlersflügel.
36. F. Moser.
37. J. Meyer.
38. J. Karnet.
39. K. Röder.
40. J. Karlhofer.
41. G. Ibener sen.
42. J. Siebert sen.
43. A. Wittmann sen.
44. J. Kaltenmarker.
45. A. Fink.
46. J. Steiner.
47. F. Richter.
48. F. Peikerspöck.
49. G. Feilnreiter.
50. J. König.
51. J. Swoboda.
52. M. Käßmayer.
53. A. Langhammer.
54. A. Hilbert.
55. J. Hödl.
56. M. Mayer.
57. F. Spranger.
58. K. Pöck.
59. K. Salaba.
60. W. Pauli.
61. F. Endl.
62. K. Groidl.
63. K. Hofmann.
64. A. Zamara.
65. K. Schlesinger.
66. W. Kleinecke sen.
67. J. Král.
68. F. Dobyhal.
69. F. Grutsch.
70. J. Hellmesberger sen.
71. **Otto Dessoff.**
72. Georg Hellmesberger.
73. F. Doppler.
74. K. Doppler.
75. K. Maschek.
76. K. Meyer.
77. M. Aicher.
78. Th. Klein.
79. R. Lewy.

Johann Ritter von Herbeck. Direktor der Hofoper 1870–1875. Zeitgenössische Xylographie

Orchester aus dem Boden zu stampfen. Und eben dieser Herbeck wurde nun als musikalischer Leiter der Hofoper der oberste Chef des Orchesters. Die Philharmoniker empfanden – zu Recht oder Unrecht – die angekündigten vier Konzerte als störende Konkurrenz ihrer eigenen Veranstaltungen, als eine Art unlauteren Wettbewerbs sogar, weil Herbeck über das prächtige neue Opernhaus verfügte, die Philharmonische Konzert-Unternehmung aber bloß über das schon recht schäbige Kärntnertortheater, und weil die Konzerte im neuen Haus abends stattfinden durften, während die im alten auf die sonntägliche Mittagsstunde angewiesen waren. Das Orchester freilich würde im alten wie im neuen Haus dasselbe sein. Wie sollte man da nicht an Nestroys Holofernes denken, der sich „mit sich selber zusammenhetzen" möchte, „nur um zu sehen, wer der Stärkere ist, ich oder ich". So wurden nun die Orchestermusiker mit sich selbst zusammengehetzt und konnten horchen, welche die besseren waren.

Herbecks erstes Konzert fand am Allerseelentag 1869 statt. Auf der Riesenbühne des neuen Hofopern-Theaters war ein eleganter Saal aufgebaut, der nach drei Seiten hin geschlossen und mit einer kuppelförmigen Decke versehen war. Der Fußboden war über den halben Orchesterraum vorgezogen, um dem Orchester, das durch fremde Musiker verstärkt war, und dem Chor Platz zu bieten. Als Herbeck ans Dirigentenpult trat, warteten nicht weniger als vierundzwanzig Primgeiger und zwölf Kontrabaßspieler auf den Einsatz, und auch die Bläser waren verdoppelt worden. Das Programm hatte den Charakter einer Konzert-Akademie: Beethovens II. „Leonoren"-Ouvertüre, eine Symphonie von Mendelssohn, der Variationensatz aus Haydns Kaiserquartett, von sämtlichen Streichern gespielt, und eine Reihe von Vokalkompositionen. Eduard Hanslick, der zu den wohlbekannten Musikstücken nichts zu sagen hatte, rühmte die Akustik und die zweckmäßige Orchesteraufstellung. „Die Orchesterwirkung der ‚Philharmonie-Konzerte' im Kärntnertortheater scheint uns feiner", bemerkte er, „zarter in den Konturen, wie eine scharfe Federzeichnung neben den starken, saftigeren Farben im neuen Opernhause ..." (*Neue Freie Presse*, 11. November 1869)

Angesichts der Herbeckschen Monsterbesetzung gerieten die Philharmoniker in Panik und traten bei ihrem 1. Konzert am 11. November mit einem verstärkten Streicherkörper vor das Publikum. Sie wurden von ihren treuen Anhängern mit demonstrativem Applaus empfangen, der sich nach jedem Musikstück, ja jedem symphonischen Satz wiederholte. Unter den Kritikern aber gab es etliche, die für Herbeck und gegen den philharmonischen Dirigenten Otto Dessoff Partei ergriffen. „In Schumanns Symphonie waren der erste und letzte Satz besonders überstürzt", schrieb Ludwig Speidel, „keine Klarheit, keine Plastik in der Ausführung. Und doch weiß man, was ein geistvoller Dirigent mit diesem herrlichen Orchester ausrichten kann." (*Fremdenblatt*, 17. November 1869)

Nach dem 2. Philharmonischen Konzert wurde Speidel noch ungnädiger: „Mozarts g-moll-Symphonie ... wurde von den Philharmonikern recht handwerksmäßig heruntergespielt. Je nachsichtiger das Publikum wird, desto mehr scheint sich der philharmonische Dirigent (bekanntlich Herr Dessoff) gehen zu lassen." (*Fremdenblatt*, 3. Dezember 1869)

Zum Glück dachten und schrieben nicht alle Kritiker so. Hanslick etwa, der durch seine historische Betrachtungsweise verstand, was die Philharmonischen Konzerte für Wien und für das Orchester selbst bedeuteten, bemühte sich um Ausgleich: „Einen großen und reinen Kunstgenuß verdanken wir dem ersten Philharmonischen Konzert, dessen Dirigent Herr Dessoff mit lebhaftem, lange anhaltendem Beifall begrüßt wurde. Das zahlreiche, alle Räume des Kärntnertortheaters füllende Auditorium und der nach jeder Nummer laut ausbrechende Beifall sollten zweifelnde Gemüter darüber beruhigt haben, ob die Beliebtheit der Philharmonie-Konzerte durch andere, neue Konzert-Unternehmungen gefährdet sei ..." (*Neue Freie Presse*, 17. November 1869)

Der Goldene Saal

Trotz der Anhänglichkeit ihres Publikums waren die Philharmonischen Konzerte in Gefahr, denn bald stellte sich heraus, daß das Kärntnertortheater entgegen früheren Absichten zur Demolierung bestimmt war. Bereits im Juni 1870 wurden die Musiker durch ein Zirkular aufgefordert, binnen vierzehn Tagen ihre Instrumente zu holen. Ganz pietätlos, ohne Abschiedsvorstellung wurde das traditionsreiche Theater zum Abbruch freigegeben. Wohin sollten sich die Philharmoniker wenden? Die neue Hofoper war ihnen verwehrt, obwohl Herbeck, inzwischen zum Direktor des Hauses aufgerückt, seine Konzerte, die keinen Gewinn gebracht hatten, schon in der folgenden Saison aufgab. Die Frage nach einer passenden Unterkunft wäre unbeantwortbar gewesen, hätte nicht in diesem Jahr die Gesellschaft der Musikfreunde ihr neues Haus eröffnet. Schon im Herbst 1869 war das Konservatorium, an dem so viele Mitglieder des Hofopernorchesters unterrichteten, in das Gebäude am Karlsplatz übersiedelt, und im Januar 1870 wurden die Konzertsäle eingeweiht. Als die Philharmoniker am 4. Juni ihre jährliche Generalversammlung abhielten, beschlossen sie, ihre Konzerte im großen Saal der Gesellschaft der Musikfreunde zu veranstalten. Eine patente Lösung, wie es schien, die Unabhängigkeit von Operndirektion und General-Intendanz sicherte. Doch bald zeigte sich, daß die gewünschte Autonomie nunmehr von anderer Seite bedroht wurde. Die Gesellschaft der Musikfreunde machte der Philharmonischen Konzert-Unternehmung nämlich den Vorschlag einer Fusionierung, die beide Institute unter der Leitung des Direktors der Gesellschaft der Musikfreunde vereinigen sollte. Aus der Sicht der Gesellschaft der Musikfreunde wäre diese Zusammenlegung höchst vorteilhaft gewesen. Schon bisher waren alle Philharmoniker, die als Lehrer am Konservatorium wirkten, vertraglich verpflichtet, bei den Gesellschaftskonzerten zu spielen. Durch die angeregte Fusion hätte die Gesellschaft der Musikfreunde das gesamte Orchester vereinnahmt. Das wollten die Philharmoniker nicht. Sie fügten darum ihrer Geschäftsordnung einen neuen Paragraphen hinzu, der den Mitgliedern verbot, an Aufführungen symphonischer Orchesterwerke mitzuwirken, „wenn dieselben von anderen in Wien stabilen Musikgesellschaften unternommen werden".

Bereits am 21. Juni 1870 folgte die nächste philharmonische Generalversammlung. Der Vorschlag einer Fusion wurde abgelehnt, dagegen einstimmig beschlossen, „bei Verwendung sämtlicher Streichinstrumentalisten und gegen ein Honorar von 3 Gulden pro Dienst ... in den Gesellschaftskonzerten mitzuwirken". Ein Kompromiß also, das um so leichter geschlossen werden konnte, als sich Herbeck bei Übernahme der Operndirektion von der Gesellschaft der Musikfreunde zurückzog. So viele philharmonische Versammlungen in einem Jahr hatte es noch nie gegeben. Gleich nach den

Das Musikvereinsgebäude zur Zeit der Eröffnung. Zeichnung von L.E. Petrovics

Philharmonische Concerte.

Sonntag den 13. November 1870,

Mittags halb 1 Uhr, im

GROSSEN SAALE

der Gesellschaft der Musikfreunde:

1tes Abonnement-Concert

veranstaltet von den

Mitgliedern des k. k. Hof-Opern-Orchesters

unter der Leitung des k. k. Hof-Opern-Kapellmeisters Herrn

OTTO DESSOFF.

PROGRAMM:

Weber . . . Ouverture zu „Euryanthe.“

Beethoven . Concert (G-dur) für das Pianoforte mit Begleitung des Orchesters, vorgetragen von Herrn **Julius Epstein.**

Rudorff . . . Ouverture zum „blonden Eckbert“ von TIECK. **(neu).**

Schumann . . Sinfonie Nr. 3 (Es-dur) in 5 Sätzen.

Clavier: Bösendorfer.

Das 2. philharmonische Concert findet Sonntag den 27. November Statt.

Programme unentgeltlich.

Man kann sich beim Eintritt in den Saal einer gewissen festlichen Stimmung nicht erwehren, die alles abwirft, was an das alltägliche Leben erinnert. Obwohl die Räumlickeit an Ausdehnung sogar den großen Redoutensaal überbietet, so macht sie doch keineswegs, selbst ohne Beleuchtung, den nüchternen, öden Eindruck, den gewöhnlich die Konzertsäle bei Tageslicht zu hinterlassen pflegen; vielmehr erweckt das Bild, welches sie an Wänden, Logen, Decke bietet, mit seinen edlen Formen und Lineamenten, seinen maßvollen und reinen Verhältnissen und endlich mit der reichen, aber harmonisch ausgeglichenen Farbenpracht, ein Gefühl, als ob man in eine ideale, fremde Welt entrückt sei.

E. Schelle, Die Presse, 9. Januar 1870

Sommerferien, am 13. September, fand eine weitere statt, und am 20. eine Komitee-Sitzung, bei der die Mitwirkung einer größeren Zahl von Philharmonikern an den Gesellschaftskonzerten genehmigt wurde. Mit solchen Zugeständnissen erwarben sich die Philharmoniker das Recht, unter eigenem Namen in den Goldenen Saal einzuziehen.

Rund zehn Monate nach Eröffnung des Hauses, am 13. November 1870, gaben die Philharmoniker ihr erstes Abonnementkonzert im Großen Musikvereinssaal. Auf dem Programm standen Webers Ouvertüre zu „Euryanthe", Beethovens Klavierkonzert in G-Dur, als Novität eine Ouvertüre von Rudorff und Schumanns Dritte Symphonie. Der Andrang war so groß, daß das philharmonische Komitee, wie Hanslick entrüstet feststellte, die ohnehin eng angelegten Bänke noch enger zusammenschob, „um für mehrere hundert exterritoriale Sessel Raum zu schaffen" (*Neue Freie Presse*, 23. November 1870).

Die Ära Herbeck gilt als glanzvolle Zeit der Wiener Hofoper, in der dem Repertoire wesentliche Werke von Wagner und Verdi gewonnen wurden. Die Ära Dessoff wiederum gilt als glanzvolle Zeit der Wiener Philharmoniker, in der sie ihre Stabilität als Konzert-Unternehmung und Konzertorchester beweisen konnten. Wer von beiden der bessere Dirigent war, Herbeck oder Dessoff, kann heute niemand mehr sagen, vermutlich wäre auch objektiven Zeitgenossen die Entscheidung schwergefallen. Daß sie miteinander auf Kriegsfuß standen, wußte, wie der philharmonische Cellist Joseph Sulzer mitteilt, die ganze Stadt. Eine der Szenen, in denen ihre Animosität offen zutage trat, soll sich bei einer Probe zu „Aida", vermutlich im April 1874, zugetragen haben. Dessoff leitete im Orchesterraum die Probe, Herbeck stand auf der Bühne und rief plötzlich in scharfem Ton: „Hier fehlt ja die dritte Flöte, hören Sie denn das nicht, Herr Kapellmeister?" Worauf Dessoff ruhig, aber mit rotem Kopf, entgegnete: „Der dritte Flötist fehlt ja, sehen Sie denn das nicht, Herr Direktor?" (Sulzer, 1910, 10)

Im Jahr 1875 verließ Dessoff Wien. Daß sein Abgang mit Herbeck zu tun hatte, war ein offenes Geheimnis. Das Philharmonische Konzert, mit dem sich Dessoff nach fünfzehnjährigem Wirken vom Orchester und vom Publikum verabschiedete, gestaltete sich zu einem letzten Triumph. Aufgeführt wurde Beethovens Neunte, und

Herbeck dirigierte die Wiener Erstaufführung der „Meistersinger von Nürnberg". Zeitgenössische Karikatur

die prominentesten Sänger der Hofoper sangen, soferne sie nicht im Soloquartett beschäftigt waren, zu Dessoffs Ehren im Chor mit. Wegen eines Konfliktes mit der General-Intendanz trat im selben Jahr völlig unerwartet auch Operndirektor Herbeck zurück. Ein neuer Mann zog ins Haus am Ring ein, Franz Jauner, kein Dirigent wie sein Vorgänger, sondern Regisseur und Manager, wie man heute sagen würde. Eine seiner ersten Handlungen war, den Philharmonikern die unentgeltliche Benützung des k.k. Hofopern-Theaters für ihre Konzerte anzutragen. Das Komitee beriet die Lage und sandte eine Deputation, die von dem neuen philharmonischen Dirigenten Hans Richter angeführt wurde, zu Direktor Jauner. Diese dankte im Namen des Orchesters für das großzügige Angebot, von dem man allerdings vorläufig keinen Gebrauch machen wollte. Im Falle eines Konfliktes mit der Gesellschaft der Musikfreunde würde man sich aber an ihn wenden und um Erfüllung des Versprechens bitten. Dazu ist es nie gekommen. Die Philharmonischen Konzerte blieben im Großen Musikvereinssaal, die räumliche Trennung von Opernpflichten und Konzert-Unternehmertum war endgültig.

Franz Ritter von Jauner. Direktor der Hofoper 1875–1880. Zeitgenössische Xylographie

Ideale „Hörsamkeit“

Der Große Musikvereinssaal – der „Goldene Saal“, wie er auch genannt wird – erwies sich als das ideale akustische Milieu der Philharmonischen Konzerte. Durch raumakustische Untersuchungen wurden erst in jüngerer Zeit die Tugenden dieses Saales bestätigt. Den Musikern und Dirigenten war freilich immer schon bewußt, in welchem Maß die Qualität der musikalischen Darbietung von der Beschaffenheit des Musizierraumes abhängt. In den 1950er Jahren wurden namhafte Dirigenten aus verschiedenen Ländern befragt, welche Säle ihrer Meinung nach für Symphoniekonzerte am besten geeignet seien (Winckel, 1960, 63f.). Unter den Sälen, die genannt wurden, stand der Große Musikvereinssaal an der Spitze, noch vor dem Amsterdamer Concertgebouw und der Bostoner Symphony Hall. Akustische Messungen, die um 1960 vorgenommen wurden, brachten zutage, daß die dekorativen Elemente, deren sich der Erbauer des Musikvereinsgebäudes Theophil Hansen bediente, einen wesentlichen Beitrag zur idealen „Hörsamkeit“ leisten. Man fand jedoch keinerlei Anhaltspunkt dafür, daß sich Hansen selbst dieses Zusammenhangs von Innenausgestaltung und Klangbild bewußt war (Winckel, 1970).

Die moderne Raumakustik hat die Elemente dessen, was ideale „Hörsamkeit“ genannt wird, dingfest machen können. Dazu gehört in erster Linie die Nachhallzeit, das heißt die Zeitspanne vom Verstummen der Schallquelle bis zum Verschwinden des Schalls im Raum. Die Länge der Nachhallzeit ist von der Größe des Raums und von der Beschaffenheit seiner Begrenzungsflächen abhängig. Als optimalen Wert für symphonische Werke ermittelt die musikalische Praxis eine Nachhallzeit von etwa zwei Sekunden. Dies ist tatsächlich die Nachhallzeit, die der Goldene Saal bei anwesendem Publikum aufweist. Ohne Zuhörer liegt der Wert der Nachhallzeit beträchtlich höher, und diesem Umstand müssen Dirigent und Orchester bei Proben immer Rechnung tragen, denn es kann nicht gleichgültig sein, ob die in Bruckners Symphonien so häufigen Generalpausen in den musikalischen Ablauf akustische „Löcher“ reißen, oder ob sie noch merklich vom Nachhall des vorangegangenen Klangs gefüllt sind.

Ein weiteres wichtiges Merkmal des Raums ist die „Deutlichkeit“. Sie wird als das günstige Verhältnis der gesamten abklingenden Schallintensität zur Intensität der ersten Zwanzigstelsekunde eines Schallereignisses verstanden. Allzu langer Nachhall beeinträchtigt die Deutlichkeit und trübt damit die Transparenz des Klangbildes. Diese und andere akustische Merkmale des Raums wirken auch auf das Orchester zurück und damit auf die Spielweise: Zu langer Nachhall läßt den musikalischen Ablauf verschwimmen und verleitet zur Verlangsamung des Tempos. Zu kurzer Nachhall erschwert die musikalische Bindung aufeinanderfolgender Töne und kann zu unzukömmlicher Beschleunigung des Tempos führen. Nur die optimale Nachhalldauer begünstigt entspanntes Musizieren, denn die Instrumentalisten fühlen, daß die von ihnen erzeugten Klänge vom Raum „getragen“ werden.

Mitunter wirkt die Akustik eines Saales auch auf das Konzept eines Komponisten zurück. Brahms hat seine Orientierung auf das Klangbild bestimmter Konzerträume sogar ausdrücklich einbekannt. Den klanglichen Intentionen von Brahms scheint der Große Musikvereinssaal besonders zu entsprechen, da seine Nachhallzeit in höheren Frequenzen geringer ist als in tiefen, wodurch das entsteht, was die Akustiker als „Wärme“ definieren und die Musiker ebenso empfinden.

All diese Bestimmungsstücke der Akustik von Konzertsälen hat der amerikanische Akustiker Leo L. Beranek meßtechnisch erfaßt. In seiner vergleichenden Betrachtung zahlreicher Räume kommt er zu dem Schluß, daß die Akustik des Goldenen Saals höchsten Rang hat. Dieses Ergebnis stimmt mit den Beurteilungen überein, die Beranek von zwei bedeutenden Dirigenten einholen konnte: Bruno Walter gedachte in seiner Antwort der „unvergeßlichen Erfahrung“, als er zum erstenmal hier dirigiert hatte, und bezeichnete rückblickend den Musikvereinssaal als „den besten der Welt“, während Herbert von Karajan meinte, daß dieser Saal den Dirigenten „inspiriere“ (Beranek, 1962, 196).

Solche Inspiration ist auch dem Orchester vertraut. Die Wiener Philharmoniker sind also die Nutznießer eines historischen Glücksfalles, der den Großen Musikvereinssaal 1870 zu ihrer Heimstätte gemacht hat; einen Saal, der durch ein Optimum an Nachhall, Deutlichkeit und Wärme zu einem Element ihres Klangstils geworden ist. Philharmonisches Musizieren ist auch von der Akustik des Goldenen Saals geprägt.

Der Goldene Saal. Zeichnung von Johann Schönberg, 1870

VERGANGENHEIT IM GEGENWÄRTIGEN

Ob ein Philharmoniker von heute die Geschichte seines Orchesters kennt oder nicht, ob ihm die Auseinandersetzungen mit Direktoren und Dirigenten geläufig sind oder ob er alles Vergangene als abgetan ignoriert – er bewegt sich in den Gleisen, die vor dreißig, fünfzig, hundert oder mehr Jahren gelegt wurden. Dazu gehören der Dienst in der Oper ebenso wie die Autonomie außerhalb des Opernhauses, die sich die Kollegen von einst erstritten haben. Der Philharmoniker weiß diese Selbständigkeit zu würdigen und ist stolz auf sie, weil sich nur wenige Orchester ökonomischer Sicherheit und zugleich solcher Unabhängigkeit erfreuen können.

Wie ein Philharmoniker heute sein Orchester und dessen Status sieht, läßt sich durch Aussagen der Orchestermitglieder selbst belegen. Viele sind über die ihnen gestellten Fragen hinausgegangen und haben dadurch zur Themen- und Meinungsvielfalt dieses Buches beigetragen. Auf die Frage nach den Faktoren, die den musika-

Die Doppelfunktion des Orchesters in der Oper und im Konzertsaal ist gewiß eine schwierige und strapaziöse Aufgabe, die schon deshalb den ganzen Einsatz verlangt, weil sie die Beherrschung des gesamten Repertoires erfordert. Trotzdem ist sie eine kluge, gute, ja hervorragende Einrichtung: mehr noch: die Grundlage, ohne die eine Realisierung eurer philharmonischen Idee nicht möglich ist. Erst von der gesicherten finanziellen Plattform des Opernengagements ist der Absprung ins freie philharmonische Musizieren, so wie wir es verstehen, möglich.
Karl Böhm, Festrede zum 125jährigen Bestehen der Wiener Philharmoniker, 28. März 1967

lischen Sondercharakter der Wiener Philharmoniker bedingen, wurde nicht nur auf den Klangcharakter der Instrumente hingewiesen, insbesondere der Wiener Oboe und des Wiener Horns, auf die besondere Spielweise, die von Generation zu Generation tradiert wird, und auf die Kombination von Opern- und Konzertpraxis; es wurden auch Aspekte genannt, die den künstlerischen Sondercharakter des Orchesters mit der philharmonischen Autonomie in Zusammenhang bringen. Allen voran sei hier eine Stimme zitiert, die zunächst auf die „gewachsene, homogene Tradition" verweist und dann fortfährt: „Für grundlegend halte ich ferner die Selbständigkeit und Selbstverwaltung des Orchesters, die Tatsache, daß wir sozusagen unsere eigenen Unternehmer sind." (Konzertmeister Gerhart Hetzel)

Diese Ansicht ist keine vereinzelte. Manche Kollegen, die lakonisch „Selbständigkeit" anführten, meinen zweifellos dasselbe, und ein anderer erklärte, daß die Identifikation des einzelnen Musikers mit dem Orchester aus der Autonomie einerseits – und der Wichtigkeit desselben für die Staatsoper andererseits resultiere (Dieter Flury, 1. Flöte). Bemerkenswerterweise sind die zwei hier genannten Künstler zwar Wiener Philharmoniker, aber keine gebürtigen Wiener und haben ihre Ausbildung im Ausland genossen.

Vielleicht kann der von außen Kommende den philharmonischen Sondercharakter deutlicher wahrnehmen und schärfer beurteilen als der einheimische Musiker, dem vieles von Kindheit an selbstverständlich ist. Damit soll aber nicht gesagt sein, daß die in Wien geborenen Philharmoniker ihre Unabhängigkeit weniger achten. Mancher sieht in der Position und Eigenverantwortlichkeit der Wiener Philharmoniker sogar eine Förderung ihres Teamgeistes und einen „ständigen Ansporn zu Höchstleistungen" (Herbert Reznicek, 2. Flöte).

Solche Betonung von Selbständigkeit und Unternehmertum führt aber keineswegs zu Geringschätzung oder gar Ablehnung der Tätigkeit in der Oper. Die große Mehrheit aller Philharmoniker, die wir befragten, glaubt daran, daß die Verbindung von Opernerfahrung und Konzerterfahrung den Sondercharakter des Orchesters mitbestimmt, darunter alle Sekundgeiger, Cellisten, Kontrabassisten, Klarinettisten und Fagottisten, die ihre Meinung dazu äußerten. Das Bekenntnis zur Oper ist nicht so selbstverständlich, wie es klingen mag. Der Cellist Theobald Kretschmann, der vor rund hundert Jahren dem Orchester angehörte, sprach verächtlich von „Opernrobot", der er den Kunstgenuß des Konzertspiels entgegensetzte (Kretschmann, 1913, 165). Auch unter den Instrumentalisten von heute gibt es wohl keinen, der nicht schon gelegentlich öffentlich oder hinter vorgehaltener Hand über den Operndienst gemurrt hätte. Solche Unmutsäußerungen sind verständlich. Als Konzertorchester produzieren die Wiener Philharmoniker Einzelereignisse. Alle Vorbereitung zielt auf die öffentliche Generalprobe und auf das sonntägliche Konzert hin, woran sich auch nichts ändert,

Das k.k. Hofopern-Theater am Ring. Zeichnung von V. Katzler

wenn dieses Konzert in Ton- oder Videoaufnahme festgehalten wird. In der Wiener Staatsoper hingegen, die zu den immer seltener werdenden Repertoiretheatern zählt, wird ein Werk im Hinblick auf möglichst viele Wiederholungen einstudiert, die sich auf Jahre, mitunter auf Jahrzehnte verteilen. Hiebei ist eine gewisse Abnützung unvermeidlich, und gerade der Orchestermusiker fühlt wie kein anderer den künstlerischen Verschleiß. Nur ein Dirigent, der alles verjüngend zusammenhält, oder ein besonders interessanter Sänger kann ihm die künstlerische Anregung bieten, die beim Konzert als Einzelereignis selbstverständlich ist.

In der traditionellen Oper hat das Orchester, wenn man von Ouvertüren absieht, zudem eine untergeordnete Funktion. Selbst in Wagners Musikdramen und der ihnen folgenden Opernliteratur blieb der Sänger im Mittelpunkt der Aufmerksamkeit. Musikrezensenten des neunzehnten Jahrhunderts nahmen das Opernorchester fast nie zur Kenntnis, außer wenn ein Fehler passierte, ein Schmiß, wie man in Wien sagt. Das ist heute anders: Das Orchester der Staatsoper erhält einen gewissen Anteil an Beifall und Begeisterung sowie einige Zeilen in den Kritiken, schon deshalb, weil man weiß, daß es die Wiener Philharmoniker sind. Das ändert aber nichts daran, daß die Aufgabe über weite Strecken hin eine begleitende, sekundäre ist. Es bedarf großer künstlerischer Einsicht, um zu erkennen, daß der Dienst im Orchestergraben der Oper die Leistungen auf dem Podium des Großen Musikvereinssaales fördert, daß die Opernpraxis zu „flexiblem, reaktionsschnellem Orchesterspiel" führt (Hubert Kroisamer, 1. Violine), und daß man durch sie wie in der Kammermusik Zuhören und blitzschnelle Anpassung lernt (Günter Seifert, 1. Violine). Das Opernspiel bietet noch andere Vorzüge, zum Beispiel die „relativ große Selbständigkeit bezüglich musikalischer Gestaltung", eine aus der Not eines Repertoire-Opernbetriebs geborene Tugend (Friedrich Dolezal, Cello). Nicht zuletzt aber ist es eine Abwechslung, eine Bereicherung, die dem reinen Konzertorchester versagt bleibt: „Die Vielfalt der Tätigkeit als Musiker erhält die Spielfreude und fördert die Flexibilität." (Ernst Pamperl, Fagott)

Wie weit solche Anpassung an die Situation in der Oper gehen kann, zeigt ein Vorfall aus dem vergangenen Jahrhundert. Auf dem Programm stand „Lohengrin", verkörpert von dem ruhmreichen Wagner-Tenor Hermann Winkelmann, Hans Richter dirigierte. Im dritten Akt verließ den Heldentenor, der schon im ersten indisponiert gewesen war, der letzte Rest von Stimme. Durch Gesten gab er Richter zu verstehen, daß er nicht weitersingen könne. Blitzartig fanden Richter und der Solo-Cellist des Orchesters Joseph Sulzer einen Ausweg, um die Vorstellung zu Ende zu führen: Sulzer spielte auf seinem Cello die Partie des Lohengrin inklusive

1945: Das zerstörte Opernhaus

1955: Eröffnung nach dem Wiederaufbau

Gralserzählung, während Winkelmann auf der Bühne entsprechend gestikulierte (Sulzer, 1910, 62).

Das Opernhaus, in dem Sulzer, aus der Not eine Tugend machend, „In fernem Land ..." spielte, ist in seiner ursprünglichen Gestalt allerdings nicht erhalten. In den letzten Wochen des Zweiten Weltkriegs ging das im Jahr 1869 eröffnete Theater nach einem Fliegerangriff in Flammen auf, die Zuschauerraum, Bühnenhaus, Büro- und Proberäume vernichteten. Nur Teile der Fassade und das der Ringstraße zugewandte Stiegenhaus samt Loggia und Salon im ersten Stock zeugen von der einstigen Pracht. In die Brandruine wurde nach dem Krieg ein neues Theater eingebaut, das bloß aufgrund bestimmter Positionen und Proportionen an das alte erinnert. Außer den an der Ringstraße gelegenen Teilen können nur die Fassade und der Standort an Kärntnerstraße und Operngasse als historisch gelten. Das kurze Straßenstück zwischen dem Bühnenhaus und den Gebäuden, an deren Stelle einst das Kärntnertortheater stand, heißt nunmehr Philharmonikerstraße. Nicht ohne Grund. Vor allen anderen war es nämlich das Orchester, mochte es Hof-, Staatsopernorchester oder Wiener Philharmoniker heißen, das die Kontinuität der Wiener Opernkunst gewahrt, sie vom intimen Kärntnertortheater ins große Haus am Ring und nach dessen Zerstörung ins kleine Theater an der Wien getragen hat. Nach Wiederaufbau und Eröffnung des Operntheaters bezeugte der philharmonische Klang, daß man trotz neuer, ungewohnter Umgebung in der alten Wiener Oper war.

Die Hofburgkapelle

Die Hofmusikkapelle

Ob er will oder nicht, der Philharmoniker von heute fährt in den historischen Gleisen. Wenn er als Lehrer an der Musikhochschule tätig ist, folgt er damit einer hundertfünfzigjährigen Tradition, wenn er als Mitglied der Hofmusikkapelle beim Sonntagsgottesdienst in der Burg mitwirkt, einer fünfhundertjährigen. Viele Musiker des k.k. Hofopernorchesters waren auch Mitglieder der von Kaiser Maximilian, dem „letzten Ritter“, begründeten Hofkapelle, wodurch sie eine Stufe höher als ihre Kollegen standen, die bloß in der Oper und in den Philharmonischen Konzerten spielten. Als Mitgliedern der Hofkapelle gebührten ihnen nicht nur ein zusätzliches Salär, das Pensionsansprüche einschloß, sondern auch äußere Anzeichen ihrer Würde. Franz Bartolomey, Philharmoniker in Pension, erinnert sich, wie sein Vater, der bedeutende philharmonische Klarinettist, an so manchem Sonntagmorgen von einer kaiserlichen Equipage zum Dienst abgeholt wurde, wie dieser in Uniform mit Zweispitz und silbrigem Degen auf die Straße trat und ein livrierter Diener ihm das Instrument nachtrug (*Musikblätter*, 19/2).

Der kaiserliche Hof ist verschwunden, die Hofmusikkapelle existiert, wenngleich ohne Equipagen und Uniformen, als Institution der Republik Österreich und ist dem Bundesministerium für Unterricht, Kunst und Sport zugeordnet. Vierundvierzig Instrumentalisten aus dem Orchester der Wiener Staatsoper gehören der Hofmusikkapelle an, laut Stellenplan 2 Konzertmeister, je 6 Prim- und Sekundgeiger, 3 Bratscher, 4 Cellisten und 3 Kontrabassisten, was etwa der Stärke der Streicher um 1740 entspricht. Bei den Holzbläsern fällt auf, daß die Flöte nur einfach, die Oboe dagegen dreifach besetzt ist, was mit der alten Tradition der Hofkapelle und mit der Bevorzugung der klassischen Literatur zusammenhängt. Die 3 Hornisten, 4 Trompeter, 3 Posaunisten und 2 Pauker, die dazugehören, verweisen ebenso auf barocke und klassische Musiziertraditionen. Übrigens besitzt die Hofmusikkapelle eigene, sehr alte Streichinstrumente und ein eigenes Notenarchiv. Zu dem kleinen Orchester gesellen sich noch Choristen, Sängerknaben, Organisten und Dirigenten. „Der Hofmusikkapelle obliegt die Pflege der Kirchenmusik unter besonderer Berücksichtigung der österreichischen Tonkunst. Insbesondere ist ihr die traditionsgemäße Pflege der Renaissance-, Barock-, der klassischen und der romantischen Kirchenmusik anvertraut“, heißt es im Statut von 1953. Obwohl als eigentlicher Wirkungsort die Wiener Hofburgkapelle zur Zeit des Sonntagsgottesdienstes zu nennen ist, zieht das Statut auch konzertante Auftritte und sogar Tourneen in Betracht.

Der Klarinettist Alois Schmidl, Philharmoniker von 1892 bis 1914, in der Dienstuniform der Hofkapelle mit Zweispitz und Degen

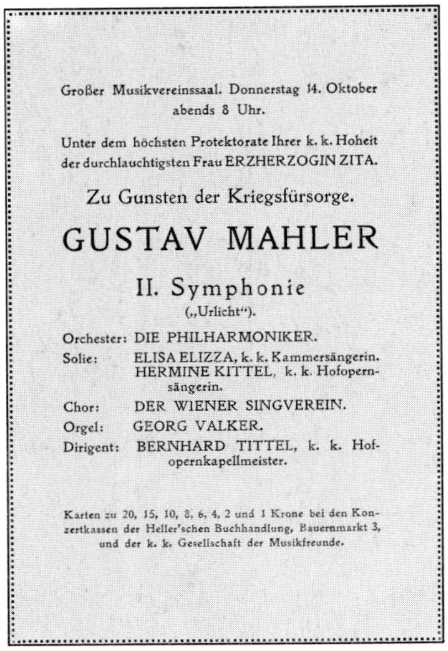
Großer Musikvereinssaal. Donnerstag 14. Oktober
abends 8 Uhr.

Unter dem höchsten Protektorate Ihrer k. k. Hoheit
der durchlauchtigsten Frau ERZHERZOGIN ZITA.

Zu Gunsten der Kriegsfürsorge.

GUSTAV MAHLER

II. Symphonie
(„Urlicht").

Orchester: DIE PHILHARMONIKER.
Solie: ELISA ELIZZA, k. k. Kammersängerin.
HERMINE KITTEL, k. k. Hofopernsängerin.
Chor: DER WIENER SINGVEREIN.
Orgel: GEORG VALKER.
Dirigent: BERNHARD TITTEL, k. k. Hofopernkapellmeister.

Karten zu 20, 15, 10, 8, 6, 4, 2 und 1 Krone bei den Konzertkassen der Heller'schen Buchhandlung, Bauernmarkt 3, und der k. k. Gesellschaft der Musikfreunde.

Wohltätigkeitskonzert im Kriegsjahr 1915

Musikexplosion

Die von den Vorvätern ererbten Funktionen haben das Orchester glücklicherweise nicht zum musikalischen Museumsobjekt erstarren lassen. Hellhörig nicht bloß in künstlerischer Beziehung, haben die Philharmoniker stets sehr rasch neue Erfindungen und neue Tendenzen wahrgenommen und sich zunutze gemacht. Wenn auch im Orchester – wie in einer alten Handwerkerstube – Lehrer neben ihren einstigen Schülern, Väter neben ihren Söhnen sitzen, ist es, an der Produktion gemessen, ein hochmoderner Musikgroßbetrieb. Die Verwaltung dieses Unternehmens, das seine Tätigkeit in gut einem halben Dutzend Wirkungsstätten ausübt, ist allerdings im wesentlichen die gleiche wie vor hundert und mehr Jahren. Sie wird wie zu Dessoffs Zeiten von einem zwölfköpfigen Komitee besorgt, das nunmehr Verwaltungsausschuß heißt und durch drei Sekretärinnen und einen Buchhalter unterstützt wird. „Der Verwaltungsaufwand beläuft sich auf etwa 3 Prozent des Umsatzes, bei vergleichsweise 25–30 Prozent in ‚normalen' Betrieben, und zwar deshalb, weil die vom Plenum gewählten Funktionäre ihre Ämter ehrenamtlich, nur gegen Erstattung eines geringen Spesenaufwandes und neben ihrem Musikerberuf ausüben." (Altenburger, 1979, 5)

Die Tätigkeit des Opernorchesters ist in den letzten hundert Jahren im wesentlichen die gleiche geblieben, die Tätigkeit der Wiener Philharmoniker dagegen hat sich explosionsartig vermehrt. Den Anfang machten mitten im Ersten Weltkrieg die Abonnementkonzerte, die, Einzelveranstaltungen bisher, unversehens zu Zwillingskonzerten gerieten, von denen das erste „öffentliche Generalprobe" genannt wird und am Samstagnachmittag vor dem Konzert stattfindet. Daß die Verdoppelung gerade im Not- und Hungerwinter 1917–1918 erfolgte, als jeder nach Trost, Ablenkung und Erhebung suchte, ist gewiß kein Zufall; eine ähnliche Steigerung des Interesses für alle künstlerischen Veranstaltungen war auch im Zweiten Weltkrieg zu beobachten. Im Kriegsjahr 1917 fand auch eine Konzertreise unter der Leitung Felix von Weingartners statt, die in die neutrale Schweiz führte. Damit war – obwohl schon vorher Gastkonzerte im In- und Ausland abgehalten worden waren – das eigentliche Tourneenzeitalter eingeleitet, das mit zwei Reisen nach Südamerika, 1922 und 1923, frühe Höhepunkte erreichte.

Als die Mehrheit der Orchestermitglieder in Brasilien und Argentinien auftrat, fuhren die Daheimgebliebenen, durch Pensionisten und Substituten verstärkt, mit dem Staatsopernensemble nach Salzburg. Die Verbindung zwischen dem Orchester und der Mozartstadt war nicht neu, denn schon 1877 hatten die Philharmoniker eine Reise nach Salzburg unternommen – ihre erste Reise überhaupt – und beim „Musikfest der Internationalen Stiftung Mozarteum" konzertiert. Dem waren mehrere gleichartige Ausflüge gefolgt, und im Jahre 1906, zu Mozarts 150. Geburtstag, hatte die Wiener Oper Mahlers Neuinszenierung des „Figaro" vorgeführt, wäh-

Gegenüberliegende Seite: Vor dem Mozart-Denkmal in Salzburg: Huldigung der Wiener Philharmoniker 1926

rend die Philharmoniker unter Strauss und Mottl Konzerte gaben. Durch diese Musikfeste war der Salzburger Festspielgedanke entstanden, der sich 1922 erstmals voll entfalten konnte, als die Wiener Oper vier Mozart-Werke zeigte, „Don Juan", „Così fan tutte", „Hochzeit des Figaro" und „Entführung aus dem Serail", dirigiert von den beiden Operndirektoren Richard Strauss und Franz Schalk. Außerdem gab das „Orchester der Wiener Staatsoper" – die Philharmoniker waren ja in Südamerika – zwei Konzerte im Mozarteum. In den folgenden Sommern erlitten die jungen Salzburger Festspiele schwere Rückschläge, konnten aber 1925 das verlorene Terrain zurückgewinnen. Wieder zeigte die Oper einige ihrer Vorstellungen, und das Orchester bot, diesmal unter dem Namen „Wiener Philharmoniker", drei Konzerte. Seit diesem Jahr zählt die Teilnahme an den Salzburger Festspielen zu den Fixpunkten im philharmonischen Kalender; das Orchester eroberte sich damit eine zweite Saison, die zwar kürzer ist als die Wiener, doch ebensoviel, wenn nicht mehr zu seinem internationalen Ansehen beiträgt, nicht zuletzt dadurch, daß in Salzburg auch das Opernorchester „Wiener Philharmoniker" heißt.

Um dieselbe Zeit, als die Philharmoniker in Salzburg Fuß faßten, setzte die Entwicklung der technischen Medien ein, denen ein be-

SALZBURGER FESTSPIELE / AUGUST 1925
* *
52

1. Orchester-Konzert

Freitag, den 28. August 1925, 11 Uhr vormittags, im Festspielhaus

Dirigent: Bruno Walter

Ausführend:

Die Wiener Philharmoniker

(Das Orchester der Wiener Staatsoper)

Rudolf Serkin (Klavier)

PROGRAMM

1. Josef Haydn: Symphonie Nr. 10, D-dur (Nr. 86 d. G. A.)
   Adagio, Allegro spiritoso
   Capriccio, Largo
   Menuetto, Allegro
   Finale, Allegro con spirito

2. W. A. Mozart: Konzert für Klavier und Orchester, Es-dur (K. V. 482)
   Allegro
   Andante
   Allegro

3. Johannes Brahms: II. Symphonie, D-dur (op. 73)
   Allegro non troppo
   Adagio non troppo
   Allegretto grazioso (Quasi Andantino)
   Allegro con spirito

Klavier: Blüthner (Leipzig)

Nach Nummer 2 größere Pause.

sonderer Abschnitt dieses Buches gewidmet ist. Sie begann mit der Einführung des Radios, das dem Orchester bald eine nach Hunderttausenden zählende unsichtbare Hörerschaft bescherte, und wurde durch Schallplatten- und Videoproduktionen fortgesetzt. Infolge einer Art Rückwirkung vermehrten sich auch in Form von außerordentlichen Veranstaltungen die Auftritte in den Konzertsälen: Eine Musikexplosion, die das Orchester nicht aus den traditionellen Gleisen riß, diese aber in ein Kommunikationsnetz von planetarischen Ausmaßen einband. Administriert jedoch werden die klassischen und die elektronischen Aktivitäten in ein paar Zimmern im Musikvereinsgebäude, und zwar, der „philharmonischen Idee" entsprechend, von den Orchestermitgliedern selbst und dem von ihnen demokratisch gewählten Ausschuß.

DIE REPUBLIK UND IHRE BOTSCHAFTER

Durch die Salzburger Festspiele, durch Konzerttourneen und – vor allem – durch ihre Präsenz in den elektronischen Medien sind die Wiener Philharmoniker zu Botschaftern österreichischer Kultur geworden. Ihr Aufschwung zur Weltgeltung, der für die künstlerische Physiognomie Österreichs von hoher Bedeutung ist, hat im Lauf von Jahrzehnten auch ihr Verhältnis zum Staat geprägt. Die Philharmonischen Konzerte, die von den Behörden in der frühen Orchestergeschichte als bloß den „Privatinteressen" dienende Nebenbeschäftigung, wenn nicht gar als Wohltätigkeitsveranstaltungen eingestuft wurden, gelten heute als Zentrum der Wiener Musikkultur, für das im öffentlichen Interesse optimale Rahmenbedingungen zu schaffen sind.

Diese neuere Einstellung der Republik Österreich zur philharmonischen Republik ist das Ergebnis eines Lernprozesses, in dessen Verlauf auch die Beziehung der Musiker zur Oper neu gestaltet wurde. Das Musizieren im Opernhaus war und ist die im künstlerischen wie sozialen Sinne existentielle Grundlage des Orchesters. Von den Bedingungen dieses Wirkens hängt deshalb in hohem Maße auch die Entfaltung des ureigenen philharmonischen Potentials ab. Dieser Gedanke war freilich dem Staat ursprünglich fremd, weshalb alle Bemühungen der Musiker außerhalb der Oper als Störungen betrachtet wurden. Aus dieser Grundeinstellung ergab sich, daß von einer unmittelbaren Erleichterung oder gar Förderung der philharmonischen Aktivitäten durch die Operndirektion nicht die Rede sein konnte. Im Gegenteil: Aus den Musikerverträgen, die sich im Haus-, Hof- und Staatsarchiv erhalten haben, geht deutlich hervor, daß die Operndirektion auf eine Begrenzung der musikalischen Tätigkeit außerhalb des Operntheaters bedacht war. Im Artikel 3 des mit Joseph Hellmesberger junior abgeschlossenen Vertrags vom 31. März 1888 heißt es ausdrücklich: „Ein Orchester-Mitglied des k.k. Hofopern-Theaters darf außerhalb desselben seine Kunst in Wien oder Umgebung nur dann öffentlich ausüben,

wenn dadurch die vertragsmäßige Dienstleistung nicht im geringsten beeinträchtigt wird, oder eine solche anderweitige öffentliche Kunsttätigkeit nach Anschauung und Entscheidung der Direktion den künstlerischen Interessen und der Würde des k.k. Hofopern-Theaters nicht zuwiderläuft."

Die Verträge dieser Epoche setzen den Akzent auf die Erfüllung der Dienstverpflichtung in der Oper und auf die Beobachtung der von der Direktion verfügten Diensteinteilung. Aus dieser Sicht erschien eine Bedachtnahme auf die Philharmonischen Konzerte rechtlich in keiner Weise gesichert. Wenn sie dennoch berücksichtigt wurden, so war dies sympathischer Anteilnahme zu danken und der Fürsprache oder dem Eigeninteresse eines Dirigenten. Die Doppelfunktion des Orchesters war zwar ein Faktum, fand aber in den Vertragstexten und Dienstanweisungen der Direktion keinen Niederschlag.

Viele Jahrzehnte mußten verstreichen, ehe hier eine Änderung herbeigeführt wurde. Erst zu Beginn der fünfziger Jahre unseres Jahrhunderts war es soweit. Neben der weltweiten Geltung der Wiener Philharmoniker dürfte diese Wende auch den äußeren politischen Umständen zu danken sein. Noch war Österreich ein von vier alliierten Siegermächten besetztes Land, noch war der Staatsvertrag, der dem Land Unabhängigkeit garantieren sollte, nicht geschlossen, noch war die politische Stimme der Republik nur „con sordino" zu vernehmen. Die künstlerischen Leistungen der Oper und der Wiener Philharmoniker dagegen fanden als deutlich vernehmbare musikalische Botschaft der wiedererstandenen Republik

Franz Schalk, Operndirektor 1918–1929. Schattenriß von Hans Schließmann

in der Welt Gehör. In dieser Situtation schloß der Staat mit dem Staatsopernorchester ein Abkommen, in dem – unseres Wissens zum erstenmal – auch auf die Wiener Philharmoniker rechtlich Bezug genommen wurde. Das Abkommen vom 24. November 1953 trägt den Titel: „Vereinbarung zwischen der Republik Österreich, Bundesministerium für Unterricht – Bundestheaterverwaltung als Dienstgeber einerseits und den Mitgliedern des ‚Orchesters der Staatsoper im Theater an der Wien' anderseits."

Die Vereinbarung legt im Paragraph 8 fest, daß die Orchestermitglieder während des Spieljahres Anspruch auf insgesamt sechs Wochen gleichzeitigen Urlaubs haben „zwecks Teilnahme an den Gastspielreisen der Wiener Philharmoniker" und daß für diese Zeit vom Verein Wiener Philharmoniker geeignete Substituten zu stellen und zu honorieren sind. Ferner hat die Diensteinteilung im Opernhaus nach den Bestimmungen des Paragraphen 9 auf die Abonnementkonzerte Bedacht zu nehmen, indem das Orchester an den Tagen, die den Konzerten vorangehen, in der Oper keiner Probenverpflichtung unterworfen wird.

Der Vertrag von 1953 beweist, daß der Dienstgeber des Opernorchesters die eminente künstlerische und wohl auch kulturpolitische Bedeutung der Wiener Philharmoniker anerkennt und ihnen den Freiraum für eine volle qualitative und quantitative Entfaltung zugesteht. Die Sicherung dieses Freiraums hängt freilich auch von der wirtschaftlichen und rechtlichen Situation der Oper selbst ab. Die Frage nach der Festigkeit der ökonomischen Basis der Wiener Oper mag heute mit gutem Recht abwegig erscheinen. Es gab jedoch eine relativ kurze Periode, in der sich diese Frage wohl gestellt hat. Als das Habsburgerreich zusammenbrach, gehörte die Hofoper zu jenem hofärarischen Vermögen, das zuerst von einem „Staatsnotar" verwaltet wurde, am 3. April 1919 in das Eigentum der Republik Österreich überging und schließlich durch Gesetz vom 18. Dezember 1919 dem sogenannten „Kriegsbeschädigtenfonds" überantwortet wurde, dessen Mittel bestimmt waren, den durch den Krieg in ihrer Gesundheit oder ihrem Besitz geschädigten Staatsbürgern Kompensation zu gewähren. Die Existenz der Oper wie auch des Burgtheaters schien unter diesen Umständen in Gefahr, denn weite Kreise dachten, daß sich die kleine Republik die großen Kulturstätten der Kaiserzeit nicht leisten könne. Franz Schalk, der erste Operndirektor des neuen Staates, konnte daher nicht mit Optimismus in die Zukunft sehen; es mag sogar sein, daß er im März 1920, als er ein Philharmonisches Konzert mit Mozarts g-moll-Symphonie und Bruckners Neunter dirigierte, die Existenz dieses Orchesters für sicherer ansah als die seines Opernhauses. Diese Ungewißheit wurde noch durch Gerüchte über eine bevorstehende Privatisierung der Staatstheater verstärkt. Die damaligen Zeitungen wußten zu melden, daß sich unter Beteiligung von Banken und Industrien Finanzkonsortien gebildet hätten, die Oper und Burgtheater übernehmen wollten. Solche Pläne waren gewiß auch genährt von

Richard Strauss und Franz Schalk im September 1919, kurz vor der Wiener Uraufführung der „Frau ohne Schatten". Strauss und Schalk leiteten die Oper gemeinsam von 1919 bis 1924

mancher bedeutenden künstlerischen Anstrengung der Oper, die in dieser Zeit der institutionellen Ungewißheit die Uraufführung von Richard Strauss' „Frau ohne Schatten" ins Werk setzte und Strauss selbst für die Opernleitung gemeinsam mit Schalk gewann.

Was aus dem Opernhaus im Fall einer Privatisierung geworden wäre, ist ebensowenig abzuschätzen wie die Rückwirkung eines solchen Eigentumstransfers auf die Wiener Philharmoniker. Daß die möglichen Gefahren einer solchen Operation abgewendet wurden, ist einer Sinnesänderung der Regierung zu danken, die am 21. Mai 1920 eine von Karl Renner als Kanzler unterzeichnete „Vollzugsanweisung betreffend die Verwaltung der ehemals hofärarischen Theater" beschloß. Damit traten die ehemaligen Hoftheater, wie es in einer Pressemitteilung hieß, „nach einer Übergangszeit, bei welcher sie in der Verlassenschaftsmasse des Hofärars ein unsicheres Dasein geführt haben, in ein gesichertes Stadium" (*Neue Freie Presse*, 29. Mai 1920). Mit dem Übergang in das Eigentum der Republik war nicht nur die Existenz der Oper, sondern auch die des Opernorchesters gewährleistet.

Schloß Schönbrunn, 15. Mai 1955: Beim Regierungsempfang zum Abschluß des Staatsvertrages

Der Hinweis auf die Krisensituation beim Übergang von der alten zur republikanischen Rechtsordnung ist bedeutsam, weil er belegt, wie wenig sich die Fortführung der k.k. Kunststätten von selbst verstand. In diesem Sinne bildet die Rechtsgeschichte der Wiener Oper einen wesentlichen Bestandteil der Geschichte der Wiener Philharmoniker, denn Privatisierung und damit Kommerzialisierung der Oper hätten auf die Philharmoniker unerwünschte Wirkungen ausgeübt. Österreich hat diesen Weg nicht beschritten.

Schon wenige Monate nach der genannten Vollzugsanweisung trat die neue österreichische Verfassung in Kraft, die die beiden Theater endgültig in die Kompetenz des Bundes verwies und damit zur Sache der Republik machte.

Erst damit waren die Möglichkeiten einer allmählichen Neugestaltung des Verhältnisses der Wiener Philharmoniker zur Staatsoper geschaffen. Die Nutzung dieser Möglichkeiten verläuft allerdings in einem langwierigen Prozeß, dessen erste bedeutende Etappe in der Vereinbarung von 1953 zu signalisieren ist. Von 1980 bis 1982 wurden Verhandlungen über einen Orchesterkollektivvertrag geführt, der im Februar 1983 zwischen der gewerkschaftlichen Musikervertretung und der Republik Österreich geschlossen wurde. Diese Vereinbarung regelt weit mehr als Tarife: das monatliche Dienstlimit für Vorstellungen, das Dienstlimit des Gesamtorchesters für Proben und so weiter. Von Bedeutung für das reibungslose Nebeneinander von Operntätigkeit und philharmonischer Tätigkeit ist der Paragraph 39, der die sogenannte „freie Dienstteilung" festlegt, das heißt, daß die Dienste für Proben und Vorstellungen von jeder einzelnen Stimmgruppe frei und selbständig einzuteilen sind. Diese Eigenkompetenz der Stimmgruppe bildet eine der Grundlagen für das Ineinandergreifen von Operndisposition und philharmonischer Selbstverwaltung. Noch wichtiger wurde eine Kurskorrektur, die die Anerkennung philharmonischer Interessen durch die Operndirektion ausdrückt. Während das Operndienstrecht bis 1953 von der Existenz der Philharmoniker überhaupt keine Notiz nahm, geht der Orchesterkollektivvertrag über die damaligen Vereinbarungen noch weit hinaus. Er verpflichtet die Direktion der Wiener Staatsoper nämlich zur Förderung aller Orchestertätigkeiten, „die zur Hebung des künstlerischen Niveaus des ganzen Hauses geeignet sind". Damit ist klargestellt, daß die Philharmonischen Konzerte und sonstigen Eigenveranstaltungen der Orchestermitglieder Ermutigung verdienen, weil sie das künstlerische Kapital des Opernhauses mehren.

Juristen und Manager mögen diese Bestimmungen vornehmlich aus dienstrechtlicher Perspektive sehen. Dem Historiker kann nicht entgehen, daß aus den Vereinbarungen und Verträgen die allmähliche Emanzipation eines Orchesters abzulesen ist, das sich neben den Aufgaben im Opernhaus, wenn auch nicht ganz unabhängig von diesem, einen Wirkungsbereich erobert hat, der schließlich zum unverzichtbaren Kulturgut der Nation wurde. Die Republik Österreich hat den Wiener Philharmonikern damit jene Rechte zuerkannt, die den im öffentlichen Bewußtsein akkreditierten Botschaftern der Musik zustehen.

Abbildung auf Seite 56: Otto Nicolai. Lithographie von Joseph Kriehuber, 1842

J. Kriehuber
842

GEBURTSJAHRE

ANDERS ALS DIE MEISTEN EUROPÄISCHEN ODER ÜBERSEEischen Orchester sind die Wiener Philharmoniker niemals gegründet worden. Sie existierten als Theaterorchester, seit in Wien Opern gespielt wurden, und ihre Geburtsstunde läßt sich ebensowenig bestimmen wie die des Wiener Opernhauses. Bemerkenswert ist, daß sich dieses Theaterorchester, von dem auch Musikliebhaber kaum Notiz nahmen, schon in den Frühzeiten regelmäßig als Konzertorchester produzierte, vor allem an den sogenannten „Normatagen", an denen Opernvorstellungen und sonstige Spektakel untersagt waren. Die Konzerte fanden zur Abendzeit im Theater selbst statt, in den letzten Jahrzehnten des achtzehnten Jahrhunderts im Theater nächst der Burg und späterhin im Theater nächst dem Kärntnertor, sobald sich dieses auf Opern- und Ballettaufführungen spezialisiert hatte. Obgleich die Wiener Philharmoniker also nicht im eigentlichen Sinn „gegründet" wurden, gibt es zwei Gründungsjahre, die als Jubiläen begangen wurden beziehungsweise werden, und dazu noch weitere Daten, an denen sich ein philharmonischer Geburtstag feiern ließe, wollte man noch weiter in die Geschichte zurückgehen.

Lange Zeit hindurch haben die Philharmoniker 1860 als Entstehungsjahr betrachtet, obwohl ihnen bewußt war, daß Otto Nicolai schon achtzehn Jahre zuvor das erste Philharmonische Konzert geleitet hatte. Erst seit 1860 aber gab es acht Konzerte pro Saison, gab es Abonnement und Abonnenten und vor allem eine Kontinuität der Darbietungen, die trotz zweier Weltkriege bis in unsere Zeit erhalten werden konnte. So begingen die Philharmoniker 1885 die „Feier des 25jährigen ununterbrochenen Bestandes" durch ein Festkonzert, das von Hans Richter dirigiert wurde. Das Programm enthielt Beethovens Neunte Symphonie und eine „Kirchliche Festouvertüre mit Choral" von Otto Nicolai, womit eigentlich drei Jubiläen vereinigt wurden: nämlich vordergründig die Einführung der Abonnementkonzerte, zugleich aber auch Nicolais Initiative zur Gründung Philharmonischer Konzerte, und als ferne Erinnerung die Uraufführung von Beethovens Neunter durch die Wiener Philharmoniker, die damals freilich noch nicht diesen Namen getragen hatten. Das Jubeljahr 1885 zeitigte auch die erste Monographie über das Orchester, eine „Festschrift aus Anlaß der Feier des 25jährigen ununterbrochenen Bestandes der im Jahre 1842 gegründeten Philharmonischen Concerte in Wien", deren Verfasser Carl Ferdinand Pohl war, der Bibliothekar und Archivar der Gesellschaft der Musikfreunde.

Den „50jährigen ununterbrochenen Bestand" begingen die Philharmoniker im Frühling 1910 mit zwei Jubiläumskonzerten unter Felix von Weingartner. Das erste, zugleich das Nicolaikonzert der Saison, brachte ausschließlich Werke von Brahms, das zweite neben Bruckners „Tedeum" wieder die Neunte von Beethoven. Richard von Perger, vormals Dirigent der Gesellschaftskonzerte der Musikfreunde und später ihr Historiker, verfaßte eine informative Denkschrift. Selbst der sechzigjährige ununterbrochene Bestand wurde 1920 durch eine kleine Publikation in Erinne-

DENKSCHRIFT

ZUR FEIER DES FÜNFZIGJÄHRIGEN UNUNTERBROCHENEN BESTANDES DER PHILHARMONISCHEN KONZERTE IN WIEN

1860 1910

VON RICHARD VON PERGER

MIT EINEM STATISTISCHEN ANHANG

WIEN UND LEIPZIG 1910. K. UND K. HOF-BUCHDRUCKEREI UND HOF-VERLAGS-BUCHHANDLUNG CARL FROMME

rung gerufen (Denkschrift 1920). Im Jahre 1935 indes, das Anlaß für eine Fünfundsiebzigjahrfeier geboten hätte, gab es zwar eine Franz-Liszt-Gedächtnisfeier unter Weingartner und sehr festliche Abonnementkonzerte unter Wilhelm Furtwängler, Arturo Toscanini und Bruno Walter, doch keinen Rückblick in die Orchestergeschichte. Erst sieben Jahre danach, als Österreich seine staatliche Selbständigkeit verloren hatte und ein Krieg ohnegleichen Europa verheerte, entsann man sich der eigenen Tradition und entschloß sich, im Jahr 1942 das hundertjährige Bestehen zu feiern. Otto Strasser, Sekundgeiger, langjähriger Vorstand und Historiker seines Orchesters, berichtet, daß die imposanten Jubiläumsfeiern in diesem Jahr nicht bloß aus Respekt vor der eigenen Geschichte und aus Anhänglichkeit an Otto Nicolai organisiert wurden, sondern auch als Gelegenheit, „unsere Position zu stärken und uns vor kriegsbedingten Eingriffen abzusichern" (Strasser 1974, 192). Je mehr sie gefeiert wurden und sich selber feierten, desto geringer erschien die Gefahr einer Auflösung des Orchesters und der Einberufung seiner Mitglieder zur deutschen Wehrmacht. Eine große Zahl eigener Konzerte, darunter mehrere Aufführungen von Beethovens Neunter Symphonie unter Wilhelm Furtwängler, verband sich mit Gastkonzerten ausländischer Orchester, darunter das Concertgebouw Orchester aus Amsterdam und die Budapester Philharmonie, die durch ihre Präsenz den Wiener Kollegen gratulierten. So entstand mitten im Zweiten Weltkrieg durch das Philharmoniker-Jubiläum ein Klima trügerischer Friedlichkeit und Internationalität. Was blieb von diesen Feiern zum hundertsten Geburtstag? Ein Gedicht von Josef Weinheber, die vielbeachtete und -zitierte Rede von Wilhelm Furtwängler, die auch gedruckt wurde, und der Statistische Teil der offiziellen Festschrift „Wiener Philharmoniker. 1842 – 1942", der von dem philharmonischen Kontrabaßspieler Karl Schreinzer, der als Archivar des Orchesters tätig war, und von Hedwig Kraus, der Archivdirektorin der Gesellschaft der Musikfreunde, zusammengestellt worden war. Dieser Band ist so gewissenhaft gearbeitet und, was 1942 nicht selbstverständlich war, so sachlich-objektiv konzipiert, daß den damaligen Machthabern nichts übrigblieb, als den bereits gedruckten und broschierten Exemplaren einen gelben Zettel beizulegen, der feststellte, welche in der Statistik erwähnten Künstler „aufgrund behördlicher, parteiamtlich geprüfter Unterlagen" als Juden oder Mischlinge zu gelten hatten.

Seit dem Musikfest von 1942 scheint festzustehen, daß die Philharmoniker im Jahr 1842 entstanden sind. Sie feierten 1967 ihr hundertfünfundzwanzigjähriges Jubiläum und werden 1992 zweifellos ihr hundertfünfzigjähriges feiern. Nicht nur der philharmonische Historiker Otto Strasser bekennt sich zu diesem Datum, sondern auch der junge Archivar des Orchesters, Clemens Hellsberg, Primgeiger und Doktor der Musikwissenschaft. In einem Aufsatz führt Hellsberg ein solides Argument zugunsten des Jahres 1842 ins Treffen: „Es ist nicht bekannt, wem wir die Erhaltung der etwa siebzig

Dokumente aus den Jahren 1842 bis 1860 zu verdanken haben, jedenfalls sind in dieser Sammlung die Anfänge des Historischen Archivs zu sehen, darüber hinaus aber vor allem der Beweis, daß die Geschichte der Wiener Philharmoniker mit Otto Nicolai beginnt." (*Musikblätter*, 39/10)

Ein anderer Philharmoniker hingegen, der Kontrabassist Alfred Planyavsky, der auch Theoretiker und Historiker seines Instruments ist, geht neun Jahre weiter zurück und nennt 1833 als eigentliches Geburtsjahr (Planyavsky, 1967). Nicht unbegründet, denn in diesem Jahr veranstaltete Franz Lachner, der am Kärntnertortheater als Kapellmeister wirkte, mit dem Orchester vier Konzerte in den Redoutensälen, nur wenige also und ohne finanziellen Ertrag, doch immerhin die ersten Konzerte außerhalb des Theaters. Hätten sich die Musiker des k.k. Hofopern-Theaters damals nicht Künstler-Verein genannt, sondern zum Beispiel Philharmonischer Verein, so würden vergangene und künftige Jubiläen vielleicht ganz anderen Jahren zufallen.

Auf der Suche nach dem Geburtstag der Wiener Philharmoniker sind wir zweimal bereits in die Geschichte zurückgeschritten, von 1860 nach 1842, von 1842 nach 1833. Wenn wir nochmals neun Jahre zurücktasten, gelangen wir ins Jahr 1824, als im Theater nächst dem Kärntnertor zum ersten-, allererstenmal Beethovens Neunte Symphonie gespielt wurde und der ertaubte Komponist mit hilflosen Gesten den Takt zu schlagen versuchte. In seinem Buch über die bedeutenden Orchester unserer Zeit legt Siegfried Borris nahe, diese Aufführung „als die eigentliche Geburtsstunde des echten Wiener Konzertlebens zu bezeichnen ... Denn offensichtlich war das Orchester mit einem schönen Enthusiasmus gewillt, in einer großen und innerlich engagierten Aufführung sein Bestes zu geben" (Borris, 1969, 250). Der Autor, weder Philharmoniker noch Wiener, sucht, unbelastet von Lokaltradition und eingeführten Jubiläen, nach dem geistigen Hintergrund, der das Entstehen eines professionellen Konzertorchesters notwendig machte. Sobald Beethovens Symphonien vorlagen, die dem Instrumentalisten mehr an technischem Können und musikalischer Gestaltungskraft abverlangten als alle bisherige Orchestermusik, brauchte man auch einen Klangkörper, der diesen Werken gerecht wurde.

Alle vier Daten, die hier angeführt wurden, können überzeugend wirken; es hängt bloß davon ab, welches Kriterium im Vordergrund steht. Wer die künstlerische Herausforderung des Musikers durch die Existenz der Beethovenschen Partituren als Stimulans der philharmonischen Idee ansieht, wird der Uraufführung der Neunten Symphonie im Jahr 1824 eingedenk sein. Der Historiker, dem das erste Hervortreten des Theaterorchesters als Konzertvereinigung wichtig erscheint, wird Franz Lachner und seinen Künstler-Verein von 1833 feiern. Hält man sich an die Bezeichnung „Philharmonisches Konzert", so gelangt man zu Otto Nicolai, der 1842 und in den folgenden Jahren mit großem künstlerischen und materiellen

Erfolg elf Konzerte dirigierte. Nach seinem Abgang aus Wien im Jahr 1847 erlahmte der philharmonische Schwung: Es gab bestenfalls ein Konzert im Jahr, und mitunter nicht einmal das eine. Und darum waren die Philharmoniker durchaus im Recht, als sie bei ihren Feiern auf das Jahr 1860 zurückblickten, von welchem sich ihr „ununterbrochener Bestand“ bis in unsere Zeit herleitet.

1824: Beethovens Neunte

Versuchen wir, uns in das Wien von 1824 rückzuversetzen. Unser Führer ist der Schriftsteller Johann Pezzl, dessen „Neueste Beschreibung von Wien“ um diese Zeit in sechster Auflage gedruckt wurde. Die eigentliche Stadt war von Mauer und Graben umgeben, die freilich keine militärische Bedeutung mehr hatten. Durch zwölf Tore, zwei davon nur für Fußgänger, gelangte man von der Inneren Stadt über ein weites unbebautes Terrain, das Glacis, zu den Vorstädten, deren es vierunddreißig gab, und um die sich ein weiterer Wall, die sogenannte Linie, schloß. Stadt und Vorstädte bildeten bereits eine wirtschaftliche Einheit: Die Wiener wohnten in der Vor-

Glacis und Basteipromenade zur Beethoven-Zeit. Nach einem Aquarell von Tobias Raulino, um 1824

Das Kärntnertortheater. Stich

stadt und gingen in der Stadt ihrem Erwerb nach oder umgekehrt; sie fuhren von der Vorstadt ins Hofopern-Theater oder von der Stadt zum Theater an der Wien hinaus.

Das k.k. Hofopern-Theater befand sich innerhalb der Mauern nahe dem Tor, das die Kärntnerstraße abschloß, und hieß deshalb Theater nächst dem Kärntnertor oder kurz Kärntnertortheater. „In architektonischer Hinsicht zeichnet sich dasselbe gar nicht aus", kritisiert Pezzl. Das Haus verfügte neben dem Parterre, das zum Teil erhöht war, über fünf Stockwerke, von denen die zwei unteren ganz aus Logen bestanden. Überdies hatte die „neue Administration" auch fast die ganze dritte Galerie in Logen verwandeln lassen. Die neue Administration war der Italiener Domenico Barbaja, dem der Kaiser das Theater 1821 verpachtet hatte, ein Pächter allerdings, der keinen Pachtzins zahlte, sondern, im Gegenteil, einen jährlichen Zuschuß von 140.000 Gulden Konventionsmünze empfing, damit auch die deutsche Oper ihren Platz im Repertoire finde. Daß sich mit dieser Subvention ganz gut wirtschaften ließ, kann man daraus ablesen, daß ein Parterresitz einen Gulden kostete.

Im Kärntnertortheater gab es eine italienische Saison, in der Ros-

Rossini dominierte in der italienischen wie in der deutschen Saison des Kärntnertortheaters

sini dominierte, und eine deutsche, in der auch vorwiegend italienische Opern, allerdings in deutscher Sprache, gespielt wurden. Dazwischen fanden einzelne Vorstellungen des „Freischütz“ und der „Euryanthe“ von Weber statt sowie des „Titus“ und des „Don Juan“ von Mozart. Das meistgespielte Werk der Saison 1823–24 war aber weder eine italienische noch eine deutsche Oper, sondern ein Ballett, das große Zauberspiel „Die Fee und der Ritter“, in dem Fanny Elßler eine Hauptrolle tanzte.

Trotz der Dominanz der italienischen Oper und ihrer Belcantisten waren die Musiker im Orchestergraben Einheimische, und Pezzl versichert, daß „das Orchester durch die ausgezeichnetesten Künstler für alle Instrumente“ gebildet wurde. Weit weniger entwickelt als das Musiktheater war das Konzertwesen. Die Gesellschaft der Musikfreunde, 1812 gegründet, gab jährlich vier Konzerte, deren Besuch den Gesellschaftsmitgliedern vorbehalten blieb, und daneben bestand eine Vereinigung von Berufsmusikern und Musikliebhabern, „Dilettanten“ genannt, die in Concerts Spirituels Kompositionen im „ernsten Stil“ und in nicht allzu großer Besetzung aufführte. Gemessen an den wenigen Konzerten kann uns Johann Pezzl eine respektable Liste von in Wien ansässigen Komponisten vorsetzen, unter denen der Name Beethoven nicht fehlt. Was Pezzl nicht wußte oder nicht mitteilte, war der beschämende Umstand, daß Beethoven zwei neue große Kompositionen, ungedruckt und unaufgeführt, in seinem Pult liegen hatte, eine feierliche Messe und eine Symphonie von unerhörten Ausmaßen, in deren Finalsatz Solostimmen und Chor zum Orchester hinzutraten.

Wer aber sollte die Aufführung dieser kolossalen Werke wagen, wenn das Publikum nichts als Rossini und Elßler im Kopf hatte? Beethoven selbst war von den politischen und musikalischen Zuständen in Österreich so abgestoßen, daß er eine Wiener Uraufführung nicht mehr ins Auge faßte und Verhandlungen mit Berlin anbahnte. Seine Bemühungen rüttelten die Wiener Beethoven-Verehrer wach, die im Februar 1824 in feierlich-poetischem Stil eine Adresse verfaßten, in der sie von Beethoven unter Anrufung heiligster Namen wie Haydn und Mozart eine Uraufführung der Messe und der Symphonie in Wien erbaten, wo diese Werke ja schließlich entstanden waren. Beethoven ließ sich umstimmen und stellte eine einzige Bedingung: Ignaz Umlauf sollte die Gesamtleitung des Konzerts übernehmen, und der Geiger Ignaz Schuppanzigh, wie damals üblich, vom ersten Pult aus das Orchester dirigieren. Zuerst wurde mit dem Theater an der Wien verhandelt, wo aber Beethovens Forderung, daß Schuppanzigh als Orchesterdirektor fungieren müsse, ein unüberwindliches Hindernis darstellte. Auch im Theater nächst dem Kärntnertor gab es zunächst Schwierigkeiten, da die Zensur gegen die Aufführung einer Messe in einem Operntheater Einspruch erhob. Den Veranstaltern blieb nichts übrig, als der Missa Solemnis einen anderen Namen zu geben. Außerdem erwiesen sich Chor und Orchester als zu schwach besetzt und mußten durch Mitglieder der Gesellschaft der Musikfreunde verstärkt werden. Unter diesen befand sich auch Josef Böhm, den die Gesellschaft wenige Jahre vorher als Violinprofessor an ihr Konservatorium berufen hatte und auf den sich die gesamte Wiener Streicherschule zurückführen läßt.

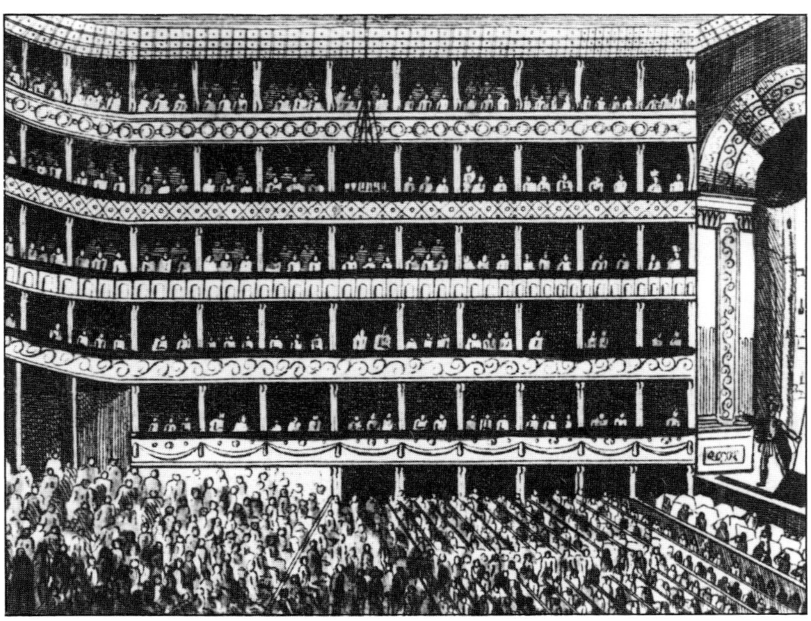

Kärntnertortheater, Innenansicht. Zu Beginn gab es nur zwei Logenränge, später waren alle fünf Ränge mit Logen ausgestattet. Zeitgenössische Darstellung

Während der Chor seine Partien studierte, hielt Schuppanzigh Vorproben mit dem Orchester ab, bei denen sich die Musiker sehr willig zeigten. Mehrere von den Bläsern erklärten sogar, daß sie für die Probe am nächsten Tag kein Geld nehmen würden und setzten hinzu: „Für Beethoven alles" (Thayer, 1908, 85). Um diesen opferwilligen Enthusiasmus zu begreifen, muß man sich die musikalische Landschaft vergegenwärtigen, aus der das Beethoven-Konzert herausragte. Die Uraufführung von Teilen der Missa Solemnis und der Neunten Symphonie fiel mitten in die italienische Saison: Am 4. Mai wurde „Edoardo e Cristina" von Rossini gespielt, am 5. ein Ballett-Pasticcio mit Fanny Elßler, am 6. wieder „Edoardo" und am 8. „Corradino" von Rossini. Für den 7. Mai 1824, 7 Uhr abend, war die „Große musikalische Akademie von Herrn L. van Beethoven" angekündigt. Auf dem Programm standen eine „große Ouvertüre" („Die Weihe des Hauses"), „drei große Hymnen" (wie man der Zensur wegen Abschnitte aus der Missa Solemnis nannte) und schließlich die „große Symphonie" (die Neunte).

„Herr Schuppanzigh hat die Direktion des Orchesters, Herr Kapellmeister Umlauf die Leitung des Ganzen, und der Musikverein

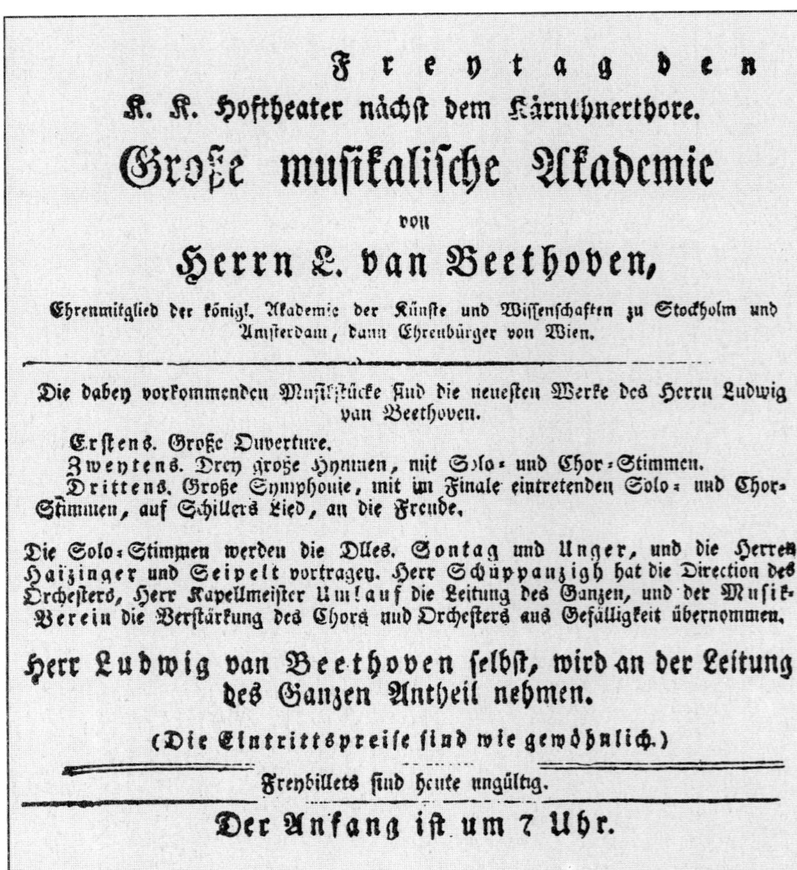
Freytag den
K. K. Hoftheater nächst dem Kärnthnerthore.
Große musikalische Akademie
von
Herrn L. van Beethoven,
Ehrenmitglied der königl. Akademie der Künste und Wissenschaften zu Stockholm und Amsterdam, dann Ehrenbürger von Wien.

Die dabey vorkommenden Musikstücke sind die neuesten Werke des Herrn Ludwig van Beethoven.

Erstens. Große Ouverture.
Zweytens. Drey große Hymnen, mit Solo- und Chor-Stimmen.
Drittens. Große Symphonie, mit im Finale eintretenden Solo- und Chor-Stimmen, auf Schillers Lied, an die Freude.

Die Solo-Stimmen werden die Dlles. Sontag und Unger, und die Herren Haizinger und Seipelt vortragen. Herr Schuppanzigh hat die Direction des Orchesters, Herr Kapellmeister Umlauf die Leitung des Ganzen, und der Musik-Verein die Verstärkung des Chors und Orchesters aus Gefälligkeit übernommen.

Herr Ludwig van Beethoven selbst, wird an der Leitung des Ganzen Antheil nehmen.

(Die Eintrittspreise sind wie gewöhnlich.)

Freybillets sind heute ungültig.

Der Anfang ist um 7 Uhr.

„Für Beethoven alles!" Anschlagzettel für die Große musikalische Akademie vom 7. Mai 1824

Ouvertüre „Die Weihe des Hauses": Partiturseite von Beethovens Hand

die Verstärkung des Chors und Orchesters aus Gefälligkeit übernommen", hieß es auf dem Programmzettel, und daran schloß sich in größerem Schriftgrad die Mitteilung: „Herr Ludwig van Beethoven selbst wird an der Leitung des Ganzen Anteil nehmen."

Was aber vermochten drei Dirigenten, da nur zwei Gesamtproben möglich waren und die Werke Schwierigkeiten sondergleichen boten! Otto Nicolai, der die Neunte zwei Jahrzehnte später mit dem Orchester aufführte, setzte dreizehn Proben an. Allen Berichten zufolge war die erste Aufführung mangelhaft, ein Versprechen erst, eine Vorahnung und noch keine Gewißheit. Dennoch war der Teil der Hörer, der zu hören verstand, tief bewegt und feierte den Komponisten durch Beifallsstürme zwischen den einzelnen Sätzen. Zwei Wochen danach wurde die Aufführung der Neunten Symphonie im großen Redouten-Saal wiederholt.

Schon 1826 lag die Partitur des Werks im Druck vor. Die Partitur der Fünften Symphonie, die 1808 uraufgeführt worden war, erschien ebenfalls 1826. Hier lagen achtzehn Jahre zwischen erster Aufführung und Druck, bei der Neunten bloß zwei. Vielleicht war es noch denkbar gewesen, Beethovens Fünfte vom ersten Geigenpult aus zu leiten, obwohl man sich dies heute nicht vorstellen kann und will, die Neunte Symphonie aber ließ sich nicht aus dem Notenbild der ersten Violinen dirigieren. Sie verlangte nach der alle Stimmen vereinenden Partitur und nach dem alles überblickenden Dirigenten. Es ist wohl kein Zufall, daß gerade in jener Zeit in allen Musikländern Kapellmeister auftraten, die nicht Violine oder Klavier spielten, sondern bloß das Orchester mit allen seinen Gruppen befehligten. Einer von diesen hieß F. A. Habeneck, lebte in Paris und war von Beethovens Symphonien so fasziniert, daß er nicht ruhte, bis er eine „Société des Concerts" und ein sechsundachtzig Mann starkes Orchester gegründet hatte. Das erste öffentliche Konzert wurde mit der Eroica eingeleitet, die Habeneck und die ihm Gleichgesinnten fast zwei Jahre lang geprobt hatten. Diese wohl höchst professionelle Aufführung begeisterte das Publikum so sehr, daß die Eroica schon im folgenden Konzert wiederholt werden mußte. In den ersten zehn Jahren seiner Tätigkeit kam Habeneck auf achtundsechzig Aufführungen von Beethoven-Symphonien. Die Neunte spielte er zum erstenmal 1831. Bei einer Wiederaufführung acht Jahre danach hörte sie Richard Wagner, der die Partitur in seinen Jugendjahren eigenhändig für sich kopiert hatte und nun, mit dem lebendigen Klang konfrontiert, all seinen Ehrgeiz daransetzte, das Werk in Dresden zum Erfolg zu führen.

Beethovens Werke stellten geistige und technische Ansprüche, denen damals weder Ausführende noch Publikum gewachsen waren. Sie bildeten in den kommenden Jahrzehnten die große Herausforderung, die Künstler in aller Welt antrieb, Orchester zu formieren und mit ihnen Leistungen zu erbringen, die Beethoven gerecht wurden und denen ein verstehendes Auditorium folgen konnte. Zweifellos kann das Konzert vom 7. Mai 1824 zu den ersten großen Bemühungen dieser Art gezählt werden. Mit guten Gründen läßt man dennoch die Geschichte der Wiener Philharmoniker nicht mit diesem Tag beginnen, doch war der Einsatzwillen des Orchesters gewiß eine Vorleistung auf künftige philharmonische Großtaten.

1833: Der erste Anlauf

Im Jahr 1822 kam ein blutjunger deutscher Musiker, der in München studiert hatte, nach Wien; sein Name war Franz Lachner. Er wirkte vorerst als Organist an der protestantischen Stadtkirche, ging aber bei erster Gelegenheit zum Theater, nämlich ans Operntheater nächst dem Kärntnertor, wo er anfangs als Vizekapellmeister und ab 1829 als erster Kapellmeister angestellt war. Wie alle Dirigenten der Zeit war er auch Komponist, und auf Befragen hätte er sich wohl in erster Linie als Komponist bezeichnet. Wenn Lachners Name heute vergessen ist, so nicht zuletzt deshalb, weil die Nachwelt seine Werke an jenen seines Freundes Schubert mißt oder an dem Oeuvre Beethovens, den er gleichfalls persönlich kannte. Zu seiner Zeit aber galt Lachner als tüchtiger Tonsetzer, der neun „Entreactes" für das Hofburgtheater schrieb und dessen frühe Symphonien von Diabelli in Wien gedruckt wurden.

Lachner muß das Musikleben Wiens als eintönig empfunden haben. Das Theater, an dem er wirkte, war nun an den einstigen Tänzer Louis Duport verpachtet, der neben Rossini und Bellini die neuere französische Oper begünstigte: „Die weiße Frau" von Boieldieu, „Zampa" von Hérold, „Die Stumme von Portici" von

Großes Musikfest in der Winterreitschule der Wiener Hofburg. Zeitgenössische Darstellung, 1844

Auber und andere. Daneben standen immerhin Werke wie „Fidelio", „Don Juan" und „Zauberflöte" auf dem Spielplan. Wie vordem gab die Gesellschaft der Musikfreunde für ihre Mitglieder vier Konzerte in der Saison, in manchen Jahren auch große öffentliche Darbietungen in der Winterreitschule der Hofburg. Das war alles. Wohl kamen Woche für Woche reisende Virtuosen in die Kaiserstadt, doch der gebildete Musikfreund nahm von ihnen kaum Notiz. „In dem Maße, als gediegene Tonwerke aus der großen Welt verbannt wurden, beschränkten sich die Verehrer derselben auf Übungen in Quartetten etc., deren jetzt fast kein Haus entbehrt ..." (Schmidl, 1833, 25)

Man neigte zum Rückzug aus der Öffentlichkeit ins Private, ein Charakteristikum der Biedermeierzeit. Die politische Restauration, die mit dem Wiener Kongreß eingesetzt hatte und deren Exponent Fürst Metternich war, ließ die Zeit scheinbar stillstehen. Immer noch war Wien von Mauerwerk und Bastionen umschnürt, die militärisch sinnlos waren, immer noch umschloß der Linienwall die Vorstädte und drosselte das Wachstum der Stadt. Größere Menschenansammlungen waren unerwünscht, außer bei den Redouten und im Theater, das freilich einer ebenso strengen wie engstirnigen Zensur unterlag. Auch wer symphonische Musik hören wollte, mußte sich zumeist ins Theater bequemen, wo man in den Zwischenakten nicht bloß Lachners „Entreactes" aufführte, son-

Viertes abonnirtes Concert
des
Künstler-Vereins,
im k. k. kleinen Redouten-Saale,
(der geheitzt wird)
Donnerstag den 24. Jänner 1833,
um 4 Uhr Nachmittags.

Simphonie in A, von L. van Beethoven.

Arie von Mozart, mit obligatem Bassethorn, vorgetragen von Dlle. Sabine Heinefetter und Herrn Klein.

OUVERTURE zum dritten Acte der Oper: Medea, von Cherubini.

Introduction, Wiegenlied und Duett aus der Cantate: Die vier Menschenalter, von Franz Lachner.

Der Eingang ist durch den Schweizerhof.

Eintrittsbillete zu 1 fl. C. M.
sind in allen Kunsthandlungen Wiens und bey der Kasse des k. k. Hoftheaters n. d. Kärnthnerthore zu haben.

dern manchmal auch eine Symphonie des verstorbenen Beethoven.

Diese Zwischenaktmusik, an der sich nicht bloß das Orchester übte, sondern ebenso das Publikum, mag die Musiker des Kärntnertortheaters und ihren Kapellmeister auf den Gedanken gebracht haben, Konzerte außerhalb des Theaters zu veranstalten. Von wem die Initiative ausging, ist unbekannt, da bisher keinerlei Dokumente zu diesen Konzerten entdeckt wurden; nur Programme und etliche Rezensionen haben sich erhalten. Im Zentrum stand selbstverständlich Beethoven, das große Pensum, das Musiker und Hörer zu bewältigen hatten. Lachner soll übrigens, wie Zeugnisse aus späterer Zeit bestätigen, ein faszinierender Beethoven-Dirigent mit napoleonischem Flammenblick gewesen sein. Daneben setzte der Dirigent mehrere eigene Kompositionen an, wie es in jener Zeit üblich war. Für die Konzertdarbietungen gab sich das Hofopernorchester einen eigenen Namen: Künstler-Verein. Unter dem Künstler verstand man den Berufsmusiker im Gegensatz zum Dilettanten, der sein Instrument nur aus Neigung spielte.

Die Erwartungen, die Orchester und Dirigent in diese Konzerte setzten, scheinen sehr groß gewesen zu sein, denn sie legten ein Abonnement für vier Veranstaltungen auf, die alle zwischen 6. und 24. Januar 1833 stattfinden sollten, und zwar im großen Redouten-Saal. Dieser Ort verstand sich fast von selbst, denn Wien verfügte über keinen anderen, der für Orchesterkonzerte geeignet gewesen wäre. Spätere Umbauten haben dem Saal offenbar geschadet; im vorigen Jahrhundert aber galt er als idealer Konzertraum, und der Kritiker Ludwig Speidel dachte 1869 wehmütig „an den Schall-Zauber des großen Redouten-Saales".

Bereits das erste Konzert brachte den Veranstaltern eine herbe Enttäuschung. Da Wien mit den Vorstädten rund 320.000 Einwoh-

Im Redoutensaal der Wiener Hofburg. Zeitgenössische Darstellung

ner zählte und Orchesterkonzerte zu den Raritäten gehörten, hatte man einen ausverkauften Saal erwartet. Allein der große Redouten-Saal war kaum halb voll, obwohl der damals zwanzigjährige, doch schon sehr berühmte Klaviervirtuose Sigismund Thalberg Beethovens Konzert in Es vortrug. Dem Künstler-Verein blieb nichts übrig, als mit dem zweiten Abonnementkonzert in den kleinen Redouten-Saal zu übersiedeln, der sich allerdings beim dritten und vierten Konzert, als sich das Unternehmen in der Stadt herumgesprochen hatte, als zu klein erwies. Die letzten beiden Konzerte waren, nach den Kritiken zu schließen, auch die künstlerisch stärksten. Mozarts g-moll-Symphonie wurde so stürmisch bejubelt, daß das Menuett wiederholt werden mußte; Thomas Klein, der Soloklarinettist des Orchesters, brillierte in Carl Maria von Webers Konzert; Beethoven kam mit Stücken aus der Missa Solemnis und der Siebenten Symphonie zu Wort, „und dem verewigten Meister hallten Ausbrüche des Enthusiasmus nach" (*Allgemeiner Musikalischer Anzeiger*, 1833, 27). Am Schluß seines Berichtes fügte der Kritiker hinzu: „Wir vernehmen, daß die Directoren dieser Konzerte kein zweites Abonnement einzuleiten gedenken, weil sie ihre Rechnung bei dem ersten nicht fanden. Es ist schade, daß ein so herrliches Unternehmen nicht besser unterstützt wird."

Warum und woran war dieser erste philharmonische Anlauf gescheitert? Die Antwort, daß eben die Zeit dafür nicht reif war, erscheint zu billig. Gewiß gab es vielerlei Gründe: die ungünstige Tageszeit – drei der Konzerte fanden an Donnerstagen um vier Uhr statt –, das kalte Wetter, das sich in dem unzulänglich geheizten Saal fühlbar machte, nicht zuletzt die Konzentration von vier anspruchsvollen Konzerten in einem Zeitraum von weniger als drei Wochen. Vermutlich hätte ein zweiter Zyklus, über mehrere Monate erstreckt, den gewünschten künstlerischen und materiellen Erfolg gebracht. Allein – Orchester und Dirigent wollten es offenbar nicht riskieren, vielleicht schon deshalb, weil Lachner im folgenden Jahr seine Wiener Stellung aufgab und nach Mannheim übersiedelte.

1842: Die Initiative Otto Nicolais

Im Mai des Jahres 1837 traf ein junger Musiker, von Süden kommend, in Wien ein. Er hieß Otto Nicolai, stammte aus Ostpreußen, war aber so viele Jahre in Italien tätig gewesen, daß er nicht nur fließend Italienisch sprach, sondern auch im italienischen Stil zu komponieren verstand. Seine Sprachkenntnisse erleichterten ihm den Umgang mit den Pächtern des Kärntnertortheaters; die Oper war nämlich noch immer verpachtet, wie auch die Stadt noch immer von Mauern und Wällen umgürtet war. Die Zeit war stehengeblieben.

Die Zustände an der Wiener Hofoper schilderte Nicolai selbst in einem Brief an seinen Vater: „Unser Theater heißt Kaiserl. Hof-Theater, weil Se. Majestät einen jährlichen Zuschuß von (ich glaube) 85.000 Gulden dazu gibt; indes steht es unter der Pacht der

Herren Merelli und Balochino. – Merelli ist derselbe, der auch in Mailand die Scala gepachtet hat und durch ihn wurde mir im Monat Mai diese Stelle angetragen ... Wir haben hier drei Monate im Jahr (April, Mai und Juni) italienische Oper, und da werde ich denn (besonders im nächsten Jahr) gewaltig zu tun bekommen." (Nicolai, 1924, 201f.) Die Mitteilung, daß die italienische Saison drei Monate dauerte, ist allerdings geeignet, den Leser irrezuführen, denn wie wir schon wissen, wurde auch in der neunmonatigen deutschen Saison mehr Rossini, Bellini und Donizetti gespielt als Mozart, Beethoven, Spohr oder Lachner.

In seinen Brief an den Vater, am 1. Juli 1837 geschrieben, kam Nicolai auch auf das Opernorchester zu sprechen, mit dem er gleich bei seinem Einstand als Kapellmeister eine Ouvertüre eigener Komposition im Zwischenakt aufgeführt hatte. Das Orchester mußte seinem neuen, jungen Chef dabei nolens volens „Gerechtigkeit und Achtung widerfahren lassen", meldet er und setzt hinzu, er denke, durch „ruhige und liebevolle Strenge die rechte Position gegen dasselbe zu gewinnen". Diese Worte aus der Feder eines knapp Siebenundzwanzigjährigen klingen mehr als selbstbewußt, und es wäre interessant zu wissen, wie die Herren im Orchester auf die „liebevolle Strenge" des neuen Kapellmeisters reagiert haben. Vermutlich waren sie ihm wenig freundlich gesinnt, was dazu beigetragen haben mag, daß Nicolais Einjahresvertrag nicht verlängert wurde. Schon im Juni 1838 verließ er die Hofoper und Wien.

Nach genau drei Jahren war er wieder da, erfahrener, reifer, um seine in Turin uraufgeführte Oper „Il Templario" einzustudieren. Sein Auftreten wirkte so überzeugend, daß die Direktion der Hofoper ihm einen Dreijahresvertrag als erster Kapellmeister anbot. Einen Teil dieses Vertrags bildete die Verpflichtung, für Wien eine große deutsche Oper zu komponieren. Als erster Kapellmeister konnte Nicolai sich aussuchen, was er dirigierte und was nicht, und er wählte vorerst den Mozartschen „Don Juan" und Beethovens „Fidelio", wobei er zwischen den Akten die große Leonoren-Ouvertüre aufführte. „Sie wurde mit Jubel aufgenommen, und jetzt darf man den ‚Fidelio' gar nicht mehr ohne dieselbe geben", berichtete er dem Vater (Nicolai, 1924, 282). Italienische Opern wollte er nur dann dirigieren, wenn er sie selbst einstudiert hatte, das heißt Werke von Donizetti oder Bellini, keinesfalls aber etwas von diesem Verdi, dessen Musik er abscheulich fand.

Die Begeisterung, mit der die große Leonoren-Ouvertüre aufgenommen wurde, ein Konzerterfolg innerhalb einer Opernvorstellung, gab Nicolai zu denken. Und nicht nur ihm, denn er hatte Freunde unter den Wiener Literaten und Musikkritikern gewonnen, vor allem in dem Kreis, der sich um die *Allgemeine Wiener Musik-Zeitung* gruppierte und zu dem ihr Herausgeber Dr. August Schmidt, der Kritiker Dr. Alfred Julius Becher und viele andere gehörten, darunter auch der Dichter Nikolaus Lenau. Diese Männer kannten nicht nur die Misere des Wiener Konzertwesens, in dem

Virtuosen und Dilettanten regierten, sondern ebenso die allgemeine, die politische Misere, mit der es ähnlich bestellt war. Die Zeit stand nur äußerlich still, denn die Köpfe der oppositionellen Intelligenz wurden 1842, sechs Jahre vor der unglücklichen Revolution, bereits von demokratischen Gedanken beherrscht. Daraus kann man schließen, daß in diesem Zirkel nicht bloß die Idee der Philharmonischen Konzerte entstand, sondern auch die der phil-

Das dritte
Philharmonische
CONCERT
gegeben von dem sämmtlichen
Orchester-Personal
des k. k. Hof-Operntheaters,
unter Leitung des k. k. Hof-Opern-Kapellmeisters Herrn
Otto Nicolai,
wird
am Sonntag den 19. März, 1843
um die Mittagsstunde,
im k. k. großen Redoutensaale
Statt finden, und darin folgende Musikstücke zur Aufführung kommen.

1. (Auf Verlangen) Grosser Marsch und Chor aus dem Festspiele: „Die Ruinen von Athen," componirt von L. van Beethoven.

2. Duett aus der Oper: Cosi fan tutte, von Mozart, gesungen von den k. k. Hof-Opernsängerinnen Dlle. Jenny Lutzer und Dlle. Caroline Mayer.

3. Die seit mehreren Jahren nicht gehörte große 9te SYMPHONIE mit CHOR, von L. van Beethoven. Die darin vorkommenden Solo's werden durch die k. k. Hof-Opernsänger Frau van Hasselt-Barth, Dlle. Diehl, Herrn Staudigl und Herrn Kraus, und die Chöre von dem Chor-Personal des k. k. Hof-Operntheaters ausgeführt.

Sämmtliche genannte Künstler haben ihre Leistungen aus besonderer Gefälligkeit übernommen.

Sperrsitze auf der Gallerie zu 3 fl., Sperrsitze im Parterre zu 2 fl., Eintrittskarten in die Gallerie zu 1 fl. 30 kr. und Eintrittskarten in das Parterre zu 1 fl. C. M. sind in den k. k. Hof-Musikalienhandlungen der Herren C. Haslinger und P. Mechetti qm. Carlo, und in der Musikalienhandlung des Herrn A. Diabelli & Comp. zu haben.

Die große Bewährungsprobe: Beethovens Neunte Symphonie zum erstenmal in einem Philharmonischen Konzert

Orchesterdirektor Georg Hellmesberger. Nach einem Gemälde von A. Decker

harmonischen „Verfassung", die von Anfang an dazugehörte. Alfred Julius Becher, der Demokrat, der nach Niederschlagung der Revolution von 1848 hingerichtet wurde, hat in seiner Rezension des ersten Philharmonischen Konzerts auf diese Prinzipien hingewiesen: Jeder Mitwirkende sollte auch Unternehmer sein, daher künstlerische Ehre und materiellen Vorteil gewinnen und sich mit seinen Kollegen aus eigenem Antrieb „dem Fähigsten aus ihrer Mitte" unterordnen – was bestimmt als Anspielung auf Nicolai aufzufassen ist (*Wiener Allgemeine Musik-Zeitung*, 7. April 1842).

Leider wissen wir nicht, wie es Nicolai gelungen ist, die Musiker seines Orchesters für diese Ideen zu gewinnen. Vermutlich war es im Anfang nicht leicht, denn die meisten von ihnen hatten Lachners vergeblichen Anlauf miterlebt (und mancher, wie etwa der Waldhornist Eduard Lewy, der Nicolai viel Ärger verursachte, saß schon seit Beethovens Zeit im Orchester). Nicolai jedenfalls sprach davon, daß ihm „in jedem Jahr von neuem die Schererei" zufalle, die Orchestermitglieder zu den Philharmonischen Konzerten zu vereinigen (Nicolai, 1892, 132). Immerhin gelang es ihm, wie aus einem seiner Briefe an das Orchester hervorgeht, noch vor dem allerersten Konzert „Statuten" zu schaffen, die am 12. Februar 1842 unterzeichnet, noch im selben Jahr aber durch neue ersetzt wurden (Jerger, 1942, 12). Beide Dokumente sind nicht erhalten, wir wissen nur durch Nicolais Schreiben von ihrer Existenz. Bestimmt regelten sie auch die Wahl und die Funktionen des von Nicolai präsidierten Komitees, denn dieses scheint sofort die Tätigkeit aufgenommen zu haben. Studiert man die Zusammensetzung des ersten philharmonischen Komitees, so merkt man, daß es vorwiegend aus Mitgliedern der Orchester-Elite bestand, aus den Solospielern und Stimmführern der Instrumentalgruppen, die zumeist auch der Hofkapelle und dem Konservatorium der Gesellschaft der Musikfreunde angehörten. Beide Orchesterdirektoren, wie die Konzertmeister noch hießen, nämlich Georg Hellmesberger, der Stammvater der berühmten Dynastie, und Franz Grutsch, waren im Komitee vertreten. Nicolai schätzte übrigens beide nicht sehr und erkannte bloß in Hellmesbergers Sohn Joseph ein junges Genie. Weiters gehörten dem ersten Komitee die Konservatoriumsprofessoren Franz Zierer (Flöte), Thomas Klein (Klarinette) und der alte Eduard Lewy (Horn) an, sowie zwei Mitglieder der Hofkapelle, die nicht am Konservatorium unterrichteten, und drei Vertreter des Orchester-Fußvolks.

Als die Musiker gewonnen waren, mußte die Genehmigung des Opernpächters Balochino eingeholt werden, da ein Auftreten des Orchesters außerhalb des Theaters nicht vorgesehen war, der Saal war zu reservieren, und die Veranstaltung mußte von der Polizei genehmigt werden. Um all dies scheint sich Nicolai persönlich gekümmert zu haben. Bei den Vorbereitungen unterlief allerdings irgendein Fehler, denn die ursprünglich für Sonntag, den 3. April, angekündigte „Philharmonische Akademie" wurde auf den 28. März

1842, den Ostermontag, vorverlegt. Vielleicht weil das Hofopern-Theater in der Karwoche geschlossen blieb und daher mehr Probenzeit zur Verfügung stand? Neben dem Datum wurde die so neu und verheißungsvoll klingende Bezeichnung „Philharmonische Akademie“ abgeändert und durch ein unverbindliches „großes Konzert“ ersetzt. Die Programmfolge versprach drei Werke von Beethoven, darunter die Siebente Symphonie, und dazwischen diverse Arien, ein Duett und ein Virtuosenstück für Cello.

Trotz der Vorverlegung ging alles gut, so über alle Erwartung gut, daß Nicolai in den Philharmonischen Konzerten seine wichtigste Aufgabe erblickte und sofort die nächste Saison zu planen begann. „Die Oper ist im ärgsten Verfall“, schrieb er im Sommer 1842 seinem Vater, „und an keiner Person bei Hofe hat sie einen Aufrechterhalter ... Sollte das Theater der Oper völlig kaiserlich werden, – dann möchte ich bleiben – aber so – unmöglich: Zu jeder guten Anordnung, die ich machen will und zu der mich meine Stellung beruft, soll ich erst die Erlaubnis des Theater-Pächters holen, der ein gewesener Schneider ist und nichts von Musik versteht! ... Ich habe, wie Du weißt, die Philharmonischen Konzerte hier gegründet, ein Unternehmen, das ich nicht sinken lassen kann ...“ (Nicolai, 1924, 297f.)

Auch in diesem Brief vernehmen wir den Nachhall der Gespräche, die Nicolai mit seinen demokratischen Freunden geführt haben mag, denen die Verpachtung der Oper – noch dazu an Italiener, die keinen Sinn für die heimische Kunst zeigten – ein Dorn im Auge war. (Eine der ersten revolutionären Handlungen des Jahres 1848 war demgemäß die Vertreibung des Opernpächters Balochino aus Wien.)

Vorsichtiger als Franz Lachner beschränkte sich Nicolai bei der Planung der Saison 1842–43 auf zwei Konzerte und verlegte sie in die Advent- und in die Fastenzeit, in denen übrigens auch die Gesellschaftskonzerte der Musikfreunde stattfanden. Mit Rücksicht auf den Opernbetrieb wurden die Philharmonischen Konzerte an Sonntagen, an denen nicht geprobt wurde, um die Mittagsstunde angesetzt. Im Konzert vom 27. November 1842, dem ersten, das offiziell „Philharmonisches“ hieß, wurden Mozarts Symphonie in gmoll und Beethovens Fünfte Symphonie gespielt. Am 19. März 1843 gab es nach dreizehn Proben eine Aufführung der Neunten, die eine Woche später wiederholt wurde. Im Orchester saß wohl noch mancher, der sich an Schuppanzighs Direktion und an den tauben Komponisten erinnerte. Die dreizehn Proben waren nur möglich gewesen, weil im Kärntnertortheater seit Dezember eine französische Truppe gastierte, die fast die Hälfte aller Vorstellungen mit Beschlag belegte und ausschließlich Vaudevilles spielte, für die nur ein kleines Orchester gebraucht wurde. Im ganzen Monat März, in dem Nicolai die Neunte Symphonie vorbereitete, waren nur wenige Opernvorstellungen angesetzt, darunter „Norma“ und „Nachtwandlerin“ von Bellini, und am Abend des 19. März, nach dem Philharmonischen Konzert, Meyerbeers „Robert der Teufel". In den insgesamt elf Konzerten, die Nicolai zwischen 1842 und seinem Abgang von Wien im Jahre 1847 leitete, führte er sämtliche Symphonien von Beethoven auf, mit Ausnahme der Achten, die Georg Hellmesberger an seiner Stelle dirigierte, und der Ersten. Hans Weigel hat Nicolais philharmonische Programmpolitik auf die kürzeste Formel gebracht: „Die Wiener Philharmoniker sind entstanden, um Beethovens symphonisches Vermächtnis zu erfüllen." (Weigel, 1967, 49)

Die Bezeichnung „philharmonisch" – wörtlich übersetzt: harmonieliebend –, die nun endgültig mit den Konzerten des k.k. Hofopernorchesters verbunden war, erwies sich als einigendes, befeuerndes, zugkräftiges, als magisches Vorzeichen. Vielleicht hatte Nicolai sie angeregt, der in seiner italienischen Zeit Mitglied der Accademia filarmonica zu Bologna geworden war; vielleicht war sie einem der Orchestermusiker in den Sinn gekommen, der von der seit 1802 bestehenden philharmonischen Gesellschaft in St. Petersburg gehört hatte; vielleicht hatte Alfred Julius Becher, der als Musikprofessor in London gewirkt hatte, an die 1813 gegründete Philharmonic Society angeknüpft. Egal! Das Wort, anfangs nur in Verbindung mit den Veranstaltungen gebraucht, ging bald auf die Veranstalter über. Man sprach von den „Philharmonikern", ehe es sie juristisch gab.

Blick über den Ozean

Im selben Jahr, in dem Nicolai sein Wiener Orchester zu den ersten Philharmonischen Konzerten versammelte, wurde jenseits des Atlantik in New York eine Philharmonische Gesellschaft gegründet. Die Stadt hatte damals 350.000 Einwohner, nicht viel mehr als Wien, als Großstadt eines republikanischen Staates allerdings keinen Hof und keine Hofoper, nicht einmal eine verpachtete. Theater freilich, in denen Vaudevilles und Operetten gespielt wurden, gab es genug, und daher auch Musiker. Was fehlte, war ein aus professionellen Instrumentalisten bestehendes Orchester, das symphonische Musik aufführen konnte. Es waren schon mehrere Versuche unternommen worden, ein solches Orchester zu schaffen; zu diesem Zweck war in früheren Jahren auch schon eine Philharmonic Society gegründet worden, die sich aber nicht durchsetzen konnte.

Im April 1842 jedoch konstituierte sich in New York eine Philharmonic Society, die trotz mancher Krisen Bestand hatte. Theatermusiker, Instrumentalsolisten und Musiklehrer fanden sich zusammen und rekrutierten aus ihren Reihen ein vierundfünfzig Mann starkes Orchester, das drei Konzerte im Jahr veranstalten wollte. Ein gedruckter Prospekt informierte über die Ziele der Philharmonic Society: „ … Förderung der Kunst, Verbesserung des musikalischen Geschmacks, und Belohnung jener, die mit den klassischen Musikwerken schon bekannt waren, durch Aufführungen der großen Symphonien und Ouvertüren von Beethoven, Mozart, Haydn, Spohr, Mendelssohn und anderen Meistern, und dies mit einer Stärke und Präzision, wie man sie hierzulande bisher nicht kannte" (Shanet, 1975, 85).

Auch das erste Konzert der New Yorker Philharmoniker fand nicht am dafür vorgesehenen Tag statt. Es wurde allerdings nicht vorverlegt wie in Wien, sondern um mehr als einen Monat verschoben, denn die New Yorker wollten am Abend konzertieren, und da waren etliche Mitwirkende unabkömmlich. Erst am 7. Dezember 1842 ging die Veranstaltung vor rund sechshundert Hörern vonstatten. Wie etliche Tage vorher in Wien stand Beethovens Fünfte Symphonie im Zentrum, von Werken Hummels, Webers, Rossinis und Kalliwodas eingerahmt.

Wahrscheinlich wußte zu jener Zeit in New York kaum jemand von den neueingeführten Philharmonischen Konzerten in Wien, und auch die Wiener erfuhren wohl erst viel später von der Philharmonic Society. Im Jahr 1967 jedoch, als beide Orchester den hundertfünfundzwanzigsten Geburtstag feierten, bewies das Wiener Orchester dem amerikanischen seine Sympathie, indem es ihm den Ehrenring der Wiener Philharmoniker verlieh, als Symbol auch der kalendarischen Verbundenheit.

Verteilung der Einkünfte

Der Abstecher nach New York soll nicht nur das Kuriosum des gleichen Entstehungsjahres hervorheben, sondern auch einige Ungleichheiten. Obwohl beide Orchester im Spätherbst 1842 Beethovens Fünfte aufführten, gab es unüberhörbare Unterschiede: Jenseits des Ozeans wurde das Werk von einem bunt zusammengewürfelten Ensemble ohne gemeinsame Erfahrung gespielt, in Wien dagegen von einem durch Tausende Opernabende zusammengeschweißten, homogenen Klangkörper. Die Wiener Philharmoniker traten wohlgerüstet für ihre Aufgabe aus dem Orchesterraum der Oper ans Licht. Von diesem fundamentalen Vorteil abgesehen, bestanden aber noch andere Unterschiede. So etwa hatten die New Yorker ihrem ersten Konzert eine Anzeige vorausgeschickt, in der sie nicht ohne Feierlichkeit ihre Absichten kundtaten. Die Wiener Philharmoniker dagegen deuteten ein solches künstlerisches Programm erst in den Statuten von 1908 an, und auch dann recht fragmentarisch. Wien war nie der rechte Boden für musikästhetische Manifeste; hier war man mehr auf die Praxis orientiert. Zu den wesentlichsten Unterschieden zwischen den New Yorker und den Wiener Philharmonikern gehörte aber, daß die Konzerte der Philharmonic Society anfangs nicht allgemein zugänglich waren, sondern den Subskribenten, deren Familien und Freunden vorbehalten blieben. „Außenstehende waren nicht willkommen." (Shanet, 1975, 84) Die hundertneununddreißig Subskribenten der ersten New Yorker Saison schufen die wirtschaftliche Grundlage für das aus dreiundfünfzig Musikern bestehende Orchester. Dadurch war es möglich, jedem aktiv Teilnehmenden für drei Konzerte im Jahr und die dazugehörigen Proben ein Fixum von fünfundzwanzig Dollar zuzusichern, während die Wiener Musiker erst den Ertrag eines Konzerts abwarten mußten, ehe sie den Reinerlös aufteilten. Die dabei angewandte Prozedur geht aus Akten und Briefen hervor, die sich im Historischen Archiv der Wiener Philharmoniker erhalten haben.

Wie alljährlich in der Fastenzeit gaben die Mitglieder des Hofopernorchesters im März 1844 ihr Philharmonisches Konzert. Auf dem Programm standen Mozarts Jupitersymphonie und Beethovens Pastorale, dazwischen das damals unvermeidliche Gesangstück, eine Arie von Händel. Unmittelbar nach der Aufführung am 10. März scheint das Orchester den Reinertrag gefordert zu haben, denn Nicolai schrieb am 13. an Orchesterdirektor Georg Hellmesberger, den Obmann des Komitees: „Bevor eine Austeilung des Geldes stattfinden kann, ist es nötig, mir die Listen der Einnahmen und Ausgaben, nach Muster der bei den ersten Konzerten gefertigten, zur Einsicht und Unterrichtung vorzulegen ...“ Darauf antwortete Hellmesberger offenbar, daß noch nicht alle durch das Konzert entstandenen Unkosten beglichen seien, denn Nicolai er-

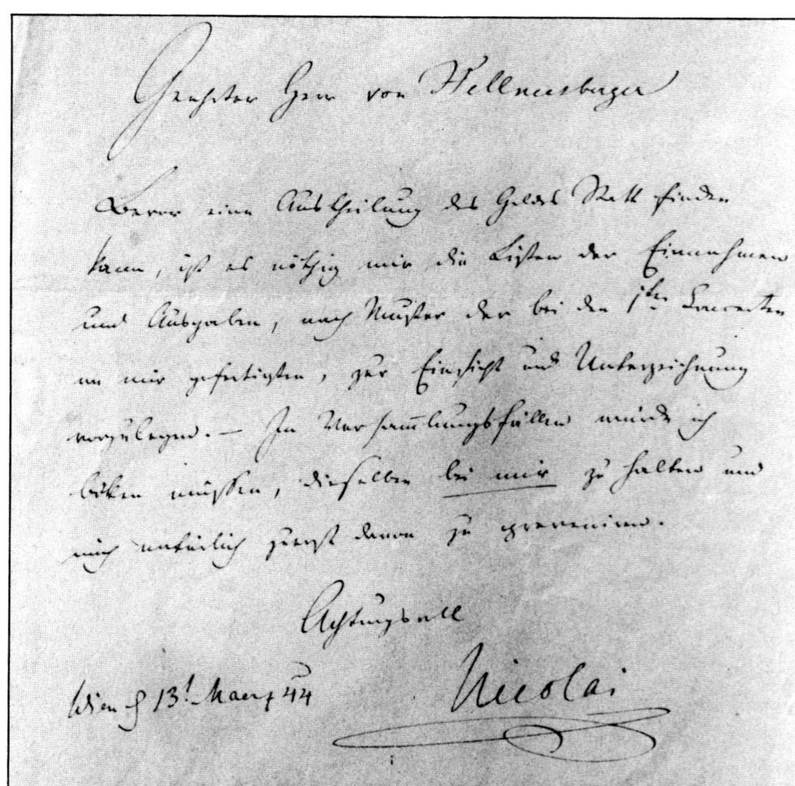
Geehrter Herr von Hellmesberger

Bevor eine Austheilung des Geldes statt finden kann, ist es nöthig mir die Listen der Einnahmen und Ausgaben, nach Muster der bei den 1ten Concerten von mir gefertigten, zur Einsicht und Unterzeichnung vorzulegen. —

Achtungsvoll

Nicolai

Wien 13. März 44

Brief Otto Nicolais an Georg Hellmesberger vom 13. März 1844

widerte am folgenden Tag: „Wenn Sie *alle* Rechnungen ausgezahlt haben werden, so ersuche ich Sie dann mit dem reinen Ertrage sich gefälligst in einer beliebigen Stunde zu mir zu bemühen, damit ich die von Sr. Majestät dem Kaiser und Seiner Königlichen Hoheit dem Herrn Erzherzog Franz Karl erhaltenen bedeutenden Geschenke, die bei mir liegen, zu dieser Summe schlagen und die Teilung berechnen kann, welches Geschäft ich mir jedenfalls für dieses und für jedes noch *etwa* folgende Philharmonische Konzert vorbehalte. Dieses Vergnügen wünsche ich mir als Lohn für meine Gründung und Bemühungen anzusehen." (Jerger, 1942, 16f.)

Die Teilung wurde allerdings, wie ein Schriftvergleich ergibt, von Georg Hellmesberger berechnet. Ein Nettoerlös von 1.403 Gulden und 28 Kreuzern wurde so aufgeteilt, daß allen Mitwirkenden gleiche Beträge zustanden und nur der Dirigent das Vierfache, der Orchesterdirektor das Doppelte und die Komitee-Mitglieder um fünfundzwanzig Prozent mehr als ihre Kollegen empfingen. Nicolai sandte die 240 Gulden, mit denen der Kaiser und der Erzherzog dem Orchester ihre Anerkennung ausgedrückt hatten, daraufhin an den Obmann, den er bei diesem Anlaß freilich nicht wie sonst: „Lieber Herr von Hellmesberger", anredete, sondern mit einem distanzierten „Euer Wohlgeboren" (Jerger, 1942, 18). Daraus könnte man den Verdacht schöpfen, daß es im Zusammenhang mit der Abrechnung zu Differenzen zwischen Nicolai und dem Orchesterdirektor gekommen war. Fühlte sich Nicolai übergangen, weil Hellmesberger durch eigene Arithmetik ihm das Vergnügen geraubt hatte, die Anteile selbst zu berechnen, wie er sich brieflich ausbedungen? Und warum hatte Hellmesberger so gehandelt? Wir wissen nichts Näheres, sondern können nur vermuten, daß dem angesehenen Orchesterdirektor und Konservatoriumsprofessor die patriarchalischen Äußerungen des um zehn Jahre jüngeren Nicolai mitunter zuwiderliefen.

Ein Jahr danach kam es zu ernsteren Differenzen. Im Februar 1845 erkrankte Nicolai so schwer, daß er das März-Konzert nicht einstudieren und dirigieren konnte, und erlebte den Schmerz, daß das „undankbare Orchesterpersonale" dieses Philharmonische Konzert ohne ihn, unter der Leitung von Georg Hellmesberger, durchführte. „Ich wollte mich dem widersetzen", heißt es in Nicolais Tagebuch, „indes krank und vom Bett aus, ging das schwer; auch zeigte sich das Orchester erbittert, daß die Journale mir, dem Direktor, wegen der Vorzüglichkeit der Aufführungen, immer ausschließlich Weihrauch gestreut hatten, und es wollte beweisen, daß sie, die Mitglieder, die Konzerte eben so gut ohne mich geben könnten." (Nicolai, 1892, 149)

Mehr als fünfzig Jahre später schien sich diese Geschichte – Erkrankung des ständigen Dirigenten, Wahl eines Ersatzdirigenten, der dem Orchester entstammte – fast wortwörtlich zu wiederholen. Im Jahre 1901 handelte es sich um Gustav Mahler, der, schwer erkrankt, davon erfuhr, daß das März-Konzert von Joseph Hellmes-

K. K. Hof- Operntheater.

Sonntag den 11. Februar 1872.

232. Vorstellung im Jahres-Abonnement.

Die lustigen Weiber von Windsor.

Komisch-phantastische Oper in drei Akten, nach Shakespeare's gleichnamigen Lustspiel, von S. H. Mosenthal. Musik von Otto Nicolai.

Die Recitative und die Ballade der Frau Reich (3. Akt) von H. Proch.

(Erste Aufführung im neuen Hause.)

Sir John Falstaff	Hr. Hablawetz.
Herr Fluth, Bürger von Windsor	Hr. Mayerhofer.
Herr Reich, Bürger von Windsor	Hr. Krauß.
Fenton	Hr. Müller.
Junker Spärlich	Hr. Regenspurger.
Dr. Cajus	Hr. Lay.
Frau Fluth	Fr. Dustmann.
Frau Reich	Frl. Gindele.
Jungfer Anna Reich	Frl. Siegstädt.
Der Kellner im Gasthause zum Hosenbande	Hr. Lucca.
Pitt, Bürger	Hr. Wessely.
Poll, Bürger	Hr. Haag.

Bürger und Frauen von Windsor. Knechte. Kinder. Masken als Elfen, Fliegen, Wespen und in verschiedenen anderen abenteuerlichen Gestalten.

Ort der Handlung: Windsor. Zeit: Das 15. Jahrhundert.

Im 3. Akte. **Elfentanz**, komponirt von C. Telle. (Musik aus der Oper „Die Rhein-Nixen" von J. Offenbach.) Die Fräulein Jacksch, Wildhack, Mauthner, Minna, Olzer, das weibliche Balletcorps und die Eleven.

Ballabile. Die Fräulein Jacksch, Wildhack, Mauthner, Charles, Minna, Olzer und das Balletcorps.

Die zur Oper „Die lustigen Weiber von Windsor" vorverkauften Sperrsitze sind heute giltig.

Nicolais komische Oper, schon im Kärntnertortheater erfolgreich, kam 1872 ins Opernhaus am Ring

berger junior, dem Enkel von Nicolais Orchesterdirektor, dirigiert würde. Mahler war so gekränkt, daß er kurz danach die Leitung der Philharmonischen Konzerte zurücklegte.

Nach dem Zwischenfall dirigierte Nicolai noch vier Philharmonische Konzerte, bis zum März 1847. Dann verließ er das Kärntnertortheater und Wien, ohne die Oper, die man von ihm erwartete, fertiggestellt zu haben. Erst nach ihrer Aufführung in deutschen Städten kam die komisch-phantastische Oper „Die lustigen Weiber von Windsor" in die Stadt, der sie zugedacht gewesen war, und bezauberte durch Frische, Humor und Eleganz, so daß die Philharmoniker schließlich glaubten, auch Nicolai selbst sei so gewesen, und sie hätten sich mit ihm glänzend verstanden.

1860: Eine „ruhmvolle Korporation"

Im Juni 1859 hatte Österreich in den blutigen Schlachten von Magenta und Solferino einen Krieg verloren und mußte einen großen Teil der oberitalienischen Provinzen, nämlich die Lombardei samt der Mailänder Scala, abgeben. War das ein günstiger Zeitpunkt, die seit drei Jahren sistierten Philharmonischen Konzerte wiederaufzunehmen und noch dazu in dichterer Folge als zuvor? Es war der richtige Moment. Die Zeit war in Bewegung geraten, und der Revolution von 1848, die dem Absolutismus ein Ende setzen wollte und mit Kanonen zum Schweigen gebracht worden war, winkte ein später Sieg. Denn nach der Niederlage in Oberitalien schien es nur mehr eine Frage von Monaten zu sein, bis der Kaiser durch eine Konstitution weite Teile der Bevölkerung an Gesetzgebung und Regierung beteiligen würde. Ein neues Zeitalter brach an.

Stadterweiterung: Der Abbruch der Basteien. Zeichnung von Franz Jobst

Schon im Dezember 1857 hatte Kaiser Franz Joseph gegen den Widerstand des Militärs den Abbruch der Mauern und Befestigungen rund um Wien befohlen und die freie Fläche, die Stadt und Vorstädte trennte, zur Verbauung bestimmt. Eine ringförmige Straße sollte dabei entstehen, von mehreren Baumreihen und kolossalen Bauwerken gesäumt. Durch die bauliche Vereinigung von Stadt und Vorstädten würde die österreichische Kapitale rund eine halbe Million Einwohner zählen und damit die viertgrößte in Europa sein (*Die Presse*, 20. Januar 1860). Auch an Kleinigkeiten konnte man sehen, daß ein neuer Wind wehte. Das Vereinswesen, bis vor kurzem politisch suspekt, wurde nun mit weniger Mißtrauen beobachtet, was unter anderem einen ungeheuren Aufschwung des Chorgesangs im Gefolge hatte. Noch kurz zuvor hatte es in Wien nur den 1843 gegründeten Männergesangverein gegeben; 1860 registrierte man daneben den Singverein, die Singakademie, den Akademischen Gesangverein, den Techniker-Gesangverein, den Sängerbund und andere mehr. Nicht weniger als hundertzwanzig öffentliche Konzerte aller Art erwartete die Zeitschrift *Recensionen und Mitteilungen* nach eigener Schätzung in der Saison 1859–1860. Der Zug fuhr ab – und die Philharmoniker sprangen auf.

Karl Eckert. Direktor der Hofoper 1857–1860. Er leitete die Philharmonischen Konzerte zwischen 1854 und 1860.

Seit der Revolution, die nur im Operntheater durch Vertreibung des Pächters Balochino triumphiert hatte, war dem k.k. Hofopernorchester die Abhaltung von insgesamt acht Philharmonischen Konzerten gelungen. Im Jahre 1854 wurden sie erstmals von Karl Eckert geleitet, der so wie seine Vorläufer Lachner und Nicolai am Kärntnertortheater tätig war. Überraschenderweise gab es nach mehreren Saisonen mit nur einem Philharmonischen Konzert 1856 plötzlich deren drei, aber im folgenden Jahr, als Eckert Operndirektor wurde, nur mehr eines und in den Jahren 1858 und 1859 überhaupt keines. Erst im Januar 1860, als die Saison, der man hundertzwanzig Konzerte voraussagte, voll im Gange war, kündigten die Orchestermitglieder des Hofopern-Theaters vier Konzerte unter Eckert an, für die ein Abonnement aufgelegt wurde.

Mit einem Orchester, das seit Nicolais Abgang nicht mehr regelmäßig symphonische Musik gespielt hatte, vier Konzerte innerhalb von zwei Monaten zu veranstalten, mag dem Uneingeweihten als Wagnis erscheinen. In Wirklichkeit aber hatte das Hofopernorchester – die Philharmoniker – auch in den Jahren ohne eigene Konzerte genügend symphonische Praxis erworben; wie und wo – das gehörte zu den öffentlichen Geheimnissen von Wien. Jeder wußte es, doch man sprach nicht davon. Die offizielle „Geschichte der k.k. Gesellschaft der Musikfreunde in Wien“ verzeichnet sämtliche Gesellschaftskonzerte seit ihrer Gründung mit genauem Programm und Nennung der Dirigenten. Nur das Orchester wird nicht erwähnt, vielleicht, um die Fiktion aufrechtzuerhalten, es handle sich wie seinerzeit um die Gesellschaftsmitglieder, also Dilettanten, die, von etlichen Konservatoriumslehrern unterstützt, zu eigener Erbauung symphonische Werke aufführten. Diesen Usus aber hatten

Nro. 142

Eintritts-Karte in das Orchester zu den Gesellschafts-Concerten im k. k. Redouten-Saale.

Nur gültig für

Blaschke

Der Zugang ist über die Gallerie, und diese Karte am Eingange in das Orchester abzugeben.

die musikalische Entwicklung und die gestiegenen Ansprüche des Publikums längst außer Kraft gesetzt: Die Gesellschaftskonzerte beschäftigten ein Orchester, das sich zum überwiegenden Teil aus Mitgliedern des Hofopernorchesters oder – wenn man will – der Wiener Philharmoniker zusammensetzte.

Der anonyme Mitarbeiter einer Theater- und Musikzeitschrift sprach aus, was alle wußten, und zwar in Form einer Kritik an den Philharmonikern und ihren überschwenglichen Anhängern. „Die Wiederaufnahme der Philharmonischen Konzerte von Seiten des Hofopernorchesters unter Herrn Eckerts Leitung ist allenthalben mit Freuden begrüßt worden ... Die Ausführung des obigen Programms war eine durchwegs leidlich gute, allein mit etwaiger Ausnahme der Anakreon-Ouvertüre nicht sonderlich besser, als was dasselbe Orchester in den Gesellschaftskonzerten leistet. Dies der Grund, der uns nicht gestattet, in die erwähnten Lobeserhebungen einzustimmen.“ (*Recensionen*, 1860, 203)

Die Verbindung der Philharmoniker zu den Gesellschaftskonzerten war wohl durch jene Mitglieder zustande gekommen, die am Konservatorium der Gesellschaft der Musikfreunde unterrichteten, vor allem aber durch Joseph Hellmesberger, den Sohn des Orchesterdirektors Georg Hellmesberger, der, im Alter von zweiundzwanzig Jahren zum artistischen Direktor der Musikfreunde berufen, von 1850 bis 1859 die Konzerte dirigierte und seit 1855 auch als Konzertmeister zum Hofopernorchester gehörte. Die Teilnahme an den Gesellschaftskonzerten hatte dem Opernorchester gewiß einen bescheidenen Zusatzverdienst gesichert, den es dringend nötig hatte, aber nicht die Geltung verschafft, die es fast ebenso dringend brauchte und die es in den eigenen Konzerten, den Philharmonischen, erworben hatte.

Als nach fast dreijähriger Unterbrechung am 15. Januar 1860 wieder ein eigenes Konzert stattfand, wurden die Abonnenten nicht, wie erwartet, in den großen Redouten-Saal geladen, sondern ins Hofopern-Theater. Das Orchester wurde auf der Bühne placiert, die – ein ungewohnter und festlicher Anblick – über den Orchestergraben reichte. Neben Cherubinis Ouvertüre zu „Anakreon“ standen Berlioz’ „Fee Mab“ und Beethovens Siebente Symphonie auf dem Programm, dazwischen die üblichen Gesangsstücke. Das Konzert wurde von Eduard Hanslick, dem führenden Wiener Musikkritiker, anders als von dem vorher zitierten Anonymus, sehr liebevoll besprochen. Da er historisch zu denken wußte, erkannte er die Bedeutung eigener Konzerte für die künstlerische Entwicklung des Orchesters und nannte die Veranstaltung ein wertvolles Geschenk, „das Direktor Eckert dem Publikum und dem Orchester machte, das durch diese selbständigen höchst ausgearbeiteten Leistungen sich wieder als ruhmvolle Korporation fühlen lernt ...“ Diese Worte waren wohl nicht nur als Ermutigung gedacht, sondern verraten auch Kenntnis einer psychischen Situation. Am Abend vor dem ersten Abonnementkonzert hatten die Musiker

Kais. Kön. Hof- Operntheater.

Erstes

Philharmonisches
Abonnement-Concert,

veranstaltet von den

Orchester-Mitgliedern des k. k. Hof-Operntheaters

unter Leitung des k. k. Hofoperntheater-Direktors Herrn

Carl Eckert,

welches

am 15. Jänner 1860, um die Mittagsstunde,

im k. k. Hof-Operntheater

stattfindet.

PROGRAMM:

L. Cherubini, Ouverture „Anacreon.“

W. A. Mozart, Arie aus „Belmonte und Constanze,“ vorgetragen von Herrn **Alois Ander,**

H. Berlioz, „Fee Mab.“

F. Mendelssohn, Concert-Arie, vorgetr. von Frau **Dustmann-Meyer.**

L. v. Beethoven, Simfonie in A.

Der Abonnements-Preis für alle 4 Concerte beträgt:

Für einen Sperrsitz im Parterre 6 fl. — Für einen Sperrsitz im 3. Rang 5 fl. — Für einen Sperrsitz im 4. Rang 4 fl.

und sind die betreffenden Karten in den k. k. Hof-, Kunst- und Musikalienhandlungen der Herren C. A. Spina und C. Haslinger, sowie in den Kunst- und Musikalienhandlungen der Herren Lewy und Schrottenbach, Eintrittskarten zu den gewöhnlichen Preisen sind am Tage des Concertes an der Kasse zu haben.

Freier Eintritt und Freibillete sind ungültig.

in der Hofoper „Die lustigen Weiber von Windsor" gespielt, was kaum als Zufall zu interpretieren ist. Es erscheint vielmehr wie eine Beschwörung von Nicolais Musiziergeist, die – soferne es eine war – auch den gewünschten Erfolg brachte. Hanslick jedenfalls rühmte die Präzision des Zusammenspiels, die Feinheit des Details und die schwungvolle Auffassung: „Von der ersten bis zur letzten Note *ein* Geist und *eine* Hand." Nur von der Akustik des Hofopern-Theaters war er nicht restlos befriedigt. Der gedämpfte Ton bringe zwar manche Feinheiten deutlicher ans Ohr, doch die Totalfärbung verblasse neben jener im großen Redouten-Saal (*Die Presse*, 4. Februar 1860).

Bereits das erste Konzert war überfüllt, und die folgenden fanden so viel Zuspruch und Begeisterung, daß im vierten und letzten der Abonnementkonzerte auf „vielseitiges Verlangen" ein außerordentliches fünftes angezeigt wurde, in dem Clara Schumann, die soeben in Wien einen Konzertzyklus abgeschlossen hatte, das Klavierkonzert ihres verstorbenen Gatten spielte. Trotz dieser fünf eigenen Konzerte in den ersten Monaten des Jahres 1860 spielten die Philharmoniker weiter in den Gesellschaftskonzerten, die seit Beginn dieser Saison nicht mehr unter Joseph Hellmesbergers Leitung standen.

Ihr neuer Dirigent war Johann Herbeck, ein fruchtbarer Komponist und bewährter Chordirigent. In den Gesellschaftskonzerten der Musikfreunde erwies er sich auch als hervorragender Orchesterleiter. Im letzten Gesellschaftskonzert der Saison 1859–1860 brachte Herbeck Beethovens Siebente Symphonie zu Gehör, ohne Rücksicht darauf, daß dieses Werk zwei Monate vorher im Philharmonischen Konzert aufgeführt worden war. Der anonyme Kritiker der *Recensionen und Mitteilungen* erinnerte in seiner Besprechung an die Einwände, die er nach Aufführung dieser Symphonie im ersten Philharmonischen Konzert erhoben hatte, und zog folgenden Schluß: „Es ist begreiflich, daß mit einem Orchester, welches größtenteils dasselbe war wie damals, der andere Dirigent (Herbeck) in der kurzen Vorbereitungszeit ein solches Werk nicht umstudieren konnte, auch wenn er gewollt hätte ..." (*Recensionen*, 6, 194)

Solche Pressestimmen legten den Philharmonikern nahe, ihre weitere Teilnahme an den Gesellschaftskonzerten zu überdenken, um so mehr, als man wußte, daß Herbeck in der Gründung der regelmäßigen Philharmonischen Abonnementkonzerte „eine gefährliche Konkurrenz" erblickte. Die Philharmoniker machten also bereits am 24. Mai 1860 der Gesellschaft der Musikfreunde den Vorschlag, „von der korporativen Mitwirkung der Orchestermitglieder der Hofoper abzusehen und ein selbständiges ‚Gesellschaftsorchester' zusammenzustellen ..." (Perger, 1912, 100)

Hanslick, der mit allen Details dieser Entwicklung vertraut war, stellte die Emanzipation des Orchesters von der Gesellschaft der Musikfreunde sehr nobel dar: „Das Orchester des Hofoperntheaters hatte bis 1860 den Kern, den größten und wesentlichen Teil des

PHILHARMONISCHE CONCERTE.
(2. Cyclus.)
Loge im 1. Rang.
№ 11. L.
zu den
4 Abonnements-Concerten
am
26. Jänner, 16. Februar, 2. u. 23. März 1862,
um die Mittagsstunde,
im k. k. Hof-Operntheater.
Diese Karte wolle gefälligst jedesmal dem Billeteur vorgezeigt und beim letzten Concert an denselben abgegeben werden.
Wallishausser's Druck.

Orchesters der Gesellschafts-Konzerte gebildet. Daraus ergaben sich Inkonvenienzen, welche (insbesonders nach dem Wiederaufleben der Philharmonischen Konzerte und der Vermehrung der Proben hüben und drüben) übermächtig zu werden drohten. Die Gesellschaft der Musikfreunde mußte sich für ihre Konzerte unabhängig vom Opernorchester stellen. Es gelang Herbeck 1860 ein eigenes Orchester zusammenzubringen, das zwar an Feinheit das Philharmonische nicht erreichte, aber doch rasch die erfreulichsten Fortschritte aufwies.“ (Hanslick, 1869, 386)

Kaum war diese Krise überwunden, stellte sich die nächste ein: Direktor Karl Eckert, Leiter des Hofopern-Theaters und der Philharmonischen Konzerte, trat zurück und verließ Wien. Wie so oft hatten die Musiker Glück, denn ihr künftiger Dirigent und Vorstand befand sich bereits im Hause. Nur wenige Monate zuvor hatte sich in der Hofoper ein junger, aus Leipzig stammender Kapellmeister vorgestellt und war vom Fleck weg engagiert worden. Als sich die Philharmoniker am 26. September 1860 versammelten, um nach Eckerts Abgang einen neuen Orchesterchef zu wählen, galt der junge Leipziger mit Namen Otto Dessoff bereits als Favorit. Tatsächlich wurde er mit großer Stimmenmehrheit gewählt. Er hatte in seinen vier Konzerten solchen Erfolg, daß man im Dezember beschloß, dem ersten einen zweiten Abonnementzyklus folgen zu lassen. Von diesem Zeitpunkt an veranstalteten die Wiener Philharmoniker acht Konzerte pro Saison, zu denen sich in den achtziger Jahren als neuntes das Konzert des Vereins Nicolai gesellte.

Die Krise, die durch Karl Eckerts Demission im Hofopern-Theater eingetreten war, wurde nicht so leicht und schnell behoben. Nach der Vertreibung der italienischen Pächter hatte ein administratives Provisorium geherrscht, das – wie viele österreichischen Provisorien – lange dauerte und erst mit Eckerts Ernennung zu Ende gegangen war. Eckert hatte sich um das Repertoire große Verdienste erworben, indem er mit der Einstudierung des „Tannhäuser“ die Hofoper dem Werk Richard Wagners öffnete. Trotzdem suchten die Behörden im Herbst 1860 keinen neuen Direktor, sondern einen Pächter. In allen hauptstädtischen Zeitungen Europas wurde das k.k. Hofopern-Theater nächst dem Kärntnertor alsbald zur Verpachtung ausgeschrieben, wobei wie in früherer Zeit eine „aus dem Staatsschatz zu zahlende Jahressubvention“ in Aussicht gestellt wurde. Allerdings sollte die Verpachtung nur bis 1866 gelten, denn in diesem Jahre glaubte man das neue Opernhaus eröffnen zu können, das nahe dem einstigen Kärntnertor an der Ringstraße errichtet werden sollte. Zum Staunen der Inserenten meldete sich kein einziger seriöser Pächter. So blieb den Behörden nichts übrig, als den italienischen Gesangmeister Matteo Salvi zum Direktor zu bestellen, allerdings mit einem befristeten Kontrakt und nicht mittels Dekret auf Lebenszeit.

Das von Jahr zu Jahr steigende Defizit der Oper bestimmte den damaligen Finanzminister Ignaz von Plener, weiter die Verpachtung zu propagieren. Er wollte sogar das Opernhaus am Ring, für das kaum noch der Grundstein gelegt war, verpachten. Wie mancher liberale Politiker dieser Ära, die den Aufschwung von Industrie und Handel durch die freie Marktwirtschaft erlebte, sah dieser Finanzminister im Wiener Opernhaus bloß eine Art Fabrik, die den Gesetzen von Angebot und Nachfrage zu gehorchen und nach maximalem Profit zu streben hatte. Vielleicht hätte sich Plener mit seinen Ideen durchgesetzt, wären nicht gerade die konservativen Kreise, allen voran der Oberstkämmerer Graf Lanckoronski, so energisch dagegen aufgetreten. Warum – so lautete seine Argumentation – sollte der Kaiser von Österreich kein Operntheater unterhalten, wenn sich jeder deutsche Duodezfürst ein solches leistete? (vgl. Stern, 1900)

So zeigte sich, daß die liberale Ära, die dem Unternehmertum, auch dem philharmonischen, so günstig war, die Oper in Gefahr brachte – ein Grund mehr, um mit Eifer der philharmonischen Idee anzuhängen. Angeregt durch die politischen „Verfassungsversuche“ – Oktoberdiplom 1860, Februarpatent 1861 –, gaben sich auch die Philharmoniker eine demokratische Verfassung. Sie war, wie wir wissen, nicht die erste, denn schon Nicolai hatte zweimal „Statuten“ zur Unterschrift vorgelegt; sie ist aber die früheste, die sich im Archiv der Philharmoniker erhalten hat. Am 19. September 1862 wurde eine Vereinbarung beschlossen, die sich „Geschäftsordnung der philharmonischen Konzert-Unternehmung“ nannte und deren Paragraph 1 lautete: „Es findet alle Jahre, und zwar längstens

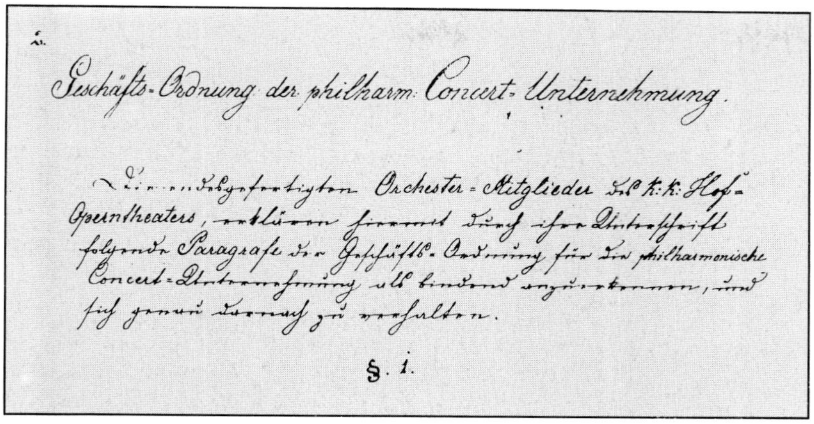
Geschäfts-Ordnung der philharm. Concert-Unternehmung.

Die unterfertigten Orchester-Mitglieder des k.k. Hof-Operntheaters, erklären hiermit durch ihre Unterschrift folgende Paragrafe der Geschäfts-Ordnung für die philharmonische Concert-Unternehmung als bindend anzuerkennen, und sich genau darnach zu verhalten.

§. 1.

Geschäftsordnung der Philharmonischen Konzert-Unternehmung von 1862. Das erste erhaltene Dokument dieser Art

im Monat Mai eine Generalversammlung statt, welche vom Komitee einberufen wird. Dasselbe hat jedoch das Recht und die Pflicht, bei besonderen Vorkommnissen, sowie auf Verlangen von sechs Komitee-Mitgliedern oder einem Dritteil der Unternehmer, jederzeit außerordentliche Generalversammlungen zu veranlassen.“ Dieser Generalversammlung waren laut Paragraph 2 folgende Gegenstände vorbehalten: Wahl des Dirigenten, Wahl des zwölfköpfigen Komitees, die Bestimmung der Anzahl der Philharmonischen Konzerte und die Bestimmung des Raums, wo diese abzuhalten seien. Die knappe und präzise Fassung dieser beiden Paragraphen und der folgenden läßt annehmen, daß die Philharmoniker einen Juristen zu Rate gezogen hatten, soferne nicht die meisten Gedanken schon in Nicolais verlorengegangenen Dokumenten formuliert worden waren. Neben den schon zitierten Absätzen ist vor allem jener von Bedeutung, der die Zugehörigkeit zu den Wiener Philharmonikern regelt: „Jeder im Orchester des k.k. Hofopern-Theaters angestellte Künstler ist berechtigt, Mitglied der Philharmonischen Konzert-Unternehmung zu sein und verpflichtet sich durch Unterschrift, bei allen in der nächsten Saison stattfindenden Philharmonischen Konzerten und den dazu nötigen Proben mitzuwirken ...“

Die Geschäftsordnung bestimmt weiter die Rechte des Komitees, die Rechte und Pflichten des gewählten Dirigenten, der zugleich Komitee-Vorsitzender und Vorstand des Unternehmens ist, die Abhaltung von Proben und die allfällige Dispensierung von diesen, die Aufteilung der Konzerteinnahmen, die Prüfung und Annahme neuer Kompositionen, die Anschaffung von Musikalien, kurz, es war eine so wohldurchdachte, mustergültige Geschäftsordnung, daß sie lange in Kraft blieb und auch später nur in manchen Teilen abgeändert werden mußte. Die philharmonische Verfassung, die schon 1862 das allgemeine und geheime Wahlrecht vorsah und damit der politischen fast ein halbes Jahrhundert vorauseilte, hat sich somit bewährt, obwohl es gar nicht leicht ist, ein solches Kollektiv von Individualisten, wie es die Wiener Philharmoniker sind, unter einen Hut zu bringen.

WIE MAN PHILHARMONIKER WIRD

SOEBEN IN WIEN EINGETROFFEN, WENDET SICH EIN FREMDER an den nächsten Taxilenker: „Wie komme ich zu den Philharmonikern?“ Dieser antwortet: „Ja, da müssen Sie üben, üben und wieder üben.“

Der bekannte Witz deckt die Wahrheit auf, allerdings nicht die ganze. Die durch Üben erworbene technische Fertigkeit auf dem Instrument bildet neben bestimmten musikalischen Anlagen bloß eine Voraussetzung für die Aufnahme bei den Philharmonikern, doch keine Garantie. Von Rechts wegen hätte der Taxilenker sagen müssen: „Da fahren Sie am besten zur Staatsoper“, was freilich keine Pointe ergeben hätte, selbst dann nicht, wenn er hinzugefügt hätte: „Aber nur, wenn Sie ein Mann sind.“ Diese Einschränkung wäre notwendig, denn es gibt keine Philharmonikerinnen. Die Zugehörigkeit zum Orchester ist dem männlichen Geschlecht vorbehalten, obgleich wir auch bei sorgfältigster Lektüre der Vereinsstatuten keine Verankerung dieses Privilegs finden können. Rechtliche Voraussetzung für die Aufnahme bei den Philharmonikern ist jedoch die Zugehörigkeit zum Staatsopernorchester. Hier haben Damen und Herren theoretisch die gleiche Chance des Zugangs, doch erweist sich das Opernorchester in der Praxis als von Männern dominiert. Unter den hundertfünfzig Musikern, die in der Personalliste für die Opernspielzeit 1990–91 verzeichnet sind, gibt es nur zwei Damen, die als Harfenistinnen tätig sind. Dieser geringe Anteil erleichtert es den Philharmonikern, als reines Männerorchester weiterzubestehen. Das entspricht nicht nur ihrer Tradition, sondern auch ihren aktuellen Wünschen. Viele der älteren Orchestermitglieder hegen gegen Frauen im beruflichen Bereich die allgemein bekannten Vorurteile; die jüngeren, moderner denkenden zweifeln, daß die weibliche Konstitution der Überbelastung physischer und psychischer Art gewachsen wäre, die sich aus der Doppelfunktion in Oper und Konzert ergibt. Letztlich laufen beide Meinungen darauf hinaus, daß die Philharmoniker ein Männerbund sind.

Wie also kommt der männliche Künstler ins Opernorchester? Vorerst muß durch Ausscheiden eines Instrumentalisten eine Stelle frei werden, denn die Gesamtzahl der Planstellen ist ebenso festgelegt wie die Zahl der Musiker in jeder einzelnen Instrumentengruppe. Als Nicolai das Orchester des k.k. Hoftheaters nächst dem Kärntnertor zu Philharmonischen Konzerten versammelte, gebot er über vierundsechzig Musiker. Diese Zahl mag für das relativ kleine Haus und sein vorwiegend aus italienischen und französischen Opern bestehendes Repertoire genügt haben; die Beethoven-Aufführungen, die Nicolai in seinen Konzerten erarbeitete, bedurften allerdings eines größeren Streicherensembles. Darum verstärkte er die zehn ersten Geiger, die das Hofopernorchester zählte, „durch einige andere Künstler aus der Stadt – Dilettanten sind ganz ausgeschlossen“ (Nicolai, 1892, 132), auf insgesamt sechzehn, und in entsprechender Weise auch die zweiten Geigen, Bratschen, Celli und Kontrabässe. Bestimmt hat Kapellmeister Nicolai deshalb kein Probespiel veranstaltet, sondern ihm bekannte Musiker vom Hofburgtheater oder vom Theater an der Wien herangezogen.

Abbildung auf Seite 86: Im Stift Sankt Florian: Einstimmung an Bruckners Wirkungsstätte

Im Jahre 1860, in dem die Abonnementkonzerte im Kärntnertortheater eingeführt wurden, finden wir ein bereits zweiundachtzig Köpfe zählendes Opernorchester vor, das nunmehr dreizehn Primgeiger, zwölf Sekundgeiger und je sieben Bratschisten, Cellisten und Kontrabassisten aufwies (Kraus-Schreinzer, 1942, 112). Diese Vergrößerung gegenüber 1842 war auf die Veränderungen im Opernrepertoire zurückzuführen, in dem Meyerbeer und Verdi ihren Platz gefunden hatten und auch Wagner schon vertreten war. Im Lauf der sechziger Jahre kamen vier weitere Musiker dazu. Noch immer aber blieb das Streicherensemble kleiner als in den Philharmonischen Konzerten unter Nicolai, die allerdings nicht im Kärntnertortheater, sondern im großen Redouten-Saal stattgefunden hatten.

Einen höheren Personalstand erreichte das Opernorchester erst 1869, als man vom Kärntnertortheater ins neue Opernhaus am Ring zog. In der *Wiener Zeitung*, im Wiener *Fremdenblatt*, in der *Prager Zeitung*, aber auch in ausländischen Blättern wie den *Münchener Neuesten Nachrichten* und den Leipziger *Signalen für die musikalische Welt* wurden Probespiele – „Concurse" hießen sie damals – ausgeschrieben, durch die neue Mitglieder für das gesamte Streichquintett gesucht wurden. Da die öffentliche Ausschreibung spät, erst im März 1869, erfolgte und die „Concurse" wohl erst im April stattfinden konnten, traten die meisten Neuengagements mit 1. September in Kraft, obwohl das Opernhaus schon im Mai eröffnet wurde. Wahrscheinlich haben die Neuen als Gäste, Substituten oder unter anderem Titel an den ersten Vorstellungen im großen Haus mitgewirkt. Das Hofopernorchester war damit auf mehr als hundert Spieler angewachsen, genug für die bevorstehenden Premieren der „Meistersinger von Nürnberg" und anderer Wagner-Werke. Unter den Streichern, die mit 1. September 1869 ins Hofopern-Theater eintraten, befanden sich der Kontrabaßspieler Franz Simandl, der am Prager Konservatoriums studiert hatte, und der in Wien ausgebildete Bratscher Sigmund Bachrich, ein Schüler von Josef Böhm. Sie gehörten, wie die meisten ihres Eintrittsjahrgangs, dem Orchester noch in der Ära Mahler an.

Die Vergrößerung des Opernorchesters stieß auf heftigen Widerstand bei den Philharmonikern. In der Geschäftsordnung von 1862 hatten sie zwar ausdrücklich jedem im Orchester des k.k. Hofopern-Theaters angestellten Künstler das Recht zugebilligt, Mitglied der Philharmonischen Konzert-Unternehmung zu werden, doch 1869, als so viele neue Streicher auftauchten, wollten sie davon nichts mehr wissen. Eilig wurde eine neue Geschäftsordnung beschlossen, welche die Zahl der „ordentlichen Mitglieder" auf jene sechsundachtzig limitierte, die schon vor den „Concursen" dem Opernorchester angehört hatten. Die Neuengagierten wurden bei den Philharmonikern als „außerordentliche Mitglieder" eingestuft, die warten mußten, bis ein „ordentliches Mitglied" austrat oder starb und die Reihe an das ranghöchste „außerordentliche" kam.

In der Festival Hall in London, 1979: Warten auf den Dirigenten

Diese Geschäftsordnung mit dem diskriminierenden Mitglieder-Paragraphen mußte freilich schon nach einem halben Jahr widerrufen werden. Vielleicht hatte die Operndirektion Druck auf die Philharmoniker ausgeübt, vielleicht hatten die neuen Streicher, die von Prestige und Gewinn der Philharmonischen Konzerte ausgeschlossen waren, gegen die unkollegialen Kollegen rebelliert, vielleicht auch hatte die durch Johann Herbecks Monsterkonzerte entstandene Konkurrenz eine Verstärkung des philharmonischen Klangkörpers ratsam erscheinen lassen. Die Geschäftsordnung von 1870 jedenfalls hob die Unterscheidung zwischen „ordentlichen" und „außerordentlichen" Mitgliedern auf und gestattete allen Musikern des Hofopernorchesters, an der Philharmonischen Konzert-Unternehmung teilzuhaben. Ein weiser Beschluß, der es möglich machte, mit hundert Musikern in den großen Musikvereinssaal einzuziehen.

Wie ein „Concurs" im vorigen Jahrhundert ablief, geht aus zufällig erhaltenen Akten aus dem Jahr 1875 hervor (HHSTA, SR, 152/7). Der verdiente Solocellist Heinrich Röver, Mitglied der

„Mahler und seine Philharmoniker" in einer zeitgenössischen Karikatur

Hofkapelle und Professor am Konservatorium, war gestorben; für ihn wurde in einem „Concurs" ein Nachfolger gesucht. Zwölf Bewerber hatten sich gemeldet, darunter Heinrich Grünfeld, der Bruder des Pianisten, und der von Joseph Hellmesberger senior begünstigte Friedrich Hilpert. Über die Qualifikation der Kandidaten lagen Gutachten der Kapellmeister Hans Richter und Wilhelm Gericke vor, außerdem gaben die Konzertmeister Joseph Hellmesberger senior und Moritz J. Grün sowie andere Orchestermitglieder ihr Urteil ab. Mehrere Gutachter betonten, daß die beiden in die engere Wahl gezogenen Cellisten keineswegs besser seien als Reinhold Hummer, ein Schüler des verstorbenen Röver, der schon seit zwei Jahren im Orchester saß. Trotzdem wurde Hilpert engagiert. Erst als dieser nach einem Jahr wieder austrat, rückte Hummer zum ersten Solocellisten auf und wurde, wie sein Lehrer und Vorgänger, auch Professor am Konservatorium. Damals – und auch noch in unserem Jahrhundert – hatten Kapell- und Konzertmeister bei Neuengagements größeren Einfluß als die unmittelbaren Kollegen, die Stimmgruppe. Ältere Mitglieder erinnern sich heute noch, daß mehrere Jahre lang Hans Knappertsbusch so ziemlich allein entschied, wer nach erfolgtem Probespiel aufgenommen und wer abgewiesen wurde (*Die Presse*, 22./23. März 1969). Das war in den Jahren von 1938 bis 1941, als Knappertsbusch – in Wien nur als Gastdirigent geführt – de facto die Funktion eines Operndirektors ausübte (Hackenberg-Hermann, 1985, 23ff.). Erst im letzten Viertel unseres Jahrhunderts wurde eine Probespielordnung ausgearbeitet, die zwar eine Mitsprache von Dirigenten, Konzertmeistern und Vertretern aller anderen Instrumente vorsieht, in erster Linie aber die Wünsche der Stimmgruppe berücksichtigt.

MAHLER ERNEUERT DAS ORCHESTER

1897 trat ins k.k. Hof-Operntheater ein neuer Kapellmeister ein, dem der Ruf vorauseilte, gegen das Orchester „strenge, nachsichtslos, ja sogar tyrannisch zu sein" (Bachrich, 1914, 41). Dieser Kapellmeister, der nach wenigen Monaten Direktor wurde, war Gustav Mahler. Er wirkte auf das Orchester wie ein Elementarereignis. „Das Verblüffende war, daß so musiziert wurde, wie es in der Partitur stand und daß uns dies als etwas ganz Neues erschien. Man muß den Theaterbetrieb kennen, um zu wissen, wieviel Anteil die Routine, die Schlamperei und die Nachlässigkeit daran haben ... Weiters war bis dahin die Arbeit des Kapellmeisters und Regisseurs zwei getrennte Gebiete; Mahler vereinigte sie in sich, er war alles: Dirigent, Regisseur, Dekorateur, Gesangsmeister und so weiter. Natürlich kam etwas Geschlossenes, Einheitliches zustande, wie man es zuvor nie gehört hatte ..." (Wunderer, 1941, 32)

Über Mahlers Reformwerk, das Ensemble, Aufführungspraxis, Regie, Bühnenbild, ja selbst das Publikum erfaßte, ist viel geschrieben worden. Kaum erwähnt wurde dabei, daß auch das Orchester

Gustav Mahler in der Loggia der Wiener Oper, Foto aus dem Jahr 1907. Mahler war von 1897–1907 Operndirektor.

in Mahlers Direktionszeit eine Erneuerung erfuhr wie nie zuvor und nie danach. Im Durchschnitt verzeichnet ein rund hundert Mann starkes Orchester drei Abgänge im Jahr, die durch Neuengagements wettgemacht werden. Mahler aber hat in den zehn Jahren seines Wirkens achtzig Musiker ans Hof-Operntheater verpflichtet, das sind fast dreimal so viele, als es der normalen Erneuerung entsprochen hätte. Freilich haben nicht alle Musiker, die er dem Orchester einverleibte, dort ihr Pensionsalter erreicht. Manche schieden schon nach kurzer Tätigkeit wieder aus und wurden durch andere ersetzt. Diese Fluktuation, die das an Stabilität gewohnte Orchester erbitterte, weist darauf hin, daß Mahler hier ebenso experimentierte wie mit dem Sängerensemble und durch immer neue Besetzungsversuche zu immer besseren Ergebnissen gelangen wollte.

Die Einstellung des Opernorchesters zu seinem Direktor war zwiespältig. Die Mehrheit der Musiker erkannte, daß hier ein außerordentlicher Dirigent am Werk war, denn es war keineswegs bloßer Opportunismus, daß sie ihn 1898 zum Leiter der Philharmonischen Konzerte wählten. Seine Personalpolitik jedoch machte ihn zum meistgefürchteten, ja verhaßten Mann, selbst bei denen, die ihn als Künstler bewunderten. Er ließ es nicht nur bei vorzeitigen Pensionierungen am notwendigen Takt fehlen; er verärgerte auch junge Musiker wie Alexander Wunderer oder Franz Schmidt, weil er sie nicht vorrücken ließ, sondern für die begehrte erste Stelle Musiker aus dem Ausland engagierte. „Solche Augenblicksentscheidungen regierten damals das Haus und machten viel böses Blut." (Wunderer, 1941, 32ff.)

Anders dachten vermutlich jene Orchestermitglieder, die von solchen Augenblicksentscheidungen profitierten, der Oboist Anton Jandourek aus Prag etwa, den Mahler dem jungen Wunderer vor die Nase setzte, oder der Kontrabassist Otto Stix, der im Orchester des Hamburger Stadttheaters tätig gewesen war, als Mahler dort als erster Kapellmeister wirkte. Nach seiner Berufung an die Hofoper ließ er den in Wien bei Professor Simandl ausgebildeten Stix nachkommen. Dieser war darauf so stolz, daß er in ein Wiener Künstler-Lexikon seine Kurzbiographie einrücken ließ, die ausdrücklich vermerkt, daß ihn Direktor Mahler „ohne Concurs als Mitglied des Wiener k.k. Hof-Opernorchesters engagierte" (Rheinhardt, 1902, 585). Auch der Geiger Julius Stwertka dürfte kaum ein Probespiel absolviert haben, als Mahler ihn von Hamburg nach Wien holte, ebensowenig die Solocellisten Wilhelm Jeral und Friedrich Buxbaum, und erst recht nicht der Harfenist Alfred Holy, den Mahler schon von seiner Prager Kapellmeisterzeit her kannte.

Die Besetzung der zwei Harfen war lange ein hochbrisantes Problem. Im Jahre 1900 wurde einer der beiden Harfenspieler pensioniert, der andere, jüngere, schied – vermutlich wegen Differenzen mit Mahler – aus dem Orchester aus. Bereits am 1. Januar 1900 trat ein neuer ein; er ging nach weniger als sechs Monaten. Am 1. Juni erschien der nächste, den es immerhin fast zweieinhalb Jahre hielt. Dazwischen gab es noch einen dritten, der genau ein halbes Jahr in der Hofoper zubrachte. In diesen akuten Harfenisten-Nöten begegnete Mahler dem am königlichen Opernhaus in Berlin engagierten Alfred Holy und klagte ihm, gewiß mit bestimmten Hintergedanken, sein Leid. Holy fragte ihn, wie es komme, daß zwei der bedeutendsten Vertreter der Wiener Harfenschule nach so kurzer Zugehörigkeit aus dem Verband der Oper ausgeschieden seien. Darauf soll Mahler erwidert haben: „Wenn ich als Dirigent am Pult stehe, kann ich keine andere Autorität im Orchester dulden." Holy deutete diesen etwas rätselhaften Ausspruch dahingehend, daß Mahler damit auf die von Antonio Zamara eingeführte „Gepflogenheit der Änderung (das ist ‚Spielbarmachung') der Harfenpartien" hinzielte (Holy, o.J. 65f.). Antonio Zamara hatte von 1842 bis 1892 dem Hofopernorchester angehört und als Konservatoriumslehrer größten Einfluß auf Spieltechnik und -praxis ausgeübt.

Selbstverständlich konnte der Direktor des k.k. Hofopern-Thea-

Gustav Mahler. Schattenriß von Hans Schließmann

ters in Wien dem Königlich-Preußischen Operntheater in Berlin nicht ohne weiteres einen Harfenspieler abwerben. Darum schickte Mahler seinen Freund und Mitarbeiter, den damals fünfundzwanzigjährigen Bruno Walter, ins Feld, der nach Bayreuth fuhr, wo Holy im Festspielorchester tätig war. In aller Heimlichkeit, hinter einem Gebüsch beim Festspielhaus, fand die entscheidende Unterredung statt, mit dem Resultat, daß Holy in Berlin um Entlassung ansuchte. Nach lebhaftem Brief- und Telegrammwechsel konnte der Harfenist alsbald einen für ihn sehr vorteilhaften Kontrakt mit der Wiener Oper unterzeichnen, von der er sich allerdings nach zehn Jahren trennte und nach Amerika ging.

So wie Stix, Stwertka und Holy hat auch der Posaunist Franz Dreyer an keinem Concurs teilgenommen. Ein Probespiel freilich mußte er absolvieren, ehe Mahler ihn nach Wien verpflichtete. Im Juni 1902 fand in Krefeld, von Richard Strauss befürwortet, die Uraufführung von Mahlers Dritter Symphonie statt. Spielen sollte ein aus mehreren rheinländischen Ensembles zusammengestelltes Orchester, was Mahler angesichts des Umfangs und der Schwierigkeiten seiner Partitur große Sorgen bereitete. „Jedenfalls", schrieb er damals an Strauss, „der I. Posaunist muß hervorragend sein und einen kolossalen Ton und mächtigen Atem haben! Wäre hiefür nicht Ihr erster Posaunist in Berlin, der mir sehr gerühmt wurde, am besten zu nehmen?“ (Blaukopf, 1980, 84)

Als Mahler zu den Proben nach Krefeld kam, traf er nicht den erwähnten Herrn aus Berlin an, sondern einen jungen Posaunisten, der Dreyer hieß, aus Bremen stammte und in Mannheim engagiert war. Erstaunlicherweise gelangen ihm die heikelsten Passagen im 1. Satz scheinbar mühelos, und nach dem Konzert umarmte ihn Mahler und forderte ihn auf, zu ihm an die Hofoper zu kommen. Franz Dreyer zögerte lange, doch Mahler ließ nicht locker, bis der Posaunist im Sommer 1904, genau zwei Jahre nach dem Krefelder „Probespiel“, nach Wien übersiedelte, gerade rechtzeitig für die im Dezember stattfindende Wiener Erstaufführung von Mahlers Dritter, der er als Philharmoniker seinen kolossalen Ton und mächtigen Atem lieh. Dreyer gehörte dem Orchester bis 1945 an und wirkte nach seiner Pensionierung noch als Professor an der Musikakademie lange weiter.

Insgesamt hat Mahler dreiunddreißig Bläser engagiert, von denen zehn noch während seiner Amtszeit wieder ausschieden. Unter den im Orchester verbliebenen finden sich so bekannte Musiker wie die holländischen Flötisten Ary van Leeuwen und Jacques van Lier, der Oboist Alexander Wunderer, der Fagottist Karl Strobl, der Trompeter Hans Stiegler und dessen Bruder, der Hornist Karl Stiegler, der die Tradition des Wiener Horns in unser Jahrhundert überleitete. Bei der Verpflichtung so vieler Bläser ging es Mahler nicht bloß darum, die besten Vertreter ihres Instruments zu gewinnen; er strebte auch eine Vergrößerung des Orchesters an, womit er dem Opernrepertoire Rechnung trug. Mahler, der es als erster in Wien gewagt hatte, Wagners Musikdramen ohne die damals üblichen Kürzungen aufzuführen, hatte dem Werk des Bayreuther Meisters einen Vorrang eingeräumt, dem unsere Zeit weder musikalisch noch organisatorisch gewachsen wäre. So waren in der Saison 1900–1901 rund siebzig Wagner-Aufführungen über die Bühne gegangen, nahezu ein Viertel aller Vorstellungen, die das Hofopern-Theater in einer Spielzeit gab, darunter sechs zyklische Aufführungen des „Ring des Nibelungen“. Bedenkt man, daß solch „ungestrichene“ Wagner-Aufführungen vier bis fünf Stunden dauern und an die Musiker höchste musikalische und physische Anforderungen stellen, dann wird Mahlers Bemühung um eine Verstärkung des Orchesters begreiflich.

Das Hofopernorchester hätte gegen diese Verstärkung, die eine Entlastung jedes einzelnen versprach, nichts einzuwenden gehabt, wäre Mahler nicht auch in philharmonisches Terrain eingedrungen. Er versprach nämlich den neuen Bläsern, um ihnen die immer noch karg entlohnte Stellung in der Oper schmackhaft zu machen, daß sie an den Philharmonischen Konzerten teilnehmen und damit zusätzliche sechshundert Kronen pro Mann und Saison verdienen könnten. So dringend die Oper eine Vermehrung der Bläser für ihr

Philharmonisches Orchester.

(K. k. Hof-Opernorchester.)

Dirigent: **Gustav Mahler**

k. und k. Hofopern-Director.

I. Violine.
Rosé Arnold
Prill Carl
Siebert August
Stelzig Florian
Grohmann Max
Auspitzer Siegfried
Stecher Anton
Kreuzinger Hans
Salamon Johann
Egghardt Julius
Wahl Stefan
Rosenthal Heinr.
Schwendt Theodor
Klein Josef
Mairecker Franz
Fischer Paul
Weiss Anton

II. Violine.
Lichtenstern Max
Arrocker Franz
Werner Julius
Czapauschek Joh.
Kallmus Ignaz
Heinrich Franz
Schwegler Johann
Klein Johann
Palm Josef
Bachrich Albert
Zert Otto
Kraft Ignaz
Semrad Hans
Dengler Erwin
Engelbrech Friedrich
Paudler Carl

Viola.
Michna Adalbert
Winter Hans
Steiner Hugo von
Desing Julius
Strebinger Rudolf
Jelinek Franz
Kohut Ladislaus
Bayerl Franz
Ruzitska Anton
Heldenberger Cajetan
Mayer Dionys.

Cello.
Hummer Reinhold
Sulzer Josef
Fischhof Josef
Popper Wilhelm
Kretschmann Th.
Schmidt Franz
Klein Franz
Rehn Hans
Jeral Wilhelm
Buxbaum Friedrich

Contra-Bass.
Simandl Franz
Braun Franz
Unger Carl
Siebert Rudolf
Benesch Georg
Dauthage Max
Hrabal Franz Rud.
Stix Otto
Mišek Adolf
Madenski Eduard

Harfe.
Mosshammer Roman
Schueker Edmund

Flöte.
Kukula Roman
Markl Alois
Ibener Gustav
Ghisas Eurysthenes

Oboe.
Baumgärtel Rich.
Zink Johann
Strasky Johann
Swoboda Leopold

Clarinette.
Schmidl Alois
Bartolomej Franz
Syrinek Adalbert
Schöffmann Carl

Fagott.
Böhm Johann
Thaten Herrmann
Wittmann Carl
Wesser Bruno

Horn.
Wipperich Emil
Nowak Christian
Moissl Franz
Vargics Rudolf
Reiss Rudolf
Moissl Hermann
Romagnoli Carl
Stiegler Carl

Trompete.
Stiegler Adolf
Christ Victor
Rossbach Franz
Schöniger Max

Posaune.
Berthold Otto
Schwaneberg W.
Walde Theodor
Wesecky Carl
Heinemann Emil

Tuba.
Huber Rudolf

Pauke.
Weber Franz
Schnellar Johann

Grosse Trommel.
Schubert Ferdinand

Kleine Trommel.
Schwetz Leopold.

Becken.
Richter Josef

Vom Herbst 1898 bis zum Beginn des Jahres 1901 war der Name des Hofoperndirektors Gustav Mahler mit den Philharmonikern verbunden.

anspruchsvolles und beanspruchendes Repertoire brauchte, die Philharmoniker waren sich selbst genug. Als daher im Frühjahr 1902 acht neue Mitglieder des Hofopernorchesters um Aufnahme in den Verband der Philharmoniker ansuchten, wies sie die Hauptversammlung vom 28. Mai unter Berufung auf eine „Systemisierung“ von hundertundvier Mitgliedern rundweg ab. Diese Haltung der Philharmonischen Konzert-Unternehmung, die in dem Beschluß von 1869, der revidiert wurde, eine unrühmliche Parallele hatte, führte zu einer schweren Krise zwischen Orchester und Operndirektion. Mahler, seit einem Jahr nicht mehr Dirigent der

Also neue Bläser hat man für das Orchester der Hofoper engagiert. Man braucht sie, sagt man. Das Orchester müsse komplettiert, es müssen neue Kräfte gewonnen werden. Ob das wahr ist oder nicht, darüber kann sich das Publikum schwer ein Urteil bilden, das sind intime Vorgänge des Theaters; das ist Ansichtssache. Aber worüber gar kein Zweifel bestehen kann, ist, daß wenn man neue Kräfte für das Orchester engagiert, man sie auch genügend bezahlen muß aus eigenen Mitteln und nicht mit Versprechungen, die man später nicht erfüllen kann. Es geht nicht an, Einkünfte zu verteilen, die einem nicht gehören!
Neues Wiener Tagblatt, 14. September 1902

Philharmonischen Konzerte, reagierte mit einem bösen, ja nahezu erpresserischen Schreiben: Es werde nicht – wie bisher – genügen, die Termine der Konzerte zu melden, die Orchestermitglieder müßten vielmehr formell um Genehmigung ihrer Teilnahme an den Philharmonischen Konzerten bei der k. und k. General-Intendanz ansuchen. Die Operndirektion, das heißt Mahler, würde ein solches Ansuchen allerdings nur dann befürworten, wenn sich die Unternehmung verpflichte, ihre Statuten so zu ändern, „daß die neu engagierten Orchestermitglieder des Hofopern-Theaters, insbesondere die Bläser, in den Verband aufgenommen werden können."

Die Wiener Philharmoniker waren zu Beginn dieses Jahrhunderts noch nicht unabhängig und mächtig genug, um eine Kraftprobe mit dem Operndirektor wagen zu können. Sie mußten daher, wie aus ihrem Antwortschreiben hervorgeht, nach einem Kompromiß suchen. Dieser bestand darin, daß sie sich wohl bereit erklärten, die neuen Mitglieder des Hofopernorchesters in ihren Verband aufzunehmen, gleichzeitig aber ersuchten, daß die aus „Vermehrung der Anteile erwachsende Mindereinnahme" jedem einzelnen durch eine monatliche Zulage ersetzt werde. Mahler, der die finanzielle Lage seiner Musiker kannte und ihnen bald nach seinem Amtsantritt eine Gehaltserhöhung erwirkt hatte, scheint diesen Vorschlag befürwortend an die General-Intendanz der Hoftheater weitergeleitet zu haben, denn bald darauf wurden die Philharmoniker aufgefordert, die Höhe der jährlichen Ausschüttung aus den Konzerterlösen bekanntzugeben. Schließlich kam ein Kompromiß zustande, der freilich fatal an die frühere Unterscheidung in „ordentliche" und „außerordentliche" Mitglieder erinnerte und das Problem nur vor sich herschob. Die von Mahler geforderte neue Geschäftsordnung erhöhte den philharmonischen Bestand nämlich bloß auf hundertacht Mitglieder und erklärte „überzählige" Künstler des Hofopernorchesters zu „Expectanten" – ein bei der Hofkapelle geläufiger Titel. Die Expectanten mußten zwar im Bedarfsfall bei Philharmonischen Konzerten mitwirken, hatten aber keinen Anspruch auf Anteile aus dem Reinerträgnis, sondern wurden am Schluß der Saison aus der Hoftheaterkasse entschädigt. Diesem unwürdigen Zustand wurde erst in den letzten Monaten der Direktionszeit Gustav Mahlers ein Ende bereitet. Im Juni 1907 beschlossen die Philharmoniker wieder eine neue Geschäftsordnung, in der sie, der Stärke des Opernorchesters entsprechend, eine Erhöhung ihrer Mitgliederzahl auf hundertzwanzig Musiker vorsahen. Mit dieser letztlich von Mahler und seiner Repertoirepolitik erzwungenen Lösung fanden Oper und Philharmoniker viele Jahrzehnte hindurch ihr Auslangen.

DIE „ANWÄRTER" PROBEN DEN AUFSTAND

Obwohl sich Geschichte angeblich nicht wiederholt, verblüffen manche Ereignisse der philharmonischen Geschichte durch ihre

Gleichartigkeit. Als das Opernorchester 1869 vergrößert wurde, verweigerte die Philharmonische Konzert-Unternehmung den Neuankömmlingen die Mitgliedschaft. Als Mahler 1903 zusätzliche Bläser engagierte, befürchteten die Philharmoniker eine Schmälerung ihres Konzerteinkommens und wollten sie nicht aufnehmen. Als die nichtphilharmonischen Mitglieder des Staatsopernorchesters 1970 an ihre philharmonischen Kollegen appellierten, sie in ihre Gemeinschaft einzulassen, vertröstete man sie mit einer „Anwärterschaft". Die drei Parallelfälle endeten allerdings jedesmal damit, daß die Philharmoniker einlenkten und ihre Mitgliederzahl jener des Opernorchesters anpaßten. Geschichte wiederholt sich doch!

Durch sukzessive Aufstockung des Personals gelangte die Wiener Staatsoper in der zweiten Hälfte unseres Jahrhunderts zu einem Stand von hundertneunundvierzig Planstellen. Anlaß der Erhöhungen war nicht die Übersiedlung in ein größeres Theater oder ein besonders anspruchsvoller Spielplan; sie wurden vielmehr durch die Sozialgesetzgebung bedingt. Jeder Betrieb, der eine Arbeitszeitverkürzung weder durch Leistungssteigerung des einzelnen noch durch Rationalisierung des Ganzen kompensieren kann, muß bei gleichem Produktionsumfang – rund dreihundert Opernvorstellungen im Jahr – zwangsläufig sein Personal vermehren. Während in der Oper schon hundertneunundvierzig Planstellen bereitstanden, hielten die Philharmoniker noch an den hundertzwanzig fest, die Mahler ihnen abgerungen hatte. Die erneuerte Geschäftsordnung von 1950 wie auch die Satzungen von 1965 nannten ausdrücklich diese Höchstzahl. Daraus ergab sich, daß fünfundzwanzig bis dreißig Musiker der Staatsoper, das sind rund zwanzig Prozent, nicht Philharmoniker werden konnten, obwohl viele von ihnen an den philharmonischen Aktivitäten mehr oder minder regelmäßig teilnahmen. Sie mußten, wie die Dinge lagen, fünf, sechs oder mehr Jahre warten, bis ein Mitglied der Philharmoniker pensioniert und dadurch eine Stelle unter den satzungsmäßig festgelegten hundertzwanzig frei wurde. Mancher konnte sich freilich anhand der Altersstruktur seiner Stimmgruppe ausrechnen, daß er dies kaum erleben würde.

Im Gegensatz zu den Zeiten, in denen die Abonnementkonzerte fast die einzige Aktivität der Philharmoniker darstellten, konnten diese nun nicht mehr sagen, daß sie mit sechsundachtzig oder hundert Musikern ihr Auslangen fänden. Durch die Mitwirkung bei den Salzburger Festspielen und bei anderen Veranstaltungen, durch Konzertreisen und Medientätigkeit war ihr Pensum so gewachsen, daß sie die Nichtphilharmoniker brauchen konnten und auch gebrauchten, ohne ihnen aber die vollen Rechte des Philharmonikers zuzuerkennen. Im März 1970 ergriffen die solcherart Ausgeschlossenen die Initiative und richteten einen von mehr als zwanzig unterschriebenen Appell an den Verein, in dem sie um Aufnahme in die philharmonische Gemeinschaft ersuchten. Die Philharmoniker

Alfred Altenburger

machten zwar einige Zugeständnisse, verschanzten sich aber hinter dem Paragraphen, der ihre Anzahl limitierte. Nach Ablauf einer dreijährigen Wartezeit sollte jedes Mitglied des Staatsopernorchesters den Philharmonikern hinsichtlich Arbeit und Verdienst gleichgestellt sein, hieß es, allerdings „als philharmonischer Anwärter, bis in der entsprechenden Gruppe eine Planstelle als aktiver Philharmoniker freigeworden ist" (*Musikblätter*, 25/4).

Die „Anwärter" von 1971, die den „außerordentlichen Mitgliedern" von 1869 und den „Expectanten" von 1903 glichen, gaben sich damit aber nicht zufrieden, sondern kämpften mit allen ihnen zu Gebote stehenden Mitteln um Einlaß. Dieser Kampf dauerte zwei Jahre, denn erst am 30. Dezember 1972 beschloß eine Hauptversammlung der Wiener Philharmoniker, den Maximalstand der aktiven Mitglieder von bisher hundertzwanzig auf hundertvierzig zu erhöhen. Dann verging ein weiteres Jahr, ehe die Anwärter, die zwar täglich an der Seite der Philharmoniker musizierten, rechtlich aber immer noch vor der Türe standen, als aktive Mitglieder aufgenommen wurden. Es handelte sich letztlich um achtzehn Instrumentalisten, dreizehn Streicher und fünf Holzbläser, von denen viele im Verein bald hervorragende Rollen spielten. Alfred Altenburger, nach dem Alphabet an der Spitze der Neuzugelassenen, wurde in den Verwaltungsausschuß gewählt und 1978 Vorstand des Vereins Wiener Philharmoniker. In eben diesem Jahr wurde endlich auch die Änderung der Satzungen beschlossen, deren Paragraph 3, Ziffer 4, nunmehr lautete: „Aktive Mitglieder des Vereines können nur die im Wiener Staatsopernorchester fest angestellten Künstler werden, insoferne durch ihre Aufnahme der Stand der aktiven Mitglieder in seiner mit hundertvierzig festgesetzten Gesamtheit nicht überschritten wird." Nicht in den Satzungen steht, daß der an die Staatsoper verpflichtete Künstler in der Regel drei Jahre warten muß, ehe er Philharmoniker wird. Erst nach dem Probejahr, das sein Verhältnis zur Oper zu einem definitiven macht, und zwei weiteren Jahren hat er ein Anrecht auf die Mitgliedschaft bei den Philharmonikern, die er schriftlich beantragen muß und die nur aus besonderen, zum Beispiel disziplinären Gründen verweigert werden kann.

Mit hundertvierzig respektive hundertneunundvierzig Musikern ist das Orchester groß genug, um allen philharmonischen und operndienstlichen Verpflichtungen nachkommen, im äußersten Notfall auch an zwei Orten gleichzeitig auftreten zu können. Die Berliner Philharmoniker verfügen über hundertzwanzig Planstellen. Vergleicht man freilich die Wiener Philharmoniker mit Orchestern, die eine ähnliche Doppelfunktion ausüben, wirkt ihre Zahl sogar bescheiden. Das Zürcher Tonhalleorchester beispielsweise, das auch in der Oper beschäftigt ist, verfügt über hundertneunundsiebzig Musiker, das Leipziger Gewandhausorchester gar über hunderteinundneunzig, darunter zehn Konzertmeister und fünfundzwanzig erste Geigen (Stand 1985/86).

Das Probespiel

Wenn sich ein junger Musiker, der geübt, geübt und wieder geübt hat, um eine freie Stelle im Orchester der Wiener Staatsoper bewirbt, wird bereits sein Ansuchen einer kritischen Prüfung unterzogen. Nicht nur Ausbildung und bisherige Berufsausübung, auch das Alter spielt eine wesentliche Rolle. Da es bei der Aufnahme eine Altersgrenze von fünfunddreißig Jahren gibt, bleiben nach dem Studienabschluß nur zehn bis fünfzehn Jahre, in denen eine Bewerbung erfolgen kann. Trotzdem trachten die Verantwortlichen, innerhalb dieser Zeitspanne eine Altersstrukturierung zu schaffen. Wenn in einer kleinen Instrumentalgruppe bereits zwei Musiker zwischen dreißig und fünfunddreißig sitzen, wird man als neues Mitglied einen sehr jungen Herrn bevorzugen, denn Gleichaltrige gehen auch gleichzeitig in Pension, wodurch die Kontinuität der Orchestertradition gefährdet wäre.

Ein Kandidat, der zum Probespiel zugelassen wird, muß vor einer bis zu fünfundzwanzig Mitgliedern starken Jury bestehen. Diese Jury ist blind wie Justitia selbst. Ihre Augenbinde besteht aus einem Vorhang oder Paravent, hinter dem der Kandidat unerkannt sein Probespiel ablegt. Eingeführt wurde diese Abschirmung bald nach dem Zweiten Weltkrieg. Otto Strasser hat sie, als er Vorstand der Philharmoniker wurde, heftig, aber vergeblich bekämpft (Strasser, 1974, 21 f.). Trotz mancher Nachteile hat der Vorhang gewiß auch Vorteile: Er schützt die Jury vor dem Vorwurf einseitiger Begünstigung. Diese Jury besteht nämlich seit 1953 fast ausschließlich aus Orchestermitgliedern, also aus den künftigen Kollegen des Kandidaten, von denen der jeweilige Vorstand der Wiener Philharmoniker ausdrücklich genannt ist. Den Juroren sind die meisten Kandidaten längst bekannt, besonders den Vertretern der Stimmgruppe, also den engeren Kollegen, sei es, weil es sich um Schüler oder Studienkollegen handelt, sei es, weil sie schon als Substituten im Orchester ausgeholfen haben. Da ist es vielleicht doch nicht schlecht, daß Justitia blind ist und nicht weiß, wem sie die Höchstzahl von zwanzig Bewertungspunkten gibt und wem nicht. Die zwischen dem Österreichischen Bundestheaterverband und der Musikergewerkschaft vereinbarte Probespielordnung nennt den Direktor der Wiener Staatsoper als Vorsitzenden der Jury und außerdem noch zwei von der Operndirektion nominierte Dirigenten. Alle anderen Juroren entstammen dem Orchester: zwei Konzertmeister, zwei Stimmführer der ersten Violinen und je ein Vertreter aller anderen Stimmgruppen. Dazu kommen noch Betriebsräte, der Vorstand der Philharmoniker und der Geschäftsführer. Das größte Gewicht aber hat die Stimmgruppe, zu der der Kandidat zählt, denn sie darf bis zu fünf Vertreter in die Jury entsenden.

Manchmal gelingt es einem jungen Musiker, direkt von seiner Ausbildung an die Staatsoper zu kommen. Aber das sind Ausnahmefälle. Die meisten Bewerber haben bereits einige Jahre Orche-

Früher – vor allem im (überalterten) Orchester der fünfziger und Anfang der sechziger Jahre war es üblich, daß das neue Orchestermitglied sich bei allen Mitgliedern nach der Orchesterliste vorstellte. Einige Kollegen waren durch die Erwartung dieses Rituals einschlägig bekannt. (Litschauer, 1988, 127)

sterpraxis hinter sich. In früherer Zeit boten die vielen kleinen Bühnen in Böhmen und Mähren sowie die Wiener Vorstadttheater genug Gelegenheit, Erfahrungen zu sammeln. Die heutigen Anwärter auf eine Orchesterstelle der Wiener Staatsoper kommen sehr oft aus dem Volksopernorchester oder von der Bühnenmusik der Bundestheater, seltener von den Wiener Symphonikern und den anderen Wiener Konzertorchestern, noch seltener aus anderen österreichischen Städten oder gar aus dem Ausland.

Somit sitzen im Staatsopernorchester vorwiegend Künstler, die aus Wien stammen, in Wien studiert oder in einem Wiener Orchester gearbeitet haben. Daraus könnte man schließen, daß Wiener Kandidaten trotz des Vorhangs Protektion genießen. Das stimmt sogar, wenngleich auf andere Art, als Böswillige vermuten. Die meisten Wiener Kandidaten geben sich nämlich durch ihre Spielweise als Wiener zu erkennen. Der Klarinettist Peter Schmidl, Professor an der Hochschule für Musik in Wien, sagt, daß die Klangerwartung der Juroren unwillkürlich die Wiener Kandidaten bevorzuge. Professor Schmidls Schüler, die an seiner Seite im Orchester spielen, wurden nicht etwa aufgenommen, weil ihr Lehrer die Jury zu ihren Gunsten beeinflußte, sondern weil ihre Tongebung, Spielweise und Phrasierung vertraut und willkommen, nämlich philharmonisch waren. Die Bevorzugung, die sie erfuhren, verdanken sie ihrer in der philharmonischen Tradition stehenden Ausbildung.

Und was spielen die Kandidaten im Marmorsaal der Oper hinter ihrem Paravent? Die Geiger zeigen ihre Kunst an einem Pflicht-Konzert, das in der Regel von Mozart ist, und an einem Konzert freier Wahl. Außerdem müssen die Anwärter eine Folge von ausgewählten, zumeist schwierigen Stellen aus Opern und symphonischen Werken meistern. Das gilt auch für fast alle anderen Instrumente, da es sogar für Kontrabässe und Posaunen Konzerte und andere solistische Literatur gibt. Bei den anschließend verlangten Orchesterstellen werden die Kontrabassisten beispielsweise mit Solopassagen aus „Aida" und „Othello" konfrontiert, die Fagottisten müssen mit Staccato-Stellen aus Mozarts „Jupiter-Symphonie", mit dem „Bolero" von Ravel oder dem Vorspiel zum zweiten Akt der „Carmen" ihr Können beweisen.

Der Kandidat, der nach mehreren Durchgängen, in denen immer mehr Konkurrenten ausscheiden, schließlich übrigbleibt, wird für ein Probejahr an die Wiener Staatsoper verpflichtet. Nach diesem Jahr tritt die Jury – diesmal ohne Probespiel – nochmals zusammen, um über die definitive Anstellung zu beschließen. Erst nach drei Jahren erfolgreicher Tätigkeit im Staatsopernorchester kann der junge Musiker, wie erwähnt, durch schriftlichen Antrag um seine Aufnahme in den Verein Wiener Philharmoniker ansuchen. Das ist allerdings nicht der erste Kontakt mit dieser Körperschaft. In der Regel wird ein junges Mitglied des Staatsopernorchesters sehr bald, mitunter sogar ehe es in der Oper gespielt hat, zu philharmonischen Diensten herangezogen. Dies erfolgt im Rahmen der sogenannten

„Philharmonischen Arbeitsgemeinschaft". Die Namen jener Musiker, die schon vor ihrer Aufnahme in den Verein an den Philharmonischen Konzerten oder auch bei einer Tournee mitwirken, wird man allerdings in den Programmheften vergeblich suchen, während die Vereinsmitglieder, ob sie bei dem betreffenden Konzert spielen oder nicht, ausnahmslos genannt sind. Erst nach formeller Aufnahme findet der junge Philharmoniker auch seinen Namen unter denen seiner Kollegen der Stimmgruppe. Er ist am Ziel.

Strauss schickt in Pension

Im Gegensatz zu vielen anderen Berufstätigen hat der Musiker niemals die Chance, sich mit dem Erreichten zu begnügen. Er muß, um sich auf der Höhe zu halten, regelmäßig üben, er darf nicht nachlassen oder gar versagen, denn seine Kunst unterliegt der täglichen Kontrolle durch die Kollegen, die Dirigenten und das Publikum. Trotz aller Bemühungen wird der Instrumentalist aber nicht verhindern können, daß seine Leistungen, nachdem sie in den ersten Orchesterjahren zugenommen haben, von einem gewissen Alter an zurückgehen. Noch gewinnt er an musikalischer Erfahrung hinzu, verliert aber bereits an körperlicher und nervlicher Spannkraft. In Kenntnis solcher biologischer Abläufe läßt sich mancher erste Flötist oder Trompeter zu den zweiten einreihen, wo er auch künstlerische Befriedigung findet, aber geringerer Belastung ausgesetzt ist.

Wir haben in diesem Kapitel gesehen, unter welch schweren Kämpfen Mahler das Orchester erneuert und auf höchstes künstlerisches Niveau geführt hat. Allein von 1897 bis 1899 mußten etwa

Richard Strauss. Schattenriß von Hans Schließmann

zwanzig Musiker in Pension gehen, darunter ein großer Teil der 1869 engagierten Streicher. Fünfundzwanzig Jahre später begann Richard Strauss, die von Mahler Aufgenommenen zu pensionieren, und auch bei ihm dürfte es nicht ohne Härten und Kränkungen abgelaufen sein. Seltsamerweise wurde Strauss auf das Problem der Überalterung gerade während der Südamerika-Tournee im Sommer 1923 aufmerksam, und nicht in der Oper. „Ich habe in den jetzigen Konzerten reichlich Gelegenheit, die Schwächen unseres Orchesters zu studieren ...“, schrieb er an seinen Co-Direktor Franz Schalk aus Montevideo. Strauss schlug die Pensionierung eines älteren Hornisten vor und das sofortige Engagement eines neuen, verlangte die Versetzung eines ersten Flötisten zu den zweiten und fuhr dann fort: „Es fehlt ein dritter I. Trompeter. Es fehlt ein I. Flötist. Es fehlen 3 bis 4 junge II. Geiger! 2–3 junge Bratschisten! Die hier blasenden Posaunen sind auch katastrophal! Hier wäre am besten zu pensionieren! Bitte, greifen Sie hier jetzt mit starker Hand ein: es ist höchste Zeit!“

Am dringendsten aber war Strauss die Ablösung des Konzertmeisters Karl Prill, der mit den Soli in „Heldenleben“ und „Also sprach Zarathustra“ das Orchester „kompromittiere“. Er solle, nach Strauss' Willen, sofort von allen Soli zugunsten jüngerer Kollegen zurücktreten oder in Pension gehen. Dasselbe galt auch für Konzertmeister Julius Stwertka (Brosche, 1983, 343 ff.).

Solche Zurücksetzung (in des Wortes eigentlicher Bedeutung) muß manchen Herrn schwer getroffen haben, besonders schwer, weil sie durch Strauss erfolgte. Alle hörten ihre Mängel, niemand aber gedachte ihrer Leistungen, als sie noch jünger gewesen waren. Die Kunst ist grausam, heute wie gestern. Wenn Strauss und Mahler scheinbar rücksichtslos ihre Personalpolitik durchsetzten, so geschah es im Interesse des Orchesters und seiner Qualität. Sie hatten das Ganze im Auge und nicht den einzelnen. Es gehört zu den unauflösbaren Widersprüchen der Orchesterkunst, daß das Ensemble alles gilt und der einzelne Musiker wenig, obgleich die Leistung des Ensembles von den vielen persönlichen Leistungen herrührt.

Abbildung auf Seite 104: Die Brüder Georg und Joseph Hellmesberger. Lithographie, 1845. Die beiden Söhne des Orchesterdirektors Georg Hellmesberger sen. schlugen verschiedene Wege ein. Georg wurde Komponist, Joseph trat 1855 ins Hofopern-Orchester ein, wo er als Konzertmeister bis 1877 wirkte. Seine bedeutendsten Leistungen erbrachte er als Primarius eines Streichquartetts, dem zeitweise auch seine Söhne angehörten.

GEDR. BEI J. RAUH IN WIEN

Überlieferung des Überlieferten

Seit Gustav Mahler „Tradition" der Schlamperei gleichsetzte, ist jene unter Musikern in Verruf geraten. Zu Unrecht. Mahler wollte durch seinen provokanten Ausspruch nicht die Kunsttradition diffamieren, sondern bloß jene bequemen und phantasiearmen Künstler, die sich, um alles Neue abzuwehren, lauthals auf sie berufen. Er selbst stand ja in der symphonischen Tradition Österreichs, die er um Neues, Eigenes erweiterte. Verdeutscht heißt „Tradition" nichts anderes als Überlieferung. Ihre Weitergabe, die Überlieferung des Überlieferten, bildet Grundlage jeder Kultur und somit auch der Musikkultur. Der Künstler – und zwar nicht nur der Komponist, sondern auch der Interpret – muß sich mit der Tradition schöpferisch auseinandersetzen. Rainer Küchl, seit 1971 Konzertmeister der Wiener Philharmoniker, formuliert seine Auseinandersetzung sehr kritisch: „Daß man etwas seit Jahrzehnten so gemacht hat, ist kein Argument, es weiterhin so zu machen. Musizieren muß eine stete Fortentwicklung sein." Vermutlich wäre Mahler in der Lage gewesen, sich mit Küchl zu verständigen.

Auf die schriftliche Frage, welchen Faktoren die Eigenart, der künstlerische Sondercharakter der Wiener Philharmoniker zuzuerkennen sei, führte einer der Musiker kurz und bündig das Wort „Tradition" an und fügte hinzu, daß er diese schon „als junger Stehplatzbesucher" in sich aufgenommen habe (Roland Horvath, Horn). Damit ist einer der Wege beschrieben, auf denen sich Tradition von der Vergangenheit in die Zukunft bewegt. Da die meisten Philharmoniker aus Wien stammen oder in Wien studiert haben, lernen sie die musikalische Eigenart ihres Orchesters nicht erst bei der Aufnahme kennen. Sie stehen im Parterre des Großen Musikvereinssaales oder auf der vierten Galerie der Staatsoper und nehmen den spezifischen Klangstil in sich auf; sie werden, wie die moderne Verhaltensforschung sagen würde, akustisch „geprägt". Eine solche Prägung, die unbewußte Bildung eines Klang- und Schönheitsideals, an der Werk, Interpretation und Raum – die „Hörsamkeit" des Großen Musikvereinssaals – Anteil haben, schafft bestimmte Erwartungen und in deren Folge beim Instrumentalisten ein bestimmtes Musizierverhalten. Im vorigen Jahrhundert setzte man die jüngeren Musiker an ihren dienstfreien Abenden in den Orchesterraum der Hofoper, damit sie sich einhören und hineinwachsen, damit sie durch Beobachtung die älteren Kollegen nachahmen und bald auch deren Platz einnehmen konnten.

Bei kaum einem anderen Orchester werden spieltechnische Erfahrungen so systematisch weitergegeben wie bei den Wiener Philharmonikern. Konzertmeister Erich Binder meint sogar, daß der wichtigste Teil der Ausbildung zum Orchestermusiker im Orchester selbst stattfinde. Voraussetzung dafür ist, daß ältere und jüngere Kollegen nebeneinander wirken, daß der Abgang der älteren und das Nachrücken der jüngeren zu keinem Bruch führen, sondern daß sich der Generationswechsel allmählich, wie der Komponist und Kritiker Richard Heuberger sagte, „nach dem Prinzip der Mauserung" vollzieht (Künstleralbum, 1900, 113). Die langsame und stetige biologische Erneuerung ist die Grundlage dafür, daß sich die jungen Philharmoniker, oft ohne es zu merken, die Orchestertechnik der älteren aneignen können: „Langjährige Erziehung durch erfahrene Mitglieder“ (Ewald Winkler, Cello). Durch die fixe Anstellung am staatlichen Operntheater ist die Fluktuation im Orchester gering; die Mehrheit aller Musiker tritt in jungen Jahren ein und bleibt bis zum Erreichen des Pensionsalters. Gewiß gibt es Ausnahmen – und diese vor allem bei den Streichern: Wolfgang Schneiderhan beispielsweise verließ Oper und Philharmoniker, um sich seiner Solistentätigkeit zu widmen; Walter Weller wurde dem Orchester durch seine Dirigentenlaufbahn entzogen; Josef Sivo trat aus, um frei und unabhängig als Solist und Lehrer zu wirken; Franz Samohyl, Primgeiger und Ausbildner Dutzender philharmonischer Geiger, ging vorzeitig in den Ruhestand, um ganz den Schülern zur Verfügung zu stehen. Nicht anders als die Kollegen von der Violine machte es der Kontrabassist Ludwig Streicher, der eine Solistenlaufbahn einschlug und vom Orchester Abschied nahm, als er Professor an der Wiener Musikhochschule wurde.

Doch dies sind Sonderfälle. Als Regel kann gelten, daß ein Künstler dem Orchester dreißig bis vierzig Jahre angehört. In ihrer Gesamtheit haben sich die Philharmoniker in den letzten Jahrzehnten deutlich verjüngt. Betrug das Durchschnittsalter in der Konzertsaison 1960–61 noch achtundvierzig Jahre, so lag es 1970–71 bei sechsundvierzig und 1981–82 – nach der Orchestervergrößerung von 1973 – bei nur dreiundvierzig Jahren. „Durchschnittsalter“ ist freilich ein statistischer und damit abstrakter Begriff. Weit konkreter zeigt sich das Problem, wenn man die „Streuung“ beachtet, nämlich die Anteile von jüngsten, jungen, mittleren und älteren Musikern, aus denen das „Durchschnittsalter“ errechnet wird. Die Streuung ist es, die den nahtlosen Generationswechsel und damit die Weitergabe und Fortentwicklung der Spieltradition garantiert. Die jungen Musiker, die 1869 an das damals neue Opernhaus am Ring verpflichtet wurden, spielten noch unter Mahler, die Bläser, die dieser aufnahm, saßen noch unter Furtwängler und Knappertsbusch im Orchester, unter denen auch die älteren Philharmoniker von heute musizierten, als sie ganz jung waren.

Philharmonische Familien

Ehe ein Schüler oder Student den Großen Musikvereinssaal betritt und vom Wiener Orchesterklang geprägt wird, muß das Interesse, diesen Saal überhaupt aufzusuchen, geweckt werden. Dies geschieht zumeist im Elternhaus. Ebenso wie das Wort „Tradition“ ist in neuerer Zeit auch das Wort „Erziehung“ in Mißkredit geraten. Wahrscheinlich kann man ein Kind wirklich nicht zur Musikliebe im engeren Wortsinn „erziehen“, man kann es bloß mit guter Musik und lebendigem Musizieren bekannt machen. Wir wollten darum auch ermitteln, ob in den Elternhäusern der philharmonischen Instrumentalisten Musik betrieben wurde. Das Ergebnis war überraschend. Nicht weniger als achtzig Prozent der Musiker, die wir befragten, gaben an, daß in ihrer Familie musiziert worden ist. Das soll nicht heißen, daß alle diese Eltern Musiker von Beruf waren; in vielen Fällen handelte es sich um Laien, um Musikliebhaber, die ihren Sohn in frühem Alter für die Kunst begeisterten, so daß er die Mühsal einer musikalischen Ausbildung auf sich nahm und schließlich – welche Freude für die Eltern – Philharmoniker wurde. Immerhin aber haben sechsundvierzig Prozent der Befragten angegeben, daß schon ihre Väter einen Musikberuf ausübten, mitunter auch die Mutter (so bei Ernst Ottensamer, Klarinette), der Großvater (Herbert Manhart, Kontrabaß) oder beide Großväter (Georg Patay, Viola).

Für den Nachweis, daß Musikalität vererbbar ist, muß zumeist die Familie Bach herhalten. Ebensogut jedoch könnte man die Wiener Philharmoniker bemühen. Der Konzertbesucher, der im Mitgliederverzeichnis des Orchesters zweimal auf denselben Familiennamen stößt, kann sicher sein, daß hier kein Zufall waltet, sondern daß die Namensgleichen Brüder sind oder Vater und Sohn. Niemand freilich wird entscheiden können, ob die musikalische Erbmasse oder das musikalische Vorbild im Elternhaus für die Bildung der philharmonischen Familien verantwortlich ist. Vermutlich sind es beide.

Die berühmteste aller Dynastien waren die Hellmesberger, die in drei Generationen vier Philharmoniker stellten. Großvater Georg spielte schon im Hofopernorchester, als Beethoven seine Neunte Symphonie uraufführte, und war Orchesterdirektor und Obmann des Komitees, als Nicolai die Philharmonischen Konzerte gründete. Sein Sohn Joseph, laut Nicolai ein weit besserer Geiger, wurde Konzertmeister der Philharmoniker, Primarius eines berühmten Streichquartetts, Dirigent der Gesellschaftskonzerte und Direktor des Konservatoriums der Gesellschaft der Musikfreunde. Joseph Hellmesberger, bekannt für seinen edlen Geigenton und seinen ätzenden Wortwitz, hatte zwei Söhne, die ebenfalls Philharmoniker wurden. Joseph Hellmesberger junior, Konzertmeister wie Vater und Großvater, bewährte sich auch als Opernkapellmeister und leitete von 1901 bis 1903 die Philharmonischen Konzerte. Sein Bruder Ferdinand, ein Cellist, wirkte zwar nur vierzehn Jahre im Orchester, bildete aber als Konservatoriumsprofessor seine Nachfolger aus, darunter Franz Schmidt und Friedrich Buxbaum. Insgesamt waren die Hellmesberger durch irgendein Mitglied der Dynastie mehr als achtzig Jahre im Orchester vertreten.

Nach der Zeitspanne ihrer Präsenz – wenn man Unterbrechungen übersieht – werden die Hellmesberger allerdings von den Bartolomey geschlagen. 1892 trat Franz I. Bartolomey, ein überragender Klarinettist, ins Opernorchester ein, und seine Enkel, Franz III. und Ernst Bartolomey, stehen hundert Jahre danach in voller Aktivität. Sie sind freilich keine Klarinettisten, denn bereits Franz II., ihr Vater, ist zu den Streichern übergewechselt, denen auch die beiden Enkel zugehören. Ebenfalls seit 1892, also auch mit Jahrhundertpräsenz, zählen die Schmidl zu den Philharmonikern, wenngleich es auch bei ihnen zwei längere Unterbrechungen gab. Im Gegensatz zu den Bartolomey blieben die Schmidl der Klarinette treu. Großvater Alois gehörte dem Orchester bis 1914 an, Vater Viktor von 1921 bis 1936, Peter Schmidl, der Sohn, wurde im Jahr 1965 engagiert.

Die drei Generationen umfassenden Musikerdynastien sind natürlich Ausnahmefälle, Väter und Söhne hingegen gibt es, oft sogar beim gleichen Instrument, so zahlreich, daß man gar nicht alle nennen kann. Der Vater des Solobratschisten Helmut Weis war gleichfalls philharmonischer Bratschist. Der Hornist Roland Berger erbte sein Fach von seinem Vater Hans Berger – während Bruder Horst die Pauken schlägt. Der Fagottist Reinhard Öhlberger kann nicht nur bei seinem Vater Camillo Rat holen, sondern auch bei seinem Onkel Karl Öhlberger – und bloß der Bruder Alexander ist als Oboist aus der Art geschlagen. Von den Flötisten sind Meinhart Niedermayr und Herbert Reznicek zu nennen, beide Söhne berühmter philharmonischer Flötisten und Akademieprofessoren, nämlich Josef Niedermayr und Hans Reznicek. Komplizierter ist die Lage bei dem Kontrabassisten Wolfram Görner, der Sohn des philharmonischen Bratschisten Theodor Görner ist und entfernt verwandt mit Erich Görner, der Kontrabaß spielte. Auch der Vater des Schlagzeugers Wolfgang Schuster, der Paukist Gustav Schuster, war bereits Philharmoniker, und der Fagottist Fritz Faltl ist der Sohn jenes Sekundgeigers Hans Faltl, der seinerzeit ein gesuchter Balldirigent war. Meist nur kürzere Zeit spielen Väter und Söhne gleichzeitig im Orchester, aber auch dafür gibt es Beispiele in der Gegenwart: Wolfgang Tomböck senior und Wolfgang Tomböck junior etwa sitzen beide in der Horngruppe, während der Trompeter Josef Hell senior zu den zweiten Geigen blicken muß, wo sein Sohn, Josef Hell junior, zu Hause ist.

Das philharmonische Brüderpaar Willi Boskovsky (Violine) und Alfred Boskovsky (Klarinette) – auch im Wiener Oktett vereint

Unter den vielen Formen, in denen die philharmonische Tradition weitergereicht wird, ist die familiäre, vom Vater an den Sohn, die direkteste und natürlichste, besonders wenn der Vater auch Instrumentallehrer des Sohns war. Trotzdem sind Väter und Söhne im Orchester nicht so zahlreich wie Brüder. Die bekanntesten, jetzt schon im Ruhestand befindlichen, sind wohl Konzertmeister Willi Boskovsky, der mehr als zwanzig Jahre lang das Neujahrskonzert leitete, und der Klarinettist Alfred Boskovsky, der dem legendären Wiener Oktett angehörte und den Philharmonikern auch als Geschäftsführer diente. Von den noch aktiven Brüderpaaren unserer Zeit wurden die Öhlberger, die Bartolomey und die beiden Berger schon erwähnt; dazu kommen aber noch sieben weitere: der Solobratschist Josef und der Primgeiger Alfred Staar; der Cellist Dieter und der Kontrabassist Wolfgang Gürtler; der Bratschist Erich und der Cellist Gerhard Kaufmann; die beiden Primgeiger Eckhard und

Günter Seifert; der Stimmführer und Opern-Konzertmeister Rainer und der Bratschist Manfred Honeck; der Hornist Volker und der Paukist Roland Altmann sowie der Trompeter Walter und der Posaunist Wolfgang Singer.

Durch den gemeinsamen Familiennamen liegen diese Verwandtschaftsbeziehungen offen zutage. Wer aber sieht, daß die Brüder Staar mit den Tomböck verschwägert sind? Wer weiß, daß der Oboist Günter Lorenz nicht bloß Schüler und Nachfolger von Hans Hadamowsky an der Wiener Musikhochschule ist, sondern auch dessen Schwiegersohn? Wer würde annehmen, daß der Cellist Ewald Winkler, Sohn eines bekannten, allerdings nichtphilharmonischen Cellisten, auch ein Neffe des berühmten Oboisten Alexander Wunderer ist, der zu den erfolgreichsten Vorständen des Orchesters gezählt wird?

Nichts aber wäre falscher, als in den Wiener Philharmonikern eine große, musizierende Familie zu sehen. Die Mehrheit der Mitglieder hat keine Verwandten im Orchester und trägt keine Namen, die in der Geschichte dieser Gemeinschaft eine Rolle spielten. Dennoch sind diese Künstler in gleichem Maße Erben einer alten Musiziertradition, und im geistigen Sinn Söhne der philharmonischen Professoren, bei denen sie ihre Instrumentalausbildung erfuhren.

Das alte Musikvereinsgebäude an den Tuchlauben, in dem bis 1870 auch das Konservatorium untergebracht war. Zeitgenössische Darstellung

Vom Konservatorium zur Musikhochschule

Im Jahre 1981 veröffentlichte die Hochschule für Musik und darstellende Kunst in Wien eine Übersicht über die Ausbildungsstätten der Wiener Orchestermusiker. Daraus ging hervor, daß hundertdreiundzwanzig Mitglieder des Staatsopernorchesters an der Wiener Musikhochschule studiert hatten, sieben am Konservatorium der Stadt Wien, zwei am Mozarteum in Salzburg, je eines an der Hochschule in Graz und am Konservatorium in Linz und zehn weitere Musiker von ausländischen Instituten kamen (17+1, 1981, 3). Die hervorragende Rolle, die die Wiener Musikhochschule bei der Heranbildung junger Orchestermusiker spielt, hat eine alte Tradition. Die Hochschule ist nämlich die Nachfolgerin der Lehranstalt, die von 1817 bis 1908 Konservatorium hieß und von der Gesellschaft der Musikfreunde geführt wurde. Als das Konservatorium mit Wirkung vom 1. Januar 1909 verstaatlicht wurde, gab man ihm den Namen „Akademie für Musik und darstellende Kunst". Im Jahre 1970 bekam diese Akademie durch ein Bundesgesetz den Status einer Hochschule und wird seither so bezeichnet. Wenn also in diesem Buch – je nach dem behandelten Zeitraum – vom Konservatorium, von der Akademie und der Musikhochschule gesprochen wird, ist dasselbe Institut gemeint. (Das Konservatorium der Stadt Wien dagegen ist kein Nachfolger des Konservatoriums der Musikfreunde.)

Bei der Ausbildung der Musiker hatte das alte Konservatorium seit jeher die Führung, waren doch fast alle Instrumentallehrerpo-

Dem Wiener Konservatorium gereicht es zur größten Befriedigung, bei diesem Fest-Anlasse auf die musikalisch intime Zusammengehörigkeit blicken zu können, welche zwischen dem k.k. Hofopern-Orchester und dem Konservatorium besteht und welche sprechenden Ausdruck findet in der Tatsache, daß viele Professoren des Konservatoriums zugleich dem so ausgezeichneten Institute der Philharmoniker angehören, anderseits eine große Anzahl von absolvierten Konservatoriums-Zöglingen die ehrendste Aufnahme im k.k. Hofopern-Orchester gefunden hat und hervorragende Stellungen daselbst bekleidet.
Diese dem Kunstinteresse günstige Zusammengehörigkeit war seit den Tagen meines unvergeßlichen Vaters bis heute stets und nach jeder Richtung hin von dem besten Erfolge gekrönt. Nicht unterlassen kann ich es am heutigen Festtage, einen ehemaligen Schüler des Konservatoriums insbesondere herzlich zu begrüßen, es ist dies der geniale Dirigent der Philharmonischen Konzerte: Hans Richter!
Ansprache von Joseph Hellmesberger senior zur Feier des fünfundzwanzigjährigen Bestehens der Abonnementkonzerte im April 1885 (Jerger, 1942, 89f. Dort irrigerweise Joseph Hellmesberger junior zugeschrieben)

sten mit Konzertmeistern, Stimmführern und Solospielern der Philharmoniker besetzt. Dennoch war der Anteil der Wiener Konservatoriumsabsolventen unter den Orchestermitgliedern nicht so groß wie heute, da eine beträchtliche Anzahl vom Prager Konservatorium stammte, das, übrigens älter als das Wiener, so prominente Musiker wie Simandl und Bartolomey zu seinen Absolventen zählte. Beide haben ihre in Prag erworbenen Fertigkeiten ins Orchester eingebracht und am Wiener Konservatorium an den Nachwuchs weitergegeben. Auch deutsche Musiker, die an deutschen Musikschulen ausgebildet worden waren, fanden häufiger als heute Aufnahme. Dazu gehörten unter anderen der Oboist Baumgärtel, der Konzertmeister Prill, der Trompeter Dengler und der Posaunist Dreyer, die alle Professoren am Wiener Konservatorium beziehungsweise der Wiener Akademie wurden. Im Schuljahr 1908–09, in das die Umwandlung des Konservatoriums in eine staatliche Akademie fiel, waren an dieser Lehranstalt siebzehn aktive oder ehemalige Philharmoniker als Professoren tätig:

Violine	Julius Egghard
	Karl Prill
	Arnold Rosé
	Julius Stwertka
Bratsche	Hugo von Steiner
Cello	Friedrich Buxbaum
	Franz Schmidt
Kontrabaß	Franz Simandl
Flöte	Roman Kukula
Oboe	Richard Baumgärtel
Klarinette	Franz Bartolomey
Fagott	Johann Böhm
Harfe	Alfred Zamara
Horn	Emil Wipperich
Trompete	Franz Rossbach
Posaune	Otto Berthold
Pauke	Hans Schnellar

Alle einschlägigen Fächer waren also Philharmonikern anvertraut, die unter anderen wieder Philharmoniker ausbildeten. In eben dem Jahr, in dem das Konservatorium zur Akademie wurde, gab es fünf Absolventen, die wenig später ins Opernorchester respektive bei den Philharmonikern eintraten, und zwar Schüler von Böhm, Rosé und Simandl. Noch mitten im Studium befand sich in diesem Jahr ein gewisser Clemens Krauss, der die Klavierklasse besuchte und sich die Note „vorzüglich" erspielte, mit der übrigens auch die fünf künftigen Philharmoniker ausgezeichnet wurden (Jahresbericht, 1908).

Noch aus einem anderen Grund ist das Schuljahr 1908–09 von Bedeutung. Erstmals nämlich wurde eine Meisterschule für Violinspiel eingerichtet, die der berühmte tschechische Pädagoge Otakar Ševčik leitete, der ebenfalls vom Prager Konservatorium gekom-

Die Musikakademie, heute Hochschule für Musik und darstellende Kunst in Wien, links das Konzerthaus. Historische Aufnahme

men war und als Konzertmeister des Mozarteums in Salzburg und des Ringtheaters in Wien Orchesterpraxis erworben, doch nie zur Hofoper und den Philharmonikern gehört hatte. Ševčiks Methode und Persönlichkeit beeinflußten durch seine Schüler auch die philharmonische Geigerausbildung, die vorher einzig und allein auf der Tradition Josef Böhms aufgebaut hatte. Die lange personelle Verbindung zwischen Orchester und Orchesterausbildung schuf eine Verknüpfung von Vergangenheit und Gegenwart, die ihresgleichen sucht; sie schuf auch eine Art kollektives Gedächtnis, das weit über individuelle Erinnerungen hinausreicht. Wenn heute noch in allen Stimmgruppen Namen und Technik besonderer Meister dieses Instruments lebendig sind, so vor allem deshalb, weil diese Virtuosen als Lehrer gewirkt hatten und der beste ihrer Schüler wieder Lehrer wurde und mit der Spieltechnik auch den Namen seines Meisters und Vorgängers weitergab. Durch die ungebrochene Tradition dieses Unterrichts enstanden Lehrer-Schüler-Dynastien, deren reich verzweigte Stammbäume jeweils auf einen einzigen überragenden Instrumentalisten und Pädagogen zurückzuführen sind.

Bei den Geigern war dies der legendäre Josef Böhm, der, obwohl kein Angehöriger des Hofopernorchesters, unter Beethoven die Neunte Symphonie gespielt hatte und nicht bloß die Wiener Geigenschule begründete, sondern durch seinen Schüler Joseph Joachim auch die deutsche und russische beeinflußte. Die meisten Stammbäume dieser Art reichen allerdings nicht bis in die Gründungszeit des Konservatoriums zurück, sondern wurzeln in den Dezennien rund um die Jahrhundertwende, als das Orchester durch eigene Überlieferung und Integrierung hervorragender deutscher und böhmischer Musiker erstmals höchsten Standard erreicht hatte und, wie Richard Strauss sagte, „das beste und schönst klingende Europas“ war. Ein anschauliches Beispiel bietet die Stammtafel der Wiener Klarinettenschule, aus der hervorgeht, daß sämtliche Klarinettisten unserer Zeit sozusagen die Enkel, Urenkel und Ururenkel des alten, aus Böhmen zugewanderten Bartolomey sind.

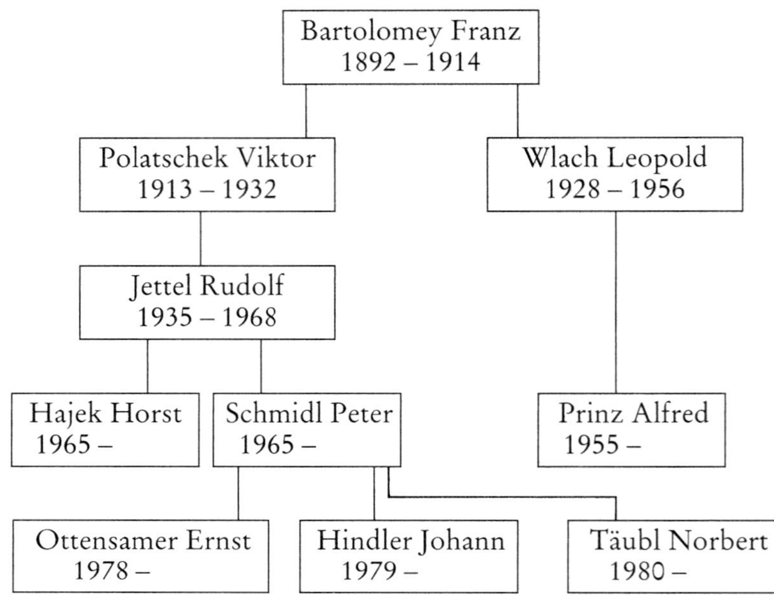

Die unter den Namen stehenden Daten geben die Zugehörigkeit zum Wiener Hofopern- beziehungsweise Staatsopernorchester an. Die in den zwei unteren Reihen Genannten bilden die Klarinettengruppe von heute.

Auch die Orchestermitglieder unserer Zeit sind sich bewußt, was Konservatorium, Akademie und Hochschule für die Ausbildung bedeutet haben und bedeuten. Neben der Betonung von Selbständigkeit und Vereinsautonomie weisen sie vor allem auf die homogene Schulung hin, wenn der Sondercharakter der Wiener Philharmoniker gedeutet werden soll: „Die Ausbildung erfolgt vorwiegend an der Wiener Musikakademie bei Wiener Philharmonikern“ (Rudolf Degen, Kontrabaß); „Der Nachwuchs für das Orchester wird zum Großteil von Wiener Philharmonikern unterrichtet (oder ehemaligen Mitgliedern)“ (Willibald Janezic, Horn); „Die Lehrer kommen meist aus dem Orchester, der Nachwuchs aus Österreich bzw. Mitteleuropa“ (Helmut Weis, Viola). „Ich glaube, daß es ausschlaggebend ist, daß Mitglieder der Wiener Philharmoniker am Konservatorium und an der Akademie für Musik und darstellende Kunst unterrichten und ihr Wissen und Können dem Nachwuchs weitergeben“ (Herbert Frühauf, Violine). Der Flötist Louis Rivière, ein Schüler Josef Niedermayrs, der selbst viele Jahre an der Wiener Musikhochschule unterrichtete, ging so weit, „absolute Vorrangigkeit philharmonischer Professoren“ zu fordern, und zwar nicht nur an der Wiener Musikhochschule, sondern auch an anderen Lehranstalten, selbst in den Bundesländern, um den Wiener Klangstil zu wahren. Dieser Stil ist allerdings kein Privileg der Philharmoniker, wenngleich bei ihnen am stärksten ausgeprägt, sondern für alle Wiener Orchester charakteristisch, denn auch deren Musiker werden zum großen Teil an der Wiener Musikhochschule oder am Konservatorium der Stadt Wien ausgebildet, an denen Philharmoniker oder deren Schüler unterrichten.

Die Schüler übertreffen die Lehrer

Wenn hier von Unterrichtstradition und Lehrer-Schüler-Stammtafeln gesprochen wurde, so soll nicht der Eindruck entstehen, als reproduzierten sich die Wiener Philharmoniker über die ihnen zugehörigen Instrumentalprofessoren immer wieder selbst. Niemand darf glauben, daß die Philharmoniker der neunziger Jahre ein akustischer Abklatsch der Philharmoniker der fünfziger Jahre oder gar der Jahrhundertwende wären. Hätten sie sich nicht weiterentwikkelt, so könnten sie nicht mit den führenden Orchestern der Welt erfolgreich in Konkurrenz treten. Die Instrumentaltechnik hat sich in unserem Jahrhundert so vervollkommnet und verfeinert, daß jeder einzelne Musiker des späten zwanzigsten Jahrhunderts mehr können muß als sein Vorgänger, obgleich schon dieser Vorgänger der vorherigen Musikergeneration überlegen war. Manche Herren im Orchester, denen die gewaltige Entwicklung der Instrumentaltechnik bewußt ist, sind interessierte Hörer von philharmonischen Ton-

aufnahmen der dreißiger und der fünfziger Jahre und haben trotz der Unzulänglichkeiten der älteren Aufnahmetechnik feststellen können, in welchem Maß sich das Orchesterspiel seither perfektioniert hat. Einer von ihnen meint sogar, daß man die Wiener Philharmoniker von 1900, könnten sie durch den Trick einer Zeitmaschine heute vor uns auftreten, bloß als wackeres Provinzorchester einstufen würde. Die Entwicklung der Spieltechnik, von der noch die Rede sein wird, war nicht ohne den Einfluß bedeutender Instrumentallehrer des Auslands möglich, wie ja auch die Wiener Tradition der Jahrhundertwende böhmische und deutsche Spielweisen integrierte. Das Festhalten an eigener Überlieferung schließt Weltoffenheit nicht aus.

Die eingangs besprochene Tradition bezieht sich vor allem auf den Wiener Klangstil, auf die besondere Verwendung des Vibratos, auf die Art der Tongebung, auf die Phrasierung und auf ein Maßhalten selbst im musikalischen Exzeß. Wenn ein Wiener Philharmoniker die gleiche Flöte bläst wie sein amerikanischer Kollege, so entlockt er ihr einen anderen Ton, und dies gilt fast für alle Bläser. Wenn wir dem Streicherkörper der Philharmoniker lauschen, werden wir einen runderen, von weniger Geräuschfaktoren begleiteten Klang hören, mehr Silber und weniger Schlacke, um bei einem gängigen Vergleich zu bleiben. Das sind keine zufälligen, sondern gewollte Erscheinungen. Die Philharmoniker folgen ihrem tradierten Klangideal.

FORMEN DER INTEGRATION

Wo viele Menschen zusammenarbeiten, gibt es Gruppenbildung und Gruppenneid, erst recht in Orchestern, deren Mitglieder stär-

keren Nervenbelastungen ausgesetzt sind als Angestellte in Fabriken, Banken oder Ämtern. In aller Welt bekannt sind die Spannungen zwischen Streichern und Bläsern, die struktureller Natur, sozusagen mitkomponiert sind. Jeder Bläser betrachtet sich – nicht zu Unrecht – als Solist, denn seine Stimme ist in der Partitur gesondert ausgeschrieben und überdies nicht selten so exponiert, daß der geringste Fehler in Tonhöhe, Atemtechnik oder Rhythmus sofort vernehmbar würde. Die Streicher hingegen treten als Chor auf: sechzehn erste Geigen, vierzehn zweite, zwölf Bratschen, zehn Celli und acht Kontrabässe – beziehungsweise, je nach Werk und Aufführungsraum, mehr oder weniger von jeder Gattung. Geführt von den Konzertmeistern spielen alle ersten Violinen zumeist dieselben Tonfolgen, während die zweiten Violinen, im Lauf der Musikgeschichte zunehmend selbständiger werdend, mit einer gemeinsamen Stimme sekundieren. Konzertmeister, Stimmführer, Solobratschisten und Solocellisten werden gelegentlich mit konzertanten Stellen bedacht, die Streicher der übrigen Pulte hingegen spielen zumeist unisono. Man nennt sie darum „Tuttisten" im Gegensatz zu den „Solisten". Die Tuttisten wenden nun – ebenfalls nicht zu Unrecht – gegen die Bläser ein, daß in den meisten Werken die Hauptlast auf ihnen liege, weil sie ununterbrochen beschäftigt seien, während einzelne Holz- und Blechbläser oft lange, mitunter während eines ganzen Symphoniesatzes pausieren.

Auch bei den Wiener Philharmonikern gibt es solche – fast möchte man sagen: unausweichliche – Spannungen zwischen Bläsern und Streichern. Manche Bläser mögen etwa finden, daß die Zahl der Konzerte, Tourneen und Tonaufnahmen die Grenze des Zumutbaren erreicht, wenn nicht überschritten habe, und schieben die Verantwortung dafür den Tuttisten zu, deren Nerven weniger belastet seien und die aufgrund ihres chorischen Auftretens ihren Standpunkt leichter durchsetzten. Trotz solch struktureller und gelegentlich vielleicht auch persönlicher Divergenzen ist aber der Zusammenhalt bei den Wiener Philharmonikern stark entwickelt, stärker als bei vergleichbaren großen Orchestern. Das hängt mit der Selbstverwaltung zusammen, mit den gesicherten Einkommensverhältnissen und nicht zuletzt mit dem Selbstverständnis als Wiener Philharmoniker. Sie sind stolz auf ihre künstlerischen Leistungen und auf ihre Weltgeltung und wissen, daß die Wiener Philharmoniker mehr sind als die Summe von soundsovielen Instrumentalisten. Das Orchester gibt dem einzelnen, trotz manchem Ärgernis, ein Gefühl der Sicherheit und Geborgenheit. Es ist schon vorgekommen, daß die Gattin eines plötzlich erkrankten Orchestermitgliedes nicht zum nächsten Arzt oder ins nächste Krankenhaus lief, sondern in die Kanzlei der Wiener Philharmoniker. Nicht vergeblich übrigens, denn dort wird, trotz chronischer Hektik, alles liegen und stehengelassen und ein prominenter Arzt angerufen – ein philharmonischer Abonnent vielleicht, oder ein Klinikchef, der ein musikalisches Ohr hat.

„Stehdienst"
Bei Konzertterminen konnten dienstfreie Musiker des Orchesters vom philharmonischen Komitee zum Saaldienst in vorgeschriebener Konzertkleidung aufgefordert werden, z. B. zur Überwachung der Billeteure oder um eventuelle Störungen durch zuspätkommende Zuhörer abzuwenden. Die als sogenannter Stehdienst bezeichnete Anwesenheitspflicht bei Philharmonischen Konzerten war noch etwa bis zum Jahre 1955 gebräuchlich. Je zwei Herren des Orchesters standen rechts und links innen an den Türen des mittleren Saaleinganges und waren während der ganzen Konzertdarbietung anwesend. (Welt, 1989, 119)

Das unbedingte Zusammengehörigkeitsgefühl führt allerdings nicht dazu, daß die Orchestermitglieder auch privat ständig beisammenstecken. Man bezeichnet sie gern als „Kollektiv der Individualisten", und ihr Individualistentum zeigt sich auch bei Konzertreisen. Als sie 1973 in China auftraten, wurden sie mit Autobussen zur Besichtigung der Verbotenen Stadt geführt, und die chinesischen Dolmetscher staunten, daß das Kollektiv, kaum den Fahrzeugen entstiegen, eilig auseinanderstob, um die Sehenswürdigkeiten individuell zu genießen (Altenburger, 1979).

Große Bedeutung für die Harmonie im Orchester kommt der Stimmgruppe zu, den Musikern des gleichen Instruments. Da sie es sind, die in letzter Instanz über die Aufnahme eines neuen Kollegen entscheiden, wird dieser von ihnen meistens sofort akzeptiert. Die Stimmgruppe besorgt nicht nur im Konzert, sondern ebenso in der Oper auch völlig autonom ihre Diensteinteilung, was im Bundestheater-Kollektivvertrag festgehalten ist. „Die freie und selbständige Diensteinteilung ist sowohl nach künstlerischen als auch nach rationellen Gesichtspunkten so vorzunehmen, daß alle Mitglieder möglichst gleichmäßig beschäftigt werden", heißt es. Die Philharmoniker berechnen die Beschäftigung nach einem komplizierten Punktesystem: eine Viertelstunde Proben- oder Aufführungszeit ist ein Punkt, drei Stunden sind vierzehn Punkte. Dieses System soll sicherstellen, daß über größere Zeiträume hinweg jeder Musiker gleich viel arbeitet wie sein Kollege.

Der neu Eintretende ist, wie erwähnt, seiner Stimmgruppe meistens schon bekannt, denn er findet in ihr seinen Lehrer oder einen einstigen Studienfreund und kennt auch viele andere Orchestermitglieder, weil er bereits als Substitut in der Oper mitgewirkt hat. Wie überall gibt es freilich auch hier Ausnahmen. Eine solche ist der Posaunist William McElheney aus Kalifornien, der an der berühmten

Das Schneiderhan-Quartett

Geburtstagsständchen für Karl Böhm

School of Music in Bloomington ausgebildet wurde, natürlich nicht von einem Wiener, sondern von einem New Yorker Philharmoniker. Mit einem kalifornischen Jugendorchester fuhr er zum erstenmal nach Europa, fand dann ein Engagement am Theater in Kassel und bewarb sich 1978 um eine freie Posaunistenstelle an der Wiener Staatsoper. Das Probespiel verlief erfolgreich, und er gelangte gemeinsam mit Gabriel Madas ins Finale, doch wurde ihm dieser schließlich vorgezogen. 1981 machte McElheney einen zweiten Versuch, kam als einziger Bewerber ins Finale und wurde aufgenommen. In den dazwischenliegenden Jahren hatte er fleißig Tonaufnahmen der Wiener Philharmoniker gehört und sich insbesondere auf den Posaunenklang konzentriert, um sich der philharmonischen Spielweise anpassen zu können. Nach seinem Eintritt ins Orchester, sagt er, habe er sich sofort zu Hause gefühlt, weil die Kollegen in der Stimmgruppe so freundlich und hilfreich waren.

ORCHESTERAUFSTELLUNG

Familientradition, Einheitlichkeit der Ausbildung und soziale Anpassung bilden bloß Elemente der philharmonischen Integration, die sich letzten Endes in der künstlerischen Werkstatt des Orchesters vollziehen muß: auf dem Konzertpodium, vor den Augen und Ohren des Publikums. Jedes Orchester hat die für die darzustellende Musik und für sein eigenes Wirken am besten geeignete räumliche Disposition zu finden, denn die Anordnung der Instrumentalgruppen auf dem Podium beeinflußt in hohem Maß den Klangeindruck, den das Publikum empfängt. Die Suche nach einer günstigen Aufstellung des Orchesters wird nicht nur von den räumlichen und akustischen Gegebenheiten und von den klanglichen Anforderungen der Werke bestimmt, sondern muß auch ein Höchstmaß musikalischer Integration zum Ziel haben, das heißt den optimalen Kontakt der aufeinander angewiesenen Instrumentalgruppen.

Von der Geschichte der Aufstellung des Philharmonischen Orchesters haben wir bloß fragmentarische Kenntnis. Die wenigen historischen Quellen deuten darauf hin, daß die Praxis nicht von einer streng überlieferten Aufstellungstheorie gesteuert war. Als Konstante in der Geschichte der philharmonischen Orchesteraufstellung gilt also keine starre räumliche Anordnung, sondern vielmehr die Orientierung an musikalischen Kriterien. Diese leiten sich nicht bloß von Werkcharakter, Raum und Akustik her, sondern auch von dem Streben nach jener intimen Kooperation, die für die Wiener Philharmoniker charakteristisch ist und von der noch die Rede sein soll. Der am häufigsten verwendete Aufstellungstypus des Streichquartetts im Philharmonischen Konzert ist gegenwärtig:

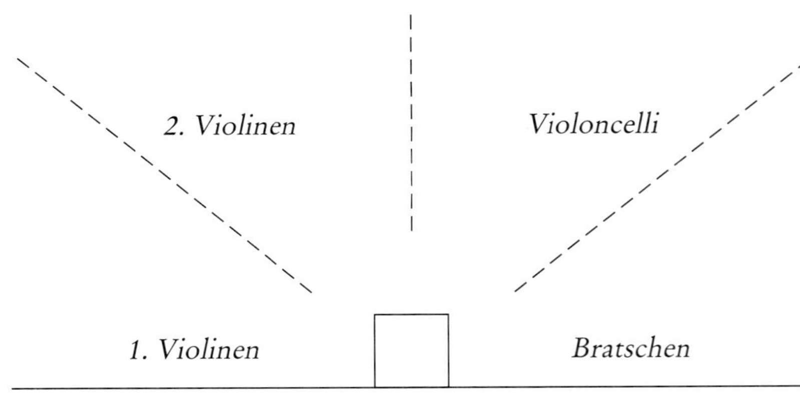

Die wichtigsten Kennzeichen dieser Position, die sie von den meisten großen Orchestern unserer Zeit unterscheidet, sind: Die Bratschisten sitzen rechts vom Dirigenten; die Sekundgeiger haben nahen Kontakt mit den Primgeigern; und die Kontrabässe sind – anders als gebräuchlich – an der Rückwand des Podiums placiert. Diese Normalaufstellung gestattet es, an den Seiten des Podiums auch Publikum unterzubringen. Aus der Position der Kontrabässe an der Rückwand ergibt sich neben dem optischen Reiz der Vorteil, daß der Direktschall des gesamten Klangspektrums dieser Instrumente in den Saal abgestrahlt wird. „Wenn dagegen die Kontrabässe auf der rechten Seite hinter den Bratschen beziehungsweise Celli bis an die Rampe gezogen werden, ist damit ein Verlust an hohen Frequenzen im Direktschall verbunden.“ (Jürgen Meyer, zitiert nach: Planyavsky, 1984, 660) Die Position der Bratschen in der Frontlinie scheint zur Aufwertung der Mittelstimmen beizutragen, wenngleich manche Musiker einwenden, daß durch die Neigung der Instrumente der Direktschall nicht in den Saal, sondern zur Orgel an der Rückwand dringt.

Diese philharmonische Normalaufstellung, wie wir sie nennen

wollen, ist schon geraume Zeit in Gebrauch. Sie wurde, wie Orchesterwart Lorenz Gotsch angibt, schon unter Schuricht und Knappertsbusch, unter Szell und Böhm angewendet. Dennoch spricht nichts dafür, daß sie auf eine sehr alte Tradition zurückgeht. Der Solobratschist Josef Staar, der 1955 ins Orchester eintrat, kann sich noch erinnern, daß ältere Dirigenten wie Bruno Walter eine andere Aufstellung vorzogen und die Bratscher schräg hinter die Primgeiger nach links setzten, während die Sekundgeiger vorne rechts placiert wurden.

Im Neujahrskonzert 1984 experimentierte Lorin Maazel mit einer Neuerung, die sich freilich auch als Rückgriff auf eine ältere Tradition verstehen läßt. Er verwendete eine Aufstellung des Streichquartetts, die von Historikern als „alte deutsche Aufstellung" bezeichnet wird:

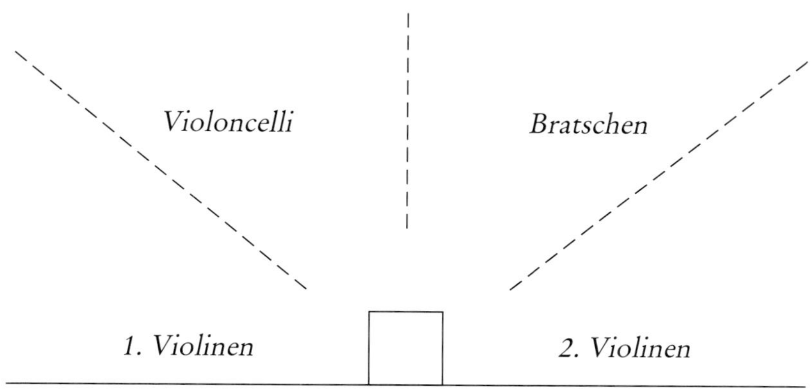

Das ist die „klassische Anordnung, die die meisten traditionsbewußten Dirigenten der vergangenen Generation bevorzugt haben, wie zum Beispiel Toscanini, Furtwängler, Klemperer …" (Del Mar, 1981, 50). Mit dieser Position wird die musikalische Gleichrangigkeit von Prim- und Sekundgeigern unterstrichen und der Kontakt zwischen Cellisten und Primgeigern gestärkt. Argumente für diese Aufstellung kann freilich nur die darzustellende Musik liefern. Tatsächlich finden sich in der symphonischen Literatur manche Passagen, die für eine räumliche Gegenüberstellung der Prim- und der Sekundgeiger sprechen. So hat Tschaikowsky im langsamen Satz seiner „Symphonie pathétique" die melodischen Spitzentöne innerhalb einer einzigen Phrase intermittierend auf erste und zweite Geigen verteilt und damit vermutlich auch den Wechsel von links und rechts im Klangbild angestrebt. Sind beide Violingruppen zur Linken des Dirigenten postiert, geht diese Raumwirkung verloren. Auch in Gustav Mahlers Symphonien finden sich zahlreiche Beispiele dafür, daß die räumliche Trennung der zweiten von den ersten Geigen einem kompositorischen Konzept entspricht, welches sich nicht nur dem Leser der Partitur erschließt, sondern auch vom

AKTIVE MITGLIEDER DES ORCHESTERS

Konzertmeister
Gerhart Hetzel · Rainer Küchl · Erich Binder · Werner Hink

1. Violine
Rainer Honeck · Anton Straka · Eckhard Seifert · Hubert Kroisamer · Josef Hell · Georg Bedry · Alfred Staar · Helmuth Puffler · Herbert Frühauf · Peter Götzel · Paul Guggenberger · Gerhard Libensky · Herbert Linke · Manfred Kuhn · Alfred Altenburger · Günter Seifert · Wolfgang Brand · Clemens Hellsberg · Erich Schagerl · Bernhard Biberauer

2. Violine
Peter Wächter · Mario Beyer · Gerald Schubert · René Staar · Raimund Lissy · Hans Wolfgang Weihs · Josef Kondor · Ernst Bartolomey · Ortwin Ottmaier · Edwin Werner · Heinz Hanke · Alfons Egger · Christian Zalodek · Gerhard David · Helmut Zehetner · George Fritthum · Alexander Steinberger · Johannes Wildner · Martin Kubik · Christian Frohn

Viola
Josef Staar · Heinrich Koll · Helmut Weis · Klaus Peisteiner · Peter Pecha · Hans P. Ochsenhofer · Walter Blovsky · Erhard Litschauer · Günther Szkokan · Gottfried Martin · Erich Kaufmann · Edward Kudlak · Mario Karwan · Manfred Honeck

Violoncello
Robert Scheiwein · Wolfgang Herzer · Franz Bartolomey · Dieter Gürtler · Friedrich Dolezal · Reinhard Repp · Werner Resel · Franz Kreuzer · Reinhold Siegl · Gerhard Kaufmann · Jörgen Fog · Gerhard Iberer

Kontrabaß
Alois Posch · Herbert Manhart · Martin Unger · Wolfgang Gürtler · Horst Münster · Burkhard Kräutler · Wolfram Görner · Reinhard Dürrer · Gerhard Formanek · Milan Sagat · Rudolf Degen · Richard Heintzinger

Harfe
Harald Kautzky

Flöte
Wolfgang Schulz · Meinhart Niedermayr · Dieter Flury · Herbert Reznicek · Rudolf Nekvasil · Günter Federsel

Oboe
Gerhard Turetschek · Gottfried Boisits · Martin Gabriel · Günter Lorenz · Walter Lehmayer · Alexander Öhlberger

aufmerksamen Hörer wahrgenommen werden soll. Das ist aber nur bei adäquater Aufstellung möglich.

Die Rückkehr der zweiten Geigen an den Platz rechts vom Dirigenten wird von manchen Kennern als Vorteil empfunden. Ein Philharmoniker, der auch als Dirigent erfolgreich tätig ist, der Konzertmeister Erich Binder, vertritt diese Auffassung. Auch der Dirigent Rafael Kubelik bevorzugt diese Position, und James Levine praktiziert sie bei der Gesamtaufnahme der Werke Mozarts mit den Wiener Philharmonikern. Die Anforderungen, die von Werken unterschiedlichen stilistischen Charakters an die Interpretation gestellt werden, gestatten jedenfalls keine starren Aufstellungsregeln. So hat Zubin Mehta 1984 bei der Aufführung von Strawinskys „Sacre du printemps“ den so notwendigen Kontakt zwischen Kontrabässen und Celli zu verbessern gesucht, indem er die Bässe von ihrem Platz an der Rückwand zwischen den Pfeilern wegholte und in die Nähe der Celli rückte. Ähnlich geschieht es bei kleinen Ensembles, bei denen die sogenannte „Haydn-Aufstellung“ angewandt wird. Es gibt also keine Aufstellungsdoktrin, obgleich das Orchester seine Normalposition bevorzugt, sondern es wird Flexibilität angestrebt, die auch die sogenannte „amerikanische Aufstellung“ (mit den Celli rechts neben dem Dirigenten) zuläßt, wenn Dirigenten wie Solti, Bernstein oder Levine dies wünschen.

So sehr die Philharmoniker auf ihre Eigenständigkeit und Selbstbestimmung bedacht sind, so deutlich erkennbar ist ihr Wille, in Fragen der Aufstellung Lösungen zu finden, die ihre Zusammenarbeit mit den Dirigenten fruchtbar machen. Dabei berücksichtigen sie selbstverständlich auch die Gewohnheiten von Stardirigenten, die kurz nacheinander in New York, Berlin, London, Mailand und Wien auftreten und nicht immer bereit sind umzulernen. Eine maliziöse Anekdote berichtet, daß ein prominenter Kapellmeister den Bratschen einen Einsatz gab und dabei eigentlich die Celli meinte. Aus dieser verständlichen Desorientierung des Orchesterchefs entstand aber zum Glück kein Mißton, denn die Bratscher wußten sofort, daß sie mit den Cellisten verwechselt wurden, und die Cellisten kannten ihren Einsatz.

Die meisten Aufstellungsveränderungen betreffen zwar die Streicher, doch gibt es auch bei den Bläsern Varianten, die aus den Erwägungen der Dirigenten resultieren. Leonard Bernstein etwa verlegt die Hörner, die normalerweise rechts von den Posaunen und Trompeten postiert sind, manchmal nach links und verändert gelegentlich auch die innere Anordnung der Blechbläser, wenn ihm dies im Interesse des Zusammenklangs und der Deutlichkeit geboten erscheint.

Die Tätigkeit in der Oper stellt eine zusätzliche Erweiterung des Erfahrungshorizonts dar, denn das Orchester hat in der Oper zwar ureigene Aufgaben, aber – von wenigen Ausnahmen abgesehen – kein Eigenleben. Das instrumentale Musizieren muß sich darum zumeist am vokalen Geschehen orientieren, muß die Singstimmen begleiten, leiten und tragen, der individuellen Prägung der Kantilenen folgen und muß seine Dynamik auf die des Vokalsatzes abstimmen. Für die Lösung dieser Aufgaben kann es kein Generalrezept geben, zumal auch die Stärke der Orchesterbesetzung wechselt. In der Mozart-Besetzung wirken in der Regel zweiunddreißig Streicher mit, bei Verdis „Traviata“ sind es zweiundvierzig und bei „Elektra“ von Strauss gar zweiundfünfzig. Diese Vermehrung der Streicher korrespondiert mit der größeren Zahl der Bläser. Daraus ergeben sich wiederum unterschiedliche Orchesteraufstellungen. Bei der „großen Besetzung“ (Wagner, Verdi, Puccini, Strauss) finden wir die ersten Geigen, die ganze Tiefe des Orchesterraums füllend, links vom Dirigenten, in deren Rücken die Holzbläser und hinter diesen die Hörner und Harfen. Rechts vom Dirigenten sitzen im Vordergrund die zweiten Geigen, dahinter die Bratschisten, während die Cellisten vor dem Dirigenten postiert sind und hinter diesen, an der Rückwand, die Kontrabässe. Das gesamte Streicherensemble ist also in kompaktem Halbkreis dem Dirigenten zugewandt. Rechts außen befindet sich das Schlagzeug und näher zur Rückwand das schwere Blech. Presseberichte aus der Ära Gustav Mahlers lehren uns, daß diese „große Aufstellung“ damals schon üblich war.

Bei der Mozart-Aufstellung in der Oper befinden sich die Streicher links vom Dirigenten und vor ihm; die Holzbläser rücken rechts in den Vordergrund, dahinter sind Trompeten und Hörner und in dritter Reihe Posaunen und Schlagwerk postiert.

Die Positionswechsel im Konzert und in der Oper, bei Schallplatten- und bei Filmaufnahmen stellen dem Orchester immer neue Aufgaben, denn der einzelne Musiker bewältigt sein Pensum nicht bloß durch das makellose Spielen seines Parts, sondern auch durch Mithören und promptes musikalisches Reagieren. Diese kammermusikalische Attitüde wird sogar für die Eigenart der Wiener Philharmoniker verantwortlich gemacht, denn sie verlangt das „fast bedingungslose Anpassen, wodurch zum Beispiel Phrasierung, Dynamik und Qualität profitieren“ (Ernst Ottensamer, Klarinette). Diese Fähigkeit zu lauschendem Anpassen wurde von Max Graf, der die Tätigkeit des Orchesters in der ersten Hälfte unseres Jahrhunderts als Rezensent verfolgt hat, als höchste Tugend der Philharmoniker anerkannt. Zur Beschreibung dieses musikalischen Verhaltens wählte er das österreichische Dialektwort „Zubipassen“. Dem bloßen Streben nach Exaktheit, das er amerikanischen Orchestern uneingeschränkt zuerkannte, stellte Max Graf das höchste Ziel gegenüber, „jenes freie und freudige Musizieren, jene Lust, mit anderen Musikern zusammenzustimmen ...“ (Graf, 1955, 169). Seit der Niederschrift dieser Zeilen haben sich die Anforderungen an die Präzision des einzelnen Instrumentalisten und des Orchesters insgesamt noch beträchtlich erhöht, doch ist die Fähigkeit des „Zubipassens“, des Ensemblegeistes, als Element der Tradition erhalten geblieben. Erst durch waches Lauschen wird der einzelne Musiker

Klarinette
Peter Schmidl · Horst Hajek · Ernst Ottensamer · Alfred Prinz · Johann Hindler · Norbert Täubl

Fagott
Michael Werba · Stepan Turnovsky · Harald Müller · Dietmar Zeman · Fritz Faltl · Reinhard Öhlberger

Horn
Günter Högner · Wolfgang Tomböck jun. · Friedrich Pfeiffer · Volker Altman · Willibald Janezic · Roland Horvath · Roland Berger · Franz Söllner · Wolfgang Tomböck · Johann Fischer

Trompete
Walter Singer · Josef Pomberger · Hans Gansch · Adolf Holler · Hans Peter Schuh · Reinhold Ambros

Posaune
Rudolf Josel · Gabriel Madas · Wolfgang Singer · William McElheney · Karl Jeitler · Johann Ströcker

Tuba
Josef Hummel · Ronald Pisarkiewicz

Schlaginstrumente
Horst Berger · Roland Altmann · Bruno Hartl · Wolfgang Schuster · Kurt Prihoda · Franz Zamazal · Rudolf Schmidinger

zum Vollstrecker der orchestralen Aktion, und jeder empfindet, daß er geradestehen muß, damit nichts schiefgeht.

Philharmonische Kammermusik

Die als „kammermusikalische Attitüde" beschriebene Qualität der Wiener Philharmoniker kommt nicht von ungefähr, denn der Anteil der Musiker, die Kammermusik betreiben, ist erstaunlich hoch. Um 1950 gab es elf Kammermusikvereinigungen, darunter acht Streichquartette, zwei Bläservereinigungen und das Wiener Oktett (Mittag, 1950). Im Juni 1976 veranstaltete die Gesellschaft der Musikfreunde im Brahmssaal zehn Kammermusikabende, die von etlichen Kritikern als der wesentlichste Programmteil der Wiener Festwochen angesehen wurden. Die Ausführenden waren Kammermusikgruppen, die mit Ausnahme der mitwirkenden Pianisten ausschließlich aus Philharmonikern gebildet wurden: drei Streichquartette, ein Trio und fünf größere Ensembles. Jede dieser Formationen bestritt einen Abend, das Wiener Kammerensemble, in dem neben Konzertmeister Gerhart Hetzel der damalige Orchestervorstand Wilhelm Hübner als Sekundgeiger wirkte, bot sogar zwei Programme. Insgesamt waren fünfundvierzig philharmonische Instrumentalisten an den Konzerten beteiligt, ein Drittel des Orchesters. Man darf die Zahl der kammermusikalisch Tätigen indes als noch größer einschätzen, da genug Philharmoniker Kammermusik spielen, ohne vor die Öffentlichkeit zu treten.

Philharmonische Kammerensembles und andere Vereinigungen, in denen Mitglieder der Philharmoniker regelmäßig tätig sind:
Küchl-(Musikvereins-)Quartett
Wiener Streichquartett
Wiener Streichersolisten
Wiener Bläsersolisten
Wiener Bläserensemble
Ensemble Wien
Wiener Oktett
Ensemble „Kontrapunkte"
Wiener Kammer-Ensemble
und andere

Das freie Zusammenspiel mit Kollegen bietet dem Musiker Reiz und Anreiz, die er im Orchesterspiel nur ausnahmsweise findet, vor allem die Möglichkeit zu selbständigem Gestalten, das höchsten persönlichen Einsatz fordert. Der künstlerische Konsens, der das Ensemble an Stelle eines Dirigenten zusammenhält, steigert das Gefühl der eigenen Verantwortlichkeit und der Solidarität. Jeder ist ein einzelner, alles ist hörbar und durchhörbar und damit für erhöhte Selbstkontrolle geeignet.

Die in der kleinen Gruppe erworbenen Erfahrungen bezüglich Tongebung, Phrasierung und Dynamik kommen direkt und indirekt wieder dem Gesamtorchester zugute. Darum verlangte Hans Swarowsky, der große Wiener Dirigentenlehrer, in einem „Orchesterführung" betitelten Aufsatz, daß aus dem von ihm dargestellten Ideal-Orchester zwei oder drei „hervorragende Streichquartette" formiert werden sollten. „Die Quartettkultur ist das Rückgrat jedes guten Streicherklanges! Ebenso soll aus dem Orchester ein Bläseroktett gebildet werden, das bis ins feinste kammermusikalisch ausgebildet sein muß. Streichquartett und Bläserensemble müssen einander in den gemischten Werken ergänzen. Als Vorbilder sollten die Virtuosi di Roma oder das Wiener Oktett der Wiener Philharmoniker dienen." (Swarowsky, 1979, 81)

In Wien haben die Kammermusik und insbesondere das Streichquartett eine längere Tradition als die symphonische Musik. Die

Wiener Klassik manifestierte sich zuerst in Joseph Haydns Streichquartetten neuer Art, und danach erst in Haydns und Mozarts Symphonien. Noch 1824 schrieb Schubert, daß er sich durch das Komponieren von Quartetten den Weg zur großen Symphonie bahnen wolle. Daraus erklärt sich die fundamentale Rolle des Streichquartetts in der klassischen Symphonie von Haydn bis Schubert. Die Entwicklung des Symphonieorchesters, die in Wien zur Gründung der Philharmonischen Konzerte führte, hat das Interesse an Kammermusik weder unter den Musikern noch im Publikum beeinträchtigt. Davon zeugen nicht zuletzt die zahlreichen von Philharmonikern gebildeten Quartettvereinigungen, von denen die Ensembles, die unter Leitung eines Konzertmeisters standen, die bekanntesten und beständigsten waren. Von diesen Konzertmeister-Quartetten soll im folgenden Kapitel noch gesprochen werden.

Mit der technischen Vervollkommnung der Blasinstrumente und der größeren Bedeutung, die ihnen die Komponisten schon in der zweiten Hälfte des vorigen Jahrhunderts zumaßen, traten Bläsergruppen gleichrangig an die Seite der Streicherensembles, als prominenteste wohl die „Bläservereinigung der Wiener Philharmoniker".

Das Zusammenwirken von Streichern und Bläsern im bereits genannten Wiener Oktett der 1950er Jahre, das im Neuen Wiener Oktett einen Nachfolger gefunden hat, führte als eine Art solistischen Orchesterspiels zu Höhepunkten philharmonischen Musizierens.

Der Ruhm all dieser Ensembles wird durch ihre relative Kurzlebigkeit gemindert, ebenso wie durch den Umstand, daß sie nur selten die Wiener Stadtgrenzen überschreiten können. Der Grund dafür ist in dem gewaltigen Aufgabenzuwachs des Orchesters zu suchen, das aus Selbsterhaltungstrieb die außerphilharmonischen Tätigkeiten seiner Mitglieder beschränken muß. Zu Joseph Hellmesbergers Zeiten, als das Orchester nur seine Operndienste und acht Konzerte in der Saison auszuführen hatte, fand die Kammermusik noch Raum im Kalender eines Philharmonikers. In den letzten Jahrzehnten wurde dieser Kalender immer enger und dichter vollgeschrieben. Die freien Abende, die ein Kammermusikensemble benötigt, oder gar die freie Woche, wenn eine Tournee unternommen werden soll, lassen sich nur selten finden.

Das ist ein bedauerlicher Umstand, denn das Orchester verdankt die gewaltige Anhebung seines Standards in den letzten Jahrzehnten unter anderem der Kammermusik. Zur Perfektion des Gesamtorchesters haben jene Künstler wesentlich beigetragen, die neben ihren Diensten in Oper, Konzert und Tonaufnahme noch der Kammermusik huldigten und neue Qualitäten des Aufeinanderhörens, der Anpassung, der technischen Brillanz und der Klangschönheit hinzugewannen.

SPIELER UND SPIELWEISE

VOR DEM ERSCHEINEN DES DIRIGENTEN WERDEN DIE INSTRUMENTE von den Spielern auf einheitliche Tonhöhe eingestimmt. Tonangebend ist hiebei die Oboe, weil ihre Stimmung durch Schwankungen der Raumtemperatur am wenigsten verändert wird. Der Oboist präsentiert seinen Kollegen die verbindliche Höhe des Tones a'. Er kontrolliert die beabsichtigte Tonhöhe mit Hilfe eines Stimmtongerätes, das auch optisch die Richtigkeit anzeigt.

Seit anderthalb Jahrhunderten bemüht man sich in der Musikwelt, eine feste Regel für die Höhe des „Stimmtons“ oder „Kammertons“ festzulegen. Nicht nur die Instrumentenbauer sind daran interessiert, sondern auch die Interpreten. Einer Koloratursopranistin, die in der „Zauberflöte“ die Königin der Nacht zu singen hat, kann es nicht gleichgültig sein, wie hoch die ihrem Kehlkopf abverlangten Spitzentöne liegen. Die Stimmungen einzelner europäischer Orchester wichen im vorigen Jahrhundert noch so stark voneinander ab, daß reisende Virtuosen und Kapellmeister, besonders wenn die Natur sie mit absolutem Gehör begabt hatte, physischen und musikalischen Torturen ausgesetzt waren.

Um 1850 lagen die unterschiedlichen Stimmtöne europäischer Instrumentalensembles zwischen 435 und 467 Hertz (Hz = Doppelschwingungen pro Sekunde). Solche Differenzen waren nicht weiter erstaunlich in einer Epoche, in der fast jede Provinz noch ihr eigenes Längenmaß hatte. Es ist wohl kaum ein Zufall, daß gerade das Land, das den Ur-Meter verwahrte, nämlich Frankreich, als erstes daranging, einen Ur-Stimmton zu schaffen. Eine französische Regierungskommission, der auch illustre Musiker wie Rossini und Berlioz angehörten, empfahl 435 Hz als Norm für den Ton a', die 1859 in Frankreich durch Dekret festgelegt und 1885 von der Wiener Stimmtonkonferenz als internationale Regel akzeptiert wurde.

Ungeachtet allen Bemühens um Standardisierung bewegte sich die Stimmung in den folgenden Jahrzehnten aufwärts. Physiker und Psychoakustiker können erklären, warum dies so ist, und die Instrumentalisten selbst bestätigen deren Ansichten. Danach ist die Erhöhung des Stimmtons nicht etwa ein beabsichtigter Prozeß, sondern die natürliche Folge der musikalischen Praxis. Ein Geiger, dessen Stimmton auch nur ein klein wenig höher liegt als die Stimmung des übrigen Orchesters, vermag sich selbst besser zu hören und damit seine Tongebung besser zu kontrollieren. Dadurch veranlaßt er jedoch seine Umgebung, die Stimmung – meist unbewußt – „nachzuziehen“. Gerade die stärkste künstlerische Tugend der Orchestermitglieder – nämlich die Orientierung eigenen Handelns am Musizieren der Kollegen – trägt dazu bei, die Stimmung des Orchesters in die Höhe zu treiben. Hielte in einem solchen Falle ein Musiker an der Ausgangsstimmung fest, dann könnte es passieren, daß die Kollegen und der Dirigent auf ihn aufmerksam würden, weil er „zu tief“ spielt. So erklärt sich auch der Wahlspruch, der bei Orchestermusikern im Umlauf ist: „Lieber zu hoch als falsch.“ Dieser Satz, so spaßig er anmuten mag, resümiert eine selbstkritische Einsicht in ein psychoakustisches Phänomen.

Das Hochtreiben der Stimmung wird auch durch physikalische Faktoren verursacht. Dazu gehört vor allem die Veränderung der Raumtemperatur. Bei den Holzblasinstrumenten bewirkt die Erwärmung um ein Grad Celsius im Durchschnitt einen Anstieg der Stimmtonfrequenz um ein Hz. Kein Wunder also, daß in „Tristan und Isolde" das Sehnsuchtsmotiv der Oboe am Schluß des dritten Aufzugs ein wenig höher erklingt als im Vorspiel, obwohl die Oboe, wie man versichert, nicht zu den temperaturempfindlichsten Instrumenten gehört.

Die normativen Versuche sind von dieser historischen Tendenz zur „höheren Stimmung" nicht unbeeinflußt geblieben. Im Jahr 1939 wurde der Stimmton international mit 444 Hz festgesetzt, und im Jahr 1955 wurde dies durch eine Empfehlung der „Internationalen Organisation für Standardisierung" bestätigt. Der Stimmton der Wiener Philharmoniker (ebenso wie der einiger anderer Orchester) liegt freilich über diesem Wert. Dies ist jedoch kein durchaus neues Phänomen. Schon in den dreißiger Jahren hatte der berühmte österreichische Physiker Felix Ehrenhaft bei einer „Lohengrin"-Aufführung Messungen vorgenommen und am Ende des zweiten Aktes eine Stimmtonfrequenz von 445 Hz festgestellt. Wenn heute das Orchester bei etwa 444 Hz einstimmt, dann darf man annehmen, daß es im Verlauf einer längeren Darbietung über den seinerzeit von Ehrenhaft ermittelten Frequenzwert hinausgelangt.

Das Orchester hat schon unmittelbar nach dem Zweiten Weltkrieg dafür plädiert, der Tendenz zur Hochstimmung Grenzen zu setzen. Als die Philharmoniker für die herrschende hohe Stimmung verantwortlich gemacht wurden (Sittner, 1946), traten sie dezidiert für eine Senkung des Stimmtons auf den Normwert von 444 Hz ein und machten den Vorschlag einer „objektiven Stimmungskontrolle während des Musizierens" (Wiener Philharmoniker, 1947). Abwegig wäre freilich der Gedanke, diese Senkung von einem Tag auf den anderen durchzuführen. Ein plötzlicher Rückgang auf eine tiefere Stimmfrequenz ist ausgeschlossen, „weil dies die teilweise Auswechslung des Orchester-Instrumentariums zur Folge haben würde" (Winckel, 1973).

Strenge Normen, so erwünscht sie als Zielvorstellung sein mögen, können auch Schwierigkeiten auslösen. So halten sich die meisten amerikanischen Instrumentenbauer an die auch von den amerikanischen Orchestern beobachtete 440 Hz-Regel. Will ein Wiener Philharmoniker eine Flöte mit höherer Grundstimmung aus den Vereinigten Staaten beziehen, dann muß der amerikanische Erzeuger seiner zuständigen Behörde nachweisen, daß das Instrument nicht in Amerika verwendet wird, sondern für den Export bestimmt ist. Gegenwärtig besteht die Absicht, die eingebürgerte Hochstimmung des Orchesters allmählich und behutsam abzubauen – etwa um ein Hz pro Jahr. Manche Beobachter meinen allerdings, daß der relativ hohe Stimmton sich auf den Klangcharakter des Orchesters günstig auswirke. Doch dies ist gewiß eine Irrlehre. Wäre sie zutreffend, dann könnten Orchester geringeren künstlerischen Rangs durch Anhebung des Stimmtons zu „philharmonischem" Klang gelangen. Ein solcher Versuch würde jedoch zeigen, daß nicht der Stimmton die Musik macht, sondern daß die tradierte Spielweise und die musikalische Kultur jedes einzelnen Instrumentalisten ausschlaggebend sind.

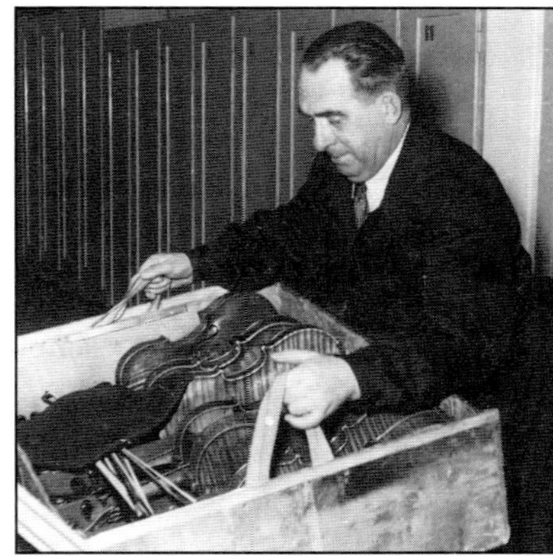
Der Geigenbauer ist immer dabei

Die Streichinstrumente

Lange bevor Wilhelm Furtwängler philharmonischer Dirigent wurde, hielt er sich als Dirigent des Tonkünstlerorchesters längere Zeit in Wien auf. Natürlich besuchte er auch die Philharmonischen Konzerte und wurde durch den „eigentümlich leuchtenden, schwebenden Klang der Streicher" angesprochen. Kenner versicherten ihm, das läge an den ausgezeichneten Instrumenten der Philharmoniker. Das waren damals – und sind es in der Mehrzahl noch heute – die Streichinstrumente des Wiener Geigenbauers Lemböck und seiner Nachfolger. Furtwängler verhandelte mit dem Geigenmacher, der auch Eigentümer der Instrumente war, und dieser überließ sie für ein Konzert dem Orchester des ambitionierten jungen Kapellmeisters. Furtwänglers Enttäuschung war groß. Der Klang seines Orchesters wurde nicht philharmonischer, „sondern im Endeffekt nur matter und glanzloser als gewöhnlich" (Furtwängler, 1942, 15).

Der k.k. Hofgeigenbauer Lemböck, der alle Gattungen von Streichinstrumenten erzeugte, war etwa zur selben Zeit wie die Philharmoniker ins Musikvereinsgebäude eingezogen. Daß sie unter einem Dach arbeiteten, daß der Geigenbauer immer zur Hand war, festigte die nun mehr als hundertjährige Verbindung zu Lemböck und seinen Nachfolgern Haudek, Poller, Freisleben, Huber und Lang. Viele Jahrzehnte hindurch waren die philharmonischen Instrumente Eigentum des Geigenmachers; erst in den 1960er Jahren haben die Philharmoniker sie erworben. Praktisch aber hat sich dadurch nur wenig geändert, denn die Geigen, Bratschen, Celli und Kontrabässe sind nach wie vor unter ständiger Kontrolle der Firma, werden gewartet und auch frisch besaitet, weshalb ein Geigenbauer bei sämtlichen Konzerten anwesend sein muß, sei es samstags oder sonntags, sei es in Wien, in Salzburg oder in Tokio.

Der jetzige Inhaber der traditionsreichen Wiener Geigenwerkstatt ist überzeugt, daß die Homogenität des philharmonischen Streicherklangs nicht zuletzt von der Gleichartigkeit der Instrumente herzuleiten ist, von ihrer Herkunft aus dem gleichen Wiener Unternehmen. Dennoch ist in den letzten Jahren eine Reihe von Musikern – wohl ein Dutzend – aus dieser Tradition ausgebrochen. Sie haben sich neue Instrumente angeschafft und spielen darauf in Oper und Konzert. Auch diese Violinen wurden in Wien hergestellt, sind aber im Gegensatz zu den älteren philharmonischen Instrumenten nagelneu und stechen schon äußerlich durch ihre rötli-

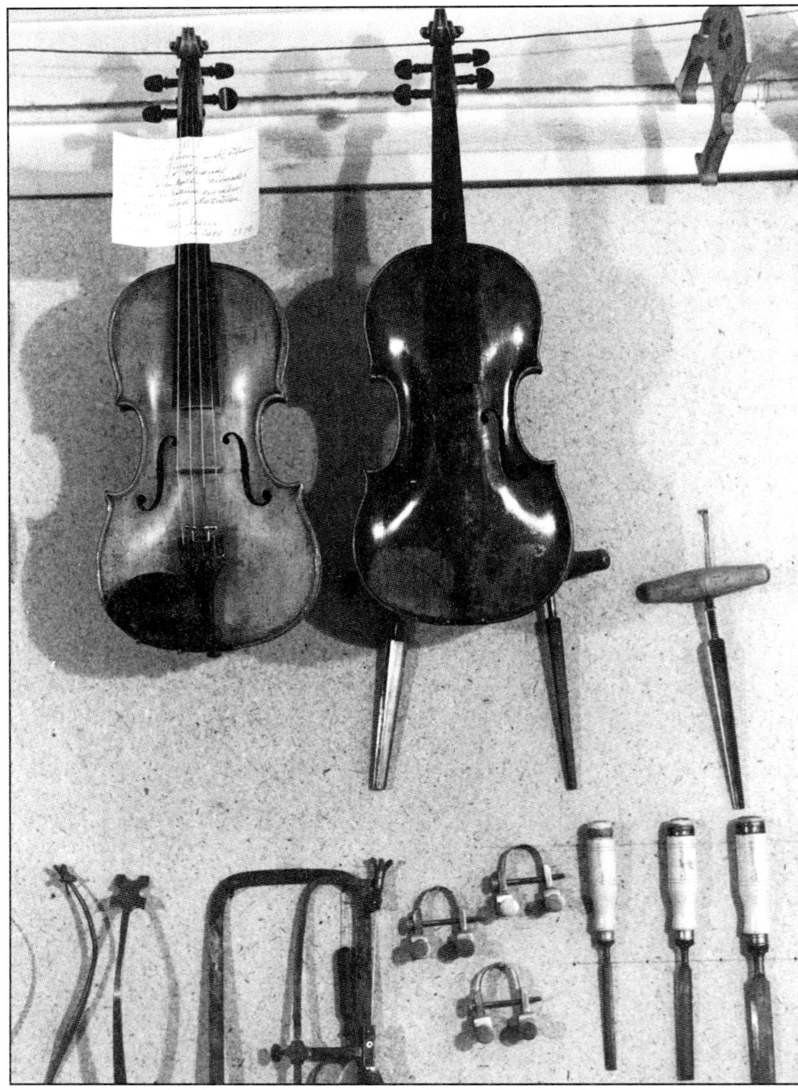

che Färbung ab. Die Musiker, die auf ihnen spielen, begründen ihren Entschluß damit, daß die Orchesterinstrumente – im Gegensatz zu solistisch verwendeten – durch die Intensität des Blechbläser- und Schlagzeugschalls leiden und daher der Erneuerung bedürfen. Einige wenige Mitglieder der Philharmoniker sind dieser Diskussion enthoben, weil ihnen alte italienische Meisterinstrumente zur Verfügung stehen.

Die Konzertmeister

In den Philharmonischen Abonnementkonzerten vom 17. und 18. Januar 1981 wurden Vivaldis „Vier Jahreszeiten" aufgeführt.

Neujahrskonzert 1992, Dirigent Carlos Kleiber

Von 1980–1986 wurden die Neujahrskonzerte von Lorin Maazel geleitet.

Blechbläser und Kontrabässe in philharmonischer Aufstellung

Der Große Musikvereinssaal mit seiner idealen „Hörsamkeit" ist seit 1870 Stätte des philharmonischen Wirkens.

Salzburger Konzert im Gedenken an den am 16. Juli 1989 verstorbenen Herbert von Karajan, am Pult James Levine

Das Rosé-Quartett. Gemälde von Max Oppenheimer, 1925

Die Violinsoli dieses Werks boten Gelegenheit, die vier Konzertmeister der Wiener Philharmoniker, von denen sonst nur jeweils einer oder zwei mitwirken, hintereinander dem Publikum vorzuführen. Im „Frühling" spielte Werner Hink, im „Sommer" Erich Binder, im „Herbst" Rainer Küchl und im „Winter" Gerhart Hetzel das Solo. Aus dieser Folge ist auch die Rangordnung abzulesen, denn Hetzel war der dienstälteste Konzertmeister, gefolgt von Küchl, während Hink und Binder als letzte kamen. Alle vier aber waren erst relativ kurze Zeit Konzertmeister. Der behutsame Generationswechsel, die „philharmonische Mauserung", wurde bei diesem Revirement durch besondere Umstände vereitelt.

Noch im Programm des Neujahrskonzerts von 1968–69 standen Willi Boskovsky, Walter Barylli, Walter Weller und Josef Sivo auf der Liste der aktiven Philharmoniker. Daß die beiden Rangältesten, Boskovsky und Barylli, anfang der siebziger Jahre das Pensionsalter erreichen würden, war natürlich bekannt. Niemand hatte indes geahnt, daß noch vor ihnen der junge Weller, nachdem er als Dirigent für den erkrankten Karl Böhm eingesprungen war, das Orchester verlassen, und daß Josef Sivo, vor die Frage gestellt, ob er Konzertmeister bleiben oder Professor der Musikhochschule werden wolle, sich für letzteres entscheiden würde. An Stelle von Weller wurde der Leiter der Meisterklasse an der Musikhochschule München, Professor Gerhart Hetzel, berufen, ausnahmsweise kein Wiener, als Schüler Wolfgang Schneiderhans aber doch der Wiener Streicherschule verbunden. Als die Stelle Josef Sivos ausgeschrieben war, bewarb sich der blutjunge Rainer Küchl, der soeben seine künstlerische Ausbildung bei Franz Samohyl abgeschlossen hatte, und wurde aufgenommen. 1982 übernahm er als Nachfolger seines Lehrers die Klasse an der Hochschule für Musik. Nach der Pensionierung Boskovskys und Baryllis wurden schließlich Erich Binder, der vom Volksopernorchester kam, und Werner Hink engagiert, der sich trotz mehrjähriger Zugehörigkeit zum Orchester um die Konzertmeisterstelle formell bewerben mußte. Somit wurden innerhalb von fünf Jahren alle vier Stellen neu besetzt.

Wenn in einem Philharmonischen Konzert mehr als zwölf erste Geigen zum Einsatz kommen, wirken zwei der vier Konzertmeister mit; werden weniger als zwölf erste Geigen verwendet, ist nur einer anwesend. In der Staatsoper hingegen gibt es fünf Konzertmeister. Die verhältnismäßig neue fünfte Stelle entstand dadurch, daß Wolfgang Poduschka, Stimmführer der ersten Violinen, als Ranghöchster nach den Konzertmeistern, in der Direktionszeit Herbert von Karajans zum Ballettkonzertmeister avancierte. Für ihn wurde in der Folge der fünfte Konzertmeisterposten in der Oper geschaffen, der auf seinen Nachfolger Rainer Honeck überging.

Was ist die Aufgabe der vier respektive fünf Konzertmeister? Sie spielen selbstverständlich die in Opern- und Orchesterwerken vorkommenden Soli, an denen besonders die Konzertliteratur der letz-

Konzertmeister Arnold Rosé. Schattenriß von Hans Schließmann

ten hundert Jahre sehr reich ist. Wir finden Solostellen in fast allen Symphonischen Dichtungen von Richard Strauss, in den meisten Symphonien von Gustav Mahler und in den großen Werken von Debussy und Strawinsky.

Der Konzertmeister ist aber mehr als ein Solospieler, nämlich der eigentliche Verbindungsmann zwischen Dirigent und Orchester. Wünsche des Orchesters, vor allem natürlich der Geiger, werden durch den Konzertmeister an den Orchesterchef herangetragen und umgekehrt. Der Konzertmeister bestimmt die Stricharten seiner Gruppe, womit – wenn nicht ausdrücklich anders vorgesehen – die Einheitlichkeit von Auf- oder Abstrich, Legato, Staccato oder Springbogen gewährleistet ist. Wie groß der Freiraum des Konzertmeisters ist, hängt vom Dirigenten, natürlich aber auch vom eigenen Durchsetzungsvermögen ab. In alter Zeit, als die Konzertmeister noch Orchesterdirektoren hießen, hatten sie Aufgaben wahrzunehmen, die später den Kapellmeistern zufielen. Man denke nur an Schuppanzigh bei der Uraufführung von Beethovens Neunter Symphonie anno 1824!

Je komplizierter die Partituren wurden und je mehr sich der Kapellmeister zum eigentlichen Feldherrn des Konzertsaales hinaufdirigierte, desto geringer wurden die überlieferten Konzertmeisterbefugnisse. Je nach persönlicher Vorliebe und musikalischem Geschmack nehmen die philharmonischen Konzertmeister dies unterschiedlich auf. Erich Binder, der selbst auch als Dirigent tätig ist, meint, daß der gute Dirigent dem einzelnen Musiker viele Details, einen Gestaltungsspielraum im eigentlichen Sinn des Wortes, überlassen müsse. Dadurch werde dessen Ehrgeiz angestachelt, was ein wahrhaft großer Orchesterchef zu nützen wisse (solche seien allerdings selten). Der Standpunkt Rainer Küchls ist ähnlich, auch wenn es im ersten Moment anders aussieht. Zu seinen größten Berufserlebnissen gehört die Einstudierung von „Tristan und Isolde" durch Carlos Kleiber an der Wiener Staatsoper, für die der Dirigent sein eigenes Aufführungsmaterial mitbrachte. In dieses hatte er stellenweise von Pult zu Pult unterschiedliche Stricharten eingetragen, was man als starken Eingriff in die angestammten Konzertmeisterrechte auslegen könnte. Dennoch hatte Küchl nicht das Gefühl, daß ihm etwas aufgenötigt worden sei; er sah in Kleibers Einrichtung eigene Intentionen verwirklicht. Der Dirigent, der in der Aufführung selbst nur die unumgänglich notwendigen Zeichen gab, mitunter nicht einmal den Takt schlug, ließ dem Orchester andererseits viel Gestaltungsfreiraum, den freilich nur ein so kompetentes wie das Wiener musikalisch nutzen konnte.

Einer alten Tradition folgend, pflegen die Konzertmeister der Wiener Philharmoniker – wie übrigens auch manche ihrer Kollegen von den hinteren Pulten – das Quartettspiel oder andere Formen der Kammermusik. Die Streichquartette, die von Konzertmeistern angeführt wurden, haben sich in der philharmonischen Geschichte als die langlebigsten erwiesen. So etwa existierte in wechselnder Besetzung das Hellmesberger-Quartett mehr als vierzig Jahre. „Hier wurden die Wiener für Beethovens letzte Quartette erzogen“, hieß es in einem Nachruf auf den alten Hellmesberger (Jahresbericht, 1894, 7). Hellmesberger erschloß dem Publikum aber nicht nur die späte Kammermusik von Beethoven, sondern auch die von Schubert und ab 1862 die von Brahms. Ehe sich noch die Philharmonischen Konzerte der Symphonien von Anton Bruckner annahmen, führte Hellmesberger Bruckners Quintett zum erstenmal auf. Das geschah im Jahr 1885, als Hellmesberger senior schon seine Söhne Joseph und Ferdinand als Sekundgeiger und Cellisten aufgenommen hatte und als „Quartett Hellmesberger und Söhne“ firmierte (Prosl, 1947, 63).

Reinhold Hummer. Schattenriß von Hans Schließmann

Daneben gab es noch andere philharmonische Quartette, so etwa das von Konzertmeister Jakob M. Grün geleitete, das sich aber nicht auf Dauer durchsetzen konnte. Erst in den 1880er Jahren, als Arnold Rosé Konzertmeister der Hofoper und der Philharmoniker wurde, erwuchs dem Hellmesberger-Quartett eine ernste Konkurrenz. Auch Rosé wechselte mehrmals seine Partner. Einen ersten Höhepunkt scheint er um die Jahrhundertwende mit der Besetzung August Siebert, Hugo von Steiner und Reinhold Hummer erreicht zu haben, einen weiteren vom Jahre 1905 an mit Paul Fischer, Anton Ruzitska und Friedrich Buxbaum. Und alle diese Herren waren Mitglieder der Wiener Philharmoniker. Wie vorher das Hellmesberger-Quartett, erbrachten auch Rosé und seine Kollegen musikalische Pionierleistungen, wenn sie „Verklärte Nacht“ und die ersten beiden Streichquartette von Arnold Schönberg uraufführten oder Hans Pfitzner in Wien bekannt machten.

Neben dem Rosé-Quartett bestand einige Zeit auch das Quartett des Konzertmeisters Karl Prill – ebenfalls lauter Philharmoniker –, das 1904 mit der Wiener Erstaufführung des Klavierquintetts von Bela Bartók aufwarten konnte, bei der der Komponist den Klavierpart spielte. Die Programmgestaltung der Kammermusikvereinigungen war demnach viel wagemutiger und zukunftsfreudiger als das Repertoire der Philharmonischen Konzerte, was nicht nur mit dem persönlichen Geschmack der Ausführenden zusammenhängen mag, sondern wohl auch mit dem geringeren finanziellen Risiko.

Dem Prill-Quartett war ebenso wie später dem Mairecker-Quartett keine lange Dauer beschieden. Das Schneiderhan-Quartett, das Ende 1937 zusammenfand – mit Otto Strasser, Ernst Morawec und Richard Krotschak – bestand bis 1951 und wurde danach von Walter Barylli als Barylli- und Musikvereinsquartett weitergeführt. Bald darauf gründete Walter Weller sein Weller-Quartett.

Selbstverständlich hat sich auch die in den 1970er Jahren engagierte Konzertmeistergeneration kammermusikalisch profiliert. „Je mehr Kammerensembles in einem Orchester existieren, desto unabhängiger wird es vom Dirigenten“, sagt Erich Binder, und seine Ansicht hat, da er einerseits Orchestermusiker und andererseits Dirigent ist, besonderes Gewicht. Er selbst spielte in dem kurzlebigen „Nicolai-Quartett" und im „Neuen Wiener Oktett", hat diese Funktion aber schon 1982 an Konzertmeister Hink abgegeben. Neben Hink gehören dem Oktett an: Hubert Kroisamer (zweite Violine), Klaus Peisteiner (Viola), Friedrich Dolezal (Violoncello), Alois Posch (Kontrabaß), Peter Schmidl (Klarinette), Stepan Turnovsky (Fagott) und Willibald Janezic (Horn).

Seit 1973 bereits existiert das Streichquartett, das als Küchl-Quartett gegründet wurde und später den Namen „Musikvereinsquartett" annahm. Neben Rainer Küchl wirken hier Eckhard Seifert, Heinrich Koll und Gerhard Iberer. Küchl, ein kritischer und auch selbstkritischer Musiker, meint, sein Ensemble habe ebenso wie die früheren philharmonischen Quartette „schöne Momente des Musizierens", könne sich aber nicht mit den Berufsquartetten vergleichen, die sich nur und ausschließlich mit Kammermusik befassen. Diese Einsicht verringert die Freude am Quartettspiel nicht. Sie wird durch das Wissen genährt, daß jede kammermusikalische Errungenschaft auch dem Orchesterspiel zugute kommt.

Die Wiener Geigenschule

Fragt man einen Prim- oder Sekundgeiger nach der Wiener Geigenschule und ihrer Charakteristik, kann man die unterschiedlichsten Antworten bekommen. Die einen wissen genau, wie und wodurch sie sich von anderen Schulen unterscheidet, die anderen zweifeln, daß es sie überhaupt gibt. Natürlich hängt die Auskunft davon ab, wie weit oder eng man den Begriff der Wiener Schule faßt. Rechnet man nicht nur den aus Budapest gebürtigen Josef Böhm, den unbestrittenen Ahnherrn des Wiener Violinstils, und dessen direkte Abkömmlinge dazu, sondern auch den in Prag ausgebildeten Otakar Ševčik, um nur ein Beispiel zu nennen, so gelangt man zu einer breiteren, die ganze einstige Habsburger Monarchie berücksichtigenden Stammtafel.

Josef Böhm, ein weitgereister Virtuose, der auch die französische Spielweise kannte, wurde im Jahr 1819 ans Wiener Konservatorium berufen. Er bildete viele Schüler aus, die es zu großem Ruhm brachten, darunter Joseph Joachim, für den Schumann, Brahms und Dvořak ihre Violinkonzerte schrieben. Für Wien wurden drei seiner Absolventen maßgebend, die späterhin auch als Lehrer am Konservatorium wirkten: Georg Hellmesberger, Jakob M. Grün und Carl Heissler. Hellmesberger und Grün waren, wenngleich zu verschiedener Zeit, auch Konzertmeister der Philharmoniker. Von der Linie Hellmesberger stammten nicht bloß alle Träger dieses Namens und zahlreiche andere Orchestermitglieder ab, sondern letztlich auch Fritz Kreisler, der einzige große Virtuose, den Wien und die Wiener Geigentradition hervorbrachte, wiewohl sein Spiel starken französischen Einfluß verriet. Ein starker Ast des von Josef Böhm begründeten Stammes war die Schule Carl Heissler, der aller-

Konzertmeister Willi Boskovsky mit seinen Geigern

dings selbst kein Orchesterspieler war. Zu seinen Schülern zählten unter anderen Arnold Rosé und der aus Ungarn stammende Julius Winkler, den Heimito von Doderer durch eine kleine, aber enthusiastische Schrift ausgezeichnet hat. Wie sein Lehrer Heissler gehörte auch Winkler keinem Orchester an, spielte aber viel Kammermusik (Doderer schwärmte von dem „Urwald von Musik, den die Streichquartette Haydns bildeten") und widmete sich seinen Schülern, unter denen Wolfgang Schneiderhan der berühmteste wurde. Winkler hat einige wichtige Worte über seinen Lehrer Heissler und die Wiener Schule verfaßt, aus denen hervorgeht, daß es sich kaum um eine bestimmte technische Methode handelte, sondern um eine werkorientierte Musiziergesinnung.

„Die Wiener Schule, die reichste, die ich bisher kennenlernte, verlangte eine allseitige Ausbildung. Sie verlangte die Beherrschung der Paganini- und Nachpaganini-Technik, ebenso diejenige alter Meister, das heißt, die Steigerung des Tones bis ins Grandiose. Hiezu trat die selbstverständliche Forderung, unserer einzigartigen Kammermusik gerecht zu werden, was rein technisch eine Fülle von eigenartigen Aufgaben bedeutete, da diese Werke eine ganz andere Art von Leben haben als die Konzertmusik. Hand in Hand ging damit die Forderung des erlesensten Geschmackes im musikalischen Vortrag, insbesondere des Gesanges, wo alle Betonungen, Bindungen, die Ökonomie des Bogens bis aufs Letzte ausgefeilt, und alle niedrigen Manieren, die sich aus der bei uns üppig gedeihenden Volksmusik einzuschleichen drohten, ausgemerzt wurden. Hier war alles Fülle." (zitiert nach Doderer, 1937, 5)

In krassem Mißverhältnis zu diesen Forderungen stand laut Winkler freilich die Methodik des Unterrichts. Man zeigte den

Jakob M. Grün. Schattenriß von Hans Schließmann

Schülern die richtige Bogenhaltung und die Haltung der Griffhand und gab ihnen eine Reihe von Etüden, die sie fleißig üben sollten, um die vollendete Spielweise zu erlernen. Aus! Wie groß müssen Talent und Fleiß jener gewesen sein, die trotz so karger Unterweisung so große Fertigkeiten erwarben!

Als stärkster und für die Philharmoniker des zwanzigsten Jahrhunderts ertragreichster Ast des Böhm'schen Stammes erwies sich die Schule des Konzertmeisters Jakob M. Grün. Ob er ein guter oder ein schwacher Geiger war, wissen wir nicht. Das bekannte Witzwort „Grün ist gut für die Augen, aber nicht für die Ohren", stammte von Joseph Hellmesberger senior, der seinen Kollegen nicht liebte und außerdem für ein treffendes Bonmot auch sein Urteil verkaufte. Über Grüns Qualitäten als Lehrer ist gleichfalls nur wenig bekannt, es sei denn, man betrachtet die sechs Jahre, die Carl Flesch bei ihm studierte, als pädagogische Legitimation. Flesch ging nachher freilich vom Wiener ans Pariser Konservatorium und wird daher von der französisch-belgischen Geigerschule für sich reklamiert, doch sollte man nicht übersehen, daß er die Grundlagen in den entscheidenden Ausbildungsjahren zwischen zehn und sechzehn bei Grün erworben hat. Bei Geigern ist es ja, ähnlich wie bei Sängern, üblich, sich durch Lehrerwechsel eine möglichst umfassende Technik anzueignen.

Ein weiterer Schüler Grüns war Julius Stwertka, der im Hamburger Orchester spielte, bis ihn Mahler nach Wien zurückholte. Als Professor am Konservatorium beziehungsweise an der Musikakademie hat er Scharen von Geigern ausgebildet, darunter auch Ernst Morawec (der später zu dem Systematiker Otakar Ševčik überwechselte) und Franz Samohyl, und diese beiden haben die Mehrzahl aller philharmonischen Geiger der zweiten Jahrhunderthälfte unterrichtet. Otto Strasser, ebenfalls ein Stwertka-Schüler, erinnert sich, daß dieser ein tüchtiger, aber keineswegs virtuoser Geiger war und daß er als Lehrer vor allem durch seine Güte, seinen Zuspruch und seine allgemeine Musikalität auf die Studierenden einwirkte.

Die philharmonischen Violinspieler der 1980er Jahre sind in ihrer Mehrheit also Enkel- und Urenkelschüler von Stwertka, doch hat sich die Technik des Geigenspiels gerade in der ersten Jahrhunderthälfte so gewandelt, daß wohl nur mehr sehr entfernte Familienähnlichkeiten festzustellen wären. Aus welcher zeitlich näher liegenden Lehrtradition die einzelnen Philharmoniker stammen, ist kaum festzustellen, da die meisten bei mehreren Lehrern Unterricht genossen haben. Wenn wir stellvertretend die fünf Konzertmeister nehmen, finden wir unter ihnen zwei Schüler von Franz Samohyl (Küchl und Hink), einen Schüler von Wolfgang Schneiderhan (Hetzel), der selbst der Heissler-Winkler-Linie entstammt, aber auch bei Ševčik gelernt hat, einen Schüler von Edith Steinbauer (Binder), die bei dem Joachim-Schüler Karl Prill und bei Carl Flesch studiert hat, und schließlich einen Schüler von Alfred Staar (Honeck), der selbst aus der Morawec-Tradition hervorgegangen ist.

Fast jeder Violinschüler träumt von einer großen Karriere als Solist, die meisten aber landen in einem Orchester. Dieses Mißverhältnis hat schon vor geraumer Zeit eine Debatte unter den Pädagogen ausgelöst. Manche meinen, man müsse das Geigenstudium speziell auf die spätere Orchestertätigkeit abstimmen, andere treten ungeachtet der geringen Berufschancen für die herkömmliche solistische Ausbildung ein. Zu diesen gehört Franz Samohyl, dessen Absolventen in allen Orchestern der Welt, besonders zahlreich aber bei den Wiener Philharmonikern, vertreten sind. „Die technischen Anforderungen an den Geiger sind durch die Musik des zwanzigsten Jahrhunderts enorm gewachsen", erläutert Samohyl seinen Standpunkt, „und darum muß auch die Pädagogik höchste technische Ansprüche stellen. Ebenso sind die Anforderungen an den Geiger durch die allgemein feststellbare Tempobeschleunigung und durch die Tonaufnahme gestiegen. Darum: solistische Ausbildung, durch die der künftige Musiker die Fähigkeit erwirbt, technische Probleme, auch im Orchesterspiel, zu lösen."

Im Gegensatz zu Samohyl, der lange Jahre an der Musikhochschule lehrte, gibt Alfred Staar, Primgeiger der Wiener Philharmoniker, ausschließlich Privatunterricht. In seinem Studio hängt ein Bild von Otakar Ševčik, dem Lehrer seines Lehrers Ernst Morawec. Auch Staar legt größten Wert auf technische Vervollkommnung, denn er weiß aus persönlicher Erinnerung, daß seinerzeit ältere Kollegen im Orchester Schwierigkeiten mit moderner Musik hatten und sie deshalb ablehnten. Da aber seiner Meinung nach der Wiener Musiker – wenn man von Schneiderhan absieht – kaum Talent zum großen Solisten zeige, sondern eher ein guter Ensemblemusiker sei, will er seine Schüler so früh wie möglich für diese Aufgaben interessieren. „Sie sollen wissen, wie schön es ist, in einem Orchester zu spielen", sagt er und trachtet auch, sie dann und wann als Substituten bei den Philharmonikern mitwirken zu lassen, damit ihnen das Zusammenspiel zum persönlichen, weitere Leistungen motivierenden Erlebnis wird.

Mögen die Meinungen in Detailfragen der Nachwuchsausbildung auch auseinandergehen, über die essentiellen Probleme des Wiener Klangstils und der philharmonischen Musiziertradition herrscht Einmütigkeit. Dabei wird besonders ein psychologisches Moment hervorgehoben. Franz Samohyl meint, daß die Philharmoniker das genaue Gegenteil von Befehlsempfängern seien, weil sie an ihrer reichen Interpretationserfahrung selbst dann festhielten, wenn ein Dirigent es „anders" wünsche. Rainer Küchl, Samohyls Schüler und Nachfolger an der Musikhochschule, ist überzeugt, daß die trotz ihres hohen technischen Standards ganz dem Dirigenten untertanen amerikanischen Orchester in ein künstlerisches „Korsett" gezwängt seien, das kein Philharmoniker aushielte. Und Alfred Staar betont, daß jeder Wiener Musiker bemüht sei, in das Werk etwas Eigenes einzubringen, obwohl der Dirigent seine präzisen Interpretationsvorstellungen habe.

Was der Wiener Geiger, notfalls gegen den Dirigenten, zur Interpretation eines Werkes beiträgt, ist die Frucht der reichen „Wiener Schule", die Julius Winkler so eindringlich beschrieben hat. Sie folgt einem Klangideal, das, wie Fritz Sedlak betonte, von der Kammermusik gebildet wurde (*Musikblätter,* 9, 2) und das sich durch einen satten, runden, weichen Ton auszeichnet, der durch eine bestimmte Bogentechnik erreicht wird. Natürlich ist der philharmonische Streicherklang von 1985 ein anderer als der von 1920, als Rosé, Mairecker und Stwertka die ersten Geigen anführten, denn zu ihrer Zeit wurde fast noch ohne Vibrato gespielt, ja es galt sogar als unfein, um nicht zu sagen vulgär, wenn einer dem Ton durch allzu heftiges Vibrieren Nachdruck verlieh. Erst allmählich setzte sich das Vibrato, das Virtuosen wie Fritz Kreisler pflegten, in der Orchesterpraxis durch und wurde wie jede Neueinführung zeitweise sogar übertrieben. Heute gehört der überlegte Einsatz des Vibrato zu den wichtigsten Stilmitteln der Philharmoniker. Ihre Palette reicht vom starken über das leichte bis zum Nonvibrato, das von besonderer Wirkung sein kann.

Die Bratsche

Vieles, was über die Geigen berichtet wurde, gilt auch für die Bratsche. Ihr älterer Name Viola weist sie als größere Schwester der Violine aus, doch wurde sie lange Zeit als Stiefschwester, als arme Verwandte in einer noblen Familie, behandelt. „Von allen Instrumenten im Orchester ist die Viola dasjenige, dessen ausgezeichnete Eigenschaften man am längsten verkannt hat", schrieb Hector Berlioz und fügte hinzu, daß die Violaspieler stets dem „Ausschuß" der Violinspieler entnommen wurden: „War ein Musiker unfähig, den Violinposten genügend zu bekleiden, so wurde er zur Viola versetzt." (Berlioz, 1905, 67)

Dieses Schattendasein der Bratschen war spätestens mit Wagner zu Ende, und wie zum Beweis dafür nahm Strauss, als er die „Instrumentationslehre" von Berlioz ergänzte, Beispiele aus fast sämtlichen Wagner-Dramen und insbesondere aus „Tristan" auf, wo ein Bratschensolo in ekstatischem Crescendo die Natur des „hehrsten Tranks" verrät. Trotz der lohnenden Aufgaben, die der Bratsche bei Beethoven, Weber, Wagner und in der neueren Literatur zugewiesen werden, bezeichnete sie jedoch noch Ernst Morawec, Solobratschist der Wiener Philharmoniker von 1923 bis 1956 und Professor an der Musikakademie, als „undankbares" Instrument. „Es ist nicht allein in Anbetracht der Größe des Instruments schon physisch sehr anstrengend, sondern vor allem ihre Grifftechnik, ihre Tonentwicklung ist wesentlich schwieriger als etwa bei der Geige. Fast alle Bratschisten kommen von der Violine her. Denn nur derjenige Musiker, der die Geigentechnik wirklich souverän beherrscht, kann ein guter Bratschist werden." (*Musikblätter,* 5, 4)

Das galt auch für Morawec selbst, den Stwertka- und Ševčik-

Schüler, der jedoch seine ganze Laufbahn der Bratsche weihte: als Orchestermusiker und als Quartettspieler im Feist-, im Mairecker-, Buxbaum- und zuletzt im Schneiderhan-Quartett. Als Lehrer aber bildete er seiner Erkenntnis gemäß Geiger aus, von denen manche im letzten Studienabschnitt zur Viola überwechselten, viele aber bei der Violine blieben.

Noch heute sitzen Morawec-Schüler bei den ersten Geigen, bei den zweiten und bei den Bratschen. Auch Josef Staar, einer der drei Solobratschisten des Orchesters, ist ein Schüler von Morawec. Entsprechend den Prinzipien seines Lehrers hat Staar eine komplette Violinausbildung empfangen und wäre vielleicht bei diesem Instrument geblieben, hätte er nicht 1953 an der Sommerakademie des Salzburger Mozarteums teilgenommen, wo eine Aufführung von Mozarts Sinfonia Concertante vorgesehen war, für die man einen Violaspieler brauchte. Innerhalb von acht Tagen stieg der junge Geiger auf die Bratsche um, die ihm so behagte, daß er bei ihr blieb. Ein Jahr noch widmete er unter Anleitung seines Lehrers dem Studium dieses Instruments, dann engagierte ihn die Oper.

Das Violoncello

Der Versuch, die Eigenart eines Orchesters aus seiner aufführungspraktischen Überlieferung zu begreifen, sollte uns den Blick auf die Veränderung dieser Tradition nicht verstellen. Der 1873 ins Opernorchester aufgenommene Solocellist Joseph Sulzer hat nach seiner Pensionierung im Jahre 1905 auf solch einschneidende stilistische Wandlungen aufmerksam gemacht. Rückblickend stellte er fest, daß sich zu Beginn des zwanzigsten Jahrhunderts im Musizieren

auffallende agogische und dynamische Übersteigerungen eingebürgert haben, die dreißig Jahre zuvor noch großes Mißfallen erweckt hätten (Sulzer, 1910, 8). Wandlungen anderer, wenn auch nicht minder bedeutsamer Art vollziehen sich in der Spieltechnik, und es hat den Anschein, als beschleunige sich dieser Prozeß in unserer Epoche radikal. Der Solocellist Wolfgang Herzer registriert schon in der Ausbildung gesteigerte Anforderungen: „Das Niveau einer Diplomprüfung war vor einem Vierteljahrhundert nicht höher als heute der Standard eines normalen Klassenabends an der Musikhochschule." Gegenwärtig verlangt man von den Kandidaten, die das Diplom erwerben wollen, die Vorbereitung von zwei kompletten Solokonzerten, und dies entspricht auch den erhöhten Anforderungen, die beim Probespiel in der Oper gestellt werden.

Das stilistische und spieltechnische Bemühen der Wiener Cellisten war von Anfang an dadurch gekennzeichnet, daß sie sich den immer neuen Herausforderungen der Komponisten stellten. Diese Haltung läßt sich bis Anton Kraft (1752–1820) zurückverfolgen, der im Schuppanzigh-Quartett an Uraufführungen von Beethovens Kammermusik teilnahm und der seinen Sohn Nicolaus Kraft so tüchtig unterwies, daß dieser 1809 ins Hof-Opernorchester aufgenommen wurde. Die illustre Reihe der Solocellisten, die auch als Professoren wirkten, begann mit Josef Merk, der 1818 ins Opernorchester eintrat und als philharmonischer Solocellist noch unter Nicolai tätig war.

Das traditionelle Selbstverständnis des Solocellisten ähnelt dem des Konzertmeisters und schließt eine über das eigene Musizieren hinausgehende Gesamtverantwortung ein. Diese Sonderstellung spiegelt sich sogar im 1983 abgeschlossenen Kollektivvertrag des Opernorchesters, der vorsieht, daß mit den Solocellisten ebenso wie mit den Konzertmeistern „Soloverträge" abzuschließen sind. Diese ermöglichen die freie Vereinbarung von Bezügen, während sich die Gehälter aller anderen Mitglieder des Opernorchesters nach einem allgemein verbindlichen Schema richten.

1985 gab es bei den Wiener Philharmonikern (in Übereinstimmung mit dem Stellenplan des Opernorchesters) drei Solocellisten, von denen Robert Scheiwein der dienstälteste ist, gefolgt von Wolfgang Herzer und Franz Bartolomey. Es ist interessant, ihrer Funktion das Selbstverständnis anderer Cellisten gegenüberzustellen. Der Nicht-Solist betont vor allem das sinnvolle Ein- und Unterordnen, das Eingehen auf die gestalterischen Ideen überzeugender Dirigenten und dies „im Grenzfall bis zur Selbstverleugnung" (Ewald Winkler). Wer das von ungewöhnlich langem kantablen Atem getragene Cello-Thema am Beginn von Bruckners Siebenter Symphonie auch nur ein einziges Mal in philharmonischer Darstellung erlebt hat, wird von diesem Geist der Einordnung beeindruckt bleiben – einer Einordnung, die sich wie von selbst zu ergeben scheint. Solch musikalischer Konsens der Cellisten ist vielleicht auch ein Geschenk des Himmels, ganz gewiß aber ein Ergebnis gleichartiger Ausbildung. Von den neun Cellisten, die wir befragten, nennen sechs Richard Krotschak als ihren oder einen ihrer Lehrer! Krotschak, der 1934 zu den Philharmonikern stieß, war Schüler von Friedrich Buxbaum, der von 1900 bis 1938 dem Orchester angehörte. Obgleich sich die pädagogische Linie nahezu bis in die Beethoven-Zeit zurückverfolgen läßt, kann von keinem starren Festhalten an einer bestimmten Spielweise die Rede sein, denn das Wiener Musizieren und die Wiener Celloschule waren auch offen für von außen kommende Anregungen. So muß der berühmte David Popper, der 1868 bis 1873 als Solocellist der Philharmoniker wirkte, die Stilmittel seines großen Prager Lehrers Johann Goltermann ins Orchester eingebracht und auch seinem Schüler und Kollegen Joseph Sulzer vermittelt haben. Kenner erblicken in der Bereitschaft zur Rezeption spieltechnischer Errungenschaften eine Tugend. Das gilt auch für die Modifizierung der ursprünglich starreren Bogentechnik durch die flexiblere „französische“ Art, die in Pablo Casals ihren wohl prominentesten Vertreter hatte. Es ist also kein Wunder, daß sich Wolfgang Herzer nicht nur als Solocellist, sondern auch als Cello-Lehrer an der Wiener Hochschule dafür einsetzte.

Der Kontrabass

Die philharmonischen Kontrabässe sind, wie im vorigen Kapitel gezeigt wurde, zumeist an der Hinterwand des Podiums postiert. Sie prägen nicht bloß das Bild, das sich dem Publikum bietet, sondern auch den Höreindruck, denn ihr Schall wird frontal abgestrahlt und fördert so das für die Philharmoniker charakteristische fundamentstarke und zugleich obertonreiche Klangbild.

Das Standardinstrument ist der viersaitige, in Quarten gestimmte Kontrabaß, der am Wiener Konservatorium spätestens seit 1832 unterrichtet wurde. Anton Slama, der hier mehr als drei Jahrzehnte als Lehrer tätig war, spielte schon in der Ära Nicolai im Orchester. Er und sein Nachfolger Josef Wrany tradierten eine Spieltechnik, die auf die von Wenzel Hause in Prag begründete Schule zurückging.

Der tiefste Ton des Viersaiters ist das E. Schon Haydn, Mozart und Beethoven verlangten jedoch in manchen ihrer Werke auch tiefere Töne. Sie müssen Instrumente anderer Art und Stimmung im Sinn gehabt haben. Der Beginn von Schuberts „Unvollendeter“ schreibt den Kontrabässen sogar den Abstieg bis zum Cis vor.

Franz Simandl

In älteren Ausgaben des Orchestermaterials hat man deshalb den Stimmverlauf ohne Rücksicht auf Schuberts erklärten Willen so verändert, daß kein Ton unterhalb des E erforderlich war.

Erst später bemühte man sich, den Komponisten Gerechtigkeit widerfahren zu lassen, indem man ein Instrument verwendete, dem eine fünfte, auf C gestimmte Saite hinzugefügt war. Für ein solches Instrument spricht auch die Tatsache, daß manche Komponisten noch einen Halbton tiefer hinabsteigen (wie zum Beispiel Richard Strauss im „Zarathustra" oder Respighi in den „Pini di Roma") und damit dem Kontrabaßspieler Aufgaben stellen, die er nur durch Tieferstimmen einer C-Saite lösen kann.

Diese Anforderungen legten einen Gedanken nahe, der in unserer Zeit auch von prominenten Dirigenten vertreten wurde, nämlich die Ersetzung der Viersaiter durch Fünfsaiter. Bei den Berliner Philharmonikern hat sich diese Tendenz durchgesetzt. Einwände, die dagegen erhoben werden könnten, hat schon Richard Strauss formuliert. Er betonte zwar den musikalischen Gewinn, der sich aus der Benützung des fünfsaitigen Kontrabasses ergibt, vermerkte jedoch als Nachteil für den Spieler, „daß das Niederdrücken der Saiten der Hand größte Schwierigkeiten verursacht, da bei einer Bespannung mit fünf Saiten die mittleren sehr hoch über dem Griffbrett zu liegen kommen" (Berlioz, 1905, 104 f.). Diese Erschwerung hat kurioserweise bei einigen ausländischen Orchestern dazu geführt, daß Kontrabassisten eine Gehaltszulage für die Erzeugung von Tönen unterhalb des E forderten (Del Mar, 1981, 106 f.). Uns ist zwar nicht bekannt, daß ein solches Verlangen irgendwo erfüllt worden wäre, doch zeigt bereits das Ansinnen, wie belastend die Verwendung des Fünfsaiters vom Spieler empfunden werden kann.

Herbert Manhart, der 1962 zu den Philharmonikern kam, erinnert sich, daß Karajan dem Orchester damals den Übergang zu den Fünfsaitern nahelegte. Diese Idee hat sich aber nicht durchgesetzt. Die Wiener Philharmoniker bekennen sich zu einer Kompromißlösung, die eine Erfüllung der musikalischen Aufgaben im tiefsten Klangbereich gestattet und zugleich die Sonorität und technische Flexibilität der Kontrabässe sicherstellt: Sowohl in der Oper wie im Konzert stehen fünf fünfsaitige Instrumente zur Verfügung, die im Verein mit dem Bestand an Viersaitern nach musikalischen Gesichtspunkten eingesetzt werden.

Bedeutsamer noch als die Besaitung ist für den typischen Klang-

charakter der philharmonischen Kontrabässe die Spieltechnik selbst, und hier vor allem die Bogenhaltung. Der sogenannte „französische" Bogen wird, ähnlich wie der Geigenbogen, mit dem Handrücken nach oben gehalten. Diesem „Obergriff" stellt man in Wien eine Bogengestalt gegenüber, die den „Untergriff" erforderlich macht. Ausländische Beobachter registrieren in zunehmendem Maße die Vorteile dieses Bogens und der ihm entsprechenden Bogenhaltung. So meint Eric Halfpenny: „Alle Kontrabassisten in Österreich, Deutschland, Mitteleuropa und manche auch in Amerika benützen den ‚Simandl-Bogen', benannt nach dem berühmten Lehrmeister gleichen Namens, der im 19. Jahrhundert an der Wiener Akademie gelehrt und diesen Bogen eingeführt hat ... Das mechanische Verhalten dieses Bogens ist ungemein subtil; denn im Gegensatz zur allgemeinen Auffassung erfordert er weniger Druck als der französische, um die Saite zur Ansprache zu bringen. Er wird im Gegenteil sogar der schweren E-Saite einen klaren Pianissimo-Klang entlocken – und das ganz ohne Druck." (Halfpenny, 1962, 164 f.)

Die Entfaltung dieser Spielweise, die dem Kontrabaß sein Tonvolumen und damit dem Orchester sein starkes Fundament verschafft, wird mit Recht auf Franz Simandl zurückgeführt. Dieser gebürtige Tscheche kam in jungen Jahren nach Wien, trat 1869 ins Orchester ein, wirkte als Lehrer am Konservatorium und veröffentlichte von 1874 an ein dreiteiliges Lehrwerk mit dem Titel „Neueste Methode des Kontrabaß-Spiels“, das noch heute als zweckmäßige Einführung gilt und im Unterricht genutzt wird. Die internationale Geltung dieser Schule wird unter anderem dadurch belegt, daß ein Kontrabaß-Lehrer an der Juilliard School of Music in New York eine Ausgabe in englischer und deutscher Sprache veröffentlichte, die 1904 erschien.

Simandl entfaltete vielfältige musikalische Aktivitäten: Er leitete die Konzerte des Slawischen Sängerbundes in Wien, er schuf den ersten Klavierauszug von Smetanas „Verkaufter Braut“, er wurde 1875 zu den Korrekturproben des „Ring“ in Bayreuth beigezogen und wirkte dort 1876 im Festspielorchester mit. Seine umfassenden musikorganisatorischen Erfahrungen prädestinierten ihn, im Komitee der Philharmoniker eine führende Rolle zu spielen. Ein Zeitgenosse berichtet, daß Simandl über großes diplomatisches Geschick verfügte und es verstand, „sogar bei dem eigenwilligen Operndirektor Mahler alle möglichen Dinge durchzusetzen oder auch umzustoßen, was bereits ein Ukas war; er gab eben nicht früher Ruhe, als bis er durch Vorstellungen, Schmeicheleien und humoristische Bemerkungen zum Ziele gelangte“ (Kretschmann, 1913, 224).

Franz Simandls starke Persönlichkeit leitete ein neues Kapitel in der Organisationsgeschichte der Philharmoniker ein. Während von 1842 bis 1898 die jeweiligen Dirigenten als Vorstand der Philharmonischen Konzert-Unternehmung fungiert hatten, wurde Simandl der erste Vorstand, der aus dem Orchester selbst stammte. Seine Autorität beruhte nicht etwa bloß auf seinen Manager-Fähigkeiten, sondern vor allem auf seiner Reputation als Instrumentalist und Lehrer. Er hat die Spieltradition für sein Instrument etabliert. Im Jahre 1913 waren alle Kontrabassisten der Hofoper Simandl-Schüler. Den Fortbestand dieser Tradition gewährleistete Eduard Madenski, der 1900 ins Orchester eintrat und der 1923 während der zweiten Südamerika-Tournee den Tod fand. Aus Madenskis Schule stammten die Philharmoniker Johann Krump und Otto Rühm, die ebenfalls als Lehrer wirkten. Im wesentlichen geht also die Spielweise der philharmonischen Kontrabassisten auf Simandl zurück, wenngleich sie gewiß auch durch die Ansprüche der modernen Orchesterliteratur modifiziert worden ist.

Aus dieser Schule, die einen integralen Bestandteil der philharmonischen Überlieferung bildet, kommt auch der bei Johann Krump ausgebildete Alfred Planyavsky, der seine Orchestertätigkeit durch nimmermüde Forschungsarbeit ergänzt hat. Planyavsky ist der Autor einer gediegenen „Geschichte des Kontrabasses“, die 1984 in zweiter Auflage erschien. Durch dieses Werk gewinnen wir auch Einsicht in die Bedeutung der durch Franz Simandl begründeten Kontrabaß-Tradition philharmonischer Prägung: „Sein größtes Verdienst um die Weiterentwicklung des Kontrabasses erwarb sich Simandl dadurch, daß er imstande war, die Erfahrungen W. Hauses und die Errungenschaften der neuen Zeit systematisch zu erfassen und zur bekanntesten Kontrabaßschule der Welt auszubauen. Sein ‚Gradus ad Parnassum' bot den sichersten Weg über die Höhen und Tiefen des Aufbruchs zu einer neuen Orchestersprache. Die Tragik dieser Methode mag wohl in dem Umstand liegen, daß sie über ein Jahrhundert gebraucht wurde! Solange keine wirklich neue Methode geschaffen wird, die sich durch revolutionäre didaktische Mittel über die Erkenntnisse Hauses und Simandls hinwegzusetzen vermag, wird von ihr gezehrt werden müssen." (Planyavsky, 1984, 547 f.)

Die Harfe

Um die Mitte des neunzehnten Jahrhunderts büßte die Harfe ihre Stellung als selbständiges Konzertinstrument ein und fand im Orchester Unterschlupf. „Seit Meyerbeer und Halévy prangt die Harfe ... als stabiles Orchester-Instrument in der Großen Oper;

Antonio Zamara, Mitglied des Orchesters von 1842 bis 1892. Als Lehrer am Konservatorium war er bestimmend für die Wiener Harfentradition.

Berlioz führte sie glänzend in die Symphonie ein." (Hanslick, 1886, 183) Die Wiener Oper sicherte sich schon 1842 einen Virtuosen dieses Instruments, den Italiener Antonio Zamara, der ein halbes Jahrhundert im Orchester und lange Zeit als Lehrer am Konservatorium wirkte. Sein Schulwerk für die Harfe blieb bis in die zweite Hälfte unseres Jahrhunderts in Gebrauch und war mitbestimmend für die Wiener Harfentradition. Franz Jelinek, der 1913 ins Orchester eintrat, wollte ein Kennzeichen dieser Tradition darin erblikken, „daß die Wiener Harfenschule jene Handhaltung mit abgebogenem Handgelenk und nicht steifen Fingern lehrt, durch die auf der Harfe ein besonders großer und weicher Ton erzielt wird" (*Musikblätter,* 9, 4). Harald Kautzky, Mitglied des Opernorchesters seit 1958 und der Philharmoniker seit 1971, ergänzt diese 1954 geäußerte Auffassung: Für charakteristisch hält er das „weichere Abspielen des Daumens", der abgebogen wird und dadurch zum klanglichen Ebenmaß der Tonfolgen beiträgt. Diese weichere Spielart, die dem Arpeggio den Vorzug gibt und abrupteres, nicht arpeggiertes Spiel nur dort anwendet, wo dies vom Komponisten ausdrücklich verlangt wird, ergibt ein schmiegsameres Klangbild, das der spezifischen Sonorität der Philharmoniker entgegenkommt.

Zu Beginn unseres Jahrhunderts schien die Stellung der uns vertrauten Pedalharfe nicht unangefochten, denn es gab Versuche, sie durch die chromatische Harfe zu ersetzen, ein Instrument, für das Debussy komponierte und mit dem sich auch ein Philharmoniker intensiv auseinandersetzte: der Holländer Johannes Snoer, der von 1916 bis 1936 im Orchester tätig war. Seine Versuche konnten die Position der Pedalharfe aber nicht erschüttern. Das Feld beherrschen die amerikanischen Pedalharfen von Lyon & Healy, zu denen in jüngster Zeit auch die von Salvi in Italien gebauten Instrumente kommen, die von den Philharmonikern bevorzugt werden.

Das Stimmen einer Harfe ist keine leichte Angelegenheit, denn es gibt Nylonsaiten (für die erste Oktave), Darmsaiten (für die zweite bis fünfte Oktave) und Stahlsaiten (für den höchsten Bereich). Solch unterschiedliches Material reagiert unterschiedlich auf Temperaturschwankungen und Luftfeuchtigkeit. Harald Kautzky meint, daß er von den Tonhöhenschwankungen seiner Harfe auf das Klima schließen und Wetterprognosen stellen könnte, die verläßlicher wären als die Vorhersagen der Meteorologen. Damit ist scherzhaft auf die Schwierigkeit verwiesen, die der Harfenspieler bei der Vorbereitung seines Instruments hat. Andere Musiker können ihr Instrument innerhalb weniger Minuten einstimmen; die vorbereitende Arbeit an der Harfe kann durch besondere atmosphärische Bedingungen, wie etwa einen Salzburger Schnürlregen, bis zu einer Stunde dauern.

Das Verlangen mancher Komponisten, die Stimmung einer Saite rasch zu ändern, stößt deshalb auf Schwierigkeiten. So weist Alban Berg im Verlauf seiner „Wozzeck"-Partitur den Harfenspieler an, die tiefste Saite um einen Halbton hinunterzustimmen. Da dies in der kurzen zur Verfügung stehenden Zeit nicht möglich ist, muß sich das Opernpublikum damit begnügen, die aufeinanderfolgenden Töne B und Des eine Oktave höher zu hören. Daß uns die unter Dohnányi aufgenommene „Wozzeck"-Schallplatte wirklich das von Berg verlangte tiefe B hören läßt, erklärt sich aus der in Abschnitten erfolgten Bandaufnahme im Studio, bei der dem Harfenisten genug Zeit zum Umstimmen bleibt. Die Technik macht's möglich.

Bei Tonaufnahmen muß es sich der Harfenspieler oft gefallen lassen, daß man ihn hinter eine transparente Abschirmung setzt, weil es die Mikrophonaufstellung so verlangt. Im Orchestergraben der Staatsoper finden wir die Harfe zumeist links hinter den Holzbläsern. Davon muß freilich abgegangen werden, wenn der Kontakt

Für den Orchesternachwuchs erarbeiteten philharmonische Lehrer geeignetes Studienmaterial

mit anderen Instrumenten geboten ist. Auch auf dem Konzertpodium kann die meist links postierte Harfe an eine andere Stelle verwiesen werden, wie zum Beispiel in Mahlers Erster Symphonie, die ein Zusammenwirken von Harfe und tiefen Streichern verlangt.

Solche Positionsänderungen – ebenso wie die Schmiegsamkeit des philharmonischen Harfenspiels – kommen der Integration der Harfe in das orchestrale Gesamtgeschehen entgegen, wie es von Wagner angebahnt und von Richard Strauss entwickelt worden ist. Seinen privilegierten Platz behauptet das Instrument in der Ballettmusik, die dem Spieler dankbare und oft schwierige Aufgaben stellt („Josephs-Legende" von Richard Strauss, oder „Feuervogel" von Strawinsky). Das Tanzgeschehen scheint zur Nutzung des Harfenklangs geradezu herauszufordern, wie „Salome" zeigt. Die Aufgaben im Konzertsaal sind zwar weniger zahlreich als in der Oper, jedoch nicht minder verantwortungsvoll: Smetana („Mein Vaterland") und Brahms („Ein deutsches Requiem") verlangen nach Harfen, und die französischen Impressionisten haben dem Instrument Farben entlockt, ohne die der malerische Zauber von „La Mer" oder „La Valse" nicht ganz so farbenreich wäre.

Die Dichter haben das fließende Klingen der Harfe seit eh und je mit einer Frauengestalt assoziiert, und in den meisten Orchestern der Gegenwart halten tatsächlich Damen die Harfe in ihrem Besitz. Nicht so bei den Wiener Philharmonikern. Nur im Staatsopernorchester sind neben dem Philharmoniker Harald Kautzky zwei Harfenistinnen tätig.

Triumph der Böhm-Flöte

Im Orchester der Wiener Philharmoniker gibt es sechs Flötisten, drei erste und drei zweite. Die zweiten Flötisten spielen weniger Solostellen, dafür aber die sogenannten Nebeninstrumente wie Piccolo- und Altflöte. Alle bedienen sich jenes Instrumentes, das um 1840 von dem deutschen Instrumentenbauer Böhm konstruiert wurde und auch nach ihm heißt. Natürlich wurde die Böhm-Flöte in den anderthalb Jahrhunderten seit ihrer Erfindung weiterentwikkelt, denn Böhm und seine unmittelbaren Nachfolger bauten sie noch aus exotischen Hölzern, während die späteren aus Metall, aus Silber- oder Goldlegierungen, bestehen. Dennoch werden sie zu den Holzblasinstrumenten gezählt: aus historischen Gründen und auch darum, weil Klang und Aufgaben auf die übrigen Holzblasinstrumente, Oboe, Klarinette und Fagott, abgestimmt sind.

Wenn die sechs Philharmoniker heute so selbstverständlich ihre aus den Vereinigten Staaten oder aus Deutschland stammenden Böhm-Flöten zur Hand nehmen, folgen sie einer relativ jungen Tradition. Noch zu Beginn unseres Jahrhunderts wurde in Oper und Konzert ausschließlich die Wiener Flöte geblasen. Diese entstammte der barocken Flötenbauweise, war zumeist aus Ebenholz, hatte nur wenige Klappen und vorwiegend Grifflöcher. Sie war

nicht leicht zu spielen, und ihr Klang soll sehr charakteristisch gewesen sein, flötenhafter als der einer modernen Flöte, jedoch, bedingt durch ihren konischen Bau, ziemlich tonschwach. Man spielte sie ohne Vibrato. In Werken der Klassik, wo ihr aber nur selten große Aufgaben zugewiesen sind, konnte sich die Wiener Flöte behaupten, im starken Wagner-Orchester war sie bereits zu wenig tragfähig.

Als Gustav Mahler nach Wien kam, fand er mehrere Herren mittleren Alters vor, die alle nur die Wiener Flöte kannten. Einer von diesen – auch Professor am Wiener Konservatorium – war Roman Kukula, ein Schüler des bekannten Flötisten und Ballettkomponisten Franz Doppler. Noch im Jahre 1901 engagierte Mahler einen weiteren Spieler der Wiener Flöte, den jungen Wilhelm Sonnenberg, dann aber scheint er sich anders besonnen zu haben, denn 1903, auf dem Höhepunkt der Bläser-Krise, führte er einen Ausländer ins Orchester ein, den Holländer Ary van Leeuwen. Dieser brachte eine Böhm-Flöte mit und erwies sich als ausgezeichneter Virtuose der französischen Schule. Der Klang seines Instruments und das Vibrato der französischen Spielweise müssen im Orchester, besonders innerhalb der Flötengruppe, nicht wenig Aufsehen erregt haben. Van Leeuwen scheint übrigens erst 1913 Mitglied der Wiener Philharmoniker geworden zu sein. (Kraus-Schreinzer, 1942, 122) Im Jahr 1907 wurde von Mahler noch ein zweiter Holländer namens Jacques van Lier an die Hofoper verpflichtet, der sofort auch Philharmoniker wurde. Beide lehrten nacheinander als Professoren an der Musikakademie, und damit war das Schicksal der Wiener Flöte besiegelt.

Es war nur noch eine Frage der Zeit, bis aus dem lebendigen ein historisches Orchesterinstrument wurde. Für die Böhm-Flöte sprach nicht nur ihr ausgeglichener Ton; auch die neuere Musikliteratur forderte gebieterisch ihren tragfähigen obertonreichen Klang, vor allem die Werke von Richard Strauss. Das sahen die Orchestermitglieder spätestens 1911 ein, als der „Rosenkavalier" ins Hofoperntheater einzog. Selbst der alte Roman Kukula fügte sich diesen Wandlungen und begann in seinen letzten Unterrichtsjahren an der Musikakademie die Böhm-Flöte einzuführen. Sein letzter Schüler war Josef Niedermayr, dem es vorbehalten blieb, in der Oper und im Philharmonischen Konzert endgültig die Böhm-Flöte durchzusetzen.

Niedermayr gehörte der Staatsoper und den Philharmonikern ab 1921 an und wurde nach dem Tod Van Liers auch Professor an der Musikakademie. „Meine Aufgabe ist es", resümierte er in späteren Jahren, „den Stil der Wiener Flötenschule, wie er sich allmählich durch das Zusammenwirken der beiden starken Komponenten entwickelt hat, nämlich dem künstlerisch soliden Musizieren von Kukula und der mehr virtuosen Art der Holländer, zu bewahren." (*Musikblätter,* 5, 6)

Als Synthese der beiden Spielweisen entstand also auf der neu eingeführten Böhm-Flöte eine Wiener Spieltradition, die, von Niedermayr begründet, von ihm selbst und von seinem Nachfolger Hans Reznicek an die jüngeren Mitglieder der Gruppe weitergegeben wurde. Auch Reznicek hat den Wiener Stil beschrieben: „Erst nach der Jahrhundertwende wurde die Böhm-Flöte bei den Wiener Philharmonikern eingeführt und auf ihr die Spielweise ohne Vibrato ebenfalls bevorzugt. Allerdings hat sich bei der Flöte im Lauf der Jahre die Blasart nunmehr dahin modifiziert, daß die heutigen Flötisten ein leichtes Vibrato anwenden, welches allerdings dezent und nur bei Solostellen praktiziert wird." (*Musikblätter,* 9, 3)

Seit den fünfziger Jahren, als diese Worte geschrieben wurden, hat sich die Wiener Spielweise weiterentwickelt. Wolfgang Schulz, Soloflötist und Professor an der Wiener Hochschule für Musik, der bei Hans Reznicek in Wien studiert, aber auch den französischen Stil kennengelernt hat, betont, daß die Technik in beiden Schulen die gleiche sei, die Art des Musizierens jedoch unterschiedlich. Louis Rivière, der ebenfalls an der Musikhochschule unterrichtete,

bekannte sich zur engen Verbindung von Spielweise und Literatur, also zu stärkerem Vibrato bei Werken der französischen Impressionisten und zu einem nahezu linearen Ton bei klassischen Kompositionen. Herbert Reznicek schließlich, der Sohn von Hans Reznicek, hält es für eine besondere Stärke der Wiener Philharmoniker, daß sie die Technik dem musikalischen Empfinden unterordnen und je nach der gewünschten Ausdrucksintensität mehr oder weniger Vibrato einsetzen.

DIE WIENER OBOE

Als die Wiener Philharmoniker im September 1953 unter Furtwänglers Leitung in Edinburgh konzertierten, scheint es unter den Pressestimmen einige ungewöhnlich kritische gegeben zu haben, die den Holzbläserklang insgesamt, besonders aber den der Oboe tadelten. Diese Rezensionen wirbelten auch in der Heimat Staub auf – genug, um Furtwängler, der sich für das Orchester verantwortlich fühlte, auf den Plan zu rufen. Er schrieb am 16. Dezember an die Philharmoniker einen langen erläuternden und tröstenden Brief, in dem er daran erinnerte, daß im vorangegangenen Jahr das englische Philharmonia Orchestra in Wien aufgetreten und von der Öffentlichkeit sehr kühl empfangen worden sei. Das Problem liege aber tiefer, da in Westeuropa wie auch in Amerika der französische Orchestertyp vorherrsche, der besonders durch die Holzbläser mit ihrem stark ausgeprägten Vibrato charakterisiert werde. „So war zum Beispiel auffallend", heißt es dann wörtlich, „daß der vorzügliche Oboer des englischen Orchesters in Wien keinen Anklang fand und die Leistungen unseres Oboers Kamesch, der mit Recht als einer der besten seines Faches überhaupt betrachtet wird, in England als ‚völlig unzureichend' besonders hervorgehoben wurden." Furtwängler räumt ein, daß die Musik von Debussy und Ravel durch ein „französisches" Orchester zutreffender wiedergegeben werden könne – andererseits aber solle man nicht vergessen, daß Mozart und Beethoven, Schubert und Brahms, Wagner, Bruckner und Strauss „ein Orchester wie die Wiener Philharmoniker in den Ohren hatten, als sie ihre Werke schrieben".

Diese Mahnung kam zur rechten Zeit, denn es gab damals – und gibt erwiesenermaßen noch heute – genügend Stimmen, die den Philharmonikern nahelegten, die Wiener Oboe, um die es hier geht, zugunsten der französischen aufzugeben. Schließlich habe man seinerzeit auch eingesehen, daß die Wiener Flöte der neueren Orchestersprache nicht gewachsen sei, und habe sie durch die Böhm-Flöte ersetzt.

Bei der Oboe liegt der Fall freilich anders als bei der Flöte. Der in Wien wirkende Hofmusiker und Konservatoriumsprofessor Joseph Sellner hatte in Zusammenarbeit mit dem „bürgerlichen Drechslermeister" Koch in der ersten Hälfte des vorigen Jahrhunderts eine Zehn-Klappen-Oboe konstruiert, die im Instrumentenbau als Sellner-Oboe bezeichnet und von vielen deutschen Firmen nachgebaut wurde, von jeder allerdings ein bißchen anders. Durch Vermehrung der Klappen erfuhr diese Oboe eine wesentliche Verbesserung. Der Mann aber, der zumindest in Wien ihre Zukunft sicherte, war kein Instrumentenmacher, sondern wie Sellner ein Musiker, nämlich der Oboist Richard Baumgärtel, Sohn eines königlich sächsischen Oboisten, der am Dresdener Konservatorium studiert hatte. 1880, im Alter von zweiundzwanzig Jahren, wurde er an die Wiener Hofoper engagiert und brachte ein Instrument der Firma Golde an seine neue Wirkungsstätte mit. Diese Oboe befindet sich nunmehr in der Sammlung alter Musikinstrumente in der Hofburg. Baumgärtel hätte sein Instrument wohl noch lange geblasen, wäre es nicht plötzlich durch die Stimmtonkonferenz von 1885, die ein etwas tieferes a′ festsetzte, überholt gewesen.

Nach Baumgärtels Angaben baute der Instrumentenmacher Hajek nun eine neue Oboe aus härterem Holz, die nicht nur dem neuen

Der Oboist Alexander Wunderer (rechts) (Philharmoniker von 1900 bis 1937) und der Hornist Karl Stiegler (Philharmoniker von 1899 bis 1932) bei der Begutachtung eines Oboen-Rohrblatts

Stimmton gerecht wurde, sondern auch Verbesserungen aufwies. Wie die meisten Holzbläser verstand Baumgärtel viel von Bauart und Technik seines Instruments; er soll auch ein Meister im Zuschneiden des Rohrblattes gewesen sein, das bei der Tonerzeugung die wesentliche Rolle spielt. Seit 1885 leitete er die Oboenklasse am Wiener Konservatorium und wurde so zum Stammvater aller auf ihn folgenden philharmonischen Oboisten von Alexander Wunderer bis Gerhard Turetschek. Die rund hundert Jahre belegende Stammtafel ist allerdings bei der Oboe weniger erstaunlich als etwa bei der Klarinette, da die Wiener Oboe ungeachtet ihres sächsischen Einschlags zu einer Klangspezialität geworden ist. Sie wird nur mehr in Wien gespielt und vornehmlich an den Musikhochschulen von Wien und Graz unterrichtet. Sämtliche deutsche und auch die Orchester der österreichischen Landeshauptstädte sind nach und nach zur französischen Oboe übergelaufen.

Der Klang der Wiener Oboe ist so eigenartig, daß der Kenner durch ihn sofort ein auswärtiges Orchester von einem Wiener – seien es Philharmoniker, Symphoniker, Volksopern- oder Rundfunkorchester – unterscheiden kann. „Der für uns so charakteristische weiche und gehaltvolle Ton der Oboe, sowohl in der Höhe als auch in der Tiefe“, beschrieb ihn Philharmoniker Hans Kamesch (*Musikblätter,* 5, 6). Fragt man einen Wiener Musiker nach dem Klang der französischen Oboe, wird man Ausdrücke wie „Näseln“ und, in Verbindung mit starkem Vibrato, „Meckern“ vernehmen. Die französische Oboe widerspricht der traditionellen Hörerwartung und überdies wohl, wie schon Furtwängler in seinem Trostbrief betonte, den Klangvorstellungen der Klassiker.

Man könnte den Unterschied zwischen französischer und Wiener Oboe einfach als Gewohnheit oder Geschmacksfrage abtun,

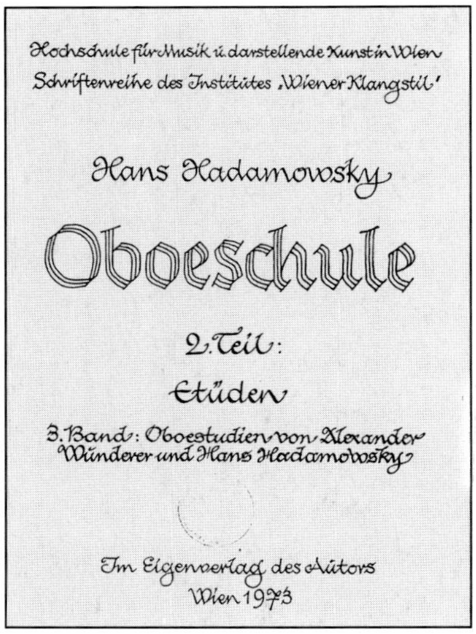
Hochschule für Musik u. darstellende Kunst in Wien
Schriftenreihe des Institutes 'Wiener Klangstil'
Hans Hadamowsky
Oboeschule
2. Teil:
Etüden
3. Band: Oboestudien von Alexander Wunderer und Hans Hadamowsky
Im Eigenverlag des Autors
Wien 1973

gäbe es nicht auch objektive Kriterien. So etwa brauche die französische, meint Günter Lorenz, philharmonischer Professor an der Wiener Musikhochschule, mehr „Blasdruck", das heißt Atemdruck, weil sie schwerer anspricht, wogegen die Wiener Oboe schwieriger zu intonieren sei. Die französische reiche allerdings einen Halbton weiter in die Tiefe, weshalb dieser Ton, der nur in der modernen Literatur vorkomme, in Wien auf dem Englischhorn, einem Nebeninstrument der Oboe, gespielt werde. Der Versuch, eine Wiener Oboe mit dem tiefen b zu bauen, sei fehlgeschlagen, weil das Instrument dadurch ein anderes Timbre bekommen habe.

Einer der eifrigsten Befürworter der Wiener Oboe und der ihr gemäßen Spielweise, ja des Wiener Klangstils überhaupt, war der Wunderer-Schüler Hans Hadamowsky, der auch noch bei dem Meister der Rohrbaukunst, Stammvater Baumgärtel „in die Lehre" gegangen ist. Als Professor an der Wiener Musikakademie hat er sein Wissen an viele der heutigen Oboisten-Generation weitergegeben, darunter an Gerhard Turetschek, der Professor in Graz-Oberschützen ist, und an Günter Lorenz, der in Wien unterrichtet. Als Hans Hadamowsky 1936 ins Wiener Staatsopernorchester und zu den Philharmonikern kam, spielte sich dort, seinen Worten gemäß, „eben die Endphase eines Kampfes ab zwischen diesem traditionellen Oboe-Klangideal und einer Moderne, die die französische Vibratospielweise auf unsere Wiener Oboe übertrug" (Hadamowsky, 1973, 1/2). Der Kampf wurde von Hadamowsky und einigen seiner Kollegen weitergeführt, nicht nur um die von Baumgärtel übernommene Nonvibrato-Spielweise zu bewahren, sondern auch, um mit den anderen Holzbläsern konform zu gehen, die damals noch fest der alten vibratolosen Klangkultur verbunden waren. Sein subjektiver Glaube an den künstlerischen Wert der Wiener Oboe und die ihr adäquate Spielweise genügte ihm aber nicht; er suchte das objektive Urteil eines Außenstehenden. Darum holte er zu Beginn der 1970er Jahre das Gutachten des prominenten amerikanischen Akustikers Arthur H. Benade ein. Der Amerikaner kam zu dem Schluß, daß die Wiener Oboe der französischen gegenüber „eine Reihe von Vorteilen" aufweise, so etwa, daß die tiefsten Töne vor klanglicher Rauheit geschützt seien, daß sich die hohen Töne zuverlässiger und stabiler entfalteten als bei der französischen Oboe und daß große Intervallsprünge für den Wiener Oboisten leichter auszuführen seien.

Trotz Hadamowskys Bemühung hält sich die Oboistengruppe der Wiener Philharmoniker nicht mehr durchwegs an die strikte Nonvibrato-Spielweise. Wie alle anderen Holzbläser passen sie sich den Werken und deren Stil an. Wenn Debussy oder Strawinsky oder auch „Salome" von Strauss auf dem Programm stehen, dann werden die Musiker durch Vibratospiel auf der Wiener Oboe den Klang der französischen simulieren. Das kann man nämlich, umgekehrt geht es aber nicht.

Wie lange werden die Philharmoniker ihrer Oboe noch treu blei-

ben respektive treu bleiben können? Fragt man einen der Spieler, so sagt er realistischerweise: Solange es die entsprechenden Instrumente und auch genügend gute Musiker gibt, die darauf zu spielen wissen. Als kurz vor 1950 der Wiener Oboenbauer Hermann Zuleger starb, hielt Hans Kamesch dies für den Anfang vom Ende. Bald aber zeigte es sich, daß nicht nur dessen Firma weiterarbeitete, sondern noch ein zweites Unternehmen Wiener Oboen herstellte, ja daß sogar große japanische Instrumentenerzeuger sich dieser Sonderform annahmen. Die Instrumente sind also vorhanden, und bisher gibt es auch Orchesternachwuchs. Selbstverständlich ist der Andrang in den Wiener Oboenklassen geringer als bei Instrumenten von überregionaler Geltung, denn jeder Studierende weiß, daß er mit der Wiener Oboe nur in einem Wiener Orchester unterkommen kann, weil man bereits ein paar hundert Kilometer weiter französisch spielt.

Die Klarinette

Wie die Klarinetten-Stammtafel im vorigen Kapitel zeigt, kommen alle sechs Herren der philharmonischen Klarinettengruppe aus der gleichen Schule, die sich von Franz Bartolomey herleitet. Sie führte über anerkannte Virtuosen wie Viktor Polatschek, Leopold Wlach und Rudolf Jettel direkt in unsere Zeit. Wenn man den Studienführer 1990–91 der Hochschule für Musik und darstellende Kunst in Wien aufschlägt, wird man bei der Studienrichtung Klarinette die Namen von fünf Lehrern finden. Nicht erwähnt ist, daß sie alle Mitglieder der Wiener Philharmoniker sind. Die Weiterführung der pädagogischen Stammtafel kann dadurch als garantiert erscheinen.

Einheitlich wie ihre künstlerische Abkunft sind auch die Instrumente der philharmonischen Klarinettisten. Sie spielen auf Erzeugnissen der Tiroler Firma Hammerschmidt, die früher im Sudetenland ansässig war und auch die Nebeninstrumente baut. Ein- bis zweimal im Jahr werden die Klarinetten zur Überholung nach Tirol geschickt; dann muß man sich kurze Zeit mit Ersatzinstrumenten behelfen.

Die Klarinette gehört zu den ausdrucksvollsten Orchesterinstrumenten und hat viele Komponisten – Mozart als einen der frühesten – zur Komposition solistischer Werke verleitet. Sie kann Vogelstimmen imitieren wie in den „Meistersingern von Nürnberg", sie verkörpert Kundrys böse Dämonie im „Parsifal", sie lacht vergnügt in Mozarts „Così fan tutte" und kann, solistisch eingesetzt, wie kaum ein anderes Instrument dem Nuancenreichtum der menschlichen Gesangstimme nahekommen. Und dabei war bisher nur von den normalerweise verwendeten B- und A-Klarinetten die Rede und noch nicht von den Nebeninstrumenten. Die Baßklarinette, die Wagner für seine feierlichsten Momente wählte, wird im Orchester von Norbert Täubl gespielt, die scharf klingende kleine Es-Klarinette, die früher vor allem bei der Militärmusik Verwendung fand und durch Mahlers besondere Vorliebe symphoniefähig gemacht wurde, wird von Johann Hindler geblasen, der sich gegebenenfalls auch des Saxophons annimmt, obwohl für die wenigen Repertoirewerke, die dieses Instrument verlangen, zumeist ein Externist engagiert wird.

Alle sechs Klarinettisten spielen Kammermusik und sind auch solistisch tätig. Das ist bei diesem Instrument und seiner reichen Literatur auch nicht anders zu erwarten. Darüber hinaus hat der Klarinettist ebenso wie der Oboist und der Fagottist die zusätzliche Aufgabe, die Rohrblätter für sein Instrument anzufertigen, was übrigens auch Gegenstand des Unterrichts ist. Dieser handwerkliche Beitrag zur musikalischen Kunst gibt dem Klarinettisten die Möglichkeit, sich als Vertreter des Wiener Klangstils zu legitimieren. Alfred Prinz etwa berichtet, daß seine Blätter locker – nicht etwa gepreßt – geblasen werden können, was den gewünschten „runden" Klang ergebe. Allerdings spreche das Instrument wegen des so dimensionierten Blattes schwerer an, weshalb Prinz hinzufügt: „Ein französischer Klarinettist würde auf meinem Instrument nichts herausbringen." Für Debussy und Ravel verwendet er allerdings dünnere Rohrblätter, um einen schlankeren Ton zu erzielen. Obwohl Berichte aus früheren Zeiten vermuten lassen, daß Klarinettisten schon immer ausdauernd und leidenschaftlich mit ihren Rohrblättern experimentiert haben, scheint das Interesse dafür noch gestiegen zu sein. Das hängt mit dem höheren Standard zusammen, der von den Klarinettisten wie von allen Musikern gefordert wird und der sich durch genauere Intonation und differenzierteren Klang ausdrückt.

Peter Schmidl sieht in der Klarinettengruppe auch eine „verschworene Gemeinschaft". Wenn ein junger Kollege in sie eintritt, haben die älteren nicht bloß eine genaue Vorstellung, wie eine bestimmte Passage zu gestalten sei, sondern leiten ihn auch dazu an. Als Professor Schmidl mit den Berliner Philharmonikern eine große Tournee mitmachte, gewann er den Eindruck, daß ein solches Verhalten dort nicht feststellbar sei. Bei den Berlinern spiele der junge Klarinettist so, wie der Dirigent es verlangt oder wie er selbst es für richtig hält. In Wien fühlen sich die sechs Musiker zugleich als Solisten und als Gruppe. Auch dieses Verhalten trägt zur Homogenität des philharmonischen Orchesterklangs bei.

DAS FAGOTT

Das Fagott ist trotz mangelnder akustischer Familienähnlichkeit ein tiefer Verwandter der Oboe und wird so wie diese durch ein Doppelrohrblatt angeblasen. Wie die Oboisten und die ein einfaches Blatt benützenden Klarinettisten verfertigen auch die Fagottisten ihre Rohrblätter selbst, wie es sogar der Kollektivvertrag von 1983 ausdrücklich bestimmt. Im Paragraph 37 (4) heißt es da: „Der Holzbläser ist verpflichtet, das Rohrblatt für den Dienst auf seinem Haupt-, Neben- und Sonderinstrument durch Kauf des Rohmaterials und Fertigung der Rohrblätter beizustellen." Das Rohmaterial ist südfranzösischer Bambus. Aus diesem lassen sich Doppelrohrblätter unterschiedlichen Kalibers schneiden, und alle Fagottisten sind dementsprechend mit Anfertigung, Ausprobieren und Einblasen beschäftigt. Manche tragen einen Behälter mit einer Auswahl an Blättern bei sich, um für alle Fälle – für Haydn, Beethoven, Wagner,

Strauss, äußerstenfalls aber auch für ein Stück wie den „Bolero" von Ravel – gerüstet zu sein.

Alle sechs Fagottisten der Philharmoniker spielen auf Heckel-Fagotten, auch das Kontrafagott stammt von dieser Firma. Die selbst unter den Wiener Holzbläsern ungewöhnliche Homogenität der Gruppe wird aber nicht nur durch die Instrumente bestimmt, sondern wohl noch mehr durch die Gleichartigkeit der Ausbildung. Die sechs Musiker haben alle an der Wiener Musikakademie bei Professor Karl Öhlberger studiert, der selbst viele Jahre lang Mitglied der Philharmoniker war. Reinhard Öhlberger, Mitglied der heutigen Fagottgruppe, kann sich auf Onkel Karl und Vater Camillo als Lehrer berufen.

Wie die anderen Holzbläser legen auch die Fagottisten großen Wert darauf, sich durch Tongebung und Stil von den Kollegen anderer Tradition zu unterscheiden. Karl Öhlberger selbst, eine Schlüsselfigur für die Überlieferung des Überlieferten, hat dies in folgender Weise dargestellt: „Das Merkmal der Wiener Schule ist: wir haben kein Vibrato. Während die französischen Fagottisten durchwegs vibrieren ... und unsere Art ablehnen, hat Professor Karl Strobl, dessen Schüler wir alle sind, ein Kompromiß zwischen deutscher und französischer Schule gefunden. Das bedeutet, daß wir durch eine völlig andere Grifftechnik eben kein Vibrato haben, aber selbstverständlich auch Komponisten wie etwa Ravel oder Debussy werktreu interpretieren." (*Musikblätter,* 5, 6)

Dieser vorsichtige Hinweis auf eine andersartige Interpretation deutet das Bemühen um spieltechnische Flexibilität an, die für die Wiener Fagottisten kennzeichnend ist. Die Auseinandersetzung mit den spieltechnischen Problemen der jeweils neuesten Musik gilt als Pflichtpensum, dem sich die Musiker auch stellen. So hat schon Johann Böhm, der von 1880 bis 1902 im Orchester wirkte, in seinen „Orchesterstudien" alle Fagottstellen aus den Werken von Richard Strauss (bis inklusive „Sinfonia domestica") zusammengefaßt, die „das Ausmaß durchschnittlicher Schwierigkeit überragen". Auch diese Tradition setzte sich von Böhm über seinen Schüler Karl Strobl und seinen Enkelschüler Karl Öhlberger fort. Die jüngere Generation scheint dem – wenn auch sparsam eingesetzten – Vibrato nicht abgeneigt, versteht sich aber als Wahrerin der Tradition, wenn sie etwa für lang ausgehaltene Akkorde (zum Beispiel „Tannhäuser", Gebet der Elisabeth) durchaus vibratoloses Spiel pflegen will. Diese Überlieferung wird von den sechs Schülern Karl Öhlbergers fortgesetzt, die zur Zeit die Fagottgruppe bilden. Einer von ihnen, Dietmar Zeman, ist neben Camillo Öhlberger als Professor der Wiener Musikhochschule damit betraut, diese Spielweise weiterzugeben.

DAS WIENER HORN

Wenngleich alle Instrumentalisten der Philharmoniker auf ihren spieltechnischen Besonderheiten bestehen, die insgesamt den Wiener Klangstil ausmachen, sind es vor allem zwei Instrumente, durch deren Gebrauch sich das Orchester grundsätzlich von auswärtigen abhebt: Oboe und Horn. Das Wiener Horn in F, ein Relikt aus dem neunzehnten Jahrhundert, hat viele Nachteile und einen einzigen Vorteil. Zu den Nachteilen gehört, daß der Spieler mehr Atemluft benötigt als bei Hörnern neueren Typus, daß das Instrument in schnellen Passagen etwas schwerfällig wirkt und – dies die schwächste Seite! – daß es in den höheren Lagen selbst bei größtem Geschick des Spielers zu einem Umkippen des Tons neigt, zu dem gefürchteten „Gicksen". Der Wiener Hornist, auch der beste, lebt daher in ständiger Angst vor diesem Mißgeschick, einer Angst, die sich mit größerer Erfahrung nicht vermindert, sondern steigert. Kein Wunder, daß viele Hornisten der Wiener Philharmoniker früher pensionsreif wurden als etwa Cellisten oder Fagottisten. Sie wurden nervlich aufgezehrt vom Umgang mit ihrem risikoreichen Instrument.

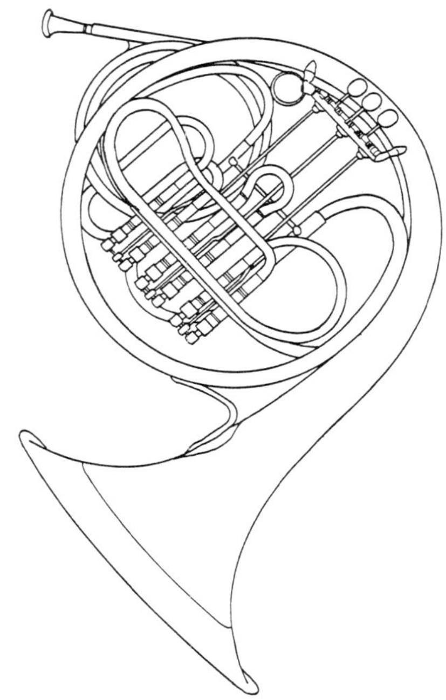

In Deutschland und in Westeuropa stellte man sich schon um die Jahrhundertwende auf das Doppelhorn ein. Diese Kombination von F-Horn und B-Horn ist für das peinliche „Gicksen" weniger anfällig. Bald lächelten ausländische Musiker herablassend beim Anblick der Wiener Kollegen mit ihren F-Hörnern, so wie sich manche Besitzer von Rennautos mokieren, wenn unter ihnen ein Oldtimer auftaucht. Als der Wiener F-Hornist Hans Berger im Jahre 1928 ein Engagement in Berlin fand, saß er bereits unter lauter Doppelhorn-Spielern, die ihm nahelegten, sich so rasch wie möglich umzustellen. Er folgte diesem Rat und blies wie sie das Doppelhorn, bis zum Jahr 1945, in dem er in die Heimat zurückfand, im Staatsopernorchester unterkam und zum erlernten geliebten und gehaßten F-Horn zurückkehrte. Der Versuch wollte freilich nicht glücken, da der Wechsel vom Doppelhorn auf das kürzere F-Horn mit Problemen verbunden ist.

Damit stellt sich die Frage, warum die Wiener Philharmoniker, diese „Dickschädeln", auf ihrem Horn beharren, das ihnen Schwierigkeiten macht und in der ganzen Welt nicht mehr gespielt wird. Das Wiener Horn hat eben neben den vielen Nachteilen auch einen Vorzug: seinen edlen, charaktervollen, echt romantischen Klang. Bestimmt ist dieses Horn nicht das ideale Instrument für Barockmusik und auch nicht für die Impressionisten. Wagner und Bruckner aber, Brahms und Mahler, um nur einige zu nennen, haben sich diesen runden, satten Klang vergegenwärtigt, als sie in ihren Kompositionen den Hörnern so hervorragende Rollen zuwiesen.

Ebenso wie die Wiener Oboe wurde auch das Wiener Horn akustischen Analysen unterworfen, bei denen seine Klangeigenschaften mit jenen der deutschen und französischen Doppelhörner sowie mit diversen älteren Horntypen verglichen wurden. Hiebei ergab sich, daß der Hauptformant im Klangaufbau der Wiener Hörner im allgemeinen bei derselben Frequenz liegt wie bei den deutschen Hörnern, nämlich bei circa 340 Hz, was der Klangfarbe des Vokals

U entspricht. Bemerkenswert ist jedoch die Anzahl und Verteilung der Nebenformanten beim Wiener Horn, von denen gleich zwei dem Vokal A zugehören. Der doppelte A-Formant gibt dem Klang seine besondere Kraft und bewirkt auch einen gesanglichen Charakter, wie er den altitalienischen Meistergeigen eines Guarneri eigen ist. Die zwei folgenden Nebenformanten liegen bei etwas höheren Frequenzen als beim deutschen Doppelhorn und hellen den Klang auf (Meyer, 1967). Wer also poetisch vom Gesang des Wiener Horns gesprochen hatte, wurde von den meßtechnischen Analysen durchaus bestätigt.

Von 1870 an, als Wagners Werke nach und nach ins Hofopernrepertoire aufgenommen wurden, wirkte in unserem Orchester ein gewisser Josef Schantl, ein geradezu fanatischer Hornist, der bald auch Lehrer am Konservatorium wurde. Da ihm Orchesterspiel und Unterricht offenbar nicht genügten, propagierte er das Horn auch außerhalb dieser Institutionen. So etwa komponierte er eine vierstimmige Jagdhornfanfare für den berühmten, von dem Maler Hans Makart entworfenen Festzug zur Silberhochzeit des Kaiserpaars. Der Erfolg der Jagdszene war so groß, daß Schantl aus Kollegen vom Hofopernorchester, Studierenden und etlichen Amateuren eine „Lainzer Jagdmusik“ zusammenstellte, die bei den kaiserlichen Jagden im Lainzer Tiergarten aufblies und alsbald zur Gründung eines „Wiener Hornistenclubs“ führte. Da Schantl als Solohornist der Philharmoniker und Konservatoriumsprofessor die Proben dieses Vereins nicht allein leiten konnte, machte er seinen jüngeren Kollegen Wipperich, einen aus Preußen zugewanderten Hornisten, zum zweiten artistischen Leiter und zog für besondere Veranstaltungen des Hornistenclubs noch weitere Philharmoniker hinzu. Noch nicht genug: Er machte es den Streichern nach und gründete gemeinsam mit Emil Wipperich und Michael Pichler das Schantl-Quartett, dem als einziger Nicht-Philharmoniker Anton Wunderer von der Bühnenmusik angehörte.

Das war mehr als Berufs- oder Kunstausübung. Das war Horn-Besessenheit, die Schantl auf seine Schüler zu übertragen wußte. Einer von ihnen war der junge Karl Stiegler, den Mahler 1899 ins Hofopernorchester aufnahm, und der bis zu seinem Tod im Jahre 1932 im Orchester blieb. Mahler schätzte ihn offenbar sehr, denn er lieh Richard Strauss, als dieser 1903 eine einmonatige Konzerttournee mit dem recht mittelmäßigen Berliner Tonkünstlerorchester unternahm, als Aufputz zwei seiner besten jungen Bläser, nämlich den Hornisten Karl Stiegler und den Oboisten Alexander Wunderer (Wunderer, 1947, 60). In dieser Zeit war es noch möglich, mit Wiener Horn und Wiener Oboe ein deutsches Orchester zu ergänzen.

Stiegler trat alsbald Schantls Nachfolge als Leiter der Lainzer Jagdmusik an, gründete ebenfalls ein Hornquartett, aus dem bald das Stiegler-Quartett wurde, und formierte schließlich die Vereinigung „Hornchor“, die vorzugsweise Kompositionen von Hornisten für Hornisten aufführte. Als Professor an der Musikakademie

Gottfried Freiberg (Philharmoniker von 1928 bis 1962) setzte die Horntradition von Josef Schantl und Karl Stiegler fort.

gab er sein Können und seine leidenschaftliche Liebe zum Wiener Horn an viele Schüler weiter, darunter an die späteren Philharmoniker Josef Veleba und Gottfried Freiberg, die auch wieder Professoren an der Akademie wurden. Schantl hatte Schülern und Enkelschülern jedoch nicht nur seine Begeisterung hinterlassen, sondern auch reiches Unterrichtsmaterial, das bereits die von Wagner gestellten Anforderungen verarbeitet hatte. Stiegler baute Schantls Methode weiter aus und ergänzte das Material durch die Opern- und Orchestermusik des zwanzigsten Jahrhunderts. „Der von Stiegler eingehaltene Lehrgang, ausgehend von der Tonbildung am Naturhorn, berücksichtigt die schwersten Opern- und Orchesterstellen", schrieb Gottfried Freiberg, als er an die Stelle seines Lehrers getreten war und den Unterrichtsstoff weiter anreicherte (Freiberg, 1938, 118).

Trotz der geregelten „Erbfolge“ geriet das Wiener Horn in Verruf. Als nach dem Zweiten Weltkrieg die Zeit der Langspielplatte begann, wurde nicht nur gegen die bekannten Nachteile und Risiken des Instruments gewettert, sondern sogar gegen seine Tugend, den Reichtum an Obertönen, denen die damaligen Mikrophone noch nicht gewachsen waren. Die Tontechniker bevorzugten daher Hörner mit weniger Obertönen, die glatter und schlanker klangen, und suchten vor allem Instrumente, die größte Akkuratesse und Sicherheit gewährleisteten. Es sollte nicht passieren, daß der soeben aufgenommene Abschnitt einzig und allein wegen eines „Gicksers“ wiederholt werden mußte. Den Wiener Philharmonikern wurde also nahegelegt, dem Beispiel anderer Orchester zu folgen und sich risikofreier Hörner zu bedienen. Auch Dirigenten wie Böhm und Karajan neigten zeitweise dieser Radikallösung zu. Für den damaligen Geschäftsführer der Philharmoniker, Helmut Wobisch, der kein Hornist, sondern Trompeter war, den kantablen Klang des Wiener Horns aber schätzte, ergab sich daraus eine schwierige Situation, in der er sich charakteristischerweise nicht an die erfahrensten Mitglieder der Horngruppe wandte, sondern an Roland Berger, den damals jüngsten Hornisten. Sie kamen bald überein, daß man das Wiener Horn erhalten, den zahlreichen Interventionen aber durch eine Verbesserung der künstlerischen Leistung Rechnung tragen müsse. Beide wußten, daß dies ungeheure Anstrengungen jedes einzelnen erfordern würde und daß man bei den Neuengagements, die aufgrund der Altersstruktur der Gruppe bevorstanden, ein Mehr an Sicherheit und Qualität verlangen müsse.

Die Anstrengungen der verjüngten Horngruppe scheinen rasch Früchte getragen zu haben. Als das Orchester 1967 in den Vereinigten Staaten gastierte, schrieb der Kritiker der *New York Times* am 25. September 1967: „Der fließende, weiche Streicherklang der Philharmoniker ist ja schon zum Begriff geworden, aber man fragt sich, woher das Orchester so viele ausgezeichnete Hornisten nimmt ...“ Auch Roland Berger, der seit 1984 als Nachfolger von Josef Veleba an der Musikhochschule wirkt, meint, daß die Sicherheit auf dem Wiener Horn in den letzten Jahrzehnten gestiegen sei: „Sonst hätte sich das Instrument nicht halten können.“

Dank der Virtuosität seiner Spieler scheint der Fortbestand des Wiener Horns im Orchester der Wiener Philharmoniker bis auf weiteres garantiert. Die Tonaufnahme, die den Klangeigenschaften des Instruments anfangs so feindlich gegenüberstand, hat diesen Klang seither in der ganzen Welt bekannt gemacht. Damit wurden auch neue Anhänger gewonnen, selbst in den Vereinigten Staaten und in Japan, was zur Folge hat, daß neben Wiener Firmen und einem Münchner Unternehmen auch ein japanischer Instrumentenerzeuger das Wiener Horn baut. Roland Berger, unter dessen Schülern sich ein Amerikaner und zwei Chinesinnen befinden, bekommt Zuschriften von Hornisten aus allen Ecken der Welt, die sich für den edlen, romantischen Hörnerklang aus Wien interessieren.

Die Trompete

Vielleicht sollte man, wie beim Horn, auch von einer Wiener Trompete sprechen, da sie sich vom Trompetenklang amerikanischer und deutscher Orchester unterscheidet, aber eine solche Bezeichnung ist nicht üblich: vermutlich weil die von den Philharmonikern verwendete Trompete und das Spiel auf ihr keine so lange lokale Tradition aufweisen wie das Wiener Horn, bestimmt auch, weil die große Vaterfigur aus dem vorigen Jahrhundert vom Typ eines Josef Schantl fehlt. Freilich hat es im Opernorchester und bei den Philharmonikern schon immer hervorragende Trompeter gegeben, nicht zuletzt deshalb, weil die Oper des neunzehnten Jahrhunderts dieses Instrument bei Auftritten königlicher Herrschaften, in Triumphmärschen und in Schicksalsdrohungen à la „Carmen" nachdrücklich einzusetzen wußte. Als diese Werke neu waren, wirkte im Hofopernorchester Franz Blaha, und zwar ganze vierzig Jahre lang. Sein Schüler und Nachfolger am Konservatorium Franz Rossbach gehörte dem Orchester bis 1910 an, doch mit ihm riß diese Linie ab. Zum Ahnherrn aller späteren philharmonischen Trompeter wurde nämlich Franz Dengler, ein Österreicher, der in Dresden studiert hatte und in der Direktionszeit Strauss-Schalk nach Wien zurückverpflichtet wurde. Mit ihm entstand eine neue Tradition, und heute noch hören Kenner des Instruments eine gewisse Verwandtschaft des Wiener Trompetentons mit dem der Dresdener Staatskapelle oder des Leipziger Gewandhausorchesters heraus.

Franz Dengler hat als Professor an der Wiener Musikakademie alle späteren Trompeter der Philharmoniker ausgebildet, darunter Josef Levora und Helmut Wobisch, die seinen Stil und seine Lehre an der Musikakademie weitergaben. Die gesamte neuere Trompetengruppe hat bei ihnen studiert – mit Ausnahme von Adolf Holler, der einer der letzten Schüler von Dengler selbst ist. Die längste Zeit bezog man auch die Trompeten aus Dresden, nämlich von der Firma Heckel, nun aber werden die B- und die C-Trompeten der Philharmoniker auch in Österreich und – wie alle nur denkbaren Instrumente – in Japan hergestellt, samt den Besonderheiten, die für den Wiener Trompetenklang verantwortlich sind.

Was die Wiener Trompeten von den anderswo üblichen unterscheidet, sind das etwas weitere Rohr und das größere Mundstück. Das Blasen auf einem solchen Instrument ist zwar anstrengender, doch der Klang nobler und weicher. Im Piano mischt sich die Wiener Trompete besser mit anderen Instrumenten, und im Forte entfaltet sie einen angenehmen runden Ton, der sich von dem der meisten anderen Orchester unterscheidet, in denen engere Instrumente und seichtere Mundstücke geblasen werden. Für die Musik des zwanzigsten Jahrhunderts ist der hellere und schärfere Trompetenklang der Berliner Philharmoniker allerdings von Vorteil. „Wir helfen uns", sagt Adolf Holler, „indem wir zum Beispiel für Werke von Strawinsky kleinere Mundstücke nehmen." Holler leitet als Nachfolger Helmut Wobischs eine Trompetenklasse mit mehr als zwanzig Schülern an der Wiener Musikhochschule. Er kennt die feinen Klangunterschiede zwischen den einzelnen Trompetentypen aus eigener Erfahrung, denn er ist mit den Berliner Philharmonikern und Karajan zweimal nach Japan gereist. Der umgekehrte Fall, daß ein Berliner Trompeter bei einer Tournee der Wiener Philharmoniker mitgespielt habe, sei seines Wissens nie eingetreten.

Die Trompetengruppe umfaßt in der Staatsoper sieben Bläser, von denen fünf den Philharmonikern zugehören (1985). Neben B- und C-Trompete werden von ihnen mitunter auch eine D-Trompete, und für Barockmusik eine Piccolo-Trompete verwendet. Auch das Posthornsolo in Mahlers Dritter Symphonie wird nicht von einem Hornisten geblasen, sondern von einem Trompeter, und zwar auf einem Ventilposthorn mit Trompetenmundstück.

Es gibt großartige Solisten in diesem Ensemble, aber darüber hinaus ist es ein Ensemble. Die großen amerikanischen Orchester haben große Blechbläsergruppen – die Wiener Philharmoniker haben einen Blechbläserchor, und so erregend dieser war, er übertönte niemand …
(Richard Dyer im Boston Globe, 1991)

KEINE WIENER POSAUNISTEN

Über den ästhetisch wünschenswerten Einsatz der Posaunen gingen und gehen die Meinungen auseinander. So zeigte schon Richard

Strauss in seiner Neuausgabe der Instrumentationslehre von Berlioz, daß sehr dezidierte Äußerungen des großen Franzosen durch die „Meistersinger"-Partitur widerlegt worden sind (Berlioz, 1905, 327). Freilich müssen wir zugestehen, daß man ästhetische Urteile eigentlich nicht „widerlegen" kann. Sie bleiben subjektiv, und wir nehmen es deshalb auch mit Gelassenheit, wenn ein deutscher Fachmann der Instrumentation nachzuweisen sucht, daß Bruckners Verschmelzung des Posaunenklangs mit der Baßtuba, die wir zu schätzen wissen, unstatthaft sei (Kunitz, 1959, 627). Die Debatte wird noch verwirrender, wenn wir die Geschichte der Aufführungspraxis ins Auge fassen. So findet sich zum Beispiel in sehr altem Aufführungsmaterial von Verdis Opern für die tiefste Posaunenstimme die Bezeichnung „Cimbasso", die lange Zeit Rätsel aufgegeben hat, weil kein Instrument dieses Namens bekannt ist. Die vermutlich von Verdi selbst erfundene Bezeichnung weist auf eine Baßposaune hin. Damit aber war nicht die Zugposaune gemeint, sondern die in den damaligen italienischen Opernorchestern übliche Ventilposaune.

Auch im Wiener Opernorchester wurde, wie wir aus mündlicher Überlieferung wissen, noch etwa bis in die achtziger Jahre des vorigen Jahrhunderts die Ventilposaune verwendet. Das Verdienst, die Zugposaune eingeführt zu haben, wird einem aus Deutschland stammenden Posaunisten zugeschrieben: Otto Berthold, der 1883 von Operndirektor Jahn engagiert und vierzig Jahre danach von Operndirektor Strauss in Pension geschickt wurde (Strasser, 1981, 129). Berthold, der auch als Konservatoriumslehrer tätig war, scheint also die Wiener Spieltradition der Zugposaune begründet zu haben. Rudolf Josel, der 1965 zu den Philharmonikern kam, ist Schüler eines Schülers von Berthold. Wie viele der in Österreich ausgebildeten Blechbläser spielt Josel auch ein Streichinstrument (das Violoncello).

Vielleicht bringt es auch diese Hinwendung zum kantablen Saiteninstrument mit sich, daß die Posaunen in Wien „weicher blasen". Bei dem Versuch, den Wiener Klangstil zu beschreiben, werden immer wieder Weichheit, Schmiegsamkeit und Rundung hervorgehoben. Diese Wortwahl kann nur gerechtfertigt werden, wenn Vergleiche mit anderen Orchestern möglich sind. Rudolf Josel war in der Lage, vergleichende Beobachtungen zu machen, denn er hat während seiner philharmonischen Laufbahn nicht nur im Chicago Symphony Orchestra und im London Symphony Orchestra mitgewirkt, sondern auch mit dem BBC-Orchestra unter Pierre Boulez eine ganze Tournee unternommen. Josel vertritt die These von der Weichheit des Wiener Posaunenspiels. Schon in Berlin klinge die Posaune härter, wenn auch nicht so hart wie in den amerikanischen Orchestern. Die Wiener Phrasierung habe ihre Eigenart, und die Dynamik der Posaune sei in Wien nuancenreicher, denn hier gebe es größeren Abstand zwischen Piano und Forte als anderswo. (Angesichts eines solchen Bekenntnisses zum spezifisch philharmonischen Posaunenklang mag es überraschen, daß sich dieser Musiker auch einem Jazz-Trio widmet und keine unübersteigbare Schranke zwischen der Tongebung des Jazz und der philharmonischen Spielweise erblickt.)

Die Verankerung der Posaune in den Meisterwerken österreichischer Musik von Mozart bis Mahler und die Entwicklung einer charakteristischen Wiener Tongebung würde vermuten lassen, daß wir unter den Posaunisten der Wiener Philharmoniker lauter geborene Wiener finden oder zumindest genauso viele wie in den anderen Stimmgruppen. Dem ist nicht so. Diese Musiker stammen aus anderen Bundesländern Österreichs, aus der Slowakei, und einer kommt gar aus Kalifornien. Posaunisten gedeihen offenbar am besten an Orten, wo es lebendige Blasmusikkultur gibt, sei es in der dörflichen Gemeinschaft oder auf dem Campus einer amerikanischen Universität. Das akustische Öko-System der Großstadt weist anscheinend keine Nischen auf, in denen junge Posaunisten aufwachsen können – weder die hart spielenden noch die weich anblasenden.

DIE TUBA

Dieses Instrument ist erst spät ins Symphonieorchester gelangt. Vorläufer der Tuba wurden erst nach Beethovens Tod entwickelt (Kunitz, 1959). Domäne der Tuben war ursprünglich die Militärmusik, von wo sie allmählich in Opernpartituren (Wagner) und in Symphonien (Bruckner) vordrangen. So erklärt sich, daß die Position der Tuba bei den Wiener Philharmonikern in den Anfängen nicht deutlich bestimmt war. Die Orchesterstatistik (Kraus-Schreinzer, 1942) nennt Franz Fretzer als ersten Tubisten. Die Opernchronik jedoch bezeichnet den 1845 ins Orchester eingetretenen Fretzer als Posaunisten (Przistaupinsky, 1919, 48). Die Hoffnung, daß ältere Quellen diesen Widerspruch aufklären könnten, wird allerdings enttäuscht, denn der 1855 mit dem Opernorchester geschlossene Vertrag nennt als von Fretzer gespieltes Instrument das „Bombardon". Damit ist vermutlich das 1835 vom Wiener Instrumentenbauer W. Riedl konstruierte vierventilige Instrument gemeint, das als Vorläufer der sechsventiligen Wiener Tuba angesehen werden kann. Der Wechsel der Benennungen spiegelt die wechselnde Praxis wider und läßt annehmen, daß der Tubist zuweilen auch zum Posaunenspiel verpflichtet war. Den Tubaspieler als „Spezialisten" forderte der Opernbetrieb erst mit der Aufnahme von Wagners Werken in den Spielplan, also seit den siebziger Jahren. Die Stellenübersicht im Opernorchester registriert den Tubisten erst um 1901.

Das Instrument, das bei der Uraufführung der zweiten Symphonie von Brahms im Jahre 1877 eingesetzt wurde und das Bruckner in seinen Symphonien IV bis IX vorschreibt, ist die sogenannte „Wiener Tuba". Ihr Klang ist heller und distinkter als der Tubenklang im amerikanischen Orchester. Auch hier zeichnet sich also – ähnlich wie bei Wiener Oboe und Wiener Horn, aber auch bei der Trompete – eine spezifisch wienerische Tradition ab, die mindestens bis in die Epoche Anton Bruckners zurückreicht. Der Klangtypus der Wiener Tuba ist aber keineswegs unangefochten. Während Orchesterchefs wie Knappertsbusch und Böhm ihrem Eigencharakter noch zugetan waren, entwickelte sich bei der folgenden Dirigentengeneration (wie Mehta, Abbado) eine andersgeartete Klangvorstellung, das heißt eine Verschmelzung, die das Hervortreten der Tuba als Individualität gar nicht oder bloß ausnahmsweise (wie etwa in Ravels Instrumentation der „Bilder einer Ausstellung") gestattet. Josef Hummel, der als Tubist seit 1967 bei den Philharmonikern arbeitet, ist deshalb recht pessimistisch: „Die Wiener Tuba wird mit mir aussterben." Hummels Vorliebe gilt den Wiener Tuben, die in F und B gestimmt sind. Sein Kollege Ronald Pisarkiewicz, der aus den Vereinigten Staaten stammt, bedient sich bereits eines in C gestimmten größeren Instruments, dessen Ton sich mit dem Gesamtklang leichter mischt.

Die in C gestimmte Tuba tritt an die Seite der kleineren Wiener Tuba in F

Wie bei allen Überlieferungen der Wiener Philharmoniker ist die Lehrtätigkeit an der Musikakademie von höchster Bedeutung. Der erste Professor für Tuba war Friedrich Tritt, der von 1913 bis 1931 im Orchester wirkte, auf ihn folgte Friedrich Knapke, der sein Können an Leopold Kolar weiterreichte, der wiederum Lehrer von Josef Hummel wurde, einem der letzten, der sich zur Wiener Tuba bekennt. Die Verteidigung seiner Position fällt ihm nicht leicht. Der Tubist ist auf sich allein gestellt, wenn er musikalische Argumente geltend machen will und dabei den stärkeren Gruppen der anderen Instrumentalisten gegenübersteht. Auch die Anerkennung seiner spezifischen Leistung ergibt sich nicht von selbst. Da seine Stimme zumeist mehr Pausen als Noten aufweist, gelangen Publikum und Kollegen zu der Auffassung, daß der Tubaspieler „wenig leiste". Sie übersehen allzu leicht, daß nicht nur die physische Beanspruchung ungewöhnlich groß ist, sondern daß der Tubist auch einem besonderen Streß ausgesetzt ist, weil er „allein" spielt und nicht in der Gruppe. Exponierte Passagen, die auf längere Pausen folgen, erhöhen überdies die sogenannte Einsatzspannung, die den Musiker meßbar belastet und von der später noch berichtet werden soll.

Die Tätigkeit des Tubisten beschränkt sich nicht auf sein eigenes Instrument; er ist in der Oper verpflichtet, zur Kontrabaßposaune überzuwechseln. Auch dieses Nebeninstrument verschafft noch nicht die umfassende musikalische Bildung, die er braucht, um seine Aufgaben im Orchester kompetent zu erfüllen. „Fast alle Tubaspieler beherrschen ein Streichinstrument, weil man auf der Tuba nicht so viel musikalische Erfahrung erwerben kann, wie man benötigt." Josef Hummel hat Kontrabaß bei dem Philharmoniker Otto Rühm studiert und im Orchester gelegentlich auch als Kontrabaßspieler mitgewirkt. Diese professionelle Beschäftigung mit einem Saiteninstrument entwickelt den Sinn für Phrasierung, der dem Tubisten

Wochenplan
November 1991 – Dezember 1991

	Vormittag	Nachmittag	Abend
Mo 25.11	10:00h KS Stop.Orchesterversamml. bitte pünktlich !	15:00h-18:00h MV Platte Abbado(Lohengr.) *	19:00h Oper ARABELLA
Di 26.11		14:00h-17:00h MV Platte Abbado(Mahler) 12/10/8/6/4 *	19:30h Oper MACHT
Mi 27.11	10:30h-13:30h Oper Prb.IDOMENEO 10:00h-12:30h MV Prb.Maazel,Brahms3,g-moll	15:30h-18:00h MV Prb.Abo Maazel 5. Mahler	19:30h Oper KATJA
Do 28.11	10:00h-12:30h MV Prb.Abo Maazel 5. Mahler	15:00h-17:30h MV Prb.Abo Maazel 5. Mahler,Progr. Linz	18:30h Oper IDOMENEO
Fr 29.11	10:00h-12:30h MV Prb.Abo Maazel Brahms, Debussy, Till	Abfahrt Linz	19:00h Oper ZAUBERFLÖTE 20:00h Linz Kzt.Maazel
Sa 30.11		15:30h MV GP Abo Kzt. Maazel	19:00h Oper SAMSON
So 1.12	11:00h Mv 3.Abo Kzt. Maazel		18:30h Oper IDOMENEO

* siehe separate Aufnahmepläne

Am schwarzen Brett: die Aktivitäten einer Woche, vormittags, nachmittags und abends

zum Vorteil gereicht, ihm freilich oft auch eine zusätzliche physische Last aufbürdet: die Mühe des langen Atems, der der langen musikalischen Phrase gemäß ist. Auch dieser gehört zur Wiener Spielweise. Daß heute überall „mehr geatmet" wird, muß dem Verfechter dieser Tradition bedenklich erscheinen.

DAS SCHLAGWERK

Die Schlaginstrumente – in Wien „Schlagwerk" genannt – teilen sich in Membraphone („Fellklinger") und Idiophone („Selbstklinger"). In beiden Gruppen gibt es Instrumente mit bestimmbarer Tonhöhe (z. B. Pauken bei den Membraphonen, Glocken und Glockenspiel bei den Idiophonen) und solche mit unbestimmbarer Tonhöhe (Militärtrommel, Triangel).

Die Pauken nehmen eine privilegierte Stellung ein. Sie galten in vergangenen Jahrhunderten zusammen mit den Trompeten als Attribute der Fürsten und des Hochadels. Etwas von dieser Sonderstellung der Pauken ist noch aus der Orchestergeschichte des beginnenden zwanzigsten Jahrhunderts ablesbar: Einige Schlagwerker mußten sich zu den Pauken „hinaufdienen". Georg Raimund etwa, der 1919 als Schlagwerker ins Orchester eintrat, wurde erst sechs Jahre später zu den Pauken zugelassen, und Hans Gärtner, der 1924 beim Schlagwerk begann, rückte gar erst fünfzehn Jahre später zu den Pauken auf.

Unsere Redensart „mit Pauken und Trompeten" gemahnt nicht bloß an das musikalische Fürstenprivileg vergangener Zeiten, sondern auch an eine instrumentale Verknüpfung, die noch in der Klassik die Regel war. Die Komponisten wiesen den Pauken allerdings neben ihrer Position im musikalischen Akkord zunehmend auch thematische Aufgaben zu, wie wir seit dem Scherzo der Neunten Symphonie von Beethoven wissen.

Pauken werden in Wien – ebenso wie das übrige Schlagwerk – nicht „geschlagen", sondern „gespielt". Der Versuch, die philharmonische Paukentradition darzustellen, mündet in eine „Beschreibung ihrer Instrumente und deren (manchmal spezielle) Spieltechnik". Mit diesen Worten umreißt Kurt Prihoda die Elemente der Überlieferung in einer Würdigung seines philharmonischen Lehrers Richard Hochrainer. (Prihoda, 1979, 647) Er lenkt unsere Aufmerksamkeit darauf, daß sich die Wiener Paukenschule nicht in der Handhabung des Instruments erschöpft, sondern Herstellung und Bauweise mit einschließt. Das Lebenswerk Richard Hochrainers, der 1940 ins Orchester eintrat und von 1960 bis 1982 als Lehrer an der Wiener Musikhochschule wirkte, ist ein Zeugnis für die schöpferische Verbindung von Herstellung und Handhabung der Pauken. Seine Methode, die auch in einer Reihe von Etüdenwerken festgelegt ist, geht davon aus, daß neben spieltechnischen Problemen auch die Beschaffenheit des Instruments zu berücksichtigen sei.

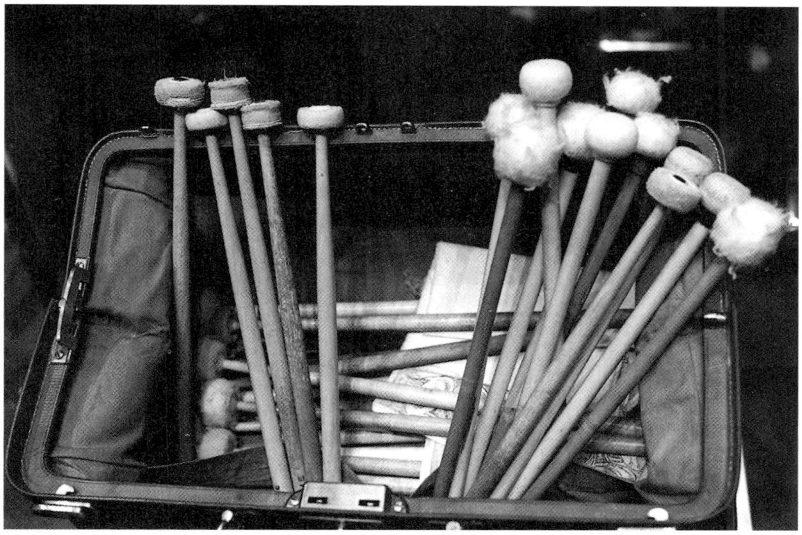

Für die Wiener Pauken werden nicht Kalbfelle oder gar synthetische Felle verwendet, sondern ausschließlich handbearbeitete Ziegenfelle. Kennzeichnend für die technische Beschaffenheit der Instrumente ist „die Verbindung zwischen dem Paukenfuß und dem Fell über zwar nachjustierbare, aber sonst starre Zugstangen. Inmitten dieser Konstruktion liegt ein fein gehämmerter, aus 0,8 mm starkem Kupferblech bestehender Kessel, der über einen Hebelmechanismus auf- und abbewegt wird." (Schuster, 1990)

Auf Drängen eines dänischen Musikers ließ Hochrainer im Jahre 1952 nach eigenen Anweisungen und auf der Grundlage der von seinem Lehrer Hans Schnellar entwickelten Konstruktion ein Pauken-Paar bauen. Der Erfolg war so groß und griff so um sich, daß Hochrainer im Verlauf eines Vierteljahrhunderts insgesamt 53 Pauken-Paare herstellte, die zufriedene Abnehmer im In-und Ausland fanden.

Das Klangideal der Wiener Paukenschule sucht jedes Knallen oder Krachen zu vermeiden und strebt nach weichem, rundem Ton. Diesem Ideal kommt auch die Verwendung von Flanellschlägeln entgegen. Dem Paukisten darf es nicht genügen, die Anweisungen der Partitur blindlings zu erfüllen; er muß sich bemühen, den musikalischen Sinn solcher Vorschriften zu ergründen. Wenn also Mahler oder Strauss an bestimmten Stellen Holzschlägel vorschreiben, dann sucht der Paukist dieser Forderung auf musikalische Art nachzukommen und unangemessene Härte zu vermeiden. In diesem Fall werden Schlägel mit Korkköpfen verwendet, die mit Stoff überzogen sind. Das Ergebnis ist eine Verbindung von präziser Bildung eines „Tonkopfes" mit höchster Klangfülle, wobei dem Schlägel die Aufgabe zufällt, das Instrument zum Klingen zu bringen, ohne selbst Geräusch hervorzurufen.

Diesem Klangideal wird auch die Behandlung aller anderen Schlaginstrumente untergeordnet. Experimentierendes Weiterentwickeln des Instrumentariums wie z. B. des Glockenspiels, der Kleinen Trommel oder des Triangels ist kennzeichnend für die Wiener Schule. Diese Tradition geht auf den berühmten Pauker Hans Schnellar zurück. Der von Gustav Mahler und Richard Strauss hochgeschätzte Musiker verwendete seine eigenen Pauken. In seiner Überarbeitung der Berliozschen Instrumentationslehre erwähnt Richard Strauss die von Hans Schnellar konstruierten Pedalpauken als Instrumente, die „den Launen des jedem Witterungswechsel unterworfenen Paukenfells Rechnung tragen, wie sie den präzisesten und schnellsten Wechsel der Tonstufen nur durch den Hebeldruck des Fußes ermöglichen.“ (Berlioz, 1905, 411)

Dennoch werden bei den Philharmonikern nach wie vor – von Einzelfällen abgesehen – die mit der Hand zu stimmenden Wiener Maschinpauken verwendet. Dies mit der Begründung, daß die Hand subtilere Bewegungen auszuführen imstande ist, die Spannung des Fells und damit auch die Tonhöhe spürt, was dem Fuß bei den Pedalpauken versagt ist.

Technische Innovationen, so scheint es, werden in Wien nicht um ihrer selbst willen genutzt. Ebenso wie die Spielweise gehorcht auch die Instrumentenwahl dem musikalischen Anspruch, der auf das Klangideal gerichtet ist. Solche Orientierung nach ästhetischen Kriterien bringt es mit sich, daß die Arbeit des Musikers auch erschwert werden kann. So sind die Naturfelle aus Ziegenpergament witterungsanfällig und machen das Stimmen der Pauken schwieriger als die synthetischen Felle. Dies mag als eines der Beispiele für eine künstlerische Haltung gelten, die Wolfgang Schuster (1990) prägnant umschrieben hat: „Zusammenfassend kann man bei der Betrachtung unserer Instrumentengruppe wesentliche Parallelen zum anderen Wiener Instrumentarium feststellen: um größte Tonschönheit zu erzielen, werden Nachteile in Kauf genommen."

Hans Schnellar mit seinen Pauken

Die Dirigenten

Vor der Jahrhundertwende war das Orchester jeweils mit einem einzigen Dirigenten verbunden, der sämtliche Philharmonische Konzerte leitete. Nur im Falle seines Erkrankens wurde ein anderer zugelassen, oder wenn es galt, einen Künstler besonders auszuzeichnen, wie es dem Sohn Richard Wagners widerfuhr, dem Hans Richter ein Nicolaikonzert überließ. Auf die Ära der Alleinherrscher folgten Perioden, in denen die Abonnementkonzerte unter zwei, drei oder mehr Dirigenten aufgeteilt wurden, von denen einer unter Umständen den Titel eines ständigen oder Hauptdirigenten beanspruchte, bis die Philharmoniker in jüngerer Vergangenheit dazu übergingen, nahezu jedes Konzert einem anderen Dirigenten anzuvertrauen. In der Saison 1983–84, in der es elf Konzerte gab, waren dies: Lorin Maazel (2 Konzerte), Erich Leinsdorf, Zubin Mehta, Christoph von Dohnányi, Herbert von Karajan, Leonard Bernstein, Claudio Abbado, André Previn, Carlo Maria Giulini und James Levine. Wie im Verhältnis zur Oper läßt sich auch im Verhältnis zu den Orchesterleitern eine emanzipatorische Entwicklung feststellen, vom Wahlkönigtum zum demokratischen Pluralismus, wenn man es verfassungspolitisch etikettieren will.

Wie aber kamen die Philharmoniker zu ihren Dirigenten? Die Musiker pflegten sich in dieser Hinsicht auf keine Experimente einzulassen, sondern suchten sich zur Leitung ihrer Konzerte zumeist Herren aus, die sie anderswo bereits kennengelernt und „ausprobiert" hatten. Gelegenheit zu solchen Bekanntschaften bot vor allem die Wiener Oper, und es ist daher kein Zufall, daß alle philharmonischen Dirigenten der ersten sechzig Jahre, von Nicolai bis Hellmesberger junior, als Kapellmeister des k.k. Hof-Operntheaters wirkten. Auch in unserem Jahrhundert bewährte sich die Oper als Prüfstand. Karl Böhm zum Beispiel hatte kaum an der Wiener Staatsoper debütiert – ein stolzes Debüt mit „Tristan und Isolde" –, als schon der Vorstand der Wiener Philharmoniker bei ihm anklopfte und ihm die Leitung eines Konzerts antrug. Etwa vierzig Jahre später unterzog sich ein junger Italiener namens Riccardo Muti der Aufgabe, an der Staatsoper „Aida" neu einzustudieren. Da er den Orchestermitgliedern gefiel, luden sie ihn vorerst ein, die Eröffnung ihres traditionellen Balls zu dirigieren. Muti wählte dazu die Ouvertüre zu „Donna Diana" von Reznicek. Damit war der Kontakt hergestellt. Im Frühjahr 1975 finden wir ihn an Karl Böhms Seite als Leiter einer philharmonischen Japan-Tournee und wenige Wochen später als Dirigent eines Wiener Abonnementkonzerts.

Selbstverständlich gab und gibt es neben der Oper noch viele andere Möglichkeiten, mit neuen Dirigenten in Verbindung zu kommen: die Salzburger Festspiele, die vielen Veranstaltungen außerhalb des Abonnements in Wien, und schließlich die Aufnahmen der großen Schallplatten- und Videofirmen, die das Orchester aus rechtlichen Erwägungen mit jenen Dirigenten zusammenspannen, die sie jeweils unter Kontrakt haben. So etwa hatten die Philharmoniker und Georg Solti längst mit der Einspielung des „Ring des Nibelungen" begonnen, ehe der Dirigent in der Saison

Abbildung auf Seite 178: Karl Böhm

1961–62 erstmals am Pult der Philharmonischen Konzerte erschien. Er blieb auch in der Folge ein eher seltener Gast, obgleich er das Orchester 1969 nach Japan führte. Mitunter spielt auch der Zufall eine Rolle. Der vorgesehene Orchesterchef ist krank oder verhindert, ein jüngerer, den die Philharmoniker noch nicht zu den ihren zählen, springt ein und rettet die Situation. So sprang Lorin Maazel 1962 für den erkrankten Karajan ein und kehrte von da an fast alle Jahre wieder.

Bis 1898 trug der Dirigent nicht bloß künstlerische Verantwortung, sondern auch organisatorische, denn er war als Leiter sämtlicher Konzerte zugleich Vorstand der Philharmonischen Konzert-Unternehmung. Erst um die Jahrhundertwende erwies es sich als notwendig, die beiden Funktionen zu trennen und den musikalischen Leitern einen Administrator aus den eigenen Reihen gegenüberzustellen. Obgleich sich die philharmonischen Aktivitäten, wie wir erwähnt haben, in den letzten Jahrzehnten explosionsartig vervielfacht haben, obliegt die Organisation immer noch dem gewählten Komitee mit Vorstand und Geschäftsführer an der Spitze. Der Gedanke, einen erfahrenen Manager von außen zu engagieren, liegt den Philharmonikern ferne. Zu fest ist in ihnen die „philharmonische Idee" verwurzelt, Pioniergeist und Streben nach Unabhängigkeit, die ihnen nur dann garantiert erscheinen, wenn sie soviel wie möglich selber machen.

DER DIRIGENT ALS VORSTAND DES ORCHESTERS

Die Ziffern in den Klammern geben die Zahl der von dem betreffenden Dirigenten geleiteten Abonnement- und Nicolaikonzerte an. Die Aufstellung fußt ebenso wie die folgenden bis zum Jahr 1941 auf Kraus-Schreinzer, 1942.

1842 – 1847	Otto Nicolai (11), Georg Hellmesberger (1)
1847/48	Georg Hellmesberger (2)
1849	Wilhelm Reuling (1)
1850	Heinrich Proch (1)
1851 – 1853	keine Konzerte
1854 – 1857	Karl Eckert (6)
1858 – 1859	keine Konzerte
1860	Karl Eckert (5)
1860 – 1875	Otto Dessoff (120)
1875 – 1882	Hans Richter (62)
1882/83	Wilhelm Jahn (8)
1883 – 1898	Hans Richter (131), Johann N. Fuchs (1), Siegfried Wagner (1)

In freier und geheimer Abstimmung wählte die philharmonische Republik ihren Orchesterchef. Ob dieses Verfahren bereits in den verschollenen Statuten von 1842 verankert war, wissen wir nicht. Anzunehmen ist, daß dem allerersten Philharmonischen Konzert keinerlei Abstimmung vorausgegangen war, sondern daß sich Nicolai mit seiner Idee an das Orchester gewandt hatte. Dieses eine Mal dürfte der Dirigent sein Orchester gewählt haben, und nicht umgekehrt. Die erhaltenen Dokumente zeigen, daß Nicolai neben seiner musikalischen Funktion auch die organisatorisch-administrative voll ausgefüllt hat, von der polizeilichen Anmeldung der Konzerte bis zur Aufteilung des Ertrags.

Über die Bestellung der anderen Dirigenten der Frühzeit gibt das Historische Archiv der Philharmoniker keine Auskunft, doch kann man vermuten, daß sie von der Mehrheit der Orchestermitglieder in formeller oder informeller Wahl bestimmt wurden. Genau wissen wir es im Fall Otto Dessoffs, der am 26. September 1860, gleich nach Eckerts Rücktritt, gewählt wurde. Auf Dessoff entfielen 62 Stimmen, auf Konzertmeister Joseph Hellmesberger (senior) 14 Stimmen und auf Kapellmeister Proch 2 Stimmen. Ein salomonischer Philharmoniker schlug vor, daß Dessoff und Hellmesberger je die Hälfte der Konzerte leiten sollten. In den Statuten von 1862 wurde dann festgehalten, daß der von der Generalversammlung der Mitglieder alljährlich zu wählende Dirigent zugleich Vorstand und Vorsitzender des zwölfgliedrigen Komitees sein sollte. Er hatte das Orchester gegenüber Operndirektion und Behörden zu vertreten und auch alle vom Komitee ausgestellten Schriftstücke – Briefe, Danksagungen, Gesuche – zu unterschreiben. Wenn Dessoff und in der Folgezeit Richter diese Verwaltungsaufgaben übernahmen, so mag dies als Zeichen dafür gelten, daß sie sich, obgleich Opernkapellmeister, als Philharmoniker fühlten und bereit waren, deren Interessen notfalls auch gegen Operndirektion und Hoftheaterbehörde zu verteidigen.

Otto Dessoffs musikalische und organisatorische Leistung ist eng mit dem Entscheidungsjahr 1860 verbunden, in dem erstmals acht Konzerte abgehalten wurden und von dem die Philharmoniker ihren ununterbrochenen Bestand herleiten. Die Beharrlichkeit und Tüchtigkeit dieses Dirigenten haben das Hofopernorchester zum repertoirekundigen Konzertorchester geformt; Dessoff hat die Grundmauern zu dem Gebäude gelegt, in dem spätere, vielleicht brillantere Dirigenten ein- und ausgingen. Die Orchestermitglieder würdigten Dessoffs Einsatz, indem sie ihm in den harten Zeiten seines Konfliktes mit Herbeck ihre Treue bewiesen. Vermutlich ahnten sie nicht, wie schwer ihm der Abschied wurde, als man ihn aus Wien hinausgeärgert hatte. Vielleicht spürten sie seine Zuneigung, als sie ihm 1877 beim Salzburger Mozartfest wiederbegegneten und nochmals zwei Konzerte unter seiner Leitung gaben. Felix von Weingartner, der Otto Dessoff in späteren Jahren kennenlernte, beschrieb ihn als „auffallend sächsisch sprechenden“ Herrn, der sprühenden Geist und Humor besaß. „Geradezu zärtlich sprach er über das Wiener Orchester, die Philharmoniker. Seine Frau sagte mir, sie habe bitterlich geweint, als sie ihren Mann zum erstenmal an der Spitze eines anderen Orchesters sah.“ (Weingartner, 1923, 411 f.)

Die Philharmoniker hatten Glück mit ihrer nächsten Wahl: Hans Richter, ein Musiker nach ihrem Herzen, einer von ihnen, ein früherer Kollege, und doch mit größter Autorität und Kompetenz aus-

Hans Richter. Schattenriß von Hans Schließmann

Richter sagte: „Ich bin schon manchem Orchester vorgestanden und habe meine Erfahrungen. Ich sah zunächst, daß der wahre Dirigent lehrend lernt. Ich für meinen Teil habe bis zum heutigen Tag nicht aufgehört, ins Orchester hineinzuhorchen, und auf diese Weise manches zu lernen. Da gibt es einzelne feinsinnige Künstler, die mir während des Spieles stets Anregungen zu neuem Schaffen und Gestalten geben. Ja, es kam vor, daß ich mich vom Orchester stellenweise führen ließ, weil ich die instinktmäßige Freizügigkeit, die sich häufig in einem intelligenten Körper äußert, als die richtige Art und Weise im Erfassen des geistigen Gehaltes eines Tonstückes erkennen mußte. Ich möchte dies kurzweg die Genialität eines Orchesters nennen ...“
Karpath, 1934, 284

Wilhelm Jahn, Direktor der Hofoper 1880–1897. Schattenriß von Hans Schließmann

gestattet. Er war österreichisch-ungarischer Abstammung, in Raab (Györ) geboren und in Wien aufgewachsen, hatte nach häuslichem Klavierunterricht seine Ausbildung als Sängerknabe fortgesetzt und dann am Wiener Konservatorium bei Carl Heissler Violine studiert. Als Schüler saß er schon unter den Sekundgeigern im Wiener Carltheater, bald darauf als Paukist im Theater an der Wien und in der folgenden Saison als Bratschist im Quaitheater, wo Operetten von Jacques Offenbach gespielt wurden. Ein Orchesterkollege riet ihm, ein Blechblasinstrument zu erlernen, wenn er Karriere machen wolle. So wandte sich Richter an den Konservatoriumsprofessor Wilhelm Kleinecke, der seit 1850 dem Hofopernorchester angehörte, und ließ sich von ihm auf dem Horn unterweisen. Noch ehe ein Jahr um war, saß er, von seinem Lehrer gefördert, selbst im Hofopernorchester und natürlich auch in den Philharmonischen Konzerten (Karpath, 1934, 277ff.).

Dieses Curriculum erklärt seine Autorität und das Vertrauen, das er genoß. Richter wußte bei den Streichern, beim Horn und beim Schlagzeug aus eigener Orchesterpraxis Bescheid. Seine persönlichen musikalischen Erfahrungen reichten von der Vorstadtoperette bis zum „Ring des Nibelungen“. Und er dirigierte nicht bloß in Wien und in Bayreuth, sondern äußerst ruhmreich auch in England, war also ein Orchesterleiter von internationaler Reputation, was damals noch nicht häufig war.

Richters Gehör war, nach Ohrenzeugenberichten zu schließen, unfehlbar, sein Gedächtnis und seine Geistesgegenwart überraschten sogar die mit allen Wassern gewaschenen Hofopernmusiker. Bei einer Aufführung des „Barbier von Bagdad“ soll die Partitur aus dem Leim gegangen und zu Boden gefallen sein, woraufhin Richter eilig nach einer Cellostimme angelte, aus dieser anstandslos alle notwendigen Einsätze und Zeichen gab und so die Oper zu Ende dirigierte. „Groß war er im sogenannten ‚Nachspringen‘; wenn ein Sänger einen Fehler machte, ging er, die einzelnen Takte rasch ausschlagend, nach – allerdings hörte man einige resche Titulaturen.“ (Kretschmann, 1910, 172) Vermutlich hat auch Richters Phantasie bezüglich „rescher Titulaturen“, worunter man sich eine Auswahl aus dem unerschöpflichen Schatz wienerischer Schimpfworte vorstellen muß, zu seiner Popularität unter den Musikern beigetragen, natürlich nur, solange sie nicht selbst tituliert wurden.

Wenn Richter sich selbst einmal als den „eifrigsten Philharmoniker“ bezeichnet hat, so geschah dies nicht bloß im Bewußtsein erwählter Dirigenten- und Vorstandswürde, sondern hatte auch persönliche Bedeutung. Für ihn bestand die Zusammenarbeit mit dem Orchester aus Geben und Nehmen (wozu sich ein Jahrhundert später auch Karl Böhm bekannte), aus dem Willen, das Orchester nicht nur zu lehren, sondern auch von ihm zu lernen. „Drillmeister gehören aufs Exerzierfeld!“ schrieb er (Jerger, 1942, 69). Wer waren die Drillmeister, gegen die Richter wetterte? In erster Linie war wohl Hans von Bülow gemeint, der mit seinem wohldressierten Meinin-

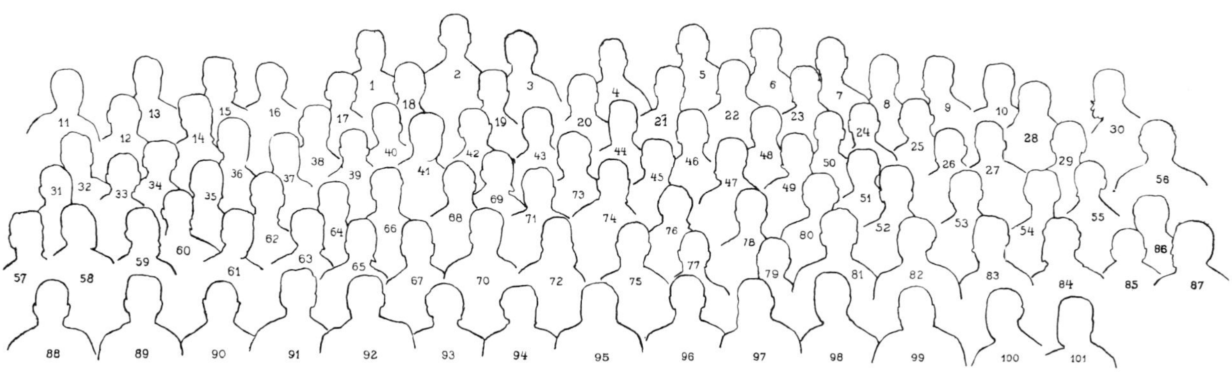

1. J. Czapauschek.
2. O. Berthold.
3. J. Mehlig.
4. J. Schantl.
5. W. Kühnert.
6. St. Wahl.
7. A. Markl.
8. J. Hraba.
9. L. Schwetz.
10. K. Wittmann.
11. O. Roth.
12. W. Krankenhagen.
13. G. Benesch.
14. F. Nittmann.
15. J. Bayer.
16. F. Braun.
17. G. Ibener.
18. E. Wipperich.
19. R. Huber.
20. H. Rémy.
21. R. Kukula.
22. K. Unger.
23. J. Adlersflügel.
24. L. Swoboda.
25. F. Alex.
26. A. Unger.
27. K. v. Lengerke.
28. K. Meyer.
29. J. Burian.
30. E. Woller.
31. W. Hengg.
32. H. Kupka.
33. A. Seitz.
34. N. Gitzmayer.
35. Th. Kretschmann.
36. H. Kreuzinger.
37. J. Desing.
38. J. Faistenberger.
39. J. Richter.
40. F. Weber.
41. A. Loh.
42. J. Karnet.
43. A. Michna.
44. J. Werner.
45. F. Thoms.
46. F. Moser.
47. A. Stecher.
48. G. v. Lengerke.
49. J. Markhl.
50. F. Arocker.
51. S. Auspitzer.
52. M. Dauthage.
53. O. Bauer.
54. H. v. Steiner.
55. A. Langhammer.
56. A. Zamara.
57. H. Winter.
58. J. Moser.
59. M. Weippert.
60. F. Radnitzky.
61. H. Böhm.
62. W. Kleinecke.
63. A. Lichtenstern.
64. H. Satory.
65. J. Kallmus.
66. K. Hofmann.
67. Chr. Nowak.
68. A. Hilbert.
69. D. Pollak.
70. F. Strebinger.
71. J. Maxintsack.
72. F. Schubert.
73. A. Syrinek.
74. R. Hummer.
75. F. Simandl.
76. F. Ginzel.
77. R. Siebert.
78. A. Siebert.
79. J. Siebert sen.
80. J. Steiner.
81. W. Schwaneberg.
82. J. Zink.
83. H. Stiassny.
84. F. Weidinger sen.
85. M. Lichtenstern.
86. J. Giller.
87. F. Scheurer.
88. E. Rotter.
89. M. Grohmann.
90. Fl. Stelzig.
91. F. Weidinger jun.
92. F. Otter.
93. J. Král.
94. J. M. Grün.
95. **Hans Richter.**
96. A. Rose.
97. M. Pichler.
98. R. Baumgärtel.
99. A. Buchta.
100. F. Blaha.
101. J. Helmsky.

Das Orchester im Jahr 1885

ger Orchester auch in Wien gastiert und alle Wiener Musiker zum Nachdenken und zum Besinnen auf ihre künstlerische Wesenheit angeregt hatte.

Als Richter 1882 völlig überraschend zurücktrat – vielleicht, weil ihn seine Chancen in England mehr lockten –, übernahm Operndirektor Jahn die Leitung der Abonnementkonzerte. Ehe sich jedoch noch die grundsätzliche Unvereinbarkeit der beiden Positionen herausstellte – was bei dem lebensfrohen und trinkfesten Jahn länger gedauert hätte als bei jedem anderen –, war Richter wieder da

„... so muß ich doch dankbar anerkennen, daß ich vom Orchester gelernt habe, wie man dirigieren soll. Natürlich muß es ein Orchester sein, so vortrefflich wie die Wiener Philharmoniker; im Verkehr mit einem solchen lernt man erst, was man als Dirigent wagen kann ..." (Brief Hans Richters an die Wiener Philharmoniker, April 1913)

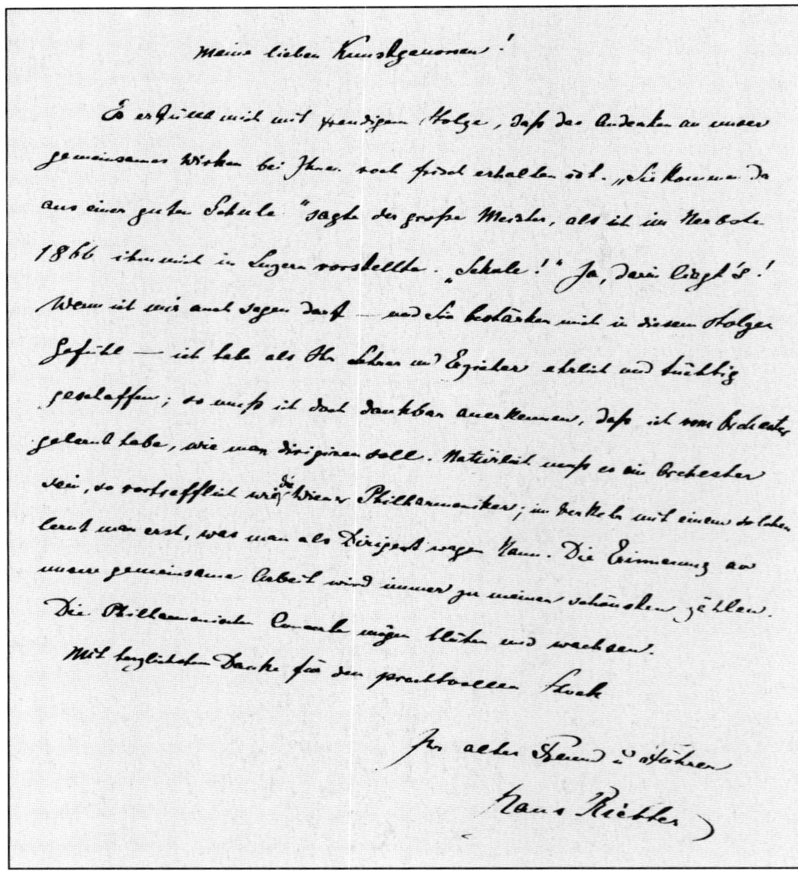

Meine lieben Kunstgenossen!

Es erfüllt mich mit freudigem Stolze, daß das Andenken an unser gemeinsames Wirken bei Ihnen noch frisch erhalten ist. „Sie kommen da aus einer guten Schule" sagte der große Meister, als ich im Herbste 1866 ihm mich in Luzern vorstellte. „Schule!" Ja, darin liegt's! Wenn ich mir auch sagen darf — und Sie bestärken mich in diesem stolzen Gefühle — ich habe als Ihr Lehrer und Erzieher ehrlich und tüchtig geschaffen; so muß ich doch dankbar anerkennen, daß ich vom Orchester gelernt habe, wie man dirigieren soll. Natürlich muß es ein Orchester sein, so vortrefflich wie die Wiener Philharmoniker; im Verkehr mit einem solchen lernt man erst, was man als Dirigent wagen kann. Die Erinnerung an unsere gemeinsame Arbeit wird immer zu meinen schönsten zählen. Die Philharmonischen Concerte mögen blühen und wachsen!

Mit herzlichstem Danke für den prachtvollen Stock

Ihr alter Freund u. Verehrer

Hans Richter

und führte als Dirigent und Vorstand die Philharmoniker bis in die Direktionsära Gustav Mahlers.

Hat Mahler seinen Kollegen Hans Richter aus Wien verdrängt? Nein und ja. Einerseits war Mahler darauf bedacht, gegen den angesehenen und beliebten Richter nicht bloß korrekt vorzugehen, sondern ihm sogar entgegenzukommen. Davon gibt ein neuer Vertrag Kunde, der Richter unter verbesserten Bedingungen für weitere Jahre an die Wiener Hofoper binden sollte. Andererseits hat Mahler ihn doch zur Seite geschoben, an die Wand gedrückt, weil für zwei so unterschiedliche Temperamente, für ihre oft gegensätzlichen musikalischen Auffassungen selbst in dem geräumigen Opernrepertoire nicht Platz war. Obwohl 1898 von der Generalversammlung der Philharmoniker wiedergewählt, legte Richter im Herbst, ein Armleiden vorschützend, die Leitung der Philharmonischen Konzerte zurück, wie er es schon einmal getan hatte. Diesmal aber kehrte er nicht wieder, sondern sagte sich nach kurzem auch von der Wiener Oper los.

Gustav Mahler. Büste von Auguste Rodin

Übergang zu neuen Verbindungen

1898 – 1901	Gustav Mahler (27), Joseph Hellmesberger jun. (1), Franz Schalk (1)
1901 – 1903	Hellmesberger (17), Schalk (2)
1903/04	Ernst von Schuch (5), Karl Muck (2), Arthur Nikisch (1), Wassili J. Safonoff (1)
1904/05	Felix Mottl (6), Muck (2), Schalk (1)
1905/06	Mottl (5), Muck (3), Schalk (2)
1906/07	Mottl (5), Schalk (2), Richard Strauss (2), Bruno Walter (1)
1907/08	Schalk (6), Strauss (2), Felix von Weingartner (1)

Obwohl Musiker und Hörer Richters Ausbleiben zutiefst bedauerten, waren die meisten doch auf die Begegnung mit Operndirektor Mahler im Konzertsaal gespannt. Von Anfang an aber stieß er hier auf mehr Widerstand und Kritik als im Hofoperntheater. Noch vor dem ersten Philharmonischen Konzert der Saison trafen in den Zeitungsredaktionen anonyme Schreiben ein, die ausplauderten,

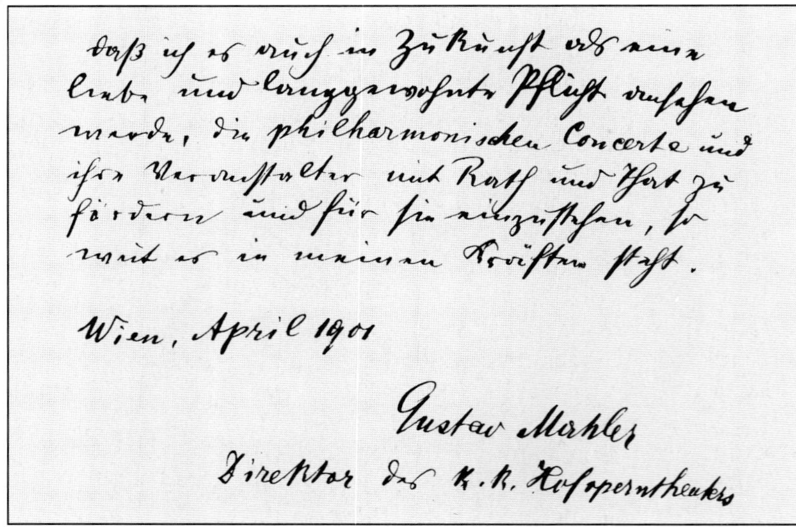
daß ich es auch in Zukunft als eine liebe und langgewohnte Pflicht ansehen werde, die philharmonischen Concerte und ihre Veranstalter mit Rath und That zu fördern und für sie einzustehen, so weit es in meinen Kräften steht.

Wien, April 1901

Gustav Mahler
Direktor des k.k. Hofoperntheaters

„... daß ich es auch in Zukunft als eine liebe und langgewohnte Pflicht ansehen werde, die philharmonischen Concerte und ihre Veranstalter mit Rat und Tat zu fördern ...“ (Aus einem Brief Gustav Mahlers an die Wiener Philharmoniker, April 1901, mit dem er die Leitung der Abonnementkonzerte zurücklegte.)

was nur die Philharmoniker wissen konnten, daß Mahler nämlich in den Werken, die er am 6. November 1898 dirigieren wollte, Instrumentationsretuschen angebracht hatte, sogar in der „Eroica“. Obwohl nur die antisemitischen Blätter von der Zuschrift Gebrauch machten, erregte sie doch so viel Aufsehen, daß der Wiener Kritiker Theodor Helm darüber sogar nach Budapest berichtete. „Die Sache erklärt sich einfach dadurch, daß manche Orchestermitglieder durch das ihnen neuerdings häufig zugemutete Übermaß von Proben ..., vielleicht auch durch ein etwas rüdes Benehmen des temperamentvollen Direktors gegen einzelne Renitente verletzt, sich auf diese, jedenfalls sehr wenig noble Art an Mahler zu rächen suchten.“ (*Pester Lloyd*, 16. November 1898)

Durch solche Aktionen war die Atmosphäre von Beginn an vergiftet. Als Mahler in seiner ersten Saison Beethovens f-moll-Streichquartett vom gesamten Streichorchester spielen ließ, fiel auch die Wiener Kritik, obgleich viele Dirigenten vor ihm das gleiche unternommen hatten, ziemlich einmütig über ihn her. Solche Kontroversen um die Philharmonischen Konzerte schreckten das Publikum aber nicht ab. Im Gegenteil! Mahlers zweite philharmonische Saison fand so viel Zuspruch, daß schon vor Beginn sämtliche Abonnements vergriffen waren und keine Karten in den freien Verkauf gelangten. Am 25. Oktober 1899 teilte Mahlers Schwester Justine, die spätere Gattin von Arnold Rosé, ihrer in Amerika weilenden Schwester mit, daß wahrscheinlich eine zweite Serie von Konzerten stattfinden werde (Unveröffentlichter Brief, Privatbesitz). Tatsächlich wurde das erste der sonntäglichen Konzerte am darauffolgenden Mittwoch wiederholt, und zwar – unerhörter Fall! – am Abend, während in der Oper das Ballett „Excelsior“ in Szene ging. Warum es nicht zu einer kompletten „zweiten Serie“, das heißt zu regelmäßigen Wiederholungen, gekommen ist, und in dieser Saison nur noch das Nicolaikonzert (mit Beethovens Neunter) verdoppelt wurde, wissen wir leider nicht. Vielleicht hat die k. und k. General-Intendanz dagegen Einspruch erhoben, vielleicht bekamen Mahler und das Orchester Angst vor der eigenen Courage, da gerade in diesem Jahr den Philharmonikern, die bisher das einzige Symphonieorchester in Wien gewesen waren, durch Gründung des Konzertvereins Konkurrenz erwuchs.

Im Gegensatz zu seinen Vorgängern wurde Mahler niemals Vorstand der Philharmoniker und Komiteemitglied. Die Vertretung des Orchesters nach außen, auch gegenüber Mahler, besorgte der gewählte Obmann, der Kontrabaßspieler Franz Simandl, der somit der Funktion nach der erste philharmonische Vorstand aus den Reihen des Orchesters war. Auf manchen Schriftstücken finden wir Mahlers und Simandls Unterschriften, als handle es sich um zwei Konsuln im antiken Rom.

Trotz dieser Gewaltenteilung und trotz des günstigen Kassenrapports gab es immer wieder Konflikte zwischen den Philharmonikern und ihrem Dirigenten. Gewiß spielte der damals schon weitverbreitete Antisemitismus dabei eine Rolle, ebenso das erwähnte „Übermaß von Proben" und Mahlers „etwas rüdes Benehmen". Er war von seiner Aufgabe besessen und nahm oft nicht wahr, daß ihm Menschen gegenübersaßen und nicht bloß Instrumente. Der Hauptgrund für die ständigen Spannungen zwischen den Philharmonikern und Mahler lag aber bestimmt in den Doppelfunktionen beider. Als Hofopern-Direktor war Mahler absoluter Herrscher über das Orchester, als gewählter Dirigent der Philharmonischen Konzerte sollte er ein Partner sein. Das war unmöglich. Wenn Mahler eine Reihe von Mitgliedern des Opernorchesters in Pension schickte, so verübelten ihm dies die Philharmoniker. Wenn er für die Oper zusätzliche Bläser engagierte – wir kennen den Fall bereits –, so weigerten sich die Philharmoniker, sie in ihre Reihen aufzunehmen. Wenn die Philharmoniker als unabhängige Konzert-Unternehmung auf ihrem Standpunkt beharrten, so drohte Mahler mit Repressalien.

Den Einsichtigen im Orchester war dennoch klar, daß sie Mahler viel verdankten. Alexander Wunderer, der ihn haßte, gab zu, daß sie erst bei ihm fein und „mit wirklichem Piano" zu musizieren gelernt hätten. Unter Mahlers Einfluß sei Franz Schmidts Spiel am Klavier und auf dem Cello „vergeistigt" geworden (Wunderer, 1941, 38). Gustav Mahler, der das Wiener Konservatorium absolviert hatte, zählte als Dirigent zu den Verehrern Hans von Bülows und forderte wie dieser seinem jeweiligen Orchester eine Präzision des Spiels und eine Akkuratesse im Detail ab, die damals noch ungewöhnlich waren und auch als unwienerisch empfunden wurden. Erst in der zweiten Hälfte unseres Jahrhunderts wurde, durch den Einfluß der Tonaufnahme und durch Konfrontation mit amerikanischem Orchesterspiel, diese Perfektion zur Selbstverständlichkeit. Mahler schritt also nicht nur als Komponist, sondern auch als Inter-

... das Schicksal „pocht" nicht mehr, es reißt die Pforten ein. Und das ist kein bloßer Überfall, sondern Einbruch in eine neue Empfindungswelt – Beethoven nicht als Vollender der klassischen Entwicklung, wie ihn in seiner erhabenen Ruhe Hans Richter darstellt, sondern der gewaltige Weckrufer eines neuen dramatischen Stiles der Tonkunst, wie Hagen ruft: Nun laßt das Lachen, mut'ge Mannen! ... So gibt das Monogramm Beethovens, wie Lenz gar schön das Erzmotiv der „Fünften" nennt, ein neues, tief durchfurchtes Bild; auf dem Grunde dieser Auffassung türmt Mahler das ganze Werk vor uns auf; jeder Takt, möchte ich sagen, wird in festes Verhältnis zu dem furchtbar gestalteten Eingang gesetzt. Und wenn Mahler bei diesem Eingange die Haltung des Grundmotivs nicht gleichmäßig ausstreichen läßt, sondern in einem Chaos von Strichen ein schauerliches Vibrieren des Geigentons erzeugt, so ist der Vorgang symbolisch für die eigenartige Durchführung des Ganzen: Man wird in fürchterlicher dramatischer Spannung erhalten, aus der uns erst die letzten Takte lösen.

Robert Hirschfeld über das Philharmonische Konzert vom 5. November 1899 (Wiener Abendpost)

Arthur Nikisch. Fotografie

pret seiner Zeit voraus. Ein unbequemer Chef. Einer der „Drillmeister", die Richter aufs Exerzierfeld verbannen wollte.

Als Mahler nach schwerer Erkrankung die Leitung der Philharmonischen Konzerte im Frühjahr 1901 zurücklegte, atmeten die meisten Mitglieder wohl erleichtert auf. Er hat es gewiß wegen seiner angegriffenen Gesundheit getan und wegen seiner ständigen Überlastung in der Oper – hauptsächlich aber aus gekränktem Stolz, weil die Philharmoniker so rasch einen Ersatz zur Hand gehabt hatten und dieser Ersatz der Opernkapellmeister Hellmesberger junior war, ein Routinier mit Hang zur wienerisch leichten Muse.

Die Ära Joseph Hellmesberger war noch kürzer als die ohnehin so kurze Ära Mahler. Eine peinliche Affäre zwang den „feschen Pepi", seine Stellung in der Oper aufzugeben, und im September 1903 trat er auch von der Leitung der Philharmonischen Konzerte zurück. Knapp vor Saisonbeginn stand das Orchester ohne Dirigenten da. Das Nächstliegende wäre gewesen, den beleidigten Operndirektor Mahler zu versöhnen. Eine ansehnliche Minorität unter den Musikern, darunter der Cellist Sulzer und der Primgeiger Stwertka, warb für diese Lösung, stellte aber, wahrscheinlich in Mahlers Auftrag, die Bedingung, daß seine neuerliche Berufung einstimmig erfolgen müsse. Das war aussichtslos, denn bei der letzten Wahl im Mai hatten sich bloß dreizehn Mitglieder für Mahler ausgesprochen und siebzig für Hellmesberger. Bei dieser Generalversammlung im Mai war übrigens zum erstenmal von „Gastdirigenten" die Rede gewesen. Nach Hellmesbergers plötzlichem Rücktritt griff das Komitee diesen Gedanken auf und ließ durch Abstimmung entscheiden, ob man mit mehreren „Gastdirigenten" oder wie bisher mit einem einzigen verhandeln solle. Um festzustellen, ob das Orchester mit solchen Gästen überhaupt rechnen könne, hatte sich das Komitee schon vor der entscheidenden Generalversammlung an zwei in Deutschland tätige Landsleute gewandt und angefragt, ob sie einer allfälligen Einladung Folge leisten würden.

Die Philharmoniker hatten ein zuverlässiges Barometer für die Stimmung des Publikums: die Einnahmen aus ihren Konzerten. Unter Richter entfiel auf ein Mitglied durchschnittlich ein Betrag von mehr als 300 Gulden. Nachdem Mahler Richter am Dirigentenpult abgelöst hatte, stieg die Quote per Person auf 350 Gulden. In den letzten zwei Jahren, da Hellmesberger den Taktstock in die Hand nahm, gingen die Einnahmen wieder zurück. Im vorletzten Jahre konnte man den Mitgliedern wieder nur 300 Gulden als Anteil am Reingewinn ausbezahlen, und in der letzten Saison verschlechterte sich das finanzielle Ergebnis der Konzerte derart, daß die Partizipation pro Musiker im ganzen 200 Gulden betrug.
Neue Freie Presse, 10. Oktober 1903

Der eine war Arthur Nikisch, ein früherer Orchesterkollege wie Richter, der bei Hellmesberger senior das Violinspiel erlernt und von 1874 bis 1877 bei den Primgeigen mitgespielt hatte. Sein Theoriestudium am Konservatorium bei Otto Dessoff hatte ihn ermutigt, direkt vom letzten Geigenpult zum Dirigentenpult überzuwechseln. Bei dem zweiten handelte es sich um den in Graz geborenen Ernst von Schuch, der ebenfalls am Konservatorium bei Dessoff studiert hatte und nun seit vielen Jahren der angesehenen Dresdener Hofoper vorstand. Bei der Generalversammlung vom 5. Oktober 1903 konnte das Komitee bereits mitteilen, daß Nikisch und Schuch prinzipiell zugesagt hätten, und dies scheint den Ausschlag dafür gegeben zu haben, daß sich nach stürmischer Debatte achtundfünfzig Musiker bei zweiundvierzig Gegenstimmen für den Dirigenten-Pluralismus aussprachen.

Diese Versammlung, die von einem neuen Vorstand, dem Flötisten Alois Markl, geleitet wurde, zeigte allen Mitgliedern deutlich, wie wichtig die Trennung des Dirigentenamts vom Vorstandsamt geworden war. Markl, der dem Orchester schon seit 1879 angehörte, konnte sich zwanzig Jahre lang als Vorstand behaupten und wurde nach seiner Ablösung Ehrenvorstand. Ihm zur Seite stand bis 1918 als Geschäftsführer, damals Sekretär genannt, der Sekundgeiger Franz Heinrich.

Die Saison 1903–04, in der die Abonnementkonzerte von vier verschiedenen Dirigenten geleitet wurden, scheint auch die Skeptiker unter den Musikern für dieses Prinzip gewonnen zu haben, denn bei der nächsten Generalversammlung sprachen sich bloß sechzehn Orchestermitglieder für die Alleinherrschaft eines Künstlers aus. Dennoch standen in der folgenden Konzertsaison nur zwei Dirigenten am Pult. Einer davon war Felix Mottl, ebenfalls aus dem Wiener Konservatorium hervorgegangen, der sich in Deutschland großes Ansehen errungen hatte. Er nahm drei Jahre hindurch als eine Art „Hauptdirigent“ eine beherrschende Position ein, nicht bloß wegen der Zahl der von ihm geleiteten Veranstaltungen, sondern auch durch seine beratende und koordinierende Tätigkeit; er führte auch bei manchen Komiteesitzungen den Vorsitz. Als er im Jahre 1907 die Leitung der Münchener Oper übernahm und offenbar nicht mehr Zeit für die Wiener Philharmoniker fand, bot Franz Schalk, bisher nur Reisedirigent und gelegentlicher Einspringer, seine Dienste an. Gemeinsam mit Richard Strauss leitete er eine philharmonische Saison und bot damit im Konzertsaal einen Vorgeschmack der späteren Doppeldirektion Strauss-Schalk an der Wiener Staatsoper.

Felix Mottl. Schattenriß von Hans Schließmann

Gestern haben die Philharmoniker begonnen, sie werden auch heuer von Gastdirigenten befehligt werden, aber das System ist ersprießlich gemildert. Im Vorjahre wirkten vier Männer aus der Fremde in acht Konzerten; sie sind nunmehr auf zwei zusammengeschmolzen. Und unter diesen beiden Dirigenten darf man einen so bedeutenden, zugleich glücklich in Wien wurzelnden Künstler begrüßen wie Felix Mottl. Freilich dürfte auch heuer zuweilen ein Dirigent herbeigesehnt werden, der keine Schnellzugkarten lösen muß, um zu einer Probe zurechtzukommen … Herr Mottl hat bereits in Wien erfolgreich dirigiert, er stand vor zwei Jahren an der Spitze des Konzertverein-Orchesters. Man hat es oft betont, daß etwas vom Geiste Richters in ihm lebe. Tatsächlich hat er wie dieser etwas Geradwüchsiges, Ungebrochenes, den gesunden Blick auf das Ganze. Er scheint frei von moderner Reizsamkeit; er hat keine Nerven … Es gibt heutzutage keine schönere Überraschung bei der Wiedergabe von Mozart und Beethoven als den Mangel an Überraschungen.

Julius Korngold, Neue Freie Presse, 7. November 1904

„Ständige“ Dirigenten

1908 – 1927	Weingartner (155). Außerdem: Schalk (8), Strauss (2), Fritz Busch (1)
1927 – 1930	Wilhelm Furtwängler (22). Außerdem: Schalk (4), Clemens Krauss (1)
1930 – 1933	Krauss (21). Außerdem: Strauss (3), Furtwängler (3), Karl Böhm (1)

Noch ehe bekannt wurde, daß Weingartner bald als unmittelbarer Nachfolger Gustav Mahlers ans Hofopern-Theater berufen werden sollte, fiel sein Name in einer Komiteesitzung der Wiener Philharmoniker. Der Primgeiger Stefan Wahl, damals Stellvertreter von Vorstand Alois Markl, beantragte „dem Rat und Wunsch Felix Mottls“ folgend, daß sich das Orchester an Felix von Weingartner wenden solle, falls Richard Strauss für die nächste Saison absage. Dieser Antrag wurde einstimmig angenommen. Das ist nicht verwunderlich. Weingartner war schließlich der einzige große Dirigent österreichischer Herkunft, der noch nie die Wiener Philharmoniker

Felix von Weingartner. Schattenriß von Hans Schließmann

dirigiert hatte. Da allerdings Strauss in der Saison 1907–08 Zeit für die Philharmoniker fand und Weingartner noch anderweitig gebunden war, übernahm er nur ein einziges Konzert und ließ im übrigen die Doppeldirektion Schalk-Strauss regieren.

Schon im darauffolgenden Herbst eröffnete Weingartner eine philharmonische Saison, die zur Gänze von ihm dirigiert wurde. Die Zeit der Gastdirigenten war, kaum begonnen, schon vorüber. Auch Hauptdirigenten, die neben sich andere Götter duldeten, gaben nicht mehr den Takt an. Weingartner blieb fast zwei Jahrzehnte lang der ständige und in den meisten Saisonen der einzige Dirigent der Philharmoniker, obwohl er nach knapp dreijähriger Tätigkeit die Wiener Oper aufgegeben hatte. Kein anderer vor ihm ist so oft mit dem Orchester vor die Öffentlichkeit getreten. Laut Statistik hat er zwar bloß hundertfünfundfünfzig Abonnementkonzerte und einundzwanzig Nicolaikonzerte einstudiert und wurde darin von Richter überboten, doch war die Zahl der Auftritte, wenn man die öffentlichen Generalproben (seit 1917), die außerordentlichen Veranstaltungen und die Tournee-Konzerte dazurechnet, weit größer. Insgesamt hat Weingartner die Philharmoniker weit über vierhundertmal dirigiert – die Opernabende nicht gerechnet –, davon vierundachtzigmal außerhalb von Wien.

Als die Philharmoniker unter Hans Richter im Jahre 1881 zum erstenmal in Graz gastierten, war der achtzehnjährige Weingartner unter den Zuhörern: „Der sagenhaft berühmte Dirigent der ‚Nibelungen'-Festspiele stand leibhaftig vor uns; die Philharmoniker gossen eine Fülle von Glanz und klingender Seligkeit aus. Wer hätte mir, dem armen Gymnasiasten, der damals bescheiden in einer Ecke stand und atemlos lauschte, prophezeit, daß ich dereinst berufen sein würde, diese herrliche Körperschaft selbst zu leiten? Noch heute leben einige der Herren, die jenes Grazer Konzert mitgespielt haben." (Weingartner, 1923, 92f.)

Wie Mahler betrachtete sich Weingartner nicht bloß als Kapellmeister, sondern auch – und sogar in erster Linie – als Komponisten. Im Lauf der Jahre führte er mit den Wiener Philharmonikern Dutzende seiner Werke auf: Symphonien, symphonische Dichtungen, Ouverturen, Instrumentalkonzerte und Vokalkompositionen. Das Publikum, sonst sehr kritisch gegenüber allem Neuen, nahm ihm dies offenbar nicht übel; so stark war die Wirkung, die von ihm als Dirigent ausging. Auch auf den Grazer Studenten Karl Böhm, der den Winter 1913–14 in Wien verbrachte und alle Philharmonischen Konzerte besuchte, machte er großen Eindruck (Böhm, 1973, 18). „Für die Orchestermusiker war er der ideale Dirigent. Seine Zeichengebung war einfach; seine Gebärde zweckmäßig, aber kein bloßes Taktschlagen, sondern der Phrase wie dem Ausdruck angepaßt ..." (Strasser, 1974, 45)

Obwohl die Ära Weingartner fast so lange dauerte wie die Ära Richter und sie an Konzertdarbietungen sogar übertraf, war die Beziehung zwischen Orchester und Dirigent doch eine wesentlich an-

Aus einer Kritik des Philharmonischen Konzerts vom 26. Januar 1908:
... Herr von Weingartner dirigierte das schwierige Werk in großen Zügen. Die Philharmoniker schienen sich förmlich neu zu finden und das Publikum kam aus seiner gewohnten Reserve. Dirigent und Orchester empfingen rauschende und wirklich wohlverdiente Ovationen. Schuberts C-Dur-Symphonie habe ich, wenn ich nicht irre, auch von Mahler gehört, kann aber nicht feststellen, wer sie „besser“ gemacht hat. Herr von Weingartner liebt dieses Werk ganz besonders, und man braucht nur die Stelle in seiner „Symphonie nach Beethoven“ aufzuschlagen, um Näheres über die Motive dieser Liebe zu erfahren ... Aber die Gewißheit, daß Herr von Weingartner einer unserer allerersten Dirigenten ist, die ich schon im „Fidelio“ zu finden glaubte, ward gestern auf das eindrücklichste bekräftigt.
h.s. im Illustrierten Wiener Extrablatt vom 27. Januar 1908

dere. Wie die Vereinbarungen zwischen den Wiener Philharmonikern und dem Dirigenten lauteten, als Weingartner die Hofoper leitete, ist nicht ganz klar, im Dezember 1910 jedoch; kurz vor seinem Rücktritt als Operndirektor, wurde ein formeller Dreijahresvertrag geschlossen, der Weingartner zur Leitung von acht Konzerten und dem Nicolaikonzert verpflichtete. Gleichzeitig wurde ihm untersagt, bei einer anderen Wiener Konzertunternehmung zu dirigieren. Es handelte sich also um einen Exklusivvertrag, der nach Ablauf der drei Jahre insoferne modifiziert wurde, als Weingartner das

Sie sind freilich ein Medium von höchster Empfindlichkeit. Sie gehen durchs Feuer, wenn Leidenschaft, Können und Energie sie zu höchster Leistung mitreißt, sie lieben es, mit einer Aktivität ohnegleichen teuflische Langweile auszustrahlen, wenn die Hand müde ist, die sie führt. (Paumgartner, 1925, 72)

Recht, in der Oper aufzutreten, zugebilligt wurde. Diese Lockerung der Konkurrenzklausel ermöglichte es Weingartner, nach neunjähriger Abwesenheit nach Wien zurückzukehren und die Direktion der Volksoper zu übernehmen.

In den Jahren, in denen Weingartner als Reisedirigent tätig war und nur der Philharmonischen Konzerte wegen nach Wien kam, begnügte er sich zumeist mit zwei Proben und forderte nur bei besonders schwierigen Werken wie etwa Mahlers Fünfter Symphonie eine zusätzliche Probe. Diese geringe Zahl konnte genügen, weil Dirigent und Orchester miteinander vertraut waren und auch das Repertoire nur selten Ungewohntes enthielt. Heutzutage gehen den Abonnementkonzerten in der Regel vier Proben voraus. Weingartner jedoch hatte offenbar Schwierigkeiten mit der Operndirektion: „Die Philharmonischen Konzerte standen auf der Höhe. Zwar mußten wir mit dem neuen Direktor (Hans Gregor) öfters wegen der notwendigen Vorproben kleine Kämpfe bestehen, da er gar nicht verstehen wollte, daß auch Konzerte wohl oder übel geprobt werden müssen. Aber die tüchtigen Vorstände Markl und Heinrich erreichten doch immer, was wir brauchten." (Weingartner, 1929, 222)

Weingartner war nicht nur ein fruchtbarer Komponist, sondern auch ein eifriger Schriftsteller, der Texte zu eigenen Opern, musiktheoretische und umfangreiche Lebenserinnerungen verfaßt hat. Diese Produktivität, der jüngere Philharmoniker mit milder Ironie begegneten, hatte den Vorteil, daß sie mit Detailtreue überliefert, wie Weingartner die klassischen Werke auffaßte. In seiner Schrift „Über das Dirigieren" setzte er sich kritisch vor allem mit Bülow auseinander, in einer anderen gab er Ratschläge für die Aufführung Beethovenscher Symphonien.

„Seit ich den Taktstock im Konzertsaal führte, habe ich mich redlich bemüht, den Stil der Beethovenschen Werke zu erfassen und wiederzugeben ... Ich bestrebte mich zunächst, wo es mir notwendig erschien, den Vortrag durch Bezeichnung zu beleben, und suchte unklare Stellen, ohne daß ich die Instrumentation änderte, ebenfalls durch sorgsame Bezeichnung aufzuhellen, indem ich wichtige Stimmen hervor-, minder wichtige hingegen zurücktreten ließ, dies alles aber nicht im Sinne willkürlicher Nuancen ausführte, sondern lediglich auf die ununterbrochene melodische Fortschreitung des Tongebildes achtete, deren klares Erkennen einzig und allein die Deutlichkeit verbürgt. An vielen Stellen, wo ich ursprünglich eine instrumentale Veränderung für unerläßlich gehalten hatte, kam ich später zur freudigen Erkenntnis, daß eine sorgfältig durchgeführte Bezeichnung meinem Zweck nicht nur vollständig genügte, sondern im Gegenteil Beethovens Absicht mehr entsprach wie die Änderung." (Weingartner, 1958, VII)

Die Philharmoniker wußten sehr wohl, was sie in Weingartner besaßen: einen Kassenmagneten, einen Publikumsfavoriten, der nicht nur die Einführung der öffentlichen Generalproben ermöglichte, sondern auch manche Wiederholung der Abonnementkonzerte, und der sie auf Konzertreisen in die Welt hinausführte, 1922 bis Südamerika. Auf dieser Tournee hatte sich zwischen dem Orchester und seinem langjährigen Dirigenten ein geradezu familiäres Verhältnis angebahnt. So erschien es zumindest Weingartner. Dies bestand, wenn überhaupt, freilich nur wenige Monate. Im darauffolgenden Sommer wurden die Philharmoniker nämlich wieder nach Südamerika eingeladen, aber nicht mit ihrem ständigen Dirigenten, sondern mit dem Operndirektor Richard Strauss, Weingartners ewigem Widersacher. Eine schwierige Situation für das Orchester. Bei der Generalversammlung, die über Annahme oder Ablehnung dieser Reise entscheiden sollte, kam es zu einer Kampfabstimmung, bei der die Mehrheit der Mitglieder für Südamerika eintrat. Vorstand Alois Markl legte aus Loyalität gegenüber Weingartner sein Amt zurück. Allgemein wurde hierauf auch der Rücktritt Weingartners als ständiger Dirigent erwartet. Aber er blieb, justament, wie er selbst zugab! Das Verhältnis zwischen ihm und den Philharmonikern war allerdings nicht mehr das alte.

Die schon 1923 erwartete Abdankung erfolgte erst vier Jahre später. Weingartner leitete am 19. und 20. März 1927 seine letzten Konzerte als ständiger Dirigent; als Gastdirigent erschien er freilich noch in den 1930er Jahren oft am philharmonischen Pult. Das Nicolaikonzert, mit dem er sich im März 1927 verabschiedete, brachte, wie so oft, Beethovens Neunte Symphonie. Vorher spielte Alexander Wunderer, der den treuen Markl als Vorstand der Wiener Philharmoniker abgelöst hatte, das Oboenkonzert von Haydn. Damit ging eine philharmonische Epoche zu Ende. Weingartner war der erste Dirigent gewesen, mit dem die Philharmoniker Kontrakte auf mehrere Jahre schlossen, wodurch die früher geübte jährliche Dirigentenwahl wegfiel. Abstimmungen über Dirigenten gab es nur mehr, wenn ein Vertrag erneuert werden mußte oder wenn ein neuer Orchesterchef gesucht wurde, wie dies 1927 der Fall war.

Schon wenige Wochen nach Weingartners vorläufig letztem Konzert schlossen die Wiener Philharmoniker – vorerst auf drei Jahre – eine Vereinbarung mit dem damals einundvierzigjährigen Wilhelm Furtwängler, den sie schon seit 1922 kannten, als sie bei dem von der Gesellschaft der Musikfreunde veranstalteten Brahms-Fest mitgewirkt hatten. Das Zustandekommen des Vertrags war ein Verdienst des Vorstands Alexander Wunderer. Er schuf eine Verbindung, die, obgleich mehrmals unterbrochen, etwa fünfundzwanzig Jahre, bis zum Tod des Dirigenten, dauerte. Die Ursachen dieser Unterbrechungen, die freilich nie einem Abbruch glichen, waren vorerst vertraglicher Natur. Furtwängler war nämlich seit Jahren auch an das Berliner Philharmonische Orchester gebunden, das immer wieder seine älteren Rechte auf ihn geltend machte. Davon wurde vor allem die Wiener Staatsoper betroffen, wo – Richard Strauss hatte sich bereits 1924 zurückgezogen – die Pensionierung des Direktors und Dirigenten Franz Schalk unmittelbar bevor-

Früher ist das Wiener Publikum aus dem großen Musikvereinssaal fortgerannt, wenn eine Bruckner-Symphonie gespielt wurde; fluchtartig hat es nach jedem Satz den Saal verlassen. Jetzt drängt es sich in denselben Saal, wenn Furtwängler eine Bruckner-Symphonie spielt und füllt den großen Saal gleich zweimal ... Die philharmonische Saison ist mit diesem Konzert glanzvoll beendet worden. Der Glanz dieser Konzerte kam von Furtwängler, neben dessen Temperament und feuriger Kraft sich der gebildete Geschmack Schalks behauptet hat. Den Enthusiasmus des Publikums zu wecken, die Spieler zu Höchstleistungen zu entflammen, hat Furtwänglers große Persönlichkeit mit außerordentlichen Leistungen verstanden. Wo er Musik anpackt, wird sie interessant. Mittelmäßige, laue Leistungen hat man bei ihm noch nicht gesehen. Der Augenblick hat Tiefe, Intensität, gesammelte geistige Kraft, wenn er dirigiert ...

Max Graf über das Nicolaikonzert vom 14./15. April 1928, Der Tag, 27. April 1928

Generationswechsel in der zeitgenössischen Karikatur (li: Clemens Krauss)

stand. Die Behörden verhandelten mit Furtwängler, eine neue Einstudierung des „Ring des Nibelungen" war bereits vereinbart, da kam, völlig unerwartet, die Absage, welche nicht nur das Staatsopernorchester, sondern auch die Philharmoniker traf. Die Berliner Philharmonie befand sich in Gefahr, und Furtwängler fühlte sich verpflichtet, alle anderen Aufgaben hintanzustellen und sich seinen Berlinern zu widmen.

Die Wiener Staatsoper suchte also einen Direktor, die Philharmoniker, die drei Jahre unter Furtwänglers Leitung konzertiert hatten, für die Saison 1930–31 einen Dirigenten. Beide wurden, wie schon oft, in einer Person gefunden, in dem sechsunddreißigjährigen Clemens Krauss, einem gebürtigen Wiener und Absolventen der Wiener Musikakademie, der zuletzt das Opernhaus in Frankfurt am Main geleitet hatte. „Frankfurtwängler" nannte man ihn deshalb in Wien (Burghauser, 1979, 35). Zu seiner Berufung hatte Richard Strauss nicht wenig beigetragen, weil er Krauss als geistvollen Menschen und Musiker schätzte und weil er, wie böse Zungen behaupteten, um jeden Preis eine Rückkehr Weingartners in dieses Amt verhindern wollte.

„Setzen wir unseren jungen Direktor in den Sattel!" schlug Vorstand Wunderer vor, als es um die Leitung der Philharmonischen Konzerte ging (Burghauser, 1979, 38). Die Wahl erfolgte einstimmig, wenngleich mit dem Hintergedanken, daß der Schützling von Meister Richard Strauss diesen bewegen werde, wieder einige Philharmonische Konzerte zu dirigieren (was auch eintraf). Der Vertrag, der mit Clemens Krauss im Juni 1930 geschlossen wurde, bezeichnet ihn ausdrücklich als „ständigen Dirigenten", dessen Einverständnis vonnöten war, wenn ein weiterer herangezogen wurde. Mit Richard Strauss ging alles glatt, denn Clemens Krauss konzentrierte seine Dirigenteneifersucht auf seinen Vorgänger Wilhelm Furtwängler, mit dem man ihn verglich und an dem man seine künstlerischen Leistungen maß. Ein sinnloser Vergleich! Furtwänglers emotionelle Intensität und Krauss' intellektuelle Luzidität ließen sich nicht gegeneinander ausspielen. Offenbar aber brauchen die großen Dirigenten die Eifersucht auf einen Kollegen als anstachelndes Prinzip, um die eigene Persönlichkeit zu festigen: Wir haben das Verhältnis Herbeck–Dessoff erlebt, den Antagonismus Strauss–Weingartner, und werden noch häufig auf Ähnliches treffen.

Bei seinem Rückzug nach Berlin hatte sich Furtwängler das – nicht honorierte – Nicolaikonzert der Wiener Philharmoniker vorbehalten. Dieser Fuß in der Tür zum Großen Musikvereinssaal störte den ständigen Dirigenten Krauss so sehr, daß die Philharmoniker in Schwierigkeiten kamen. Um beiden Dirigenten gerecht zu werden, verfielen sie auf den verblüffenden Ausweg, in der Saison 1931–32 gleich zwei Nicolaikonzerte zu veranstalten, eines unter Furtwängler (mit Werken von Wagner, Strauss und Bruckners Siebenter) und vierzehn Tage danach ein weiteres unter Clemens

Clemens Krauss bei einer Opernprobe. Krauss war von 1929 bis 1934 Direktor der Wiener Staatsoper.

Krauss (mit Wagner-Szenen und der „Alpensymphonie“ von Richard Strauss).

Dieses Programm war übrigens gar nicht charakteristisch für den wagemutigen Krauss, der in seine Konzerte viel Musik des zwanzigsten Jahrhunderts aufnahm. War der große Anteil moderner Werke daran schuld oder die beginnende Weltwirtschaftskrise, daß die Einnahmen aus den Philharmonischen Konzerten zurückgingen? Bald bildete sich im Orchester eine starke Opposition, die von dem Fagottisten Hugo Burghauser geführt wurde. Als dieser die Einladung von Gastdirigenten vorschlug, um durch zugkräftige Stars den Publikumsschwund zu steuern, wurde er „als Wortführer der bisherigen Opposition zum Vorstand gewählt“ (Burghauser, 1979, 40). Clemens Krauss zog sich verstimmt von den Philharmonikern zurück und dirigierte nicht einmal das letzte Konzert der Saison 1932–33. Als er auch bei den Verhandlungen über die Verlängerung seines Opernvertrags auf Schwierigkeiten stieß, ging er, unter Mitnahme etlicher Opernsänger, nach Berlin. Sein Nachfolger als Opernchef wurde Felix von Weingartner.

Clemens Krauss kehrte nicht in das Deutschland zurück, aus dem er drei Jahre zuvor gekommen war. Seit Januar 1933 war ein Regime an der Macht, durch das ein Ortswechsel, wie er bei Musikern häufig vorkommt, zum politischen Bekenntnis umgemünzt wurde. Wenn auch die neuen Herrscher in Berlin in ihrem ersten Jahr nicht alle späteren Schreckenstaten vorherahnen ließen, war doch deutlich erkennbar, daß dort Ungeist, Intoleranz und Unmenschlichkeit ihren Einzug gehalten hatten. Darum wurde Clemens Krauss seine Wendung nach Berlin lange verübelt – gerade weil er ein Österreicher war und weil er in der Oper und im Konzert für Gustav Mahler und Alban Berg eingetreten war, die beide vom nationalsozialistischen Regime verboten wurden, wenngleich aus verschiedenen Gründen. Der Groll, den man gegen Krauss hegte, führte dazu, daß er in den 1930er Jahren nicht mehr unter den Dirigenten der Wiener Philharmonischen Konzerte aufschien und zwischen 1935 und 1939 auch von der Salzburger Dirigentenliste gestrichen wurde.

Dennoch waren die drei Konzertsaisonen, in denen er die Philharmoniker dirigiert hatte, mehr als eine Episode, denn Krauss kam in den 1940er Jahren, als Österreich dem Großdeutschen Reich angegliedert war und der Zweite Weltkrieg tobte, nach Wien zurück, dirigierte in der Oper und leitete Musikalische Akademien der Philharmoniker, und war im April 1945, als die sowjetischen Truppen in Wien einmarschierten, der einzige große Dirigent, der in der Stadt anwesend war. So geschah es, daß er, der Österreich 1933 den Rücken gekehrt hatte, das erste Philharmonische Konzert im befreiten Österreich dirigierte. Sein Programm enthielt Schuberts „Unvollendete" als Bekenntnis zur Heimat, die dritte Leonoren-Ouvertüre als Fanfare der Befreiung von der Tyrannei und die Fünfte Symphonie von Tschaikowsky als Verneigung vor den Befreiern.

Im Juni 1947 gelang es Krauss ein einziges Mal, das Philharmonische Nicolaikonzert zu leiten, das schon im nächsten Jahr wieder an Furtwängler fiel. Doch nun brauchten die Philharmoniker nicht zwei Nicolaikonzerte zu veranstalten, um es beiden Dirigenten recht zu machen, denn Krauss hatte sich ein anderes Sonderkonzert geschaffen, das jedem Kollegen verschlossen blieb, solange er am Leben war: das Neujahrs-Konzert.

Man täte Krauss freilich unrecht, seiner nur als Johann-Strauß-Dirigent zu gedenken. Er galt vor allem als unübertroffener, als authentischer Interpret der Werke von Richard Strauss, und als Pionier der Moderne. Wie Hans Richter bekannte er sich dazu, vom Orchester zu lernen: die richtigen Tempi bei den Werken von Brahms und manche technische Details, etwa von Rosé oder Buxbaum, die er in seine Partituren eintrug und später dem Orchester zurückgab (*Musikblätter*, 5/8).

Hugo Burghauser, Vorstand der Wiener Philharmoniker von 1933 bis 1938

PARADE DER PROMINENZ

1933 – 1934	Otto Klemperer (2), Weingartner (2), Walter (3), Furtwängler (1), Carl Schuricht (1)
1934 – 1935	Arturo Toscanini (1), Hans Knappertsbusch (1), Bernardino Molinari (1), Weingartner (1), Albert Coates (1), Franz Schmidt (1), Walter (2), Furtwängler (1)
1935 – 1936	Furtwängler (2), Weingartner (4), Walter (2), Toscanini (1)
1936 – 1937	Klemperer (1), Victor de Sabata (1), Toscanini (2), Walter (2), Weingartner (1), Knappertsbusch (1), Furtwängler (1)
1937 – 1938	Toscanini (2), Furtwängler (2), Coates (1), Walter (1), Knappertsbusch (2)

Nach genau dreißig Jahren kehrten die Wiener Philharmoniker zum System der Gastdirigenten zurück, das sie nach Hellmesbergers jähem Abgang erstmals ausprobiert hatten. Die Motive waren die gleichen: durch Stardirigenten das rückläufige Interesse des Publikums neu zu beleben. Die Durchführung verlangte Initiative und Geschicklichkeit, doch Hugo Burghauser, der an der Wiener Akademie bei dem Philharmoniker Karl Strobl Fagott und bei Joseph Marx Theorie studiert hatte, verfügte offenbar über beides. Noch heute gilt er als einer der tüchtigsten Vorstände, den die Philharmoniker je hatten. Schon in seiner ersten Saison führte er dem Publikum zwei neue philharmonische Dirigenten zu, nämlich Otto Klemperer und Carl Schuricht, und in einem außerordentlichen Konzert, das am 24. Oktober 1933 stattfand, erstmals den damals bereits legendären Arturo Toscanini. War das System der Gastdirigenten zu Beginn des Jahrhunderts noch bei den Orchestermitgliedern, dem Publikum und den Kritikern auf Widerstand gestoßen, so schien die Zeit dafür nun reif geworden. Der Erfolg war groß, ganz besonders der Jubel um Maestro Toscanini, der eines seiner Wiener Programme samt den Philharmonikern nach Budapest exportierte. Angesichts dieser Triumphe schoß Burghauser, als Manager noch unerfahren, übers Ziel, indem er Toscanini eigenmächtig zu den Salzburger Festspielen einlud. Wegen dieser Überschreitung seiner Kompetenzen wurde er von der vorgesetzten Behörde kurzerhand außer Dienst gestellt. Eine Karriere schien vorzeitig beendet, denn es war undenkbar, daß ein vom Operndienst Suspendierter Mitglied und gar Vorstand der Wiener Philharmoniker bleiben konnte. Als Burghauser jedoch, gut beraten, eine Disziplinaruntersuchung gegen sich selbst beantragte, traten seine Gegner den Rückzug an (Burghauser, 1979, 58 ff.).

Burghausers Rehabilitierung hatte auch politische Aspekte. In Österreich war die demokratische Ordnung seit 1933 außer Kraft gesetzt und hatte einer – im Vergleich zu Hitler-Deutschland – gemäßigten Diktatur Platz gemacht, die einen Zweifrontenkrieg

Arturo Toscanini

führte: gegen die inländischen Sozialdemokraten und gegen die im Deutschen Reich zur Macht gelangten Nationalsozialisten, die sehr bald ihre Hände nach Österreich ausstreckten. Als der Unterrichtsminister und spätere Bundeskanzler Kurt von Schuschnigg das Verfahren gegen den Vorstand der Wiener Philharmoniker einstellte, übte er nicht bloß einen Akt der Gerechtigkeit, sondern sicherte sich auch einen Bundesgenossen. Burghauser war der Mann, der trotz der desolaten politischen und wirtschaftlichen Lage brillante Konzertsaisonen zu veranstalten wußte und damit dem kulturellen Ansehen des kleinen, bedrohten Landes nützte. Außerdem gelang es ihm, in Wien und ebenso in Salzburg alle jene Künstler zu versammeln, die in Opposition zu Hitlers Drittem Reich standen. Im Zentrum leuchtete Toscanini, der sich dem nationalsozialistischen Deutschland ebenso wie seiner faschistischen Heimat verweigerte. Neben ihm dirigierten Bruno Walter und Otto Klemperer, beide wegen ihrer jüdischen Abkunft verfolgt, außerdem Hans Knappertsbusch, der sich unvorsichtig geäußert hatte und deshalb in Bayern nicht auftreten durfte, schließlich Furtwängler, der in jenen Jahren wegen seiner Parteinahme für Walter und Klemperer in politische Schwierigkeiten geraten war. Auch hatte er zugunsten des Komponisten Paul Hindemith interveniert, der in Hitler-Deutschland als – was immer das sein mag – „Kulturbolschewist“ geächtet war. Niemand war es bisher gelungen, die künstlerischen Antipoden Toscanini und Furtwängler, den peinlich genauen Interpreten dessen, was in den Noten steht, und den mystischen Entdecker dessen, was nicht in den Noten steht, in einem Jahresprogramm zu vereinen. Den Wiener Philharmonikern unter Burghauser gelang es.

Nie war die Zahl der außerordentlichen Konzerte in Wien so groß gewesen wie zwischen 1934 und 1938! Niemals vorher und niemals nachher konnten die Salzburger Festspiele ein so reichhaltiges Programm bieten: neun verschiedene Opern und neun Philharmonische Konzerte im Jahr 1936, zehn Opern und neun Konzerte im Jahr 1937. Die glänzenden künstlerischen Manifestationen standen in schmerzlichem Kontrast zur politischen Verdüsterung Österreichs und mehr noch zum Dunkel, das folgen sollte.

Der Hauptdirigent

1938–1954 Furtwängler (55), Knappertsbusch (28), Krauss (16), Böhm (12), Herbert von Karajan (4), Volkmar Andreae (4), Willem Mengelberg (5), Josef Krips (4), sowie eine größere Zahl von Dirigenten, die weniger als drei Konzerte leiteten.

Es mag seltsam anmuten, wenn hier ein Zeitabschnitt als Einheit der Orchestergeschichte aufgefaßt wird, der so reich an einschneidenden politischen Wechselfällen war: die Annexion Österreichs

Wilhelm Furtwängler

(1938), der Zweite Weltkrieg und das Wiedererstehen der Republik, die bis zum Abschluß des Staatsvertrags (1955) von den alliierten Mächten in vier Besatzungszonen geteilt blieb. Gewiß, auch die philharmonische Geschichte wurde von diesen Umwälzungen erfaßt; dennoch verbindet diese politisch unterschiedlichen Zeiträume ein musikalisch dominanter Faktor: das Wirken Wilhelm Furtwänglers. Bei unserer Erkundung der Vergangenheit sind wir auf Dirigenten als Vorstand und Dirigenten als Vertragspartner gestoßen, auf ständige Dirigenten und Gastdirigenten. Furtwängler, der sich dem Orchester als Chef- oder Hauptdirigent verbunden fühlte, fügte diesen Varianten eine weitere hinzu: der Dirigent als Beschützer. Drei Jahre lang hatte er die Philharmonischen Konzerte geleitet, sich dann – ebenfalls in Beschützerrolle – nach Berlin zurückgezogen, die Verbindung nach Wien aber nie abgebrochen. In Gesprächen mit Vorstand Hugo Burghauser sagte er um die Jahreswende 1937–38 den Philharmonikern sogar zu, in der kommenden Saison vier Konzerte und das Nicolaikonzert zu übernehmen, soferne die verbleibenden zwischen Toscanini und Bruno Walter aufgeteilt würden. Am 6. März 1938 – genau eine Woche vor dem gewaltsamen Anschluß Österreichs an Hitler-Deutschland – bestätigte Furtwängler in einem handgeschriebenen Brief diese Abmachung und stellte baldige Programmvorschläge in Aussicht (Burghauser, 1979, 108f.). Wenn hier also aus philharmonischer Sicht der Zeitraum 1938–1954 untersucht wird, so ist damit die Ära Furtwängler gemeint, beginnend mit den Tagen, in denen er sich zu verstärkter Tätigkeit in Wien entschloß, bis zu seinem Tod.

Als Furtwängler nach seiner schriftlichen Zusage die Philharmoniker zum erstenmal wiedersah, war Hugo Burghauser nicht mehr Vorstand. An seiner Stelle waltete ein von der nationalsozialistischen Partei eingesetzter „kommissarischer Leiter", und die Orchestermitglieder konnten noch froh sein, daß dies kein Außenstehender war, sondern ein Kollege, der Kontrabaßspieler Wilhelm Jerger. Neben ihrem gewählten Vorstand hatten die Philharmoniker auch eine Reihe von prominenten Dirigenten verloren: Walter und Klemperer, die im Dritten Reich aus „rassischen" Gründen, Toscanini und Weingartner, die aus „politischen" Gründen nicht auftreten durften. Das Orchester selbst, in dem man bisher Streicher, Holzbläser, Blechbläser und Schlagwerker unterschieden hatte, zerfiel seit dem 13. März 1938 in „Arier" und „Nichtarier". Diese wurden von einem Tag auf den anderen aus dem Opernorchester und auch aus dem Philharmonischen entfernt, darunter so verdiente Musiker wie Friedrich Buxbaum und Arnold Rosé, der siebenundfünfzig Jahre der Körperschaft angehört hatte. Die Geiger Moriz Glattauer, Max Starkmann, Viktor Robitsek und der Oboist Armin Tyroler wurden im KZ ermordet. Konzertmeister Julius Stwertka starb im KZ Theresienstadt. Den Primgeiger und Geschäftsführer Anton Weihs ereilte der Tod bei der Delogierung. Zehn Musiker mußten emigrieren, einer fiel in deutscher Uniform an der Ostfront. Anderen drohte als „Mischlingen" die Entlassung, die Wilhelm Furtwängler verhindern konnte. „Freilich: die Angst um die eigene Sicherheit oder das Leben der engsten Angehörigen konnte ihnen niemand nehmen ..." (Hellsberg, 1988)

Wie alle Gruppierungen in jener unglücklichen Zeit war das Orchester außerdem in Nationalsozialisten und deren Gegner gespalten. Fast fünfzig Jahre lang waren der einstige philharmonische Vorstand Alexander Wunderer und der einstige philharmonische Cellist Franz Schmidt in Freundschaft verbunden gewesen. Als Wunderer mit Entsetzen merkte, daß sein Freund sich der neuen Irrlehre zuneigte, brach er den Verkehr ab, und als er hörte, daß dieser an einer „Hymne an den Führer" (später: „Deutsche Auferste-

Hans Knappertsbusch bei einer Probe. Seine Beziehung zum Orchester, die 1929 begann, gestaltete sich auch in der Ära Furtwängler immer inniger.

hung") arbeitete, war er nicht bereit, Schmidt auf seinem Sterbelager aufzusuchen (Wunderer, 1941). Erst Jahre später wandelte sich sein Groll auf den einstigen Freund in verstärkten Groll auf den Nationalsozialismus, der ihre Beziehung zerstört hatte.

Im März 1938, als bereits Schreckliches geschehen war und weitere Schrecken drohten, suchte Otto Strasser, damals Geschäftsführer der Philharmoniker, nach einem Ratgeber und Helfer, der „genug Gewicht und Ansehen" besaß, um den Wiener Philharmonikern beizustehen. Es gab nur einen: Wilhelm Furtwängler. Strasser teilte ihm brieflich den erzwungenen Rücktritt Burghausers mit, das ungewisse Schicksal der „Versippten", die Gefährdung aller durch die drohende Auflösung des Vereins Wiener Philharmoniker, den Verlust so vieler Dirigenten und bat ihn, so viel wie nur irgend möglich in Wien tätig zu sein. Bereits am 8. April sprach Strasser selbst bei Furtwängler in Berlin vor. Der Dirigent erklärte sich bereit, die Funktion eines Chefdirigenten zu übernehmen und dem Orchester gegenüber den Berliner Behörden beizustehen, soweit es in seiner Macht lag (Strasser, 1974, 148ff.). Das Resultat dieser denkwürdigen Reise hat Hugo Burghauser später zusammengefaßt: „Nur der energischen Intervention Wilhelm Furtwänglers war es zu verdanken, daß der Erlaß zur Auflösung der Wiener Philharmoniker rückgängig gemacht wurde und daß diese nicht jede Selbstbestimmung und ihr beträchtliches Vereinsvermögen verloren." (Burghauser, 1979, 110f.)

Bruno Walter. Zur Emigration gezwungen wie viele seiner Dirigentenkollegen

Furtwängler kam es nämlich auf die Selbstbestimmung besonders an. Der gebürtige Berliner hat den Sondercharakter der Wiener Philharmoniker besser erkannt und anerkannt als manches in Wien geborene Orchestermitglied. Das Historische Archiv der Wiener Philharmoniker verwahrt mehrere Briefe Furtwänglers aus jener Zeit: offizielle, die mit „Heil Hitler" schlossen, und persönliche ohne diese obligate Grußformel. Zu diesen zählt ein Schreiben vom 2. August 1939, in dem es heißt: „Im übrigen möchte ich Ihnen in aller Form mitteilen, daß – falls Ihre Selbständigkeit tatsächlich so beschnitten würde, daß Sie die selbständige Wahl des Dirigenten verlören – ich persönlich von meiner Leitung von Konzerten bei Ihnen sofort zurücktreten würde. Es hat für mich wohl Sinn, die Wiener Philharmoniker, so wie sie bisher waren, zu dirigieren, nicht aber ein Orchester, das als solches seine Selbständigkeit und damit seinen eigenen Charakter nicht mehr besitzt."

Besaßen die Philharmoniker zwischen 1938 und 1945 noch ihren eigenen Charakter? Sie hatten zwölf ihrer Mitglieder eingebüßt, die elf jüdischen Musiker und Hugo Burghauser, der sich durch Flucht seiner Verhaftung entziehen mußte. Die „Versippten" konnten dank Furtwänglers Fürsprache mit einer „Sondergenehmigung" weiter ihren Dienst versehen. Somit war das Orchester zu neunzig Prozent erhalten geblieben. Der Verein wurde nicht aufgelöst, sondern erhielt den Befehl, neue Statuten vorzulegen, in denen selbstverständlich nicht von Selbstbestimmung und Dirigentenwahl die Rede sein durfte. Die Philharmoniker konnten auch nicht über ihre Konzertreisen entscheiden, sondern wurden im Dienst der Propaganda dahin und dorthin geschickt. Soweit sie noch ihren Freiraum behaupteten, verdankten sie dies Wilhelm Furtwängler. Woher rührte sein Einfluß? Er war neben Knappertsbusch der einzige weltberühmte Dirigent, der in Deutschland geblieben war, und ließ es geschehen, daß die Machthaber, die Kunst nur interessierte, wenn sie sich propagandistisch auswerten ließ, seinen Namen als kulturelles Aushängeschild mißbrauchten. Dafür machten sie ihm Konzessionen – natürlich nur in gewissen Grenzen und im geheimen.

Musikalisch schien alles beim alten geblieben zu sein, obschon Mendelssohn, Mahler und mancher andere im Repertoire fehlten. Furtwänglers Konzerte, in denen er Beethoven, Brahms und Bruckner bevorzugte, standen auf höchstem Niveau, der spezifische Klangcharakter des Orchesters wurde gewahrt und weitergegeben, und der Dirigent sorgte mit seinem berühmt zittrigen Schlag, daß alle Instrumentalisten ihr Bestes gaben. Da Musik Propagandainstrument war, hatten die Musiker den Vorteil, nicht zum Militär eingezogen zu werden. Furtwängler konnte alle um sich versammeln, als der hundertste Geburtstag des Orchesters gefeiert wurde und er selbst seine später vielzitierte Rede hielt. Er ging darin bis an die Grenze dessen, was 1942 gesagt werden durfte, und sogar einen Schritt weiter. Zu Beginn der Rede stellte er die Frage, was die Wiener Philharmoniker von anderen Orchestern unterscheide, und kam dann sofort auf das ihm wichtigste Merkmal zu sprechen: „Die Wiener Philharmoniker wählen, wie Sie wissen, ihre Dirigenten selber. Das ist etwas Ungewöhnliches, zumal heute im Zeitalter des autoritären Staates. Dennoch ist es kein Zufall, daß den Wiener Philharmonikern ihre Selbständigkeit auch im neuen Deutschland belassen wurde. In der Kunst ist es mit dem Autoritätsprinzip eine eigene Sache. Wenn sich nicht der äußeren Autori-

Im Zweiten Weltkrieg: Konzert in einer Werkshalle

tät jene innere hinzugesellt ... bleiben die erstrebten und erwarteten Leistungen aus ..." (Furtwängler, 1942, 11)

Gewiß gehörte Zivilcourage dazu, die Selbstverwaltung des Orchesters gegen den brutalen Machtanspruch des autoritären Staates zu verteidigen. Für die politische Beurteilung Furtwänglers unmittelbar nach dem Zusammenbruch des Hitler-Regimes fielen jedoch solch nuancierte Abgrenzungen weniger ins Gewicht als die Verschränkung des Künstlers mit den Machtstrukturen des Übels. So wurde Furtwängler – ebenso wie andere Dirigenten – nach dem Krieg mit einem Arbeitsverbot belegt, das ihn mehr als zwei Jahre von den Philharmonikern fernhielt. Bei dem österreichischen Untersuchungsverfahren, dem Furtwängler sich 1947 stellen mußte, fragte man ihn, warum er den ihm von Hitler verliehenen Titel „Staatsrat" angenommen und auch verwendet habe. „Die Prozedur", so berichtet ein Zeuge dieses Verfahrens, „ging in einem Amtsraum des Musikvereinsgebäudes vonstatten ... Furtwängler behauptete seine Würde, leugnete nichts und nahm die ihm angelastete Schuld verantwortungswillig auf sich, ohne den geringsten Versuch, sie zu bagatellisieren." (Huppert, 1979, 407)

Die Selbstkritik, die Furtwängler vor der Kommission offenbar erkennen ließ, führte zur Aufhebung des Berufsverbots. Dem Zusammenwirken mit den Philharmonikern schien kein Hindernis mehr entgegenzustehen. Die öffentliche Auseinandersetzung über das Verhältnis der Kunst und der Künstler zu dem menschenfeindlichen Regime, das Österreich sieben Jahre lang beherrscht hatte, blieb jedoch weiterhin heftig. Während manch anderer Dirigent, der im Dritten Reich gewirkt hatte, unbehindert auftreten konnte, entzündete sich am „Fall Furtwängler" die grundsätzliche Diskussion. Furtwänglers erstes Nachkriegskonzert mit den Wiener Philharmonikern wurde deshalb zum Anlaß für eine politische Demonstration.

Am Sonntag, dem 16. November 1947, versammelten sich vor dem Musikvereinsgebäude etwa sechzig (nach anderen Meldungen: hundertfünfzig) Menschen, die das Dritte Reich als Häftlinge in Konzentrationslagern erlebt hatten, um den Dirigenten am Betreten des Hauses zu hindern. Als es Furtwängler dennoch gelang, ins Musikvereinsgebäude vorzudringen und den Wiener Stadtrat für Kultur telefonisch um Hilfe zu bitten, stürmten etliche Demonstranten den Großen Saal. Stadtrat Viktor Matejka, der selbst das Grauen eines Konzentrationslagers erlebt hatte, stieg auf das Podium und erklärte, daß der Konzertsaal nicht der richtige Ort für die Austragung politischer Meinungsverschiedenheiten sei (*Wiener Kurier*, 17. November 1947). Erst dann konnte das Konzert mit einstündiger Verspätung beginnen; aber noch während Hindemiths „Metamorphosen" kam es zu Zwischenfällen.

Schlimmer aber als diese Demonstration selbst war in den Augen eines kompetenten Chronisten die „Gegendemonstration", die sie auslöste. Rudolf Kalmar schrieb nach dem Ereignis: „Konzertbesucher beschimpften die KZ-ler – und auch den intervenierenden Stadtrat – als ‚Lumpen', ‚Verbrecher', ‚Verräter' und bedauerten, daß sie nicht auch vergast worden wären." (*Neues Österreich*, 18. November 1947) Furtwängler hat sich solche Fürsprecher gewiß nicht verdient. Gerade er, der sich zu seiner Verantwortung bekannte, hätte den ungebetenen Bundesgenossen als Beispiel dafür dienen können, wie sich mit Würde und Demut die unrühmliche Vergangenheit bewältigen ließe.

Es war das erstemal, daß ein Philharmonisches Konzert zum Forum politischer Konfrontation wurde. Das nächste Furtwängler-Konzert, das bloß vierzehn Tage später stattfand, ging ohne Zwischenfälle vor sich, und am 8. Februar 1948 schrieb der Dirigent zuversichtlich aus Zürich: „Zwischen den Wiener Philharmonikern und mir wird wieder dieselbe Beziehung auf derselben Basis bestehen, wie sie früher vor dem Kriege und viele Jahre hindurch vor dem Nazi-Regime bestanden hatte. Ich nehme die Stellung Ihres Hauptdirigenten an." Schon bei den Salzburger Festspielen 1947 hatte er zwei der Philharmonischen Konzerte geleitet; in der Wiener Saison 1947–48 ebenfalls zwei, in der darauffolgenden dirigierte er bereits fünf.

Salzburger Festspiele 1949: Furtwängler dirigiert Mozarts „Zauberflöte" in der Felsenreitschule

Auch im Musizieren bestätigte sich das partnerschaftliche Verhältnis. Furtwängler strebte nicht danach, dem Orchester mit dem Taktstock seinen Willen aufzudrängen. In seinen Zeichen war ein Werben um das Verständnis Gleichgesinnter und um Motivation des musikalischen Zusammenhangs: Die Fermate im vierten Takt der Beethovenschen Pastoralsymphonie brachte kein ruckartiges Anhalten, sondern wurde durch ein vorangehendes Ritardando begründet; das Trio der Siebten Symphonie Beethovens litt nicht an der Zeitkrankheit beklemmender Eile, denn Furtwänglers ruhiges Atemholen übertrug sich auf die Musiker.

Man könnte viele Beispiele für dieses Musizieren nach menschlichem Maß nennen, das auch in der Zeichengebung des Dirigenten zum Ausdruck kam. Das Wort „Schlagtechnik" war auf Furtwängler nicht anwendbar, denn jedes Zeichen setzte sich aus Teilbewegungen zusammen, die das weiche Einschwingen des Klanges begünstigten. „Diese Zeichengebung ist Wilhelm Furtwängler so eigentümlich gewesen, wie keinem anderen Dirigenten." (Winckel, 1960, 45 f.) Seine Art des Dirigierens war das genaue Gegenteil von „Taktsäbeln" (wie er in verächtlichem Ton zu sagen pflegte), und sie forderte die Musiker zur Anpassung aneinander heraus. Damit kam der Dirigent einer traditionellen Haltung des Orchesters entgegen. Wer Zeuge der Konzerte jener Zeit war, der erfuhr, daß die Wiener Philharmoniker nicht „unter Furtwängler", sondern „mit Furtwängler" musizierten. Wir besitzen glücklicherweise noch Zeugnisse dieser Kunst, denn die Philharmoniker haben auch gemeinsam mit Furtwängler ihre ersten Schritte ins Zeitalter der Langspielplatte getan.

Das letztemal folgten sie seinen suggestiven Zeichen im Salzburger Festspielhaus bei einer „Freischütz"-Aufführung am 28. August 1954 und bei einem Beethoven-Konzert am 30. August 1954. Wenige Wochen später war Furtwängler tot. Die Philharmoniker, die ihm so viel verdankten, ehrten sein Andenken durch die Stiftung eines Furtwängler-Gedächtniskonzertes, durch das die Zahl der Wiener Doppelkonzerte auf zehn erhöht wurde und das bis zum Herbst 1964 bestand. Die meisten dieser Konzerte wurden von Karl Böhm dirigiert, einige von Carl Schuricht. Im Herbst 1959 stand das philharmonische Gedenken an Wilhelm Furtwängler unter Herbert von Karajans Leitung. Dieses Konzert – fünf Jahre nach Furtwänglers Tod – signalisierte die längst fällige Auflösung eines Spannungsfeldes, das ein Zusammenwirken beider Dirigenten in den Philharmonischen Konzerten undenkbar gemacht hatte. Der Antagonismus Furtwängler–Karajan rührte gewiß von Unterschieden musikalischer und politischer Natur her, die in jüngster Zeit belegt worden sind (vgl. Prieberg, 1986); die Anhänglichkeit der Wiener Philharmoniker an Furtwängler, durch die sie mehrere Jahre zum Verzicht auf Karajan gezwungen waren, wurde aber vor allem durch die Tatsache motiviert, daß er in schwerster Zeit für die Selbstbestimmung und Eigenart dieser Körperschaft eingetreten war.

Der Ehrendirigent und seine Kollegen

Die folgende alphabetische Übersicht, die den Zeitraum 1954–55 bis 1980–81 umfaßt, nennt nur Dirigenten, die mindestens drei Konzerte geleitet haben. Die Anzahl der Konzerte wurde anhand der Jahresprogramme errechnet.

Name	Doppelkonzerte	Zeitabschnitt
Abbado, Claudio	25	seit 1966/67
Bernstein, Leonard	10	seit 1965/66
Böhm, Karl	58	bis 1979/80
Cluytens, André	4	bis 1957/58
Dohnányi, Christoph von	5	seit 1975/76
Haitink, Bernard	8	seit 1971/72
Karajan, Herbert von	12	1957/58–1963/64
Kertész, István	3	bis 1972/73
Knappertsbusch, Hans	10	bis 1963/64
Kubelik, Rafael	10	bis 1970/71
Leinsdorf, Erich	3	seit 1975/76
Maazel, Lorin	18	seit 1961/62
Mehta, Zubin	15	seit 1963/64
Mitropoulos, Dimitri	7	1956/57–1960/61
Muti, Riccardo	5	seit 1974/75

Ormandy, Eugene	5	1956/57–1969/70
Previn, André	4	seit 1977/78
Rossi, Mario	8	bis 1962/63
Schuricht, Carl	11	1956/57–1964/65
Solti, Sir Georg	8	seit 1961/62
Stein, Horst	7	seit 1969/70
Szell, George	5	1965/66–1968/69

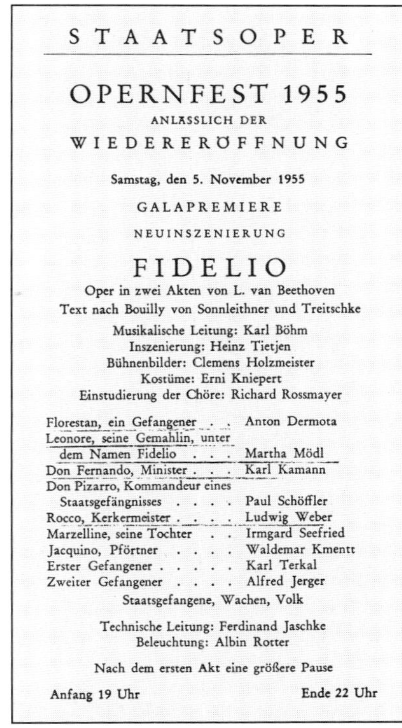
STAATSOPER

OPERNFEST 1955

ANLÄSSLICH DER

WIEDERERÖFFNUNG

Samstag, den 5. November 1955

GALAPREMIERE

NEUINSZENIERUNG

FIDELIO

Oper in zwei Akten von L. van Beethoven
Text nach Bouilly von Sonnleithner und Treitschke

Musikalische Leitung: Karl Böhm
Inszenierung: Heinz Tietjen
Bühnenbilder: Clemens Holzmeister
Kostüme: Erni Kniepert
Einstudierung der Chöre: Richard Rossmayer

Florestan, ein Gefangener . .	Anton Dermota
Leonore, seine Gemahlin, unter dem Namen Fidelio . . .	Martha Mödl
Don Fernando, Minister . . .	Karl Kamann
Don Pizarro, Kommandeur eines Staatsgefängnisses	Paul Schöffler
Rocco, Kerkermeister	Ludwig Weber
Marzelline, seine Tochter . .	Irmgard Seefried
Jacquino, Pförtner	Waldemar Kmentt
Erster Gefangener	Karl Terkal
Zweiter Gefangener	Alfred Jerger

Staatsgefangene, Wachen, Volk

Technische Leitung: Ferdinand Jaschke
Beleuchtung: Albin Rotter

Nach dem ersten Akt eine größere Pause

Anfang 19 Uhr — Ende 22 Uhr

Diese Aufstellung, die nur die Wiener Abonnementkonzerte erfaßt, zeigt die beherrschende Stellung, in die Karl Böhm, genauer: Dr. Karl Böhm, wie er sich mit Stolz auf sein juridisches Studium nennen ließ, nach Furtwänglers Tod hineinwuchs. Würde man die Wiener Konzerte außerhalb des Abonnements, die Opernabende, Salzburger Veranstaltungen, Tourneen und Tonaufnahmen hinzuzählen, wäre Böhms Vorsprung gegenüber allen anderen Orchesterleitern noch erheblich größer. Nach eigener Schätzung hat er die Wiener Philharmoniker tausendmal dirigiert. In der ersten Saison nach Furtwänglers plötzlichem Hingang leitete er nicht weniger als vier Abonnementkonzerte, die vereinbarten eigenen und dazu noch zwei von den Furtwängler zugedachten, darunter das Nicolaikonzert. Dies war nur möglich, weil sich Böhm verstärkt an Wien gebunden hatte. Die Wiedereröffnung der in den letzten Kriegstagen zerstörten Staatsoper stand bevor, und Karl Böhm war zum Direktor bestimmt, ein Amt, das er schon von 1943 bis 1945 ausgefüllt hatte. Die „namenlose Freude“, die Künstler und Publikum ergriff, als das Opernhaus am Ring im November 1955 mit „Fidelio“ aufs neue geweiht wurde, war von kurzer Dauer. Wenige Monate später trat Böhm nach einer demagogischen Zeitungskampagne, die ein Pfeifkonzert des Opernpublikums nach sich zog, von seinem langjährigen Vertrag zurück. Er hat diese Ereignisse niemals vergessen, niemals verschmerzt, betonte aber, „daß die Wiener Philharmoni-

Das Orchester unter Karl Böhm bei der Wiedereröffnung der Staatsoper 1955

ker während meiner Dirigenten- und meiner Direktionszeit sowie vorher, nachher und bis heute stets zu mir gehalten haben ..." (Böhm, 1973, 95)

Bald darauf kündigte sich ein anderer großer Dirigent als Direktor der Wiener Staatsoper an: Herbert von Karajan, dem Orchester schon seit Jahren als Operndirigent – vor allem bei den Salzburger Festspielen – und als Leiter Philharmonischer Konzerte vertraut. Bereits in der Saison 1957–58 finden wir seinen Namen mit dem Nicolaikonzert verbunden, das bis 1954 Furtwängler, und nach ihm Böhm verwaltet hatten, und 1959 führte er die Philharmoniker auf ihre erste Weltreise. Der Direktor der Wiener Staatsoper, der sensationelle Produktionen des „Ring des Nibelungen", der „Carmen" und der „Bohème" schuf, war somit auch dominierender philharmonischer Dirigent, wenngleich kein Alleinherrscher wie Mahler und Weingartner. Im Jahre 1964 vollzog sich unter schweren Stürmen, die von Karajans künstlerischer Kompromißlosigkeit ausgelöst worden waren, sein Abgang von der Oper, der zugleich ein Abgang von Wien für viele Jahre war. Schon in der Saison 1960–61 hatte er das Nicolaikonzert an Carl Schuricht abgetreten, beginnend mit der Saison 1964–65 zog er sich von den Philharmonischen Konzerten ganz zurück. Nur in Salzburg musizierte das

Herbert von Karajan mit dem Orchester im Jahr 1959

Probe mit Leonard Bernstein

Orchester in Konzert und Oper unter seiner Leitung. In eben der Saison, in der Karajan aussprang, übernahm Karl Böhm wieder das Nicolaikonzert, das er nun bis zu seinem Tod im Jahr 1981 behielt.

Das Pendeln von einem großen Dirigenten zum anderen – und wieder zurück und nochmals – lehrte das Orchester, sich von außerkünstlerischen Faktoren möglichst unabhängig zu machen. Gewitterwolken über der Oper sollten nicht das Schönwetter im Konzert bedrohen. Ein Grund mehr, sich mit möglichst vielen Orchesterleitern zu befreunden, am besten mit allen, die im europäischen und amerikanischen Musikleben eine Rolle spielten. Groß, fast unübersehbar, ist die Zahl der Dirigenten, die im Konzert, auf Reisen oder bei Tonaufnahmen am Pult der Philharmoniker standen. Alte Bekannte waren darunter wie Knappertsbusch, Walter und Schuricht, die schon vor dem Krieg mit ihnen musiziert hatten. Eine Riege renommierter überseeischer Dirigenten traf ein, wie Eugene Ormandy, George Szell und Dimitri Mitropoulos, der, von den Philharmonikern erst spät entdeckt, durch seinen Dirigierstil und auch durch seine Menschlichkeit großen Eindruck auf sie machte. Schließlich tauchte 1966 in der Oper ein Amerikaner auf, von dem man schon viel gehört hatte, um eine Neuinszenierung von Verdis „Falstaff" zu proben: Leonard Bernstein. Noch zwanzig Jahre später konnte man Orchestermitglieder, die daran teilgenommen hatten, von diesen Proben und von der Aufführung schwärmen hören. Kein Wunder, daß Bernstein schon in der Saison 1965–66 im Philharmonischen Konzert auftrat, und zwar als Dirigent und als Pianist, und seither immer wiederkehrte, Konzertreisen leitete, Schallplatten und Fernsehfilme aufnahm.

In den sechziger Jahren rückte eine neue Generation nach, Maazel und Mehta, gefolgt von Abbado, der es auf die größte Zahl von Abonnementkonzerten unter den Jüngeren brachte. Nach einem weiteren Revirement stießen Muti, Previn und Christoph von Dohnányi zu den Philharmonischen Konzerten. Und unter diesen Italienern, Amerikanern, Ungarn, Indern, Deutschen und Holländern befand sich – als ruhender Pol in der steten Rotation – Karl Böhm, der einzige Österreicher unter den Dirigenten, seit Karajan die Wiener durch sein Fernbleiben strafte. Schon aus diesem Grund war Böhm dem Orchester im Musikalischen wesensverwandt. Er war überdies ein Interpret, dessen „Spezialgebiete" (der ganze Mozart, der ganze Richard Strauss, Beethoven, Brahms, „Tristan", „Wozzeck" und so fort) derart zahlreich schienen, daß man ihn universell nennen mußte.

Vielleicht kann man die Saison 1966–67, ohne andere hintanzusetzen, als Höhepunkt seiner fast fünfzigjährigen Verbindung mit den Wiener Philharmonikern ansehen. Das Orchester feierte den hundertfünfundzwanzigsten Geburtstag der Philharmonischen Konzerte, und in der Jubiläumssaison traten Abbado, Bernstein, Maazel, Mehta, Ormandy, Solti und – im Komponistenkonzert – Frank Martin je einmal ans Pult, Böhm dagegen dreimal. Setzt man hinzu, daß er ein Philharmonisches Konzert in Salzburg leitete und im übrigen nicht weniger als drei Konzertreisen, darunter eine durch die Vereinigten Staaten, so zeigt sich, daß er mehr war als ein Dirigent unter anderen. Fast selbstverständlich fiel ihm, wie einstmals Furtwängler, die Aufgabe zu, bei dem Festakt, mit dem das Jubiläum begangen wurde, die Laudatio zu halten. Die Worte, die er fand, zeugen von einer intimen Kenntnis des Orchesters und seiner Probleme: „Ich als Dirigent bin mir wohl bewußt, daß es für solche Musikerpersönlichkeiten nicht immer ein ungetrübtes Vergnügen sein kann, ihr eigenes musikalisches Empfinden dem fremden Willen unterzuordnen, wie es umgekehrt keine Kleinigkeit ist, ein solches ‚Kollektiv der Individualisten' – wie man die Philharmoniker einmal mit Recht genannt hat – zu führen. Eine Dirigentenpersönlichkeit aber muß vorhanden sein, auch in einer demokratischen Musikergemeinde, weil nur einer recht haben kann, selbst dann, wenn er gelegentlich auch einmal nicht recht hat. Er wird aber immer im Recht sein, wenn er guten Willens ist, seine Auffassung nicht so durchzusetzen, daß er den Musiker vergewaltigt, sondern sich bemüht, die eigenen wahren Empfindungen der Instrumentalisten zu bestätigen …" (Böhm, 1967)

Wie sollten die Philharmoniker ihm danken? Schon 1954 hatten sie ihm den Ehrenring verliehen, doch den hatten vor ihm bereits Weingartner, Furtwängler, Knappertsbusch, Krauss und Walter empfangen. Am 6. Oktober 1955, kurz vor der Wiedereröffnung der Staatsoper, hatten sie ihn zum Ehrenmitglied ernannt, ein Titel, den als erster Hans Richter getragen hatte und der an insgesamt einundzwanzig Künstler vergeben wurde, darunter Richard Strauss, Franz Schmidt, Toscanini, Backhaus, Bernstein sowie an verdiente Musiker aus den eigenen Reihen wie Rosé, Sedlak, Burghauser und Strasser. Was also tun? „Als sie nicht mehr ein und aus

Beifall für Zubin Mehta und seine Musiker

wußten, haben sie einen neuen Titel für mich geschaffen und haben mich zu ihrem Ehrendirigenten ernannt", sagte Karl Böhm 1970 bei einer ihm zu Ehren veranstalteten Feier im Wiener Rathaus.

Auch Böhm dachte darüber nach, wie er seiner Beziehung zu diesem Orchester Ausdruck verleihen könnte. Eine Gelegenheit dazu ergab sich bei den Tonaufnahmen zu dem „Elektra"-Film, einem der späten Höhepunkte gemeinsamen Schaffens. Nach Abschluß der Arbeit schenkte Böhm den Philharmonikern fünf Skizzenbücher von Richard Strauss aus seinem Privatbesitz. Sie enthalten Entwürfe zu „Ariadne", „Frau ohne Schatten" und „Daphne" (*Musikblätter*, 35, 283f.). Überdies setzte er das Orchester zum Erben seines musikalischen Nachlasses ein, zu dem auch das Orchestermaterial gehört, in das er seine Anweisungen geschrieben hatte und aus dem er dirigierte. Seine letzten philharmonischen Tätigkeiten, ehe er 1981 im Alter von fast siebenundachtzig Jahren starb, war die Leitung einer Vorstellung der „Hochzeit des Figaro" und eine Tonaufnahme von Beethovens Neunter.

Böhm war der letzte einer philharmonischen Stafette: Er hatte noch Weingartner gehört, der von Hans Richter beeinflußt wurde, und Richter hatte unter Dessoff bei den Philharmonikern das Horn geblasen und die Gründerväter gekannt, die beim ersten Konzert unter Nicolai dabeigewesen waren.

Fest- und Festspieldirigenten

Karl Böhm hatte in mancher Saison noch drei oder vier Abonnementkonzerte geleitet. In dem Jahrzehnt nach seinem Tod sahen wir in fast jedem der neun Konzerte (plus Nicolaikonzert) einen anderen Dirigenten auf dem Podium. Nur wenige neue Namen tauchten auf – wie Vaclav Neumann, James Levine oder Carlo Maria Giulini –, und diese waren längst musikweltbekannt und bloß durch Zufälligkeiten nicht in den philharmonischen Tempel geraten. Vom Beginn der Saison 1981/82 bis zum Ende der Saison 1990/91 waren folgende Dirigenten für mindestens drei Doppelkonzerte (öffentliche Generalproben und Sonntagsaufführungen) verantwortlich:

Liste der Dirigenten in den Saisonen 1981/82 bis 1990/91

	Doppelkonzerte	Zeitabschnitt
Abbado, Claudio	15	
Bernstein, Leonard	3	bis 1988/89
Dohnányi, Christoph von	8	
Giulini, Carlo Maria	6	seit 1983/84
Haitink, Bernard	3	
Karajan, Herbert von	3	bis 1984/85
Leinsdorf, Erich	3	bis 1984/85
Levine, James	9	seit 1981/82
Maazel, Lorin	9	bis 1985/86
Mehta, Zubin	9	
Muti, Riccardo	5	
Neumann, Vaclav	3	seit 1987/88
Previn, André	9	
Stein, Horst	3	

Bernstein nach der Probe

Nicht nur alphabetisch, auch nach der Zahl der von ihm geleiteten Veranstaltungen steht Claudio Abbado in diesem Zeitraum an der Spitze. Sein statistischer Vorsprung gegenüber den Kollegen ist zum Teil auf das Nahverhältnis zurückzuführen, das die Philharmoniker zum jeweiligen Opernchef – mag dieser nun Direktor heißen oder nicht – seit Nicolais Zeiten naturgemäß pflegen. Abbado war freilich, schon lange bevor er sich mit der Oper einließ, häufig am philharmonischen Pult erschienen und hatte überdies nach Böhm das Nicolaikonzert übernommen, was sich in der Statistik auswirkt. Die Programme der Nicolaikonzerte, jahrzehntelang für Beethovens Neunte reserviert, waren bereits unter Karl Böhm abwechslungsreicher geworden. Abbado lockerte den Beethoven-Brahms-Kanon mit Werken von Mahler, Janáček und Webern weiter auf; im Jahr 1988 erinnerte er mit Schönbergs „Ein Überlebender aus Warschau" an den fünfzig Jahre zurückliegenden Anfang eines Weltuntergangs.

Die Statistik des Zeitabschnitts 1981–1991 wäre freilich anders gewichtet, wenn sie, wie das Nicolaikonzert, auch das Neujahrskonzert enthielte. Dieses war nach dem Rücktritt des dirigierenden Konzertmeisters Willi Boskovsky an Lorin Maazel gefallen, noch ehe er Direktor der Wiener Staatsoper wurde. Nach Auslaufen seines Vertrags und der dazu ertönenden Katzenmusik zog sich Maazel, wie mancher Wiener Operndirektor vor ihm (und sicherlich noch mancher nach ihm) gekränkt von Wien zurück. Nach der Saison 1985/86 dirigierte er kein Abonnementkonzert mehr und auch kein Neujahrskonzert. Erst in jüngster Zeit gelang es dem Orchester, wieder mit Maazel zu arbeiten, anfänglich nicht in Wien, sondern in New York. Zur Feier des hundertjährigen Bestehens der Carnegie Hall dirigierte er im März 1991 eine konzertante Aufführung der „Elektra" von Strauss, die zu einem Höhepunkt der im übrigen von Abbado geleiteten philharmonischen Amerika-Woche wurde.

Die Leitgestalten dieses Jahrzehnts aber waren nicht der Staatsoperndirektor Maazel (1982–1986) und auch nicht der Musikdirektor der Staatsoper Abbado (1986–1991), sondern zwei Künstler in vorgerückten Jahren, die in der Statistik keineswegs an hervorragender Stelle aufscheinen. Die Abonnementkonzerte sind ja bloß das traditionelle Schaufenster des philharmonischen Betriebes, der im Inneren ein Vielfaches dessen produziert, was er Samstag nachmittag und Sonntag mittag auslegt. Vermutlich war dieses Jahrzehnt – Coda einer langen, nunmehr schon historischen Periode des Konzertwesens – von zwei anderen Maestri geprägt: Herbert von Karajan und Leonard Bernstein. Trotz einer gewissen physischen Ähnlichkeit – zarter Wuchs und markantes Profil – läßt sich ein größerer Abstand kaum denken als der zwischen dem 1908 geborenen Salzburger Karajan, der sich selbst als den letzten Überlebenden der alten Kapellmeister bezeichnete, und dem 1918 geborenen Amerikaner Bernstein, der sich als Komponist fühlte, auch wenn er die

Tonaufnahme unter Karajan in den Sofiensälen

Werke anderer einstudierte. Dirigieren bedeutete für den einen die Erfüllung eines Auftrags in höchster Perfektion und Klangschönheit, für den anderen Neuschaffen des schon Geschaffenen in der Spontaneität einer Aufführung. Trotz solch grundsätzlicher Unterschiede finden wir – über die äußere Erscheinung hinaus – manche Verwandschaft zwischen Karajan und Bernstein: den souveränen Umgang mit den modernen Medien und die Anziehungskraft, die beide auf ihr Publikum ausübten.

Das Verhältnis der Wiener Philharmoniker zu Karajan war lange von ihrem Verhältnis zu anderen Dirigenten und von Karajans Bruch mit der Wiener Oper beeinträchtigt. Überdies war er Chef der Berliner Philharmoniker, was die Beziehung zu ihm nicht gerade vereinfachte. Nachdem er die Türe zu Wien zugeschlagen hatte, beschränkte sich sein Umgang mit den Philharmonikern auf die Salzburger Festspiele; da kamen sie sozusagen zu ihm, und nicht er zu ihnen. Erst in den siebziger Jahren löste sich nach und nach die Spannung. Die Wiener Philharmoniker eröffneten unter Karajan in Linz die Brucknerhalle, und von Linz war nur mehr ein Schritt, ein großer freilich, nach Wien, wo der Maestro sogar wieder in der Staatsoper auftrat. Die endgültige Aussöhnung folgte. Karajans Groll auf die Wiener war gewichen, sein Verhältnis zu Berlin hingegen hatte sich zunehmend verdüstert. So kam es zur Annäherung an die Wiener Philharmoniker, die immer freundlichere, zuletzt freundschaftliche Formen annahm. Er erschien wieder am Pult der Abonnementkonzerte, und er spielte mit den Philharmonikern eine Serie von Video-Musikproduktionen ein.

Diese Ton-Bild-Dokumente wurden von Karajans eigener Firma aufgenommen. Schon immer hatte er sich für Maschinerie und Technik interessiert. Oder war es nicht so sehr die Technik, die ihn begeisterte, sondern die durch die Technik gebotenen künstlerischen Entdeckungen? „Ich habe erzählt, daß ich mit dem Fahrrad nach Bayreuth gefahren bin, um Arturo Toscanini bei der Arbeit zu erleben", sagte Karajan. „Ich wäre auf den Knien nach Bayreuth gerutscht, um dort ein Dokument vorzufinden, das mir vor Augen führt, wie Hans Richter dirigierte. Er war der authentische Wagner-Interpret, er war – wie ich – Konzertdirektor der Gesellschaft der Musikfreunde, er war idealer Dirigent der Werke seines geliebten Johannes Brahms. Er dirigierte das letzte Mal 1912. Wir wissen nichts mehr davon, wie er musizierte." (Karajan, 1988, 139) Durch die Videoaufnahme sollte eine Musiziertradition fortbestehen, als deren letzten Repräsentanten er sich erkannt hatte.

Herbert von Karajan war Chefdirigent in Berlin. Während dieser Zeit ging er mit den Wiener Philharmonikern auf eine Welttournee. Von einem Journalisten gefragt, wieso er als Chef der „Berliner" mit den „Wienern" auf Tournee ginge, antwortete Karajan: „Man kann ja auch zwei Frauen lieben. Die Berliner sind meine Frau und die Wiener sind meine Geliebte." Wie recht er damit hatte. Die Wiener Philharmoniker eignen sich nämlich überhaupt nicht für die „Ehe" mit einem Dirigenten. Sie lieben und wollen geliebt werden, aber ohne endgültige Bindung. (Resel, 1989, 21 f.)

Zur Jahreswende 1986/87 erfüllten die Philharmoniker dem bereits von schwerem Leiden gezeichneten Karajan einen Herzenswunsch. Er konnte das Neujahrskonzert dirigieren. Zum achtzigsten Geburtstag überreichten sie ihm den für Karl Böhm ersonnenen Titel eines Ehrendirigenten. Dies waren die äußeren Zeichen einer Ende-gut-alles-gut-Beziehung zwischen dem großen österreichischen Dirigenten und dem großen österreichischen Orchester. Im Februar 1989 fand in New York erstmals die „Woche der Wiener Philharmoniker" statt. Obwohl Karajan ein bereits schwer behinderter und von Schmerzen gequälter Mann war, ging er nochmals mit dem Orchester auf Reisen. Sie hatten zwei Programme im Gepäck, die für seine späten Jahre charakteristisch waren: die Achte Symphonie von Bruckner, mit dem sich Karajan immer öfter und intensiver auseinandergesetzt hatte, und einen wienerischen Abend mit Schuberts Unvollendeter und vielen Johann-Strauß-Walzern als Nachklang des Neujahrskonzertes.

Ein volles Jahrzehnt war Leonard Bernstein den New Yorker Philharmonikern vorgestanden. Im Jahr 1968, als er fünfzig war, wollte er anderswo wirken, wohl auch anderes bewirken. Sein Ziel war Europa, vor allem Wien, wo er wenige Jahre zuvor als Opern- und als philharmonischer Dirigent enthusiastisch begrüßt worden war. Er sah sich allerdings nicht in erster Linie als Dirigent. Seinem Selbstverständnis nach war er Komponist. Er schrieb für den Konzertsaal und fürs Musiktheater – darunter einen Welterfolg wie „Westside Story" –, und auch beim Nachschaffen fühlte er sich als Schaffender. Ob er Mozart oder Schumann oder Sibelius ausformte, immer wieder hatte er während einer gelingenden Aufführung die Empfindung, daß er der Schöpfer dieses rund um ihn entstehenden Klanggefüges wäre. Von allen Komponisten, die er aufführte, identifizierte er sich am meisten mit Gustav Mahler.

Mahler hatte die Philharmoniker dirigiert, war im Bösen von ihnen und von Wien überhaupt geschieden und hatte in seinen letzten Lebensjahren die New Yorker Philharmoniker geleitet. Bernstein nahm den umgekehrten Weg, von den New Yorker zu den Wiener Philharmonikern. Sein Biograph stellte diesen Entschluß so dar: „Um wirklich wie Mahler zu sein . . ., um sich all die verschiedenen Anregungen zu verschaffen, die Mahlers Kompositionen erst ermöglichten, gab es keine geeignetere Stadt als Wien, und kein Orchester war besser geeignet als die Wiener Philharmoniker." (Peyser, 1988, 355)

Bernstein aber wollte noch mehr, als den kulturellen Boden kennenlernen, dem Mahlers Symphonik entsprossen war, Bernstein wollte die Wiener Philharmoniker und ihr Publikum für Mahler gewinnen; er wollte Mahler mit Wien versöhnen. Beides ist ihm gelungen. Anfang der sechziger Jahre hatte er in Amerika, völlig unerwartet, eine Mahler-Renaissance eingeleitet, bald darauf ereignete sich das gleiche in Wien, in England, in Deutschland, wo immer er auftrat. Viele Konzertbesucher, die gekommen waren, um dem Dirigierphänomen Bernstein zu applaudieren, und Mahler bloß in Kauf genommen hatten, lernten rasch, Mahlers Musik zu verstehen und zu schätzen. Ringsum fanden sich Mitstreiter: Lorin Maazel, der mit den Wiener Philharmonikern sämtliche Mahler-Symphonien auf CD festhielt; Claudio Abbado, der in Konzert und Tonaufnahme für Mahler warb; und neben vielen anderen auch Herbert von Karajan, der über Bruckner zu Mahler fand.

Es wäre allerdings verfehlt, in Bernstein nur den Mahler-Spezialisten zu sehen. Er hat in den Konzerten, in denen er die Wiener Philharmoniker leitete, allen großen Meistern der Symphonik gehuldigt. „Von der unendlichen Vielfalt der Musik" heißt ein Bändchen mit verschiedenen Aufsätzen von Leonard Bernstein. Dieser unendlichen Vielfalt fühlte er sich auch in seinem Repertoire verpflichtet. Bald avancierte der Amerikaner, den es nach Wien gezogen hatte, zu einer Art von österreichischem Fest- und Staatsdirigenten. Er leitete 1969 das Festkonzert zum hundertjährigen Bestehen der Staatsoper, er feierte an der Spitze der Wiener Philharmoniker die Restaurierung des Großen Konzerthaussaales, das Jubiläum des Theaters an der Wien und, 1979, die Eröffnung der UNO-City am nördlichen Ufer der Donau.

Im gemeinsamen Wirken spielten auch Ton- und Videoaufnahmen eine große Rolle. Zu den Aufzeichnungen im Großen Musikvereinssaal war Publikum zugelassen. Den Ertrag dieser TV-Konzerte widmeten Orchester und Dirigent wohltätigen Zwecken: Weltorganisationen wie UNICEF oder Amnesty International, ebensooft aber auch förderungswürdigen Wiener Einrichtungen. Am 4. Oktober 1986 erklangen im Großen Musikvereinssaal die Sechste Symphonie von Schostakowitsch und die Zweite von Sibelius zugunsten der Restaurierung eben dieses ehrwürdigen Saales.

Ich könnte mir denken, daß man von einer innigen Phrase Mozarts wie von etwas der Liebe Verwandtem berührt wird. (Bernstein, 1984, 266)

Auch gereist sind die Wiener Philharmoniker fleißig mit ihrem verwienerten Amerikaner: nach Deutschland, England, Israel und selbstverständlich immer wieder, insgesamt fünfmal, in die Vereinigten Staaten, zuletzt im März 1990, zur zweiten „Woche der Wiener Philharmoniker“ in New York, deren erste Karajan dirigiert hatte.

Karajan starb am 16. Juli 1989, Bernstein am 14. Oktober 1990. Im Abstand von einem Jahr spielten die Philharmoniker zweimal die „Maurerische Trauermusik“ von Mozart – ohne Dirigenten.

Abbildung auf Seite 218: „Sinfonia domestica“. Letzte Partiturseite mit Widmung für die Wiener Philharmoniker „in Bewunderung und Dankbarkeit für viele Stunden schönsten künstlerischen Genusses, treu ergeben Dr. Richard Strauss“

ORCHESTERVORSTÄNDE DER WIENER PHILHARMONIKER

Otto Nicolai, Hofopernkapellmeister	1842 – 1847
Karl Eckert, Hofoperndirektor	1860
Otto Dessoff, Hofopernkapellmeister	1860 – 1875
Hans Richter, Hofopernkapellmeister	1875 – 1882
Wilhelm Jahn, Hofoperndirektor	1882 – 1883
Hans Richter, Hofopernkapellmeister	1883 – 1898
Franz Simandl, Kontrabassist (Obmann)	1898 – 1903
Alois Markl, Flötist	1903 – 1923
Alexander Wunderer, Oboist	1923 – 1932
Gustav Hawranek, Primgeiger	1932 – 1933
Hugo Burghauser, Fagottist	1933 – 1938
Wilhelm Jerger, Kontrabassist (1938–39 kommissarischer Leiter)	1938 – 1945
Fritz Sedlak, Primgeiger	1945 – 1946
Gottfried Freiberg, Hornist	1946 – 1947
Rudolf Hanzl, Fagottist	1947 – 1953
Hermann Obermeyer, Primgeiger	1953 – 1958
Otto Strasser, Sekundgeiger	1958 – 1967
Walter Barylli, Konzertmeister	1967 – 1969
Wolfgang Poduschka, Primgeiger	1969 – 1972
Wilhelm Hübner, Sekundgeiger	1972 – 1978
Alfred Altenburger	1978 – 1987
Werner Resel	1987 –

Letzte Seite der Sinfonia domestica den lieben Wiener Philharmonikern
in Bewunderung und Dankbarkeit für viele Stunden schönsten künstlerischen Genusses
treu ergeben
Richard Strauss
Garmisch, 30. 8. 32

Das Repertoire

Otto Nicolai notierte im Jahre 1844 in sein Tagebuch: „Das Bedeutendste, was ich ... in Wien getan, ist die Gründung der Philharmonischen Konzerte. In diesen Konzerten habe ich bis jetzt nur durchaus klassische Musik zur Aufführung gebracht, und in diesem Sinne sollen sie auch fortbestehen." (Nicolai, 1892, 131) „Klassische Musik" ist ein mehrdeutiger Begriff, und „durchaus klassische Musik" erst recht, doch lehrt uns ein Blick in Nicolais Konzertprogramme, was er darunter verstand: Haydn, Mozart und Beethoven, die auch uns als die eigentlichen Klassiker gelten, daneben ältere Meister wie Händel, Sacchini und Gluck, neuere wie Cherubini und Carl Maria von Weber – und dazu noch etliche Zeitgenossen, namens Adrien François Servais, Louis Spohr, Felix Mendelssohn und Giacomo Meyerbeer. Diese Aufzählung könnte freilich den unrichtigen Eindruck wecken, es hätte sich um eine Versammlung von Gleichrangigen gehandelt, doch die genannten Komponisten bildeten bloß Türsteher, Ehrenspalier und Hochrufer für den Triumphzug Beethovens. Wenn sich Mendelssohn mit der Ouvertüre zum „Sommernachtstraum", Sacchini mit einem Duett und Mozart mit Arien aus „Titus" und „Così fan tutte" vernehmen ließen, so hatte Beethoven mit seiner „Eroica" das letzte und gewichtigste Wort; wenn Webers „Oberon"-Ouvertüre und die Arie aus Spohrs „Faust" verklungen waren, begann mit Beethovens Neunter erst das eigentliche Konzert.

Unter den großen, mittleren und kleinen Planeten, die Beethoven als Zentralsonne umkreisten, fehlte Franz Schubert, obgleich Mendelssohn schon 1839 dessen große C-Dur-Symphonie in einem Leipziger Gewandhauskonzert uraufgeführt hatte. Auch der Name Johann Sebastian Bach schien im Repertoire der 1840er Jahre nicht auf, doch wird dies niemand verwundern, der die Konzertgeschichte des vorigen Jahrhunderts kennt. Vordringlich war die Bewältigung des zweiten großen B – eben Beethovens; B wie Bach lag noch, trotz Mendelssohns Berliner Konzert-Taten, unter dem Gerümpel historischer Mißverständnisse begraben, die weiteren großen B, Brahms und Bruckner, sollten erst zwanzig oder dreißig Jahre später mitzureden haben. Überraschend hingegen ist, daß der Dirigent Nicolai den überaus fruchtbaren Komponisten Nicolai ignorierte und eigene Werke außerhalb der Philharmonischen Konzerte aufführte. Natürlich wirkten in Nicolais Kompositionskonzert dieselben Musiker vom Hofopern-Theater mit, jedoch nicht unter philharmonischer Flagge. Diese Selbstbeschränkung beweist, daß Nicolai im Gegensatz zu vielen anderen komponierenden Dirigenten eine zurückhaltende Natur war und in seiner Programmpolitik auf Unanfechtbarkeit und Objektivität setzte.

Philharmonisches Publikum

Obwohl Nicolai in seiner knappen Tagebuchnotiz gewiß nur dieses objektive Konzept meinte und keine Richtlinie für alle Zeiten entwarf, haftet ihr etwas nahezu Prophetisches an. Die Wiener

Philharmoniker haben sich nämlich trotz anders tendierender Einflüsse von seiten mancher Dirigenten zu einem Orchester entwikkelt, das vorwiegend klassische Musik im weiteren, Nicolaischen Sinn darbietet. In der Oper und als Orchester fremder Veranstalter entsprechen sie den ihnen gestellten Aufgaben, doch in den Abonnementkonzerten, in denen sie ihre eigenen Herren sind, bemühen sie sich vornehmlich um „durchaus klassische Musik“, um das bereits Bewährte oder Bewährung Versprechende. Auf Experimente haben sie sich kaum jemals eingelassen, und keinerlei Spezialisierung, weder für alte noch für neue Musik, angestrebt. Beides wurde und wird ihnen vorgeworfen, doch schießt ein solcher Vorwurf am Wesen dieser Musikervereinigung vorbei. Die Philharmoniker empfinden sich, wenn man so sagen darf, als „durchaus klassisches Orchester“, als Vollzieher der Musikgeschichte von Bach bis Berg, dessen Orchesterstücke op. 6 freilich erst fünfzig Jahre nach ihrer Entstehung zu gehöriger Klassizität gelangten.

Der Konservatismus der Philharmoniker findet seine Entsprechung und Spiegelung im Konservatismus des philharmonischen Publikums. Schon Eduard Hanslick vermerkte, daß das Auditorium der Philharmonischen Konzerte besonders konservativ und „sehr streng“ gegen Novitäten lebender Komponisten sei (Hanslick, 1869, 390). Dieses Verdikt, das auf den Erfahrungen der an neuen Musikwerken so reichen 1860er Jahre fußte, ließe sich auch auf das Publikum der Jahrhundertwende ausdehnen, das Mahlers Erste Symphonie auszischte, ja selbst auf das Publikum von 1930, das den Philharmonikern die Gefolgschaft verweigerte, wenn Clemens Krauss allzu viele Werke von Strawinsky, Prokofjew, Hindemith oder gar Berg und Schönberg dirigierte. In unserer Zeit freilich zeigt sich das philharmonische Auditorium, wenn es ausnahmsweise mit einer radikaleren Novität konfrontiert wird, äußerst tolerant; es demonstriert seine Beunruhigung zwar durch nervöses Husten, applaudiert zuletzt aber doch, wahrscheinlich den Philharmonikern zuliebe.

Eng wie kaum ein anderes Orchester ist das Philharmonische seinen Abonnenten verbunden, die jahre- und jahrzehntelang dieselben sind, da der glückliche Inhaber eines Abonnements nicht im Traum daran denkt, es zurückzulegen. „Nach Ausrufung der Republik wurde der Adel in Österreich abgeschafft“, schrieb Hans Weigel. „An seine Stelle ist der Besitz eines philharmonischen Abonnements getreten.“ (Weigel, 1967, 15) Die Besucher der Philharmonischen Konzerte bilden wohl keine Kaste im engeren Sinn, wenngleich Reinhard Öhlberger, Fagottist und Abonnementverwalter der Philharmoniker, zu verstehen gibt, daß im Publikum die Berufsgruppen der Ärzte und der Rechtsanwälte besonders stark vertreten sind. Anhand der Abonnentenliste könnte man die soziale Zusammensetzung des philharmonischen Auditoriums natürlich genau analysieren, doch stünde diesem Vorhaben das Datenschutzgesetz im Wege. Auch würden die aus einer solchen Unter-

„Nach dem philharmonischen Konzert". Zeichnung von A. Livonius, um 1910

suchung resultierenden Erkenntnisse wenig besagen. Weit interessanter nämlich wären Angaben darüber, wie viele der philharmonischen Abonnenten selbst ein Instrument spielen. Gerade unter den Wiener Ärzten und Rechtsanwälten gibt es eine alte Tradition der Hausmusikpflege, und es hat den Anschein, daß sich unter ihnen auch heute Amateurmusiker befinden, die Kammermusik spielen, unter Umständen sogar mit philharmonischer Assistenz. Liebhabervereinigungen dieser Art gelangen jedoch, selbst wenn ab und zu ein befreundeter Philharmoniker aushilft, kaum über das Repertoire des neunzehnten Jahrhunderts hinaus. Werke unseres Jahrhunderts sind zumeist nur für Berufsmusiker spielbar. Auch das würde, zumindest bei einem Teil der Abonnenten, den vielbesprochenen Konservatismus erklären. Als Partner des Orchesters bilden die Hörer insgesamt ein „durchaus klassisches Publikum", das durch die Programmgestaltung zu bestimmten Erwartungen erzogen wurde und dadurch auch auf die Programmgestaltung zurückwirkt.

Sterben und Unsterblichkeit

So unabhängig sich die Philharmoniker und ihr Publikum fühlen mögen, sind sie doch dem allgemeinen Geschmacks- und Richtungswandel unterworfen, der das Repertoire aller Konzertunternehmungen mitgestaltet. Das einzelne Konzert und auch eine einzelne Saison geben über diese Tendenzen keinen Aufschluß. Untersucht man aber das Gesamtrepertoire von 1842 bis in unsere Zeit, offenbaren sich in den „Lebenszyklen" der einzelnen Komponisten große Unterschiede. Das Lebenswerk des einen besetzt einen stetigen Anteil im Repertoire, ein anderes kann nach Anfangserfolgen für immer verschwinden, und ein drittes schnellt wie eine Fieberkurve zu höchsten Höhen der Popularität, fällt wieder ab und steigt aufs neue.

Der Amerikaner John H. Mueller hat eine Methode entwickelt, mit deren Hilfe er das Repertoire amerikanischer Orchester analysierte. Da eine Ouvertüre von sieben Minuten nicht einer Symphonie von siebzig Minuten Dauer gleichzusetzen ist, berechnete er die Zeitanteile der einzelnen Komponisten am Gesamtrepertoire. Zu diesem Zweck wurde die Zahl der Aufführungen mit ihrer durchschnittlichen Dauer multipliziert. Die dadurch gewonnene Berechnungsgrundlage gestattete es Mueller, die „Lebenszyklen" verschiedener Komponisten zu vergleichen und auch graphisch darzustellen. Diese Methode wurde von Desmond Mark auf das Repertoire der Wiener Philharmonischen Abonnementkonzerte angewandt (Mark, 1979, 31 ff.).

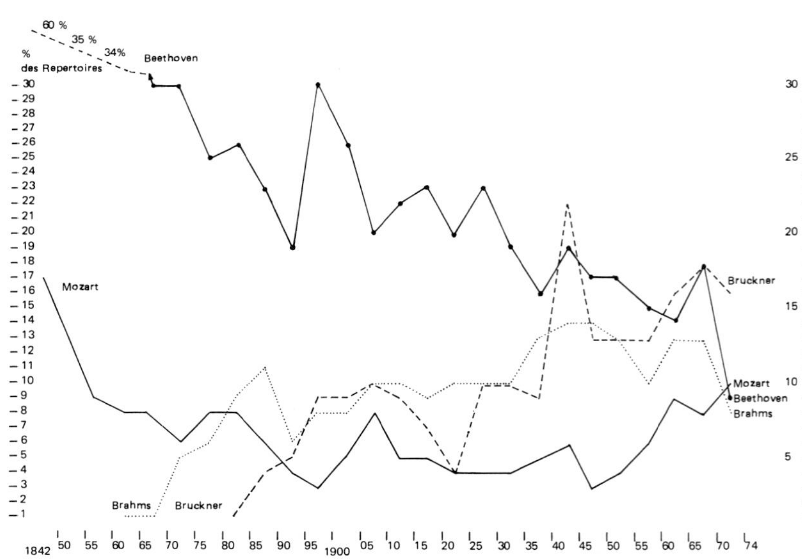

Betrachten wir vorerst den „Lebenszyklus“ des Beethovenschen Oeuvres! Sein Anteil am Gesamtrepertoire der Philharmonischen Konzerte betrug zu Nicolais Zeiten nicht weniger als sechzig Prozent, sank in den folgenden Jahrzehnten unter zwanzig Prozent, stieg zwischen 1895 und 1900 – unter Richter und Mahler – wieder auf sechsundzwanzig Prozent an und fiel nach mehrerem Auf und Ab bis unter die Zehnprozentmarke (1974). Im Jahr 1974, dem letzten, das in dieser Untersuchung enthalten ist, sehen wir Beethovens Repertoireanteil von zwei Komponisten überflügelt, nämlich von Bruckner, der mit etwa sechzehn Prozent an der Spitze steht, und von Mozart (zwölf Prozent). Die beständigste Kurve ist trotz einiger Schwankungen die von Johannes Brahms. Betrachten wir allerdings die vier genannten und in einem Diagramm vereinigten Komponisten nicht als Einzelerscheinungen, sondern zusammen – als klassischen Repertoireanteil –, so sehen wir, daß sie, ob es sich um die Zeit der Jahrhundertwende handelt oder um die 1960er Jahre, gleichbleibend nahezu fünfzig Prozent des philharmonischen Programms beherrschen.

Vom Gesamtwerk dieser vier Komponisten, das in den steigenden und fallenden Linien berücksichtigt wurde, sind zwischen 1842 und 1974 folgende Werke am häufigsten gespielt worden:

Beethoven	Fünfte Symphonie	52mal
	Dritte Symphonie	51mal
	Siebente Symphonie	51mal
Brahms	Erste Symphonie	33mal
	Zweite Symphonie	33mal
	Vierte Symphonie	33mal
Bruckner	Siebente Symphonie	21mal
	Achte Symphonie	19mal
	Vierte Symphonie	19mal
Mozart	Jupiter-Symphonie	28mal
	Symphonie g-moll, KV 550	26mal

Die großen Romantiker Mendelssohn, Schumann, Liszt, Berlioz und Wagner hatten im vorigen Jahrhundert alle einen größeren Repertoireanteil inne als in unserem. Mendelssohn erreichte kurz nach seinem Tod einen absoluten Höhepunkt von fast zwanzig Prozent und sank seither, trotz einiger gegenläufiger Bewegungen, ständig ab. Schumann begann seine philharmonische Laufbahn etwa um dieselbe Zeit mit einem zehnprozentigem Repertoireanteil, überschritt diesen in den 1880er Jahren und sackte in unserem Jahrhundert unter fünf Prozent ab. Berlioz und Liszt, vom Orchester und vom philharmonischen Publikum offenbar wenig geliebt, konnten niemals mehr als vier bis fünf Prozent gewinnen, mußten sich aber in den meisten Epochen mit einem wesentlich geringeren Repertoireanteil bescheiden. Auch Richard Wagner spielte, obwohl seine Faust-Ouvertüre neunzehnmal aufgeführt wurde, keine wesentliche Rolle – im Gegensatz zum Repertoire der New Yorker Philharmoniker, wo er um die Jahrhundertwende den zweiten Platz gleich nach Beethoven hielt.

Ein Blick noch auf die „Lebenszyklen" von Schubert, Mahler und Richard Strauss. Schubert, dessen symphonisches Werk von den Wiener Philharmonikern erst in den späten 1850er und 1860er Jahren entdeckt wurde, begann mit einem Repertoireanteil von etwa fünf Prozent, fiel dann zurück und kletterte erst in den 1920er Jahren – wohl im Zusammenhang mit den Feiern zu seinem hundertsten Todestag – auf mehr als sechs Prozent, einen Wert, den er gerade bei Abschluß von Marks Untersuchung wieder erreichte. Richard Strauss langte schon im ersten Jahrzehnt unseres Jahrhunderts bei etwa fünf Prozent an, verlor dann an Terrain, wurde von Mahler (sechs Prozent) um 1920 überholt und erreichte zwischen 1950 und 1955 mit fast zehn Prozent des Repertoires den bisherigen Höhepunkt, zu dem Mahler erst um 1960 (hundertster Geburtstag!) mit acht Prozent gelangte.

Aus dem philharmonischen Repertoire zur Gänze verschwunden sind die Werke von Cherubini, Spohr, Meyerbeer, Goldmark, Rubinstein und vielen anderen, die zwar nie einen hohen Repertoireanteil innehatten, seinerzeit aber doch ihren fixen Platz. Die Namen dieser Komponisten führen in den Musiklexika eine Art Scheinleben; was sie geschaffen haben, ist verklungen, tot, vielleicht für immer. Den Gegenpol zu ihnen bilden die Unsterblichen, deren Anteil am Konzertrepertoire zwar schwankt, aber gesichert erscheint, solange es Symphonieorchester gibt und solange sich ein begeistertes Publikum einstellt, um sie zu hören.

B wie Brahms

An der von Nicolai praktizierten Programmpolitik hielten auch seine unmittelbaren Nachfolger fest. Erst unter Karl Eckert, der insgesamt elf Philharmonische Konzerte leitete, tauchten neue Namen auf, Schumann und Berlioz und endlich auch Schubert, dessen große C-Dur-Symphonie 1857 gespielt wurde. Noch immer strahlte Beethoven als Fixstern erster Ordnung auf dem Musikfirmament, doch hatte sich Mendelssohn als eine Art Nebensonne etabliert. Von wirklicher Repertoiregestaltung kann man allerdings erst ab 1860 sprechen, als erstmals acht Konzerte pro Saison gegeben und das Abonnement eingeführt wurde. Dirigent der Philharmonischen Konzerte war seit Herbst dieses Jahres Otto Dessoff, und wir dürfen annehmen, daß er auch in erster Linie für das Programm der Konzerte verantwortlich war, wenngleich sich die Orchestermitglieder bei Novitäten ein Entscheidungsrecht sicherten. In den 1860er Jahren fällt neben Werken der Wiener Klassik sofort der hohe Anteil von Schumann und Mendelssohn ins Auge und auf den zweiten Blick die imposante Zahl von zeitgenössischen Kompositionen. Unter diesen befanden sich Ouvertüren und Symphonien von Julius Rietz und von Niels Wilhelm Gade, die beide der Mendelssohn-Schule zugezählt werden und heute ebenso vergessen sind wie viele Werke ihres Vorbilds, und die „Faust"-Ouvertüre von Richard Wagner. Im Jahr 1862 brachten die Philharmonischen Konzerte erstmals die „Symphonie fantastique" von Berlioz, und ein Jahr später wagte Dessoff sogar eine Art Novitätenkonzert, das aber offenbar auf solchen Widerstand stieß, daß er nie wieder einen ähnlichen Versuch unternahm. Das Novitätenkonzert vom 8. März 1863 begann mit der Uraufführung der zweiten Serenade, A-Dur, von Johannes Brahms, der seit einigen Jahren in Wien ansässig war; darauf folgte das Ungarische Violinkonzert von Joseph Joachim, allerdings nicht von ihm selbst vorgetragen; und den Abschluß bildete eine weitere Uraufführung, die Symphonie in c-moll von Moriz Kässmayer, der als Orchesterdirektor am ersten Pult der philharmonischen Geigen saß und später Ballettdirigent des Hofoperntheaters wurde.

Johannes Brahms. Foto von 1896

Diesem Konzert waren sorgfältige Proben vorausgegangen, wie gewöhnlich im Teesalon des Redouten-Saals, und Dessoff hatte besonders die Klangwirkung der Brahms-Serenade studiert. „Da Sie mir neulich die Erlaubnis gegeben hatten, mit dem Trio des Menuetts zu experimentieren", schrieb Dessoff an den Komponisten, „so habe ich (hören und staunen Sie) die glorreiche Idee gehabt, die Oboestelle von Hellmesberger auf der Viola spielen zu lassen, und siehe da: es klingt so reizend und warm und das ganze Orchester war über die Wirkung erstaunt ... Hören Sie sich's an und dann entscheiden Sie!" (Brahms, 1922, 130) Obwohl den Spielenden das Werk mit Dessoffs Retuschen angeblich gefallen hatte und obwohl Brahms und Dessoff bald Freundschaft schlossen, dauerte es lange, ehe Brahms von den Philharmonikern akzeptiert und damit im philharmonischen Repertoire heimisch wurde. Erst nach sechs Jahren tauchte sein Name wieder in den Abonnementkonzerten auf, und dann verflossen zwei weitere, ehe Brahms, einer der bedeutenden Pianisten seiner Zeit, am 22. Januar 1871 das Podium im Großen Musikvereinssaal betrat, um mit den Philharmonikern sein Erstes Klavierkonzert aufzuführen.

Dies war die Epoche, in der die meisten Programme durch Instrumentalkonzerte bereichert wurden. Als Solisten traten in den Philharmonischen Konzerten die eigenen Konzertmeister Joseph Hellmesberger senior und Jakob M. Grün auf, sehr oft aber auch bekannte Virtuosen wie Hans von Bülow, Clara Schumann, Henri Wieniawski oder eben Johannes Brahms. Gerüchten zufolge hat Dessoff seinem Orchester die Kompositionen dieses Brahms durch Rücktrittsdrohungen aufgenötigt. Wenn das auf Wahrheit beruht, so war er ein wackerer Mann, denn er hatte ja nicht nur mit dem Widerstand seiner Musiker zu rechnen, sondern auch mit dem des Komponisten. Von Herbst 1871 an bedrängte er Brahms mit der Bitte, den Philharmonischen Konzerten eine Uraufführung zu überlassen. Der Meister verhielt sich reserviert, rückte aber, da Dessoff nicht lockerließ, im Jahr 1873 mit den „Variationen auf ein Thema von Haydn“ heraus und dirigierte sie am 2. November selbst aus dem Manuskript. Ein hoher philharmonischer Feiertag, der aber vom Orchester kaum als solcher erkannt wurde. Die Musiker waren wohl zu sehr von der Stimmung ihres Publikums abhängig, und dieses, „sehr streng“ gegen die Novitäten lebender Komponisten, brauchte lange, bevor es merkte, was in diesem Brahms steckte. Ein philharmonischer Cellist berichtete, daß sich der Saal, wenn ein Werk von Brahms als Schlußnummer angesetzt war, „in einer ganz unanständigen Weise“ leerte respektive leer blieb, wenn das Werk den Anfang bildete. „Erst die Dritte Symphonie in F-Dur zündete. Das war am 2. Dezember 1883, und von da ab war das Wiener Publikum gewonnen.“ (Kretschmann, 1910, 151) Damit waren auch die Philharmoniker gewonnen. Noch zu Brahms' Lebzeiten wurde die Dritte Symphonie in den Philharmonischen Konzerten dreimal wiederholt, ebenso die Vierte, und der Komponist zählte schließlich zu den Auserwählten, denen Freikarten für die Philharmonischen Konzerte zustanden. Brahms hat sich dafür erkenntlich gezeigt. Er schenkte dem Orchester nicht nur eine Reihe seiner Partituren für die Bibliothek, sondern auch einen ansehnlichen Geldbetrag. Anonym, wie es seinem Wesen entsprach, allerdings nicht ahnend, daß man an der Handschrift erkennen konnte, wer der „Freund und Verehrer“ war, der das Begleitschreiben verfaßt hatte.

BRUCKNER IN DER LESEPROBE

Anton Bruckner an der Orgel. Schattenriß von Hans Schließmann

Da im vorigen Jahrhundert nur Konzerte, die musikalische Novitäten enthielten, mit ausführlichen Rezensionen rechnen konnten, waren Dirigenten und Orchester an neuen Werken interessiert. Dies spiegelt die „Geschäftsordnung der philharmonischen Konzert-Unternehmung“ wider, die im September 1862 beschlossen wurde. Der Paragraph 16 regelt das Verfahren, das der Annahme oder Ablehnung einer Novität vorauszugehen hatte. Aufgrund der Partitur mußten neue Kompositionen vorerst vom Kapellmeister, von einem Konzertmeister sowie von drei weiteren Mitgliedern des philharmonischen Komitees geprüft werden. Nur die von diesen fünf Herren für gut befundenen Werke wurden in einer Orchesterprobe zur Diskussion gestellt. Aufgrund einer solchen tönenden „Lesung“ fällte die Jury dann ihr Urteil. Diese Jury bestand laut Geschäftsordnung von 1862 aus einem zwölfköpfigen gewählten Ausschuß, ferner aus dem gesamten Komitee und dem Dirigenten, wobei „nach stattgehabter Probe“ die Majorität entschied.

In der Praxis ging es allerdings nicht immer so kompliziert zu. So hatte beispielsweise der noch wenig bekannte Carl Goldmark 1865 seine „Sakuntala“-Ouvertüre als Novität eingereicht, die vom Orchester im Teesalon der Redouten-Säle durchgespielt werden sollte. Obwohl bei solchen Lesungen prinzipiell keine Außenstehenden zugelassen waren, schlich sich der junge Sigmund Bachrich, damals noch nicht Orchestermitglied, „mit einer Art von Todesverachtung" in den Raum und versteckte sich hinter einem Harfenkasten. Die Ouvertüre rauschte vorüber, und nach ihrem Ende brachen die Musiker spontan in Beifall aus. Dessoff, der dirigiert hatte, rief überrascht in seinem sächsischen Dialekt: „Ach nee! Ich dächte, da-drüber woll'n wir wohl nich abstimmen?" (Bachrich, 1914, 62) Die „Sakuntala"-Ouvertüre konnte sich fast ein halbes Jahrhundert im philharmonischen Repertoire halten und verschwand dann – wie alle Werke von Goldmark.

Die demokratische Regelung der Novitätenauslese begegnete schon sehr früh kritischen Einwänden. Hanslick erinnerte daran, daß „für ästhetische Richtersprüche die Stimmen besser gewogen als gezählt werden und die schöpferische Tat eines geistvollen anerkannten Diktators mehr bedeutet als die Zweifel von elf anonymen Beiräten" (Hanslick, 1869, 389). Dennoch gab sich die erneuerte Geschäftsordnung von 1869 noch demokratischer, wenn es einen solchen Komparativ gibt, indem sie die zwölfköpfige Kommission abschaffte und die Entscheidung über Annahme oder Verwerfung eines neuen Werks der Majorität aller an der Leseprobe mitwirkenden Musiker überantwortete.

Wie diese Bestimmungen angewendet wurden, zeigt ein Protokoll vom September 1874. Diesem ist zu entnehmen, daß Dessoff als Dirigent und Vorsitzender des Komitees seinen Programmentwurf für die kommende Saison verlas, der mit bloß geringfügigen Abänderungen akzeptiert wurde. „Als Novitäten, welche probiert werden sollten", brachte Dessoff eine Reihe von Kompositionen in Vorschlag:

Zellner Julius	Sinfonie in Es
Bruckner Anton	Sinfonie in d-moll (Wagner dediciert)
Hofmann Heinrich	Sinfonie in Es
Grill Leo	Konzert-Ouvertüre
Fuchs Robert	Serenade für Streichorchester
Schumann Robert	„Bilder aus dem Osten", orchestriert von Carl Reinecke
Rheinberger Joseph	Ouvertüre
Remy W. A.	Sinfonie
Volkmann Robert	Dritte Serenade (Violoncello solo) und „Sappho", Gesangstück mit Orchester

Im Rückblick ist es kinderleicht, unter den von Dessoff vorgelegten Kompositionen zu wählen. Es wäre daher allzu billiger Spott, den Ausgang der Abstimmung zu belächeln. Angenommen und in der Saison 1874–75 aufgeführt wurden die Symphonie von Zellner, die Konzert-Ouvertüre von Grill, die Serenade von Fuchs, die „Bilder aus dem Osten" von Schumann-Reinecke und die Serenade von Volkmann, eine stattliche Zahl von Novitäten, zu denen noch – ohne Leseprobe? – die „Tanzmomente" von Operndirektor Johann Herbeck kamen. Durchgefallen oder zumindest hinausgeschoben

Nach dem letzten Akkord eines neuaufgeführten Werkes manifestierte das Publikum durch hartnäckiges Applaudieren sein dringendes Verlangen, den Komponisten auf dem Podium erscheinen zu sehen. Hatte man ihn so weit, dann sorgte die Partei für das Weitere. Bei Brahms war dies nämlich keine so leichte Sache. Er hörte sich in einem versteckten Winkel des Saales sein neues Werk an und vor Schluß desselben schlich er auf leisen Sohlen davon. Nur der Wachsamkeit der Orchesterdiener gelang es, seiner noch habhaft zu werden, und Richter mußte ihn einfangen und ihn dann mit sanfter Gewalt aufs Podium schleppen. Mit Goldmark verlief die Szene etwas glatter, obwohl auch er gar lange zögerte, bis er vor dem Publikum erschien. Nur der gute, alte Bruckner war immer bereit auf seinem Posten. Sobald der Lärm losging, war er auch schon da, dankte in seiner kindlich naiven Art und dies wiederholte sich ins Unendliche.
Bachrich, 1914, 100

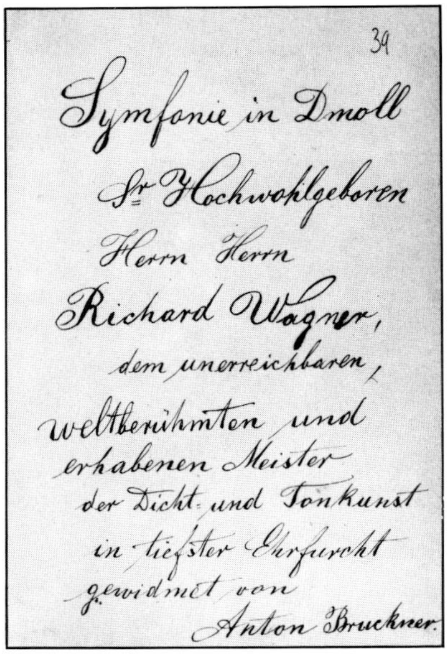
39
Symfonie in Dmoll
Sr. Hochwohlgeboren
Herrn Herrn
Richard Wagner,
dem unerreichbaren,
weltberühmten und
erhabenen Meister
der Dicht- und Tonkunst
in tiefster Ehrfurcht
gewidmet von
Anton Bruckner.

Anton Bruckner, Dritte Symphonie, Widmung für Richard Wagner

war das Werk, dem wir, auf dem hohen Roß unseres heutigen Wissens sitzend, so gerne Beifall gespendet hätten, Bruckners Dritte Symphonie.

Anton Bruckner, der etwas wunderliche k.k. Hoforganist und Konservatoriumsprofessor, war den Philharmonikern keineswegs unbekannt. Im Jahr 1873 hatten sie unter Leitung des Komponisten die Zweite Symphonie uraufgeführt, allerdings nicht in den eigenen Konzerten, und Hanslick – weiß Gott kein Brucknerianer! – hatte ihnen attestiert, daß sie diese „ungewöhnlich schwierige Komposition" meisterhaft gespielt hätten (*Neue Freie Presse,* 28. Oktober 1873). Bruckner selbst dankte mit einem Brief in akkurater Lehrerschrift der „hochlöblichen, hochverehrten philharmonischen Gesellschaft" und stellte nach vielen Elogen untertänigst die Frage: „Da jeder Vater für sein Kind den möglichst besten Platz sucht, so wird es mir kaum verargt werden, wenn ich ein gleiches tue und Sie bitte: Darf ich das Werk Ihnen dedicieren?"

Von einer Annahme dieser Widmung durch die Philharmoniker ist in der Musikgeschichte nichts bekannt, und auch die Dritte Symphonie wurde in den Philharmonischen Konzerten vorerst nicht aufgeführt, obwohl das Werk im Herbst 1875 wieder zur Beurteilung vorlag.

Inzwischen war eine philharmonische Ära zu Ende gegangen.

Otto Dessoff, der die Philharmonischen Konzerte fünfzehn Jahre lang geleitet hatte, war von Wien weggezogen, und die Philharmoniker hatten einen neuen Dirigenten gewählt, der zugleich ein alter Kollege war, nämlich den neuengagierten Hofopernkapellmeister Hans Richter. Schon in der ersten Komiteesitzung, in der er den Vorsitz führte, am 4. Juni 1875, wetterte er gegen den in der Geschäftsordnung verankerten Begutachtungsmodus für Novitäten, wobei er mehrmals die Komponisten Berlioz und Liszt nannte, deren Werke bisher nicht genügend berücksichtigt worden seien.

In drei Lesungen wurden im Herbst 1875, vor Richters erster philharmonischer Saison, die üblichen Novitätenproben abgehalten. Neben Werken von Ignaz Brüll, Heinrich Hofmann, Hermann Götz, Antonin Dvořak und anderen lagen auch mehrere Kompositionen vor, die schon im vergangenen Jahr eingereicht worden waren, darunter Bruckners Dritte – Richard Wagner gewidmete – Symphonie. „Von allen diesen Werken wurde nur Hofmanns Frithjof-Symphonie angenommen, für Bruckners Symphonie stimmte eine ansehnliche Minorität ...", meldete eine Fachzeitschrift. „Das Resultat drängt unabweisbar die Frage auf, ob der Modus der Beurteilung der zu prüfenden Kompositionen auch der richtige sei ... Wer zweifelt daran, daß z. B. Beethovens A-Dur-Symphonie (trotz ihres Adagios) oder gar die ‚Neunte' bei einer solchen Leseprobe mit eminenter Majorität abgelehnt würden?" (*Österreichische Musiker-Zeitung*, 1875, No. 12)

Hans Richter, der das Orchester von innen her kannte, löste diese Probleme auf seine Art. Er suchte nicht, die Leseproben zu behindern oder seine Meinung mit Gewalt durchzusetzen, er hielt sich bloß nicht immer an die Abstimmungsergebnisse. Manche vom Orchester akzeptierten Werke verschwanden spurlos, dafür tauchten andere, die kein Gremium beurteilt hatte, im Repertoire auf (Kretschmann, 1913, 168). Schon in seiner ersten philharmonischen Saison dirigierte Richter als Novitäten die „Hunnenschlacht" von Liszt und ein Cello-Konzert des Liszt-Schülers Joachim Raff. Anton Bruckners Dritte Symphonie, für die immerhin eine ansehnliche Minorität gestimmt hatte, setzte er nicht aufs Programm. Erst im Jahr 1883 nahm sich Operndirektor Wilhelm Jahn – nicht Richter – des Komponisten an und ließ in einem Philharmonischen Konzert zwei Sätze aus dessen Sechster Symphonie aufführen. 1886 folgte Richter mit der Siebenten, doch war dies keine Pionierleistung, denn Arthur Nikisch, der als Geiger bei den Philharmonikern begonnen hatte, war ihm mit der Uraufführung dieses Werks in Leipzig zuvorgekommen. Die Dritte Symphonie gelangte erst im Jahr 1890 in die Philharmonischen Konzerte.

Die Affäre Hugo Wolf

Wer Hans Richters musikalische Biographie kannte – und sie war allgemein bekannt –, mußte befürchten, er werde den Philharmonikern ein einseitig orientierter, unobjektiver Chef sein. Hatte er nicht im Frühling 1866 sein Horn zur Seite gelegt, Hofoperntheater und Philharmoniker verlassen, um nach Triebschen zu Richard Wagner zu pilgern und die Partitur der „Meistersinger von Nürnberg" zu kopieren? War er nicht ausersehen, die erste Darstellung des „Ring des Nibelungen" im Bayreuther Festspielhaus zu dirigieren? Schon im Sommer 1875 hatten Vorproben stattgefunden, und im halbverdeckten Bayreuther Orchesterraum waren auch etliche Mitglieder des Wiener Hofopernorchesters gesessen. Bestand angesichts von Richters Bindung an Wagner nicht die Gefahr, daß nun die neudeutsche Schule, die sich an Liszt und Wagner orientierte, über Gebühr bevorzugt würde? Noch schlimmer: daß die von den Wagnerianern geächteten Meister wie Mendelssohn, Schumann und vor allem Brahms aus dem Repertoire gedrängt würden? Das Risiko, daß die Philharmonischen Konzerte in den heftigen Parteienstreit hineingezogen würden, schien groß, um so größer, als Richter schon in seiner ersten Komiteesitzung die Vernachlässigung von Liszt und Berlioz, die ebenfalls zur neudeutschen Richtung gezählt wurden, kritisiert hatte.

Doch nichts dergleichen geschah. In den Abonnementkonzerten wurden zwar etwas mehr Werke von Liszt und Berlioz aufgeführt als früher, aber weder Schumann noch Mendelssohn verschwanden aus den Programmen. Schon in Richters zweiter Saison war Brahms geladen, eine Wiederholung seiner „Haydn-Variationen" zu dirigieren. Wir wissen nicht, ob Hans Richter allein zu dieser Toleranz gefunden hat oder ob sie ihm vom Orchester nahegelegt worden

Hugo Wolf. Foto um 1885

war. Fest steht, daß die Philharmonischen Konzerte in der langen und ruhmreichen Ära Richter über dem Parteien- und Richtungszank standen und daß sie eine Synthese des Sowohl-als-auch fanden, was viel bedeutet, wenn man weiß, daß sich Richard Strauss noch Mitte der neunziger Jahre weigerte, eine Partitur von Brahms anzurühren.

Studiert man die Konzertprogramme der Richter-Zeit, die mit einjähriger Unterbrechung von 1875 bis 1898 dauerte, dann muß man ihnen Objektivität zugestehen. In diesem Zeitraum fanden die vier Symphonien von Brahms und andere seiner Werke Eingang ins philharmonische Repertoire; 1881 machte Tschaikowskys Violinkonzert Furore, und zwei Jahre danach wurde auch das Violinkonzert von Antonin Dvořak aufgeführt. Jede Saison brachte mehrere Novitäten: von Glinka, Goldmark, Massenet, d'Albert, Bizet, Grieg, Saint-Saëns, und ab 1892 auch von Richard Strauss. Die Wiener Erstaufführung von Smetanas symphonischer Dichtung „Die Moldau" ließ sich Hans Richter freilich von Theobald Kretschmann wegschnappen, als dieser zum Ärger seiner Kollegen ein kleines Orchester gründete und eine eigene Konzertreihe veranstaltete. „... es sind zwei Meisterwerke", schrieb Hugo Wolf über „Moldau" und „Vyšehrad" in seiner Rezension, „das aber genügt, um die Philharmoniker abzuhalten, mit Werken von solchem Schlage sich zu befassen ..." (*Wiener Salonblatt*, 28. November 1886) Von Richter ungerecht behandelt, zumindest aus heutiger Sicht, wurden nur zwei Komponisten, die übrigens beide Wagnerianer waren wie er selbst, nämlich Bruckner und der soeben zitierte Hugo Wolf.

Im Jahre 1884 war eine ganz und gar unbedeutende Wochenzeitung mit dem Titel *Wiener Salonblatt* ins Interesse der Konzertfreunde gerückt, weil darin ein rabiater, gar nicht salonfähiger junger Kritiker gegen Brahms, Hanslick und die Philharmoniker, die Bruckner abgelehnt hatten, ins Feld zog. Dieser Kritiker war Hugo Wolf, der Liederkomponist, dem Liszt persönlich geraten hatte, sich auch an Werken für großes Orchester zu versuchen. Das Ergebnis dieses Rats war die an Berlioz und Liszt anknüpfende symphonische Dichtung „Penthesilea", die Wolf in lebensfremder Naivität bei denselben Philharmonikern einreichte, die er so vehement verriß. Nach der Leseprobe, der Wolf – offenbar versteckt – beiwohnte, soll das Orchester in schallendes Gelächter ausgebrochen sein und Richter laut geäußert haben, er hätte das Stück nicht zu Ende spielen lassen, habe sich aber doch den Mann anschauen wollen, der es wage, so über Meister Brahms zu urteilen.

Dieser Version des Vorfalls, die von Wolfs Anhängern und Biographen verbreitet wurde, hat Richter in einem offenen Brief widersprochen (*Die Musik*, Jg. VI, 1906/07, 166f.). Wolf habe die „Penthesilea" nicht eingereicht, sondern ihm, Richter, privatim vorgespielt. Als Richter ihm sagte, daß das Werk in seiner damaligen Form keine Aussicht habe, in den Philharmonischen Konzerten gespielt zu werden, soll Wolf erwidert haben, daß er es gern einmal gehört hätte. Daraufhin habe Richter es eingerichtet, daß die „Penthesilea" in einer Probe durchgespielt wurde und der Komponist versteckt zuhören konnte. Natürlich sei das Werk nicht, wie Wolfs Freunde behaupteten, verzerrt dargestellt worden, weil absichtliche Verzerrungen bei einer Leseprobe gar nicht möglich seien, und es habe auch kein schallendes Gelächter gegeben, sondern höchstens vereinzelte Lacher. Seine eigene Äußerung nach dem Durchspielen gab Richter folgendermaßen wieder: „Der Komponist dieser Ouvertüre hat nicht das Recht, über einen Meister wie Brahms so respektwidrig zu schreiben."

Niemand kann sagen, wessen Darstellung dieser peinlichen Episode der Wahrheit näher kommt. Vielleicht hatten Richter und die Philharmoniker den Vorsatz, diesen vorlauten Kritiker zu demütigen, wie es die Anhänger Wolfs behaupteten. Vielleicht aber lag es wirklich nicht in Richters Absicht, „den begabten Mann persönlich zu kränken", was zweifellos doch geschah. Man könnte Richter, der seinen offenen Brief zwanzig Jahre nach dem Zwischenfall und drei Jahre nach Wolfs Tod geschrieben hat, weit eher trauen, würde er nicht in derselben Entgegnung auch seine Haltung gegenüber Bruckner rechtfertigen, und zwar durch Angaben, die nicht den Tatsachen entsprechen. „Ein Einblick in die Programme der Wiener Philharmonischen Konzerte wird beweisen, daß keine Konzertgesellschaft der Welt so oft und so viele Werke Bruckners zur Aufführung brachte, als die Philharmoniker während der Zeit meiner Wirksamkeit in Wien, von 1875–1899", schrieb er wörtlich und schien es selber zu glauben. Wie das Gedächtnis trügen kann! Es gab nämlich in den Philharmonischen Konzerten zwischen 1886, als die Siebente gespielt wurde, und 1898, als Richter demissionierte, nicht mehr als sechs Bruckner-Aufführungen, und von den sechs Symphonien, die gespielt wurden, kam in der Ära Richter keine zur Wiederholung.

Hugo Wolf war in den Programmen der Philharmonischen Konzerte erstmals im Jahr 1902 mit einem Lied vertreten. Die symphonische Dichtung „Penthesilea" wurde im Januar 1910 unter Weingartners Leitung aufgeführt.

... Nach den großartigen Erfolgen des heimischen Komponisten im Auslande konnte man nicht mehr mit dem Gleichmute zusehen, der bisher von unseren Philharmonikern dem Schaffen Bruckners gegenüber in ausgiebigster Weise beobachtet wurde. „Auch wir Tonangebende in Wien wissen den Mann zu schätzen, der die siebente Symphonie geschrieben; er soll von uns aufgeführt werden, ob nun Kritik und Publikum damit einverstanden sind oder nicht, denn Bruckner ist ein genialer Kopf und seine Musik schön und edel." Dies mochten sich wohl die Herren Philharmoniker gesagt haben, als sie an die Ausführung der Symphonie gingen. Recht schön in der Tat, recht lobenswert. Aber meine Herren, Sie kommen ein wenig spät zu dieser Einsicht und wir wagen sogar, an Ihrer vortrefflichen Gesinnung, welche sich übrigens trotz alledem ganz gut in vortreffliche Worte kleiden läßt, ein bißchen zu zweifeln. Oder sollten Sie wirklich, weil die Symphonie Ihnen und nicht, wie ich glaube, weil sie im Auslande gefiel, derselben die Ehre erwiesen haben, die auserlesenen Programme Ihrer Konzerte zu schmücken? Wie dem nun sei, genug, die Symphonie wurde aufgeführt. Der Erfolg war ein vollständiger, das Publikum hingerissen, der Beifall betäubend. Die Philharmoniker aber mögen bedenken, daß noch ein halb Dutzend Bruckner'scher Symphonien, im Pulte liegend, ihrer Aufführung harren und daß unter diesen eine minder bedeutende als die in E-dur noch immer ein Cimborasso ist gegen die Maulwurfshügel der Brahmsschen Symphonien.

Hugo Wolf, Wiener Salonblatt, 28. März 1886, 11

MAHLERS ZWEITE SYMPHONIE

Und wie standen die Philharmoniker zu Gustav Mahler, der 1897 Direktor des k.k. Hofopern-Theaters und ein Jahr später Richters Nachfolger als Leiter der Philharmonischen Konzerte wurde? Theobald Kretschmann drückte wohl die Meinung vieler, wenn auch bestimmt nicht aller Kollegen aus, als er über den Komponisten ein vernichtendes Urteil fällte: „Wenn ich Mahler als feinfühligen Mozartdirigenten und als eine außergewöhnliche Arbeitskraft mit ungeheurem Können bewunderte, so tat es mir weh, ihn durch sein Komponieren Irrgänge wandeln zu sehen, die ihn ganz entstellten; es empörte mich gewaltig, daß man seinen Irrtümern auch noch Beifall klatschte und ihn darin bestärkte!" (Kretschmann, 1913, 158)

Mahler hat in den zweieinhalb Saisonen, in denen er die Philharmonischen Konzerte leitete, kaum zur Erweiterung des Repertoires beigetragen, immerhin aber die Uraufführung der Sechsten Symphonie von Bruckner, von der 1883 bloß zwei Sätze gespielt worden waren, komplettiert, und die in Graz uraufgeführte Fünfte aufs philharmonische Programm gesetzt. Von eigenen Kompositionen stellte Mahler innerhalb der Abonnementkonzerte die Erste, die Zweite und die Vierte Symphonie vor. Bestimmt wurden diese Werke vorher keiner Leseprobe und Abstimmung unterworfen, wie dieser Usus überhaupt – vielleicht schon unter Richter – in Vergessenheit geraten war.

Im Archiv der Wiener Philharmoniker befinden sich uralte Orchesterstimmen von Mahlers Zweiter Symphonie. Auf der dritten Umschlagseite der Es-Klarinettenstimme ist mit Bleistift eingetragen: „1te Aufführung in Wien den 9. April 1899 unter der Direktion des Komponisten. IIIte Satz wurde wiederholt." Man könnte diese Notiz als Beweis ansehen, daß das Material schon bei der Wiener Erstaufführung unter Mahler verwendet wurde. Leider aber wurde, wie aus Zeitungsmeldungen hervorgeht, nicht der dritte, sondern der vierte Satz, das „Urlicht", wiederholt. Hat sich der Klarinettist verzählt oder wurde diese Eintragung erst viel später aus der Erinnerung gemacht? Es besteht allerdings kein Zweifel, daß dieses vielfach korrigierte und überklebte Stimmenmaterial sehr alt ist und möglicherweise im April 1899 und auch bei Mahlers Abschiedskonzert am 24. November 1907 benützt wurde.

Das Archivmaterial von Mahlers Zweiter Symphonie hat besonderen Reiz, weil aus ihm die ironische Reserve herauszulesen ist, mit der die Musiker Mahlers poetisch-philosophischem Konzept gegenüberstanden. Ihre Kommentare sind nicht gehässig; sie erinnern eher an den Ulk von Schülern, die sich, unter dem Druck eines strengen Lehrers, in Worten Luft machen. Da manche Randbemerkungen wortgleich in mehreren Stimmen auftauchen, muß man annehmen, daß hier die im Orchester kursierenden Witze über die Zweite Symphonie festgehalten sind. „Mit durchaus ernstem und feierlichem Ausdruck", schreibt Mahler gleich zu Beginn des ersten Satzes vor. Eine ganze Reihe von Spaßvögeln ergänzte diese Spielanweisung durch die Wörter „im Gesicht", und man darf vermuten, daß dies nicht nur geschrieben wurde, sondern daß sie beim Spielen auch die entsprechende Miene aufsetzten. Besonders provoziert fühlten sie sich offenbar durch den „Großen Appell" im fünften Satz. Ein Fagottist deutete ihn zu einem „Großen Rappel" um, ein Geiger zu einem „Sauern Apfel" und ein Cellist gar zum „Großen Roß-Apfel".

Neben diesen Musikern, denen Mahlers Werk maßlos und gedankenüberfrachtet erschien, gab es auch solche, die ihn liebten und

Mahler, Zweite Symphonie. In den Orchesterstimmen finden sich aufschlußreiche Anmerkungen der Musiker und gelegentlich auch ironische Glossen.

verstanden. Zu diesen gehörte der bedeutende Paukist der Philharmoniker Hans Schnellar, der auch einen neuen Typ von Pauken konstruiert hatte. Mahler schätzte Schnellar so sehr, daß er ihn nach seinem Abgang von Wien am liebsten nach Amerika mitgenommen hätte, und, da er ihn nicht gewinnen konnte, durch Bestellung seiner Pauken für das New York Philharmonic Orchestra auszeichnete. In Schnellars Stimme zur Zweiten Symphonie finden wir viele spieltechnische Anweisungen von seiner Hand und auf der zweiten Umschlagseite eine Erklärung und Entschuldigung dafür: „Lieber Gustav! Habe mir erlaubt, Deine Umstimmungsvorschriften abzuändern. Du wirst mir das verzeihen? Es hat sich dies als nötig erwiesen. Dein Schnellar."

In demselben Aufführungsmaterial finden wir auch Eintragungen aus den Jahren nach dem Zweiten Weltkrieg. Sie sind ganz anderer Art: knapp, sachlich, wie es sich gegenüber einem Komponisten gehörte, der unaufhaltsam zu den „Klassikern" aufrückte. Aus diesen Notizen erfahren wir, daß die denkwürdige Aufführung unter Bruno Walter am 15. Mai 1948 1 Stunde und 23 Minuten gedauert hat, etwa gleich lang in späteren Jahren unter Krips und unter Abbado, am kürzesten unter Klemperer am 13. Juni 1963, nämlich 1 Stunde 17 Minuten, am längsten – 1 Stunde und 31 Minuten – unter Bernstein am 10. Juni 1967. Ach, hätte doch einer, ein einziger Musiker aufgeschrieben, wie lang die Zweite Symphonie unter Mahler gedauert hat! Keiner hat es getan. Bei Wiener Musikern war es, im Gegensatz zu denen anderer Städte, zur Mahler-Zeit noch nicht üblich, die Durata zu notieren. Da die Philharmonischen Konzerte bis zur Ära Mahler jahre- und jahrzehntelang von einem einzigen Dirigenten geleitet worden waren, hatte sich der Sinn für Interpretationsunterschiede noch kaum entwickelt. Erst die Erfahrungen mit vielen unterschiedlichen Orchesterchefs, die weiten Reisen und die Konfrontation mit anderen Klangkörpern haben in den Philharmonikern das historische Bewußtsein geweckt, das Voraussetzung für Notizen solcher Art ist.

Philharmonische Komponisten

Wenn sich einer tagaus, tagein mit nichts anderem als Musik beschäftigt, wird es niemanden verwundern, daß er auch neue Musik schaffen, das heißt komponieren, will. Die zahlreichen komponierenden Philharmoniker in Vergangenheit und Gegenwart kennt und kannte man freilich nur, wenn ihre schöpferischen Leistungen in die Öffentlichkeit drangen, wenn sie gedruckt und aufgeführt wurden. Die Dunkelziffer der komponierenden Orchestermitglieder mag hoch sein. Wenn hier von philharmonischen Komponisten die Rede ist, so sind nur jene gemeint, die fürs Theater oder für den Konzertsaal schrieben und nicht die vielen Lehrer, die Etüden und Schulwerke aller Art für ihre Schüler schufen.

Eine der interessantesten, wenngleich längst vergessenen Erscheinungen unter den komponierenden Philharmonikern war der Flötist Franz Doppler, der 1858 ins Hofopernorchester eintrat, Solospieler, Mitglied der Hofkapelle und Professor am Konservatorium wurde und sich überdies auch als Ballettdirigent des Hofopern-Theaters hervortat. Doppler, der aus Lemberg stammte, wurde schon mit siebzehn Jahren an das deutsche Theater in Budapest verpflichtet, von dem er an das Ungarische Nationaltheater überwechselte, wo seine ungarischen Opern aufgeführt wurden. Die erfolgreichste hieß „Ilka und die Husarenwerbung". Gemeinsam mit seinem Bruder Karl, der auch Flötist war, unternahm Franz Doppler ausgedehnte Konzertreisen, bei denen er die Bekanntschaft von Liszt machte. Diese Begegnung blieb nicht ohne musikalische Folgen: Doppler begann bald darauf, eine Reihe von Lisztschen Klavierwerken für großes Orchester zu instrumentieren, darunter sechs „Ungarische Rhapsodien", die in seiner Bearbeitung noch heute gespielt werden. In Wien ist Franz Doppler fast ausschließlich als Ballettkomponist hervorgetreten; ins Programm der Philharmonischen Konzerte gelangte er nicht. Wie sehr er von den Zeitgenossen geschätzt wurde, zeigt sich darin, daß seinem „Sardanapal" die Ehre zuteil wurde, als erstes Ballett im neuen Opernhaus am Ring einstudiert zu werden. Dies war vermutlich das erfolgreichste seiner Werke, wenn man von den Liszt-Orchestrierungen absieht, und erlebte im Lauf der Jahre hundert Aufführungen. Sogar das bereits nach Dopplers Pensionierung einstudierte „Melusine"-Ballett erreichte noch sechsundsiebzig Vorstellungen.

Auch der bereits erwähnte Moriz Kässmayer, dessen Kompositionen unter Dessoff und unter Richter in den Philharmonischen Konzerten aufgeführt wurden, brachte es vom Konzertmeister zum Ballettdirigenten des k.k. Hofopern-Theaters. Im Gegensatz zu Doppler scheint er es verschmäht zu haben, für das Ballett zu komponieren. Wir wissen dagegen, daß seine Oper „Das Landhaus zu Meudon" im Kärntnertortheater aufgeführt wurde. Ganz anders Joseph Hellmesberger der jüngere, Sohn und Enkel von philharmonischen Konzertmeistern und auch selbst Konzertmeister, der freilich den Bogen bald mit dem Dirigentenstab vertauschte! Als Kapellmeister wirkte er am Ringtheater und danach an der Hofoper und leitete ein paar Jahre auch die Philharmonischen Konzerte. Pepi Hellmesberger, wie man ihn wienerisch nannte, bekleidete auch den Rang eines Militärkapellmeisters beim k. und k. Infanterie-Regiment No. 4, den Hoch- und Deutschmeistern, und dementsprechend tendierte er auch als Komponist zum Feschen, Schmissigen, Walzerseligen. Seine eigentliche Domäne war das Ballett: „Harlekin als Elektriker" brachte es zwischen 1884 und 1910 auf sechsundneunzig Aufführungen, „Die Perle von Iberien", 1902 einstudiert, wurde achtzigmal getanzt. Ihm eiferte der Primgeiger Josef Klein nach, der 1889 ins Orchester eintrat und es später auch zum Ballettkapellmeister brachte. Seine Schöpfungen erreichten zwar nicht so viele Wiederholungen wie die von Hellmesberger

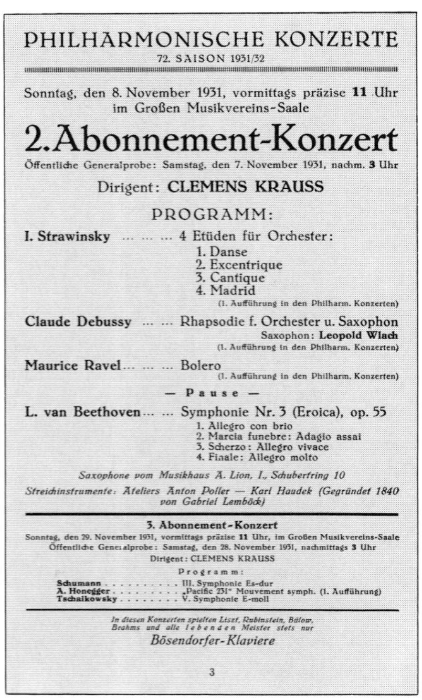
PHILHARMONISCHE KONZERTE
72. SAISON 1931/32

Sonntag, den 8. November 1931, vormittags präzise **11** Uhr
im Großen Musikvereins-Saale

2. Abonnement-Konzert

Öffentliche Generalprobe: Samstag, den 7. November 1931, nachm. **3** Uhr

Dirigent: **CLEMENS KRAUSS**

PROGRAMM:

I. Strawinsky ... ... 4 Etüden für Orchester:
1. Danse
2. Excentrique
3. Cantique
4. Madrid
(1. Aufführung in den Philharm. Konzerten)

Claude Debussy ... ... Rhapsodie f. Orchester u. Saxophon
Saxophon: **Leopold Wlach**
(1. Aufführung in den Philharm. Konzerten)

Maurice Ravel ... ... Bolero
(1. Aufführung in den Philharm. Konzerten)

— Pause —

L. van Beethoven ... ... Symphonie Nr. 3 (Eroica), op. 55
1. Allegro con brio
2. Marcia funebre: Adagio assai
3. Scherzo: Allegro vivace
4. Finale: Allegro molto

Saxophone vom Musikhaus A. Lion, I., Schubertring 10

Streichinstrumente: Ateliers Anton Poller — Karl Haudek (Gegründet 1840 von Gabriel Lemböck)

3. Abonnement-Konzert
Sonntag, den 29. November 1931, vormittags präzise **11** Uhr, im Großen Musikvereins-Saale
Öffentliche Generalprobe: Samstag, den 28. November 1931, nachmittags **3** Uhr
Dirigent: CLEMENS KRAUSS

Programm:
Schumann . . . . III. Symphonie Es-dur
A. Honegger . . . . „Pacific 231" Mouvement symph. (1. Aufführung)
Tschaikowsky . . . . V. Symphonie E-moll

In diesen Konzerten spielten Liszt, Rubinstein, Bülow, Brahms und alle lebenden Meister stets nur
Bösendorfer-Klaviere

3

oder Doppler, doch vestand er es, daraus Konzertsuiten zu machen, die sogar in den Philharmonischen Konzerten gespielt wurden.

Zu den komponierenden Philharmonikern zählten auch die drei Herren, die nach ihrer Pensionierung Memoiren veröffentlichten und bereits ausgiebig zitiert wurden, nämlich Sigmund Bachrich (Bratsche), Joseph Sulzer (Cello) und Theobald Kretschmann (Cello). Von ihnen war Bachrich, dessen Opern „Muzzedin" und „Heini von Steyer" in den 1880er Jahren, wenngleich mit mäßigem Erfolg, im Hofopern-Theater aufgeführt wurden, entschieden der ambitionierteste. Sulzer beschränkte sich auf Lieder und Chöre sowie auf Konzertstücke für sein Instrument; Kretschmann schrieb vor allem geistliche Musik für die Wiener Votivkirche, an der er viele Jahre als Regens chori tätig war. Neben diesen beiden Cellisten komponierten auch andere, wie David Popper und Wilhelm Jeral, verschiedene Cellostücke. Die großen philharmonischen Hornisten Josef Schantl und Karl Stiegler dagegen schrieben zahlreiche Werke, vor allem Quartette, für Horn, von denen einige von Philharmonikern aufgeführt wurden, allerdings außerhalb der Abonnementkonzerte. Ähnlich erging es mit seinen Kompositionen auch dem Oboisten Alexander Wunderer, und selbst dem Solospieler der zweiten Geigen Karl Hoffmann, der auf mehr als siebzig eigene Werke hinweisen konnte, gelang es nicht, mit ihnen in die Philharmonischen Konzerte vorzudringen. Die „Charakterstücke" des Hornisten Wilhelm Kleinecke dagegen wurden mit philharmonischen Ehren bedacht, ebenso die Kompositionen des Sekundgeigers Engelbrech und des Kontrabassisten Moser. Weit größeres Ansehen als die zuletzt genannten genoß der einstige Sekundgeiger Hermann Grädener, der nach vierjähriger Orchestertätigkeit im Jahr 1869 ganz zum Komponieren und Unterrichten überging. Die Wiener Philharmoniker spielten zwischen 1873 und 1913 insgesamt sieben seiner Werke in den Abonnementkonzerten. Dann wuchs die musikalische Entwicklung über seinen Stil hinaus. Obwohl der Komponist noch bis 1929 lebte, nahmen die Philharmonischen Konzerte keine Notiz mehr von ihm. In keiner anderen Kunstgattung ist die Auslese so rigoros wie in der Musik.

Wenn man all diese philharmonischen Komponisten und ihre Kompositionen sichtet, taucht unwillkürlich die Frage auf, ob ihnen ihre Mitgliedschaft im Opernorchester und bei den Philharmonikern nützte oder nicht, ob sie mit einer Bevorzugung durch ihre Kollegen und ihre Kapellmeister rechnen konnten oder etwa gar mit einer Benachteiligung. Vermutlich hatten es die Herren, die Ballettdirigenten waren, wesentlich leichter als andere, ihre maßgeschneiderten Tanzwerke im Operntheater unterzubringen. Bei den Philharmonischen Konzerten stand es wohl anders. Die Konkurrenz war groß, die Eifersucht noch größer, und, was das wichtigste ist, das Qualitätsempfinden des Orchesters zu ausgeprägt, um ein Werk nur deshalb einzustudieren, weil sein Autor ein Kollege war. Die Kompositionen von Hermann Grädener wurden erst aufge-

Franz Schmidt

führt, als dieser das Orchester bereits verlassen hatte, und ebenso die meisten Werke von Franz Schmidt.

Von 1896 bis 1911 gehörte der Cellist Franz Schmidt dem Hofopernorchester und den Philharmonikern an, ehe er sich zurückzog, um ganz dem Unterricht und der Komposition zu leben. Joseph Hellmesberger junior hatte wohl schon 1902 Schmidts Erste Symphonie in einem Philharmonischen Konzert aufgeführt, und etwa ein Jahr danach hatte Ernst von Schuch das symphonische Zwischenspiel aus der Oper „Notre Dame" gebracht, das meistgespielte Stück des Komponisten bis zum heutigen Tag; dann aber vergingen mehr als zehn Jahre, ehe mit der Zweiten Symphonie wieder eine Komposition des einstigen Kollegen ins Programm geriet. Der Durchbruch erfolgte erst in den 1930er Jahren, vor allem unter dem immer wagemutigen Clemens Krauss. Am 9. und 10. Februar 1935 durfte Schmidt sogar selbst ein Abonnementkonzert dirigieren, in dem er seine Vierte Symphonie aufführte, die „Variationen über ein Husarenlied" und das Klavier-Konzert in Es-Dur, das er für den einarmigen Pianisten Paul Wittgenstein geschrieben hatte, der es auch in diesem Philharmonischen Konzert spielte. Dieses Programm, ein Höhepunkt in den Beziehungen zwischen dem Orchester und dem Komponisten, nahm bereits die Komponistenkonzerte der sechziger Jahre vorweg. Obwohl die nach dem Zweiten Weltkrieg einsetzende musikalische Entwicklung dem Oeuvre Franz Schmidts nicht gewogen war, hielten die Philharmoniker dem aus ihren Reihen hervorgegangenen Komponisten die Treue. Knappertsbusch und Mitropoulos dirigierten die Zweite Symphonie, Anton Heiller die „Konzertanten Variationen über ein Thema von Beethoven", und Zubin Mehta zu Schmidts dreißigstem Todestag die Vierte Symphonie.

Auch unter den Orchestermitgliedern der zweiten Jahrhunderthälfte gibt es eine Reihe von Komponisten. Schon 1952 hatte Hans Knappertsbusch den philharmonischen Oboisten Hans Hadamowsky durch die Aufführung seiner Tanzsuite ausgezeichnet. Herbert von Karajan dirigierte 1963 in einem Abonnementkonzert die „Rhapsodischen Skizzen" des Primgeigers Fritz Leitermeyer, Horst Stein 1971 die „Musik für Orchester" des Klarinettisten Alfred Prinz, und Zubin Mehta das „Bavy-Concerto" für Baßklarinette und Vibraphon des Bratschisten Paul Walter Fürst. Dies beweist, daß der schöpferische Impetus im Orchester vorhanden ist wie eh und je, und daß die Freude am Komponieren durch das Orchesterspiel nicht beeinträchtigt wird.

„Don Juan" von Strauss

Wollte man die Beziehungen der Wiener Philharmoniker zu Richard Strauss in allen Einzelheiten darstellen, müßte man ein eigenes Buch schreiben. Er spielte in der Orchestergeschichte als Komponist, als Operndirektor und als Dirigent eine einzigartige Rolle, nicht zuletzt infolge des langen Lebens, das ihm beschieden war. Den Komponisten Strauss lernte das Orchester schon 1892 kennen, als Hans Richter – mit oder ohne vorangegangene Leseprobe? – die symphonische Dichtung „Don Juan" auf das Programm eines Abonnementkonzertes setzte. Zu dieser Erstaufführung gehörte ein gewisser Mut, denn Strauss war damals noch ein heftig umstrittener Neutöner. Eduard Hanslick reagierte auf „Don Juan" prompt mit einer negativen Kritik, über die sich Gustav Mahler, damals in Hamburg engagiert, trotz der Distanz so erboste, daß er Strauss einen begeisterten Brief seines in Wien lebenden jüngeren Bruders als Trost zusandte (Blaukopf, 1980, 17).

Dem Dirigenten Strauss saß das Orchester erstmals beim Salzburger Mozartfest des Jahres 1906 gegenüber. Liebe auf den ersten Blick! Da die Wiener Philharmoniker zwischen 1903 und 1908 an keinen ständigen Dirigenten gebunden waren, sondern unter verschiedenen Orchesterchefs auftraten, bemühten sie sich sofort, auch Strauss zu gewinnen. Felix Mottl, der unter den Gastdirigenten dieser Epoche eine Sonderstellung einnahm, spielte den Vermittler und konnte den Philharmonikern noch im August 1906 mitteilen, daß Strauss für den 16. Dezember des Jahres und außerdem für den 3. März 1907 zugesagt und auch schon das Programm bestimmt habe (Jerger, 1942, 103).

In den fünf Konzertsaisonen, in denen die Philharmoniker unter verschiedenen Dirigenten arbeiteten, war ihr Einfluß auf die Repertoiregestaltung, wenn man von Strauss auch auf andere schließt, offenbar sehr gering. Trotzdem gab es interessante Neuheiten, weil jeder Orchesterleiter das ihm wichtig Erscheinende einbrachte. Der Russe Safonoff dirigierte die Sechste Symphonie von Glasunow und erstmals auch ein Werk von Skrjabin; Karl Muck machte das Publikum mit dem „Zauberlehrling" von Dukas, der d-moll-Symphonie von Sinding und der Neunten von Bruckner bekannt. Felix Mottl setzte sich für Werke von Hans Pfitzner, Max von Schillings und Max Reger ein und erfüllte mit der ersten Aufführung der kleinen C-Dur-Symphonie auch eine Ehrenpflicht gegenüber Schubert; Franz Schalk, seit 1901 Kapellmeister der Wiener Oper, in den Philharmonischen Konzerten aber immer nur Lückenbüßer, machte mit Novitäten von Edward Elgar und César Franck bekannt; und Richard Strauss schließlich gebührt das Verdienst, zum erstenmal ein Werk von Debussy, das „Prélude à l'après-midi d'un faune", in die Abonnementkonzerte eingeführt zu haben. Daneben dirigierte er auch eine Menge eigener Kompositionen wie „Also sprach Zarathustra", die „Sinfonia domestica" und „Tod und Verklärung", denn ganz im Gegensatz zu Nicolai war Strauss niemals zimperlich beim Herausstellen der eigenen Produktion. Er engagierte die Wiener Philharmoniker auch für die Richard-Strauss-Woche, die im Juni 1910 in München stattfand, und bei dieser Gelegenheit spielten sie erstmals „Don Juan" unter der Leitung des Komponisten.

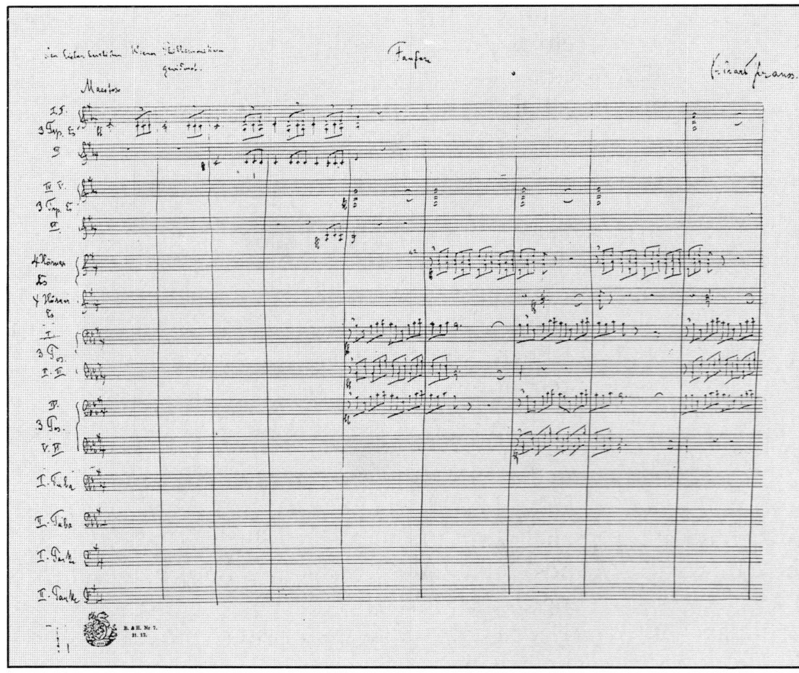

Richard Strauss: Handschrift der für den Ball der Wiener Philharmoniker komponierten Fanfare

Das Orchestermaterial zu diesem Werk, das sich im philharmonischen Archiv befindet, ist uralt. Ob es schon unter Richter in Gebrauch war, also alle hundertfünfzig öffentlichen Aufführungen mitgemacht hat, die die Philharmoniker zwischen 1892 und 1972 registrierten, läßt sich nicht feststellen. Aus den Musikernotizen in den Stimmen geht nur hervor, daß es mehrmals bei Aufführungen, die der Komponist selbst dirigierte, verwendet wurde. Einem Konzertmeister verdanken wir die Eintragung: „Strauss 84 Metronom (wie sein eigener Puls)." Ob es freilich der Puls von 1910 war oder der Puls von 1944, ist nicht angegeben. In der ersten Hornstimme finden wir, gleichfalls ohne Datum, die Notiz: „Strauss 14 Minuten." Stammte diese Zeitangabe aus Wien 1918, aus Preßburg 1921, oder handelte es sich um eine von den sieben Aufführungen des „Don Juan" auf der Südamerika-Tournee im Sommer 1923?

Die letzte Aufführung unter Strauss fand am 12. Juni 1944 statt und war keine Konzertdarbietung, sondern eine Magnetophonaufnahme. Der zweite Fagottist konstatierte dabei eine Dauer von sechzehn Minuten, zwei Minuten länger als „Don Juan" unter dem jüngeren Strauss gedauert hatte.

In den Philharmonischen Abonnementkonzerten war Strauss nur ein seltener Gast. Die Partnerschaft erwies sich aber in der Oper, in außerordentlichen Konzerten, auf Tourneen und bei den Salzburger Festspielen als so glücklich, daß das Orchester, als es 1924 seinen ersten Ball veranstaltete, Strauss um die Komposition einer Festfanfare bat. Darüber war Felix von Weingartner, der selbst gern gebeten worden wäre, so verärgert, daß er den Philharmonikern aus Barcelona einen groben Brief schrieb, der aber die Strauss'sche Fanfare nicht verhinderte. Sie wird bei der Eröffnung der Philharmoniker-Bälle bis heute gespielt.

Musik des zwanzigsten Jahrhunderts

Schon 1908 begaben sich die Philharmoniker nach fünf Jahren des Dirigentenpluralismus wieder unter die Herrschaft eines einzigen, des kurz zuvor zum Wiener Operndirektor bestellten Felix von Weingartner. Er war dem „durchaus Klassischen" zugeneigt, wozu er auch die vielen eigenen Kompositionen rechnete, und brachte, besonders in den ersten Jahren seiner Tätigkeit, nur wenige Novitäten und auf keinen Fall riskante, also eher Werke von Korngold, Reznicek oder Weingartner als von Schönberg oder Strawinsky. Die erste Aufführung des „Sacre du printemps" in den Philharmonischen Konzerten fand charakteristischerweise unter dem ewigen Einspringer Franz Schalk statt und löste im Februar 1925 einen solchen Publikumsskandal aus, daß allen, die ihn miterlebten, heute noch die Ohren klingen. „Schuld an dem Wirbel trug sicherlich nicht das Werk allein", erinnert sich Otto Strasser, „denn nach meiner heutigen Einsicht haben wir damals keine einwandfreie Leistung geboten." (Strasser, 1974, 66)

Die Musik des zwanzigsten Jahrhunderts – Strawinsky ebenso wie die Werke der Neuen Wiener Schule – erforderte technische Fertigkeiten, welche damals nur Spezialistenorchester nach wochenlangen Proben besaßen. Die Wiener Philharmoniker erreichten erst nach dem Zweiten Weltkrieg diesen Standard, und darum stand wohl auch Clemens Krauss auf verlorenem Posten, wenn er sich für die damals radikale Moderne einsetzte. Zu den neuen Werken, die Krauss zwischen 1930 und 1933 dem philharmonischen Auditorium präsentierte, gehörten die „Rhapsodie für Orchester und Saxophon" von Debussy, „Pacific 231" von Arthur Honegger, „Verklärte Nacht" von Schönberg, Stücke aus der „Lyrischen Suite" von Berg, die Sinfonietta von Janáček und – justament! – wieder Strawinskys „Sacre du printemps".

Hans Pfitzner, „Palestrina", Autograph

Hans Pfitzners Partitur

Wenn man die Programme der Philharmonischen Konzerte durchblättert, wird man nur äußerst selten auf Hans Pfitzner stoßen. Auf die Frage nach dem Grund gibt das Werkverzeichnis dieses Komponisten Antwort. Pfitzner hat nur wenig Orchestermusik geschrieben, sondern vorzugsweise Vokalwerke: Opern, Oratorien, Lieder. Das Wiener Opernorchester kannte ihn natürlich seit langem, sogar persönlich, denn 1905 hatte Gustav Mahler die erste Wiener Aufführung der „Rose vom Liebesgarten" einstudiert und Pfitzner nach Wien eingeladen. Im Jahr 1915 war die Oper „Der

Japan-Tournee mit Paul Hindemith, 1956

arme Heinrich" gefolgt, und 1919 unter Schalk Pfitzners Hauptwerk „Palestrina"; dieses mit so anhaltendem Erfolg, daß bald eine Neueinstudierung stattfand, bei der Pfitzner selbst dirigierte, und 1937 eine weitere unter der Leitung von Bruno Walter. Das Orchester der Staatsoper also war Pfitzner seit langem verbunden, konnte aber als weisungsabhängiges Dienstnehmerorchester nichts für ihn tun, als er in den Jahren nach dem Zweiten Weltkrieg in Not geriet. Nur in ihrer Eigenschaft als Wiener Philharmoniker konnten die Musiker dem alten Herrn behilflich sein. Sie halfen wirklich, sorgten für Unterkunft und Unterhalt, und erhielten vom Komponisten, der sonst nichts besaß, zum Dank das Autograph der „Palestrina"-Partitur.

KOMPONISTEN AM DIRIGENTENPULT

Als der Zweite Weltkrieg zu Ende war, gab es für Orchester und

Publikum viel nachzuholen. Die Wiener Philharmoniker waren eigentlich schon mit dem Abgang von Clemens Krauss aus der Musikgeschichte des zwanzigsten Jahrhunderts ausgetreten, und die Kunstpolitik des Dritten Reichs tat ein übriges, um das Repertoire auf das Altbewährte zu fixieren. Nicht nur die Musik jüdischer Komponisten wie Mahler und Schönberg war verfemt, sondern auch alle jene Werke, die sich unter dem vagen Begriff „Entartete Kunst" zusammenfassen ließen. Paul Hindemiths Kompositionen waren darunter, derentwegen Furtwängler schon 1933 mit den braunen Machthabern in Konflikt geriet, die Werke von Bela Bartók, Alban Berg, Anton von Webern und Ernst Krenek. Dazu kamen noch die Künstler – von Strawinsky bis Schostakowitsch –, die dem feindlichen Ausland zugezählt wurden. Und all das mußte nun nach und nach ausprobiert, zur Diskussion gestellt werden.

Herbert von Karajan unternahm es 1948, das philharmonische Publikum mit dem ihm noch unbekannten Bartók zu konfrontieren, als er die „Musik für Saiteninstrumente, Schlagzeug und Celesta" einstudierte. Auch Furtwängler war sich der Verpflichtung gegenüber den ehemals Geächteten bewußt und dirigierte Bartóks „Konzert für Orchester" und die Streicherserenade von Erich Wolfgang Korngold. Vor allem aber trat er so wie vor dem Krieg für den wieder erlaubten, aber noch immer unterschätzten Paul Hindemith ein. Hatte Rudolf Moralt die philharmonische Erstaufführung der „Mathis"-Symphonie vorweggenommen, so ließ Furtwängler im November 1947 die „Sinfonischen Metamorphosen" von Hindemith folgen und 1953 die „Harmonie der Welt".

Drei Jahre später trug sich etwas zu, das in der philharmonischen Geschichte seit Mahler und Strauss nicht mehr dagewesen war: Das Orchester ging mit einem großen Komponisten auf Reisen. Zwischen 4. und 30. April 1956 unternahmen die Philharmoniker ihre erste Tournee nach Japan, und der Dirigent hieß weder Karl Böhm noch Rafael Kubelik oder Erich Kleiber, sondern Paul Hindemith. Vielleicht war manchem Musiker vor diesem „Außenseiter" etwas bang gewesen, doch das Musizieren mit ihm verlief in kameradschaftlicher Atmosphäre. Hindemith, der einstmals selbst Konzertmeister an der Frankfurter Oper gewesen war und als Bratschist in einem bekannten Quartett gespielt hatte, „sah in uns seine Kollegen, und sein Verhalten sowie das Ansehen, das er in unseren Reihen genoß, bewirkten, daß er uns wie ein Familienoberhaupt erschien" (Strasser, 1974, 273).

Trotz des Nachholbedarfs und des Nachholbemühens glich das Repertoire der 1950er Jahre im wesentlichen dem der Vorkriegszeit. Es war ein „durchaus klassisches" Programm, in das die Meister des beginnenden zwanzigsten Jahrhunderts – Strauss, Debussy, Ravel, Mahler, Respighi und allenfalls auch Strawinsky – Einlaß gefunden hatten. Um dem nun schon hundert Jahre alten Vorwurf der Rückständigkeit zu begegnen, führten die Philharmoniker 1961 Komponistenkonzerte innerhalb ihrer Abonnementzyklen ein: Eine Ver-

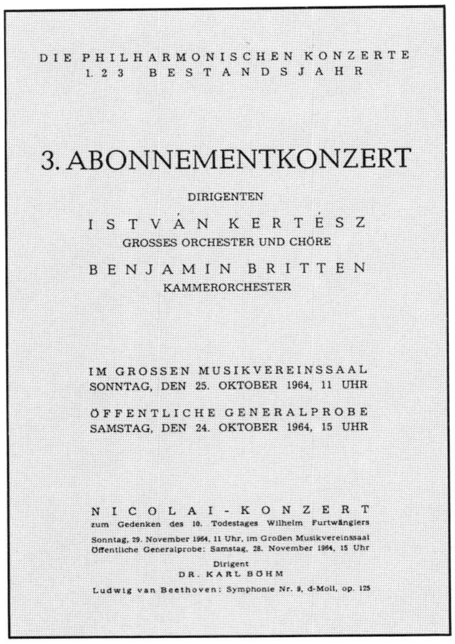

DIE PHILHARMONISCHEN KONZERTE
123 BESTANDSJAHR

3. ABONNEMENTKONZERT

DIRIGENTEN

ISTVÁN KERTÉSZ
GROSSES ORCHESTER UND CHÖRE

BENJAMIN BRITTEN
KAMMERORCHESTER

IM GROSSEN MUSIKVEREINSSAAL
SONNTAG, DEN 25. OKTOBER 1964, 11 UHR

ÖFFENTLICHE GENERALPROBE
SAMSTAG, DEN 24. OKTOBER 1964, 15 UHR

NICOLAI-KONZERT
zum Gedenken des 10. Todestages Wilhelm Furtwänglers

Sonntag, 29. November 1964, 11 Uhr, im Großen Musikvereinssaal
Öffentliche Generalprobe: Samstag, 28. November 1964, 15 Uhr

Dirigent
DR. KARL BÖHM

Ludwig van Beethoven: Symphonie Nr. 9, d-Moll, op. 125

anstaltung pro Saison wurde nicht von einem Berufsdirigenten geleitet, sondern von einem bekannten Komponisten, der eigene Werke vorstellte, die allerdings keine echten Novitäten, also Uroder Wiener Erstaufführungen sein mußten. Den Anfang machte der Armenier Aram Chatschaturjan, der das Publikum sehr beeindruckte. Auf ihn folgten in den nächsten Jahren Werner Egk, der neben eigenen Werken Händels „Wassermusik“ dirigierte, Boris Blacher, der Eigenes und das in den Philharmonischen Konzerten noch nicht gespielte „Poème de l'extase“ von Skrjabin aufführte, und schließlich Paul Hindemith, der neben Cherubini und Reger die europäische Erstaufführung seines Konzerts für Orgel und Orchester bot. Nach diesen drei deutschen Komponisten lernten die Abonnenten am 24. und 25. Oktober 1964 den Engländer Benjamin Britten kennen, der in seinem „War Requiem“ selbst das Kammerorchester leitete, während das große Orchester von Istvan Kertesz dirigiert wurde.

In den Jahren 1966 und 1968 kamen heimische Komponisten an die Reihe, Alfred Uhl mit seiner Kantate „Wer einsam ist, der hat es gut“ und Anton Heiller, der eines seiner Hauptwerke, die „Psalmenkantate“, zu Gehör brachte und außerdem Franz Schmidts „Konzertante Variationen“. Dies waren aber nicht die einzigen Österreicher, die in den Philharmonischen Konzerten gespielt wurden, denn außerhalb der Komponistenkonzerte hatten, ohne selbst zu dirigieren, seit langem Theodor Berger und Gottfried von Einem ins Repertoire gefunden. Hier sei nur an die Aufführung von Bergers „Rondino giocoso“ unter Knappertsbusch und an die Uraufführung von Einems „Philadelphia-Symphonie“ im Jahre 1961 unter Georg Solti erinnert.

In den Komponistenkonzerten traten noch Frank Martin, der sein Oratorium „Golgatha“ darbot, Wolfgang Fortner und ein zweites Mal Werner Egk auf; dann war diese bemerkenswerte Reihe zu Ende – will man nicht jene Konzerte dazurechnen, in denen Leonard Bernstein eigene Kompositionen dirigierte. Die Komponistenkonzerte hatten interessante Begegnungen gebracht, aber keinen nachhaltigen Einfluß auf das Repertoire ausgeübt, das wie eh und je daneben herlief. Die Philharmoniker gingen darum zu einer anderen Methode über, ihr Repertoire zu erweitern, und gebrauchten dabei ein Rezept, das schon Dessoff und Richter angewendet hatten, wenn sie verhindern wollten, daß der Saal leer blieb. Sie verbannten die neue Musik nicht mehr in Spezialkonzerte, sondern integrierten sie in normale Programme, und zwar an deren Anfang oder Mitte.

Programmbildung heute

Diese nachholende Repertoireerweiterung konnte den Philharmonikern umso besser gelingen, als sie in den Dirigenten Claudio Abbado, Christoph von Dohnányi und Zubin Mehta souveräne und innerlich engagierte Bahnbrecher fanden. Es kann kaum als Zufall betrachtet werden, daß Abbado und Mehta längere Zeit in Wien bei Hans Swarowsky studiert hatten, einem Dirigenten und Lehrer, der trotz enger Bindung an Richard Strauss seine Mentoren Arnold Schönberg und Anton von Webern nie verleugnet hat. Von 1967 und 1968 an, als Mehta die „Verklärte Nacht" von Schönberg und Abbado die Orchesterstücke op. 6 von Alban Berg dirigierten, gewann die Zweite Wiener Schule allmählich an philharmonischem Terrain. Bald folgten die Orchesterstücke op. 10 von Webern, Schönbergs Kammersymphonie und Weberns op. 6. Doch ging es keineswegs bloß um die sogenannte Schönberg-Schule, die wohldosiert und vorsichtig dem Programm einverleibt wurde, sondern um die Musik des zwanzigsten Jahrhunderts insgesamt. Wieder waren es Abbado, der das philharmonische Publikum mit György Ligeti bekannt macht, Mehta, der Krysztof Penderecki einführte, und Dohnányi, der Witold Lutoslawski zu späten philharmonischen Ehren gelangen ließ. Maazel placierte in einem der Abonnementkonzerte von 1984 Friedrich Cerha zwischen Haydn und Debussy. Bei einem seiner Auftritte mit den Philharmonikern hat auch Bernard Haitink an ein Werk der österreichischen Moderne erinnert, als er nach rund fünfzig Jahren „Prosperos Beschwörungen" von Egon Wellesz wieder erklingen ließ.

Eine Sonderstellung unter den Komponisten des zwanzigsten Jahrhunderts im philharmonischen Repertoire nahm Leonard Bernstein ein. Er zählte zu den letzten komponierenden Dirigenten beziehungsweise dirigierenden Komponisten, die – von Haydn bis Mahler, von Berlioz bis Richard Strauss – in früherer Zeit die Normalfälle bildeten. Kraft seiner Reputation als Orchesterchef fiel es Bernstein leicht, seine Kompositionen aufs Programm zu setzen. Er nützte diese Macht, ohne sie zu mißbrauchen. Die Philharmoniker spielten in Wien, auf Reisen und auch bei den Salzburger Festspielen Bernsteins Erste Symphonie „Jeremiah" und seine Dritte „Kaddish" und manche andere seiner Kompositionen, am öftesten vermutlich das „Divertimento für Orchester", das seinen unterhaltsamen Titel zu Recht trägt. Was nach dem Tod Leonard Bernsteins davon im Konzertrepertoire bleiben, was sich aus eigener Stärke auch ohne seinen natürlichen Interpreten durchsetzen kann, wird erst eine fernere Zukunft entscheiden.

Wie kamen alle diese Programme mit Werken der Klassik, der klassischen Moderne und des späten 20. Jahrhunderts zustande? Wie wird das Repertoire einer philharmonischen Saison überhaupt festgelegt? Von Leseproben und Abstimmungen kann natürlich seit langem keine Rede mehr sein. Aus den Reihen der Musiker gelangen jedoch immer wieder Vorschläge in die philharmonische Kanzlei. Die Programmfolge der Abonnementkonzerte und des Nicolaikonzertes, die schließlich („Termin- und Programmänderungen vorbehalten") dem Publikum angezeigt wird, ist der Kurs, der sich aus einem komplizierten Kräfteparallelogramm ergibt.

Claudio Abbado und Konzertmeister Hetzel

In erster Linie zählen die Wünsche des Orchesters. Das Orchester aber kann nicht einfach wünschen, was es sich wünscht; es muß die Programme der letzten Konzertjahre im Auge behalten. Denn es wäre nicht sinnvoll, innerhalb von fünf Jahren dreimal die Siebente von Beethoven anzubieten und kein einziges Mal die Sechste, oder aus Angst vor dem Vorwurf der Beethoverei sein Œuvre überhaupt ein paar Spielzeiten lang zu ignorieren.

Auch die Dirigenten äußern ihre Programmwünsche, denen man, je nach Rang und Alter des Maestro, ganz oder teilweise entgegenkommt. Da aber in mancher Saison gar neun oder zehn Dirigenten auftreten, muß die Repertoireabstimmung letztlich, um Wiederholungen und Einförmigkeit zu vermeiden, den Philharmonikern vorbehalten bleiben. Schließlich haben als „Dritte im Bunde" auch die Musikindustrien mitzusprechen, denn oft, sehr oft wird ein Konzertprogramm mehrfach genutzt: nicht nur im Abonnementzyklus und auf Konzertreisen, sondern für Schallplatten- und/oder Videoaufnahmen.

Außerhalb ihrer Abonnementkonzerte und der mit diesen verbundenen Rücksichten erweisen sich die Philharmoniker übrigens als viel experimentierfreudiger, als man ihnen zutrauen möchte, so etwa wenn sie Claudio Abbado in das von ihm initiierte Festival „Wien modern" folgen, dort Boulez, Nono und Rihm vorführen und dieses Programm als Konzertmitschnitt auch ihrem reichen Schallplattenrepertoire einverleiben.

Abbildung auf Seite 246: Die Wiener Philharmoniker in Salzburg unter Toscanini, 1936

FESTIVAL WIEN MODERN

26. Oktober bis 21. November 1988

KALENDARIUM

26. Oktober

Musikverein, Großer Saal, 15.30

Wiener Philharmoniker
Wiener Jeunesse-Chor
Dirigent: Claudio Abbado

GYÖRGY LIGETI: Lontano – LUIGI NONO: Liebeslied – PIERRE BOULEZ: Notations I–IV GYÖRGY LIGETI: Atmosphères – WOLFGANG RIHM: Départ (Uraufführung) – ALBAN BERG: 3 Orchesterstücke op. 6

Salzburg, die andere Existenz

SALZBURGS FESTSPIELE WERDEN IN HOHEM MASSE VON DEN Leistungen der Wiener Philharmoniker getragen. Mancher Lokalpatriot hätte sie darum gerne Salzburger Philharmoniker genannt. Sie selbst aber sehen sich auch bei den Salzburger Festspielen als das, was sie sind und bleiben: die Wiener Philharmoniker.

Zwei Komponisten waren es, die ihnen den Weg nach Salzburg wiesen: Wolfgang Amadeus Mozart, der 1756 hier geboren worden war, und Richard Strauss, der den Salzburgern und der Welt zeigen wollte, wie Festspiele, die diesen Namen verdienten, auszuschauen hatten. Im Jahre 1877 veranstaltete die Internationale Mozart-Stiftung, Vorgängerin der Stiftung Mozarteum, in Salzburg ihr erstes Musikfest. Die Philharmoniker kamen und konzertierten unter der Leitung Otto Dessoffs. Dies war ihr erstes Auftreten außerhalb von Wien. Weitere Mozartfeste folgten, und 1906 waren die Musiker sogar in doppelter Funktion dabei: als Hofopernorchester, um unter Gustav Mahlers Leitung den neuen Wiener „Figaro" vorzuführen, und als Philharmoniker, um zwei Konzerte zu spielen, eines davon unter Richard Strauss.

Bereits 1920 rief man auf dem Salzburger Domplatz in Max Reinhardts Regie nach dem „Jedermann". Im folgenden Jahr fügte Bernhard Paumgartner, der Direktor des Salzburger Mozarteums, dem Hofmannsthalschen „Spiel vom Sterben des reichen Mannes" eine Reihe von Konzerten hinzu. Das Mozarteum-Orchester, mit einigen Philharmonikern aufgeputzt, musizierte, und Paumgartner dirigierte. Darüber geriet Richard Strauss, damals gemeinsam mit Franz Schalk Operndirektor in Wien, so sehr in Rage, daß er drohte, er „werde den Weg nach Salzburg nicht mehr finden. Es geht nicht, daß ein Jahr Herr Paumgartner, das andere Jahr die Herren Schalk und Strauss dirigieren" (Strauss-Hofmannsthal, 1978, 469). Er fand den Weg nach Salzburg doch, und zwar im nächsten Jahr, 1922, und brachte vier Aufführungen der Wiener Staatsoper mit: „Don Juan", und „Così fan tutte", von ihm selbst dirigiert, und „Figaro" und „Entführung", dirigiert von Schalk. Außerdem leiteten Strauss und Schalk je ein Orchesterkonzert mit Werken von Mozart.

Was tat es, daß es Wiener Inszenierungen waren und nicht einmal neue, sondern zum Teil noch aus dem Mozartjahr 1906 stammende, die Mahler und sein Bühnenbildner Alfred Roller erarbeitet hatten! Was machte es aus? Mit diesem Programm war ein Modell geschaffen, das zwar verbessert, ausgebaut und vertieft werden mußte, das im Prinzip aber bis heute verbindlich geblieben ist.

Nach wie vor stehen Mozarts Opern, freilich nicht in Wiener Aufführungen, sondern in festspieleigenen, im Zentrum des Repertoires; nach wie vor brillieren die Wiener Philharmoniker in Orchesterkonzerten, die sie neben den Opernabenden bestreiten. Im Jahr 1922, als Strauss sein Exempel statuierte, spielten eigentlich nicht die Philharmoniker; es war nominell das Orchester der Wiener Staatsoper, und eigentlich war es auch nicht ganz das Staatsopernorchester, sondern nur ein Teil davon, darunter freilich Kapazitäten wie Arnold Rosé, ergänzt durch Nachwuchskräfte und Substituten. Die Wiener Philharmoniker nämlich bereisten mit Felix von Weingartner den südamerikanischen Kontinent. 1923 unternahmen sie eine zweite Südamerika-Tournee, diesmal unter Leitung von Strauss. In Salzburg gab es aus Mangel an Orchester und an Geld bloß ein Sprechstück, und im folgenden Jahr war die ökonomische Lage so desolat, daß sich mit oder ohne Musik die Abhaltung von Festspielen verbot. Erst 1925 wurde die Initiative von 1922 wieder aufgegriffen, freilich ohne Strauss, der nicht mehr Wiener Opernchef war. Hofmannsthal meldete ihm am 15. September: „Salzburg war in diesem Jahr ein großer Erfolg – besonders gesellschaftlich. Es war ein wirklich internationales Publikum, wie es vielleicht vor zwanzig bis fünfundzwanzig Jahren in Bayreuth war. Wien war am schwächsten vertreten." (Strauss-Hofmannsthal, 1978, 545)

Damit war natürlich das Wiener Publikum gemeint, denn künstlerisch wurden die Salzburger Festspiele, im Gegensatz zu den Bayreuther, die Musiker aus ganz Deutschland rekrutierten, damals wie heute weitgehend von Wien gespeist. In Wien war mitten im Ersten Weltkrieg die Idee zu diesen Festspielen, eine Friedensidee, aufgeblüht, und Wien, genauer das Musikvereinsgebäude, war bis zum Jahr 1925 auch Sitz der Festspielhausgemeinde. Daraus ergaben sich manche Mißtöne zwischen den Salzburgern und den Wienern, zwischen Eingesessenen und Zugereisten, auch zwischen touristisch und künstlerisch Orientierten.

„Sie müssen doch selbst gestehen, daß in Salzburg – wenigstens für mich – um keinen Kreuzer Unterhaltung ist", hatte der Schutzpatron Wolfgang Amadé im Mai 1781 an seinen Vater Leopold geschrieben, um die Übersiedlung nach Wien zu rechtfertigen. „Mit vielen will ich nicht umgehen – und den meisten andern bin ich zu schlecht. Für mein Talent keine Aufmunterung! Wenn ich spiele oder von meinen Compositionen was aufgeführt wird, so ists als wenn lauter Tisch und Sessel die Zuhörer wären . . ." (Mozart, 1963, 121) Böse Worte! Kein anderer vor Thomas Bernhard hat die schöne Stadt Salzburg so geschmäht. Mozart war aber auch in Wien nicht immer der erhofften Aufmunterung begegnet. Warum also sollten sich nicht „Tisch und Sessel" zusammentun zu Festspielen, in deren Mitte Mozarts sämtliche Opern standen, wie Hofmannsthal 1919 ankündigte. Aber durchaus nicht Mozart allein! Hofmannsthal grenzte bei dieser Gelegenheit das Salzburger Festspielkonzept vom Bayreuther ab: „Bayreuth bleibt, wie es ist, es dient *einem* großen Künstler; Salzburg will dem klassischen Besitz der Welt dienen." (Hofmannsthal, 1952, 30, 32)

Im Jahr 1925, als die Inflation überwunden war und sich Salzburger und Wiener zu einem zweiten Anlauf vereinigten, zählte man zwischen 13. und 31. August achtunddreißigtausend Besucher. Das neueröffnete Festspielhaus, das schon im Jahr darauf umgebaut wurde, bot drei Sprechstücke. Die Aufführungen der Wiener Staatsoper – „Don Juan", „Figaro" und „Don Pasquale" von Donizetti – wurden noch im Stadttheater untergebracht. Im Festspielhaus dagegen erklangen die drei Konzerte, von Bruno Walter, Karl Muck und Franz Schalk geleitet, in denen das Orchester, erstmals bei den Salzburger Festspielen, den Namen Wiener Philharmoniker führte. (Bald stand dieser auch auf den Programmen der Opernvorstellungen.) Bernhard Paumgartner, dessen Aktivitäten Strauss so energisch mißbilligt hatte, widmete den Wienern einen längeren Begrüßungsartikel. Darin nannte er die Philharmoniker „unersetzlich als Anwälte und Verkünder der hohen Festspielidee" (Paumgartner, 1925, 72).

In Parenthese sei angemerkt, daß Richard Strauss, Präsident der Salzburger Festspielhausgemeinde 1924 bis 1925, und Bernhard Paumgartner, Präsident der Festspiele 1960 bis 1971, ansonsten und besonders in den Jahren, die auf den Zweiten Weltkrieg folgten, sehr freundschaftlich miteinander verkehrten. Durch seine Opernwerke, die schon bald ins Repertoire der Festspiele einrückten, blieb Strauss der Salzburger Praxis lebenslang verbunden. Im Jahr 1926 dirigierten er selbst (einmal) und Clemens Krauss (zweimal) die „Ariadne auf Naxos", deren Aufführung als Reverenz vor Mozart zu verstehen war; trägt doch die Figur des jungen Komponisten im Vorspiel unverkennbar, wenngleich idealisiert, die Züge des unbotmäßigen Wolfgang Amadé. 1929 folgte der „Rosenkavalier", gleichfalls unter Krauss, 1932 „Die Frau ohne Schatten".

KULTURELLE BASTION

Erstaunlich, wie unverhältnismäßig schnell die Salzburger Festspiele Ansehen in der musikalischen Welt gewannen! Doppelt erstaunlich, da die zwanziger Jahre und erst recht das folgende Jahrzehnt ökonomisch und politisch von Katastrophen heimgesucht wurden. Durch die Weltwirtschaftskrise und mehr noch durch die von Deutschland im Mai 1933 verhängte „Tausendmarksperre" ging der Kartenverkauf drastisch zurück. Den Verantwortlichen aber gelang es wunderbarerweise, die Zahl der Veranstaltungen zu erhöhen. 1933 gab es zwischen 28. Juli und 31. August neben „Jedermann" und „Faust", beide von Reinhardt in Szene gesetzt, nicht weniger als zehn verschiedene Opern, darunter „Fidelio", von Richard Strauss dirigiert, drei Werke von Mozart, drei von Strauss, und je eines von Gluck, Wagner („Tristan") und Weber. Neben den Opernvorstellungen spielten die Wiener Philharmoniker im Festspielhaus und im Mozarteum neun große Konzerte unter Richard Strauss, Clemens Krauss, Bruno Walter, Vittorio Gui, Robert Heger und Otto Klemperer und dazu noch drei Serenaden in der Residenz unter Bernhard Paumgartner. Ein gewaltiger Kraftakt nach der zehnmonatigen Opernsaison in Wien!

Im folgenden Jahr waren die Anstrengungen kaum geringer, die äußeren Bedingungen aber noch schlimmer. Sie waren erschrekkend. Das nationalsozialistische Regime in Deutschland, schon 1933 an die Macht gelangt, hatte sich etabliert und sandte seinen Terror auch über die Grenze nach Österreich. In einer einzigen Woche des Jänner 1934 detonierten in Salzburg sechs Sprengkörper, es folgten Attentate auf das Missionskloster in Liefering, auf den Chiemseehof, ein weiterer Anschlag am 17. Mai richtete sich direkt gegen das Festspielhaus: Ein Feuerwehrmann kam ums Leben; der Sachschaden war beträchtlich. In ganz Österreich tobte der Terror gegen Amtsgebäude, Bahngeleise, Brücken, Kirchen und Kaufhäuser. Im Februar 1934 war Österreich von einem Bürgerkrieg zerrissen worden. Auf der einen Seite stand damals die bereits verbotene Sozialdemokratie, auf der anderen das autoritäre Dollfuß-Regime. Schon Monate vorher, gleichzeitig und nachher verübten verblendete Österreicher, von außen angestiftet und bewaffnet, ihre auf Einschüchterung abzielenden Überfälle, von denen der Tränengasanschlag in der Wiener Staatsoper wohl der harmloseste war. Mit Drohungen und Repressalien ging die deutsche Regierung gegen das Nachbarland vor. Deutsche, die nach Österreich reisen

wollten, mußten eine Abgabe von tausend Mark bezahlen – ein kleines Vermögen in dieser Zeit.

Mitte Juli veröffentlichte das Hetzblatt „Der Stürmer" einen Artikel, in dem Richard Strauss – vor kurzem noch Aushängeschild des NS-Regimes – verunglimpft wurde. Denn Strauss hatte ein Libretto von Stefan Zweig vertont, und Zweig, bis vor kurzem noch in Salzburg auf dem Kapuzinerberg ansässig, galt den Nazis als jüdischer Schriftsteller. Knapp vor Beginn der Festspiele 1934 sagte Strauss seine Teilnahme ab. Nicht aus freiem Entschluß. Die Behörden hatten ihm die Reise verboten, obwohl zur Feier seines siebzigsten Geburtstags drei seiner Opern angesetzt waren. Am 25. Juli wurde Österreichs Bundeskanzler Dollfuß von einem Terrorkommando ermordet. Der Putschversuch schlug fehl, aber im ganzen Land knatterten Gewehre, und „am Abend des 27. Juli wurde auch die Lage in Salzburg kritischer. In Liefering fand ein heftiges Feuergefecht zwischen Nationalsozialisten und Heimatschutz statt . . ." (*Wiener Zeitung,* 1. August 1934).

Trotzdem dachte niemand daran, die Festspiele abzusagen, denn sie waren ein Teil von Österreichs kultureller Bastion, deren Räumung einer Selbstaufgabe gleichgekommen wäre. So begannen die Festspiele 1934 bloß mit einem Tag Verspätung, und die Philharmoniker spielten vor Beginn des „Fidelio" den Trauermarsch aus der „Eroica" im Gedenken an den toten Kanzler. Die Gräben, die das Land zerschnitten, verliefen auch zwischen den philharmonischen Pulten. Im Orchester saßen sie nebeneinander: demokratisch und autoritär gesinnte Musiker, jüdische und antisemitische, österreichisch und deutsch orientierte. Zitterte keinem die Hand? Stockte keinem der Atem? Wieso klang Beethovens „Fidelio" wie immer: aus einem Guß?

Neun verschiedene Opern hatten die Philharmoniker bei den Festspielen 1934 zu begleiten. Außerdem hielten sie wieder neun Orchesterkonzerte ab. Alles war wie sonst und doch anders. „So sind wir denn heute zu Salzburg, weil so hart umkämpft, wirklich ein wenig feierlicher, als es sonst österreichische Art ist", schrieb der Kritiker Rudolf Holzer. (*Wiener Zeitung,* 5. August 1934) Viele Franzosen und Engländer waren trotz der unsicheren Lage nach Salzburg gekommen, unter ihnen François Mauriac, der zur Erkenntnis gelangte, daß Mozarts Musik die Österreicher in jedem Augenblick erinnern müsse, daß sie keine Deutschen seien. (*Le Temps,* 28. August 1934)

Die deutschen Gäste blieben wegen der Tausendmarksperre aus. Richard Strauss allerdings, der zur Aufführung seiner „Ägyptischen Helena" vergeblich erwartet worden war, setzte sich bei den deutschen Machthabern durch und konnte wenigstens der „Elektra" am 17. August beiwohnen. Sein verspätetes Auftauchen wurde aber nur kurz beachtet, weil in diesen Tagen ein weltberühmter Italiener in Salzburg eintraf, um drei Konzerte der Wiener Philharmoniker zu dirigieren. Arturo Toscanini hatte sowohl dem faschistischen Italien als auch dem nationalsozialistischen Deutschland (mitsamt Bayreuth) den Rücken gekehrt. Sein Auftreten in dem hart an der deutschen Grenze gelegenen Salzburg war eine Demonstration, und dem Protest entsprang auch die Idee, das zweite Konzert ausschließlich dem Werk Richard Wagners zu widmen. Toscanini verlegte Bayreuth an die Salzach. Schon im Jahr zuvor hatte Bruno Walter, aus Deutschland vertrieben, bei den Salzburger Festspielen „Tristan und Isolde“ herausgebracht. Toscanini verstärkte diese Offensive, indem er 1936 und 1937 in Salzburg „Die Meistersinger von Nürnberg“ aufführte.

POLITISCHER BRUCH UND PHILHARMONISCHE KONTINUITÄT

Österreichs gewaltsamer Anschluß an das Dritte Reich im März 1938 schien an den Festspielen äußerlich nur wenig zu verändern. Gewiß: „Jedermann“ verschwand vom Domplatz; das Festspielhaus wurde wie schon so oft umgebaut (nicht zu seinem Vorteil); anstelle von Toscanini und Walter dirigierten Furtwängler, Gui und Böhm; und Mozarteumsdirektor Paumgartner wurde abgesetzt. Viele Aufführungen aber waren trotz neuer Namen die gleichen wie zuvor. Gefahren erwuchsen 1940, als sich Europa bereits im Krieg befand und die Festspiele abgeblasen wurden. In dieser Situation entschlossen sich die Wiener Philharmoniker, in Salzburg wenigstens einen Konzertzyklus abzuhalten, in eigener Verantwortung und auf eigenes finanzielles Risiko. Zwischen 13. und 27. Juli gaben sie acht Orchesterkonzerte und dazu noch Serenaden mit philharmonischen Kammerensembles. Zwei der Konzerte trugen dem andersartigen Publikum und dessen Geschmack Rechnung. Am 20. Juli leitete Franz Lehár sein erstes und einziges Philharmonisches Konzert mit populären Nummern aus seinen Operetten; am 25. Juli dirigierte Hans Knappertsbusch im Mozarteum einen Vorreiter der Neujahrskonzerte, von der Ouvertüre zur „Schönen Galathee“ bis zum Radetzkymarsch, der im Dritten Reich nur aus Unwissenheit der Machthaber nicht verboten war.

Was hatte die Philharmoniker bewogen, die offizielle Absage der Salzburger Veranstaltungen zu unterlaufen? Sie fürchteten wohl mit gutem Grund, daß eine Unterbrechung zum endgültigen Abbruch führen könnte, und diesen wollten sie um jeden Preis verhindern. Noch ehe die allerersten Festspiele angekündigt waren, hatten die Philharmoniker in Konzerten für die Salzburger Idee geworben. Sie gehörten zu den Gründervätern der Festspiele wie Strauss und Schalk und Roller und all die anderen, die man nun besser nicht kannte und nannte. Und als aus der Idee Wirklichkeit geworden war, hatten sie gegen geringe Gage durch viele Sommer hindurch Marathonleistungen vollbracht. Es waren Investitionen in die Zukunft gewesen, und diese ließen sich nicht einfach konfiszieren. Otto Strasser deutete das Unternehmen des ersten Kriegssommers auch politisch: „Wir Philharmoniker haben mit diesem Entschluß unser Bekenntnis zu dem damals nicht existenten Österreich abgelegt, und ich glaube, daß wir noch heute stolz darauf sein dürfen, die Unterbrechung der Salzburger Festspiele verhindert zu haben." (Strasser, 1974, 188)

Tatsächlich gingen die Festspiele in den drei folgenden Sommern weiter, wenn auch bald unter anderem Namen. Sie hießen „Salzburger Theater- und Musiksommer", und Verwalter der Darbietungen war Clemens Krauss. Zu der gefürchteten Unterbrechung kam es 1944, als die deutsche Regierung durch Ausrufen des totalen Kriegs und Verbot aller Theatervorstellungen ihre Niederlage hinauszögern wollte. Die Unterbrechung war allerdings nur für das Publikum eine totale. Die Philharmoniker arbeiteten. Unter Clemens Krauss probten sie die noch unaufgeführte Oper von Richard Strauss, „Die Liebe der Danae", die seine letzte blieb. Ursprünglich wollte Strauss dieses Werk erst nach Ende des Kriegs aufführen lassen. Da aber in das Jahr 1944 sein achtzigster Geburtstag fiel, gelang es Clemens Krauss, ihn umzustimmen. Das Szenarium der „Danae" stammte noch von Hofmannsthal, der etwas mühselige Text von Joseph Gregor. Ganz bewußt war Strauss aus dem Grauen der Gegenwart in eine ästhetische Antike geflüchtet. „Ich muß jetzt etwas Lustiges, zumindest Heiteres haben", hatte er angekündigt. Als er 1944 zu den Proben nach Salzburg kam, erfuhr er bald, daß es nur eine Generalprobe und keine Aufführung geben würde. Mit Rührung dachte der Regisseur dieser Proben, Rudolf Hartmann, später an den Besuch des Komponisten zurück: „Richard Strauss aber trat an die Orchesterbrüstung, hob dankend die Hände und grüßte die Philharmoniker mit tränenerstickter Stimme: Vielleicht sehen wir uns in einer besseren Welt wieder!" (Trenner, 1954, 244)

Die Generalprobe der „Liebe der Danae" wurde am 16. August 1944 abgehalten, die Uraufführung fand erst lange nach dem Krieg, am 14. August 1952 statt: in einer besseren Welt, wenn auch in keiner guten, weil eine solche nur in heiteren Mythen Gestalt annimmt. Strauss war 1949 gestorben, aber wie bei der Generalprobe stand sein Freund und Jünger Clemens Krauss am Dirigentenpult, Rudolf Hartmann führte Regie, und im Orchestergraben saßen die Wiener Philharmoniker. Schon 1946 waren sie wieder nach Salzburg gekommen, in offenen Lastwagen und mit der obligaten Entlausung an der sowjetisch-amerikanischen Demarkationslinie. Nur 1945, zu den allerersten Friedensfestspielen, war die Fahrt unmöglich gewesen. Weite Teile Europas lagen in Trümmern, auch Mozarts Salzburger Wohnhaus war zerstört. Die Festspiele aber knüpften offenbar mühelos an ihre Tradition an. Schon 1946 tönten die Jedermann-Rufe wieder über den Domplatz, und Don Giovanni, Figaro und der Rosenkavalier schritten über die Bühne des Festspielhauses.

Das überlieferte Konzept bewährte sich weiter. Eine Neuerung der folgenden Jahre bildeten allerdings die zeitgenössischen Opernwerke, deren oft komplizierte Faktur von den Philharmonikern in

Baal

Oper in zwei Teilen nach den vier Fassungen
von Bert Brechts „Baal"
Musik von Friedrich Cerha

Dirigent: Christoph von Dohnányi
Inszenierung: Otto Schenk
Bühnenbild und Kostüme: Rolf Langenfass

Wiener Philharmoniker

Kleines Festspielhaus
Sonntag, 16. August 1981, 18.30 Uhr

Klang umgesetzt wurde. 1947 war es die Uraufführung von „Dantons Tod“ von Gottfried von Einem, 1948 „Der Zaubertrank“ von Frank Martin, 1949 wieder eine Uraufführung, „Antigonae“ von Carl Orff, 1950 „Der Raub der Lukrezia“ von Benjamin Britten und „Romeo und Julia“ von Boris Blacher, 1951 mit rund fünfundzwanzigjähriger Verspätung „Wozzeck“ von Alban Berg, eine Sternstunde Karl Böhms, und 1952 die nachgeholte Uraufführung der „Liebe der Danae“ von Richard Strauss. Sonst hatte sich im Salzburger Repertoire wenig verändert: Mozart als ewig aktuelle Herausforderung, an seiner Seite Beethoven, Gluck und Strauss. Wagner überließ man, seit jedes politische Motiv weggefallen war, stillschweigend den Bayreuthern.

Mozarts 200. Geburtstag

Am 27. Jänner 1956 feierte die Welt die 200. Wiederkehr von Mozarts Geburtstag. Obwohl die Salzburger Festspiele für dieses Jahr sechs Opern ihres Hauskomponisten angekündigt hatten, veranstaltete die Internationale Stiftung Mozarteum im Jänner eine Mozartwoche, die dank zunehmendem Wohlstand und zunehmender Mozartverehrung zu einer dauernden Einrichtung wurde. Hatte nicht schon Hofmannsthal von Salzburger Festen im Winter phantasiert? (Hofmannsthal, 1952, 29) Die Wiener Philharmoniker gewannen in der Mozartwoche ein zweites Salzburger Forum. Wer sonst, hatten doch die Veranstalter nicht bloß Geburtstagsfeiern, sondern auch exemplarische Aufführungen im Sinn. Ende der vierziger, Anfang der fünfziger Jahre hatte die Internationale Stiftung Mozarteum den Beschluß zur Edition der Neuen Mozart-Ausgabe gefaßt und 1955 den ersten Band vorgelegt. Da erschien es „ebenso selbstverständlich wie verpflichtend, der ‚Textfindung‘ des Mozart-Werkes auch die Umsetzung in die musikalische Praxis folgen zu lassen.“ (Rehm, 1980, 16) Man darf sich unter der winterlichen Mozartwoche aber keineswegs klingende Gelehrsamkeit vorstellen. Dagegen spricht das Musikverständnis der Wiener Philharmoniker, die Mozart nicht als historische Erscheinung interpretieren, sondern als heutigen Besitz. Dagegen sprechen auch die sehr unterschiedlichen Dirigentenpersönlichkeiten der Mozartwoche. Denn Bernsteins Mozart ist ein anderer als Harnoncourts Mozart, und Abbados Auffassung unterscheidet sich von der Auffassung Leopold Hagers. Bei keinem von den vielen, die da dirigierten, wurde Mozart zum toten Buchstaben respektive Notenkopf.

Natürlich hat die Salzburger Mozartwoche den ohnehin eng beschriebenen philharmonischen Terminkalender weiter verdichtet. Die Festspiele fallen in die Opernferien, die Mozartwochen hingegen mitten in die Saison. Zumeist fahren die Musiker am frühen Vormittag mit der Bahn von Wien ab – nicht wenige von ihnen haben am Abend zuvor in der Oper gespielt –, kommen zu Mittag an und halten am selben Tag noch zwei Proben ab. Am nächsten Vor-

Gedenkfeier der Wiener Philharmoniker für Herbert von Karajan unter James Levine. Salzburg, Juli 1989

mittag gibt es eine weitere Probe und am Abend das erste Konzert. Der folgende Tag bringt wieder zwei Proben, und so weiter bis zum letzten Abend und zum letzten Konzert. Am Morgen geht es dann zurück nach Wien, wo mancher am Abend zum Operndienst eingeteilt ist. Seit Mai 1989 führen die österreichischen Bundesbahnen zwischen Wien und Salzburg einen Zug, der die 300 km-Strecke in zwei Stunden und 48 Minuten zurücklegt, für österreichische Eisenbahnschwellen bereits ein Prestissimo, und der den Namen „Wiener Philharmoniker" trägt. Wenn der Fahrplan mit den eigenen Plänen übereinstimmt, dann reisen die Musiker mit „ihrem" Zug.

Die Ära Karajan

Im selben Jahr 1956, in dem Salzburg durch die Mozartwoche ein zweites internationales Musikfest hinzugewann, wurde Herbert von Karajan zum künstlerischen Leiter der Festspiele bestellt. Bereits 1950 hatte der österreichische Nationalrat ein Gesetz beschlossen, das die materielle Grundlage der Salzburger Festspiele sicherte und die verantwortlichen Gremien bestimmte. Neben einer von den Subventionsgebern beschickten „Delegiertenversammlung" wurde ein fünfköpfiges „Kuratorium" geschaffen. Aufgabe dieses Kuratoriums ist es, das „Direktorium" und dessen Vorsitzenden zu bestellen, den Präsidenten der Salzburger Festspiele. Das Direktorium, das ebenfalls aus fünf Personen besteht, ist für die Vorbereitung und Durchführung der Festspiele verantwortlich. Von einem künstlerischen Leiter weiß das Gesetz nichts. Dennoch wurde Karajan berufen. Eine Umgehung oder gar Beugung des Rechtes? Gewiß nicht. Österreichische Gesetze, die in künstlerische Bereiche eingreifen, lassen in diesen, zum Glück, immense Freiräume offen.

Das Gesetz sieht zwar keinen künstlerischen Leiter vor, aber es verbietet ihn auch nicht. (Nebenbei: Für Karajan wäre ein Gesetz, das ihn ausgeschlossen hätte, vermutlich raschest novelliert worden.)

Karajan kannte seine Vaterstadt Salzburg, er kannte die Welt und die Musikwelt, die in großem Wandel begriffen waren. Die technischen Medien, die neue Prosperität und der neue Tourismus erforderten eine neue Strategie. Allerorts schossen Sommerspiele und Musiktage aus dem Boden. Trotzdem stieg in Salzburg von Jahr zu Jahr die Nachfrage nach Karten. Karajan trat für eine Vergrößerung des Angebotes ein, für mehr Veranstaltungen, vor allem mehr Konzerte, mehr Plätze in den Operndarbietungen, mehr Attraktionen im Repertoire. Bei den ersten von ihm geleiteten Festspielen, 1957, dirigierte er, wie zweiundzwanzig Jahre zuvor sein großes Vorbild Arturo Toscanini, Beethovens „Fidelio" und Verdis „Falstaff". Die anderen Opernabende wurden von Karl Böhm, Josef Keilberth und Dimitri Mitropoulos betreut. George Szell studierte das moderne Werk dieses Sommers ein, „Die Schule der Frauen" von Rolf Liebermann.

Die Zahl der Konzerte war auf zehn angewachsen; dazu kamen zwei Konzerte mit zeitgenössischer Musik. Aber nicht in allen diesen zwölf Konzerten spielten die Wiener Philharmoniker. Denn Karajan, Chef der Berliner Philharmoniker, führte schon im ersten Jahr „sein" Orchester in Salzburg ein. Die Berliner gaben sechs Konzerte, genauso viele wie die Wiener. Karajan hatte von einer unbedingt notwendigen Entlastung des Orchester gesprochen, damit mehr Zeit für Proben bliebe. Die Wiener Philharmoniker aber sahen in den Berlinern eine Konkurrenz auf ureigenem Grund und Boden und fühlten sich alles andere als entlastet. Vielleicht wären

Riccardo Muti – in Salzburg wie in Wien am Pult der Philharmoniker

James Levine, gesehen von WIN

sie weniger gekränkt gewesen, wenn man sie von einigen der neunundzwanzig Opernvorstellungen dieses Jahres enthoben hätte. Daß man ihnen aber Konzerte entzog, das eigentliche philharmonische Terrain, und diese einem professionellen Konzertorchester wie den Berlinern übergab, war schmerzlich, vor allem weil man nichts, absolut nichts dagegen tun konnte. (Strasser, 1974, 289) Karajan regierte schließlich nicht nur in Salzburg und Berlin, er war seit einigen Monaten auch Direktor der Wiener Oper. So suchten die Philharmoniker zumindest eines zu verhindern: daß sie nur und ausschließlich von den Berlinern „entlastet" würden. Im Lauf der Jahre und Jahrzehnte konzertierten tatsächlich viele renommierte Orchester bei den Salzburger Festspielen: das Concertgebouworkest aus Amsterdam, die Dresdener Staatskapelle, das London Symphony Orchestra, die New Yorker, die Bostoner, die Prager Philharmoniker und andere. Außerdem und daneben aber erschien regelmäßig das Berliner Philharmonische Orchester. Die Wiener Philharmoniker von heute – eine neue Musikergeneration – sehen diese Entwicklung anders, von einer durchaus positiven Seite. Man war gezwungen gewesen, sich dem internationalen Wettbewerb zu stellen, den technischen Standard des Orchesters und jedes einzelnen Instrumentalisten zu vervollkommnen, die Präzision der Amerikaner und der Berliner wahrzunehmen und dabei den charakteristischen Wiener Wohlklang zu erhalten.

Das entscheidende Salzburger Ereignis dieser Zeitspanne war die Eröffnung des Großen Festspielhauses im Jahre 1960. Karajan betrachtete den Bau als sein Werk, ebenso wie den Bau der Berliner Philharmonie. Nun hatte er ein dem enormen Andrang entsprechendes Theater mit weit mehr als zweitausend Plätzen und einer riesigen Bühne für Oper, Ballett und Konzert. Die Breite dieser Bühne hat anfangs Kritik und Hohn herausgefordert. Karajan aber zeigte bald, wofür er sie brauchte: für „Troubadour", für „Boris Godunow", „Othello", „Carmen" und „Aida", Opern mit Massenszenen, die auch das Publikum in Massen anlockten. Karl Böhm verblieb mit seinen Aufführungen lieber im Kleinen Festspielhaus, wie das alte nunmehr hieß, oder in der Felsenreitschule. Zeitgenössische Opernwerke wurden hier wie dort seltener, blieben aber fester Bestandteil des Festspielkonzeptes.

Karajan hat seinen Vertrag als künstlerischer Leiter der Festspiele nach dessen Auslaufen nicht verlängert, sein Einfluß jedoch blieb der gleiche. Eine Krise entstand erst 1964 durch seinen donnernden Abgang von der Wiener Oper. Hatte er nicht gedroht, er werde in Österreich überhaupt nicht mehr arbeiten? Der Salzburger Landeshauptmann beschwor ihn telegraphisch, seinen Entschluß zu revidieren, und Karajan erklärte sich nach einigem Bedenken bereit, in das Direktorium der Festspiele einzutreten. Dazu war freilich ein Kuratoriumsbeschluß notwendig, und der wäre fast gescheitert, wurde aber durch Intervention von höchster politischer Instanz durchgesetzt. (Kaut, 1982, 129) Obwohl Karajan niemals „Präsi-

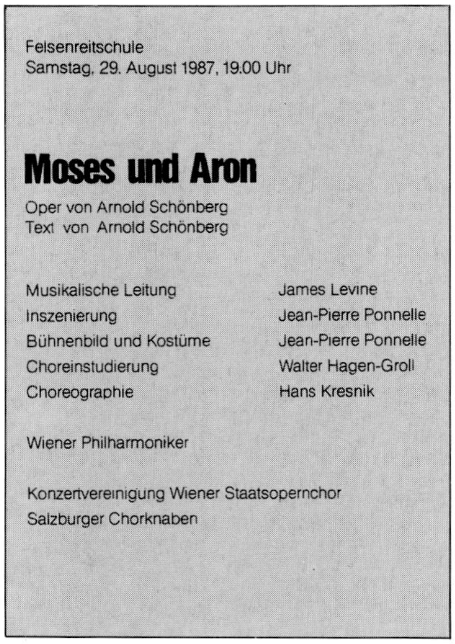
Felsenreitschule
Samstag, 29. August 1987, 19.00 Uhr

Moses und Aron

Oper von Arnold Schönberg
Text von Arnold Schönberg

Musikalische Leitung	James Levine
Inszenierung	Jean-Pierre Ponnelle
Bühnenbild und Kostüme	Jean-Pierre Ponnelle
Choreinstudierung	Walter Hagen-Groll
Choreographie	Hans Kresnik

Wiener Philharmoniker

Konzertvereinigung Wiener Staatsopernchor
Salzburger Chorknaben

dent“ der Salzburger Festspiele wurde, war er es in Wahrheit doch und sogar mehr. Man sprach von einem „Imperium Karajan“, und boshafte Zungen nannten Salzburg „Karajanopolis“. Allmächtig war er trotzdem nicht. Ihm wäre es bei den Festspielen wohl kaum gelungen, Monate vor einer Opernpremiere deren Tonaufnahme vorzulegen; er hätte auch niemanden davon überzeugt, daß eine Inszenierung des „Rings des Nibelungen“ auf der Tagesordnung steht. Darum gründete Karajan 1967 die Salzburger Osterfestspiele, bei denen er alleiniger und unbeschränkter Herr war. Die Aufführungen fanden im Großen Festspielhaus statt, und im Orchesterraum saßen die Berliner.

Die Festspiele florierten. Was der Bund (die Republik Österreich), das Land und die Stadt Salzburg und der Fremdenverkehrsförderungsfonds des Landes auch an Millionen zuschossen, sie flossen durch das Geld, das die Festspielbesucher in Salzburg ausgaben, reich verzinst in den Steuertopf zurück. Wer waren und sind die Kunstfreunde, die Salzburgs Veranstaltungen und Kassen füllten und noch füllen? In unserer Zeit werden solche Fragen gerne durch Umfragen und deren statistische Auswertung beantwortet. Und so wissen wir, daß die Festspiele ein echtes Stammpublikum haben. Eine Erhebung im Jahr 1978 ergab, daß 40 Prozent der Gäste die Festspiele zehnmal oder öfter besucht hatten und weitere 20 Prozent fünf- bis neunmal. Aufgrund zusätzlicher Daten kam der Verfasser des Berichtes zu dem Schluß, daß zwei Drittel all dieser Theater- und Musikenthusiasten als Salzburger Stammgäste zu bezeichnen sind. (Zwink, 1981, 19) Für die Wiener Philharmoniker und alle anderen Künstler erwächst aus solchem Wissen nicht nur Freude und Ehre, sondern auch eine große Verpflichtung.

REKORDJAHR MIT FOLGEN

Ende August 1986 gaben die Salzburger Festspiele bekannt, daß der gerade zu Ende gehende Sommer alle Rekorde zu brechen versprach. Insgesamt 230.000 Gäste hatten 140 Veranstaltungen und weitere 26.000 die General- und Hauptproben besucht. Die Einnahmen aus dem Kartenverkauf waren um elf Prozent auf hundertsechzig Millionen Schilling gestiegen.

Sechsmal hatten die Wiener Philharmoniker „Carmen“ unter Karajan und je siebenmal „Die Zauberflöte“ und „Figaro“ unter James Levine sowie „Capriccio“ von Strauss unter Horst Stein gespielt, dazu noch ein zeitgenössisches Operndrama, „Die schwarze Maske“ von Penderecki, und, wie in den letzten Jahren üblich, sechs Orchesterkonzerte, darunter die Achte Symphonie von Mahler unter Lorin Maazel. Die Musiker fühlten sich müde, und besonders die jüngeren stellten die Frage, ob der künstlerische und der finanzielle Ertrag, den sie mit nach Hause nahmen, den Verzicht auf richtige Sommerferien lohne. Man begann zu rechnen und zu vergleichen.

Festspiele 1980, Orchesterkonzert unter Karajan

Dabei stellte sich heraus, daß jedes einzelne Mitglied in Salzburg um die Hälfte mehr arbeitete als in Wien, aber weitaus schlechter entlohnt wurde. Der damalige Orchestervorstand wies darauf hin, daß „das Gesamthonorar des Orchesters pro Opernaufführung geringer ist als das eines einzelnen Gesangssolisten" (Altenburger, 1987, 149). Mit diesen Feststellungen begann zwischen den Wiener Philharmonikern und den Salzburger Festspielen ein Arbeitskampf, der von beiden Seiten mit Ausdauer und Härte geführt wurde. Die Musiker forderten eine Erhöhung ihrer Honorare und gleichzeitig eine Minderung ihrer Pflichten – der „Dienste", wie es in der Tarifsprache der Kunstbetriebe heißt. Überraschung, Unverständnis, ja Empörung auf der anderen Seite. Niemand wollte einsehen, daß die Philharmoniker weniger spielen, dafür aber mehr Geld haben wollten, und gleich um vierzig Prozent! Im Sommer 1987 trat den Salzburger Unterhändlern ein neugewählter philharmonischer Vorstand gegenüber. In der Sache änderte sich dadurch aber nichts. Immerhin wurde zur Abhaltung der Salzburger Festspiele 1987 ein Kompromiß gefunden. Die zunächst drohenden, insgesamt siebentausend Einzeldienste wurden ein wenig reduziert; außerdem wurde eine zehnprozentige Erhöhung der Honorare vereinbart; bis 1991 sollten die ursprünglich geforderten vierzig Prozent stufenweise erreicht werden. (*Wiener Zeitung,* 13. August 1987) Von all dem las das Salzburger Publikum allenfalls etwas in den Zeitungen: „Wiener Philharmoniker auf neuer Image- und Honorartour. Salzburger Abmagerungskur mit exklusiver Qualität." (*Kurier,* 9. August 1987) Das Festspielprogramm bot die Philharmoniker in nicht weniger als dreißig Opernabenden an, darunter sechs Aufführungen des „Don Giovanni" unter Karajan im Großen Haus und vier von Arnold Schönbergs „Moses und Aron" unter James Levine. Außerdem gab es wieder sechs Philharmonische Konzerte, zwei davon unter Leonard Bernstein. Alles schien also in bester Ordnung oder zumindest auf dem Weg dazu.

Welche Täuschung! Der Höhepunkt des Konfliktes war bloß auf 1988 verschoben. In seiner Salzburger Pressekonferenz am 12. August 1988 präsentierte sich ein höchst erboster philharmonischer Vorstand. Er konstatierte eine allgemeine Qualitätsminderung der Festspiele und warf den Verhandlungspartnern vor, daß bloß von Steigerung der Einnahmen die Rede sei, nicht von Steigerung der künstlerischen Qualität. Für die Wiener Philharmoniker seien die derzeitigen Probebedingungen der Konzerte untragbar. In Wien gebe es für jedes Programm vier Proben, in Salzburg nur drei, und diese oft in ungeeigneten Räumen. Was die Honoraransprüche anlange, so würde auf eine Art und Weise „gefeilscht", daß es strekkenweise entwürdigend sei. Das Gesprächsklima sei überhaupt miserabel, die Philharmoniker kämen sich wie Bittsteller vor. Der Vorstand räumte zwar ein, daß das Orchester kein verbrieftes Recht auf Mitsprache habe, forderte dieses aber sogleich ein unter Hinweis auf den erstrebten künstlerischen Standard. Sollte sich dies alles als undurchführbar erweisen, dann würden sich die Wiener Philharmoniker von den Salzburger Festspielen zurückziehen. (*Kurier,* 13. August 1988)

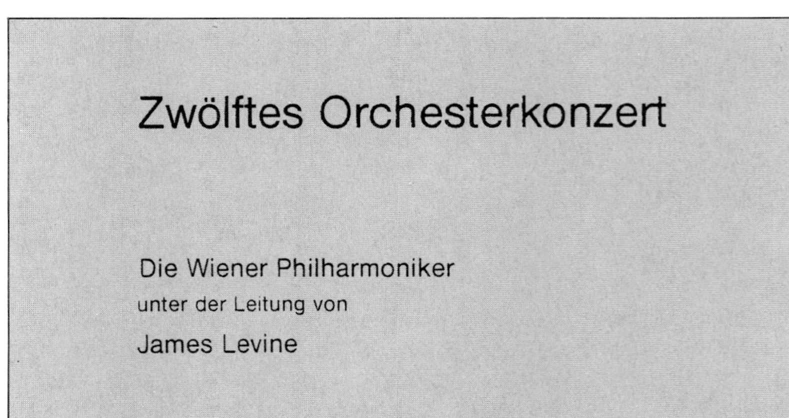
Zwölftes Orchesterkonzert

Die Wiener Philharmoniker
unter der Leitung von
James Levine

Nur wenige Tage danach wurde die Öffentlichkeit von der Mitteilung überrascht, daß Herbert von Karajan seine Stellung als Mitglied des Direktoriums zurückgelegt habe. Nun hatte es den Anschein, daß Salzburg, zumindest sein Festspielbezirk, in Trümmern liege. Zum Glück war es nicht so. Karajan, schon auf dem Weg in eine andere Welt, konnte nicht zurückgeholt werden. Die Wiener Philharmoniker hingegen, deren Kampf er unterstützt hatte, wurden zurückgerufen, festgehalten, durch Zugeständnisse an ihre Pulte gebunden. Höhere Honorare, mehr Konzertproben, Mitsprache in künstlerischen Fragen, Reduzierung der „Dienste", Umbau des Großen Festspielhauses. Alles, was sie wollten, und noch mehr: Dem Orchester wurde in Gestalt seines jeweiligen Vorstandes ein Sitz im Kuratorium der Salzburger Festspiele eingeräumt, wo sich die Subventionsgeber versammeln und über das Direktorium entscheiden. Die Philharmoniker haben zwar nur beratende Stimme, aber sie sorgen dafür, daß ihr Rat gehört wird. Sie sind ja in gewissem Sinne Subventionsgeber. Schließlich haben sie, bejubelt und gefeiert, überbürdet und unterbezahlt, die Festspiele rund siebzig Jahre lang durch ihre Kunstleistung subventioniert.

Zahl 240   *Jahr* 1888

K. k. Hof-Operntheater in Wien.

VERTRAG,

abgeschlossen zwischen der Direction des k. k. Hof-Operntheaters, Namens des k. k. Hof-Aerars, einerseits und Herrn *Josef Hellmesberger jör.* andererseits, wie folgt:

Herr *Josef Hellmesberger jör:* ist vom *1. September 1884* angefangen an dem k. k. Hof-Operntheater als **Orchester-Mitglied** für das Instrument *Violino I% resp Concertmeister und Solospieler* engagirt, bezieht an fixen Gebühren eine Gage von *Tausend sechshundert achtzig* Gulden, in Monatsraten in der Mitte des Monates, d. h. mit der einen Hälfte nachhinein, mit der anderen im Vorhinein zahlbar, und eine Activitätszulage von *Zweihundert* Gulden, in Quartalsraten anticipativ am 1. Jänner, 1. April, 1. Juli und 1. October jedes Jahres zahlbar; hat eventuell nach Massgabe des Status, der Anciennität und seiner durch die Direction ausgesprochenen Qualification die Anwartschaft auf graduelle Vorrückung in die bei seinem Instrumente (resp. seiner Stimme) systemisirte nächst höhere Kategorie von Gehalt und Activitätszulage und, abgesehen von solcher Vorrückung, d. h. gleichgiltig, ob er vorgerückt wäre oder nicht, jedoch nur bei tadelloser Dienstleistung, den Anspruch auf den Anfall von vier Alterszulagen von je sechzig Gulden, welche einen integrirenden Bestandtheil der Gage bilden. Die erste dieser vier Alterszulagen hat, vom Tage des ersten Engagements am Hof-Operntheater gerechnet, nach einer Dienstzeit von vier Jahren, die zweite nach weiteren vier Jahren, die dritte nach weiteren acht Jahren, die vierte nach abermals acht Jahren anzufallen, so dass nach 24jähriger Dienstzeit das Mitglied eine Gesammt-Alterszulage von zweihundertvierzig Gulden geniesst.

Herr *Josef Hellmesberger jör:* – ~~ist damit einverstanden, dass an Stelle des bisherigen Engagements-Vertrages ddo. ..., welcher im beiderseitigen Einvernehmen als mit dem heutigen Tage erloschen und weiterhin rechtsunwirksam erklärt wird, dieser hiemit neu formulirte und theilweise modificirte Engagements-Vertrag trete und~~ bindet sich an folgende, für alle Orchester-Mitglieder aufgestellte

Allgemeine Vertrags-Bestimmungen.

Art. 1. Die Orchester-Mitglieder unterstehen wie alle dem Dienstverbande des k. k. Hof-Operntheaters angehörigen Personen der Direction und in zweiter und letzter Instanz der General-Intendanz der k. k. Hoftheater.

Sie sind verpflichtet, allen Verfügungen, welche, sei es im Interesse des künstlerischen Erfolges oder der Disciplin, von jenen Behörden, oder im übertragenen Wirkungskreise von den Capellmeistern oder anderen artistischen Vorständen getroffen werden, unbedingt Folge zu leisten und unterwerfen sich den bestehenden oder künftig noch zu erlassenden Hoftheater-Normen, Statuten und Satzungen, Ordnungs- oder Disciplinar-Vorschriften, Hausordnungen u. dgl. und den darin enthaltenen Strafbestimmungen. Alle derartigen Normen und Vorschriften bilden einen integrirenden Bestandtheil des Vertrages, insoweit sie den Vertragsbedingungen nicht widersprechen.

Art. 2. Insbesonders ist jedes Orchester-Mitglied verpflichtet, bei allen von der Direction des k. k. Hof-Operntheaters veranstalteten oder geleiteten theatralischen oder musikalischen Abend-Productionen wie Opern, Balleten, Concerten u. s. w. alle musikalischen Dienstleistungen in seinem Fache zu übernehmen, die ihm übertragenen künstlerischen Aufgaben nach Eintheilung und Anordnung der Direction pünktlich auszuführen, den angesetzten Proben zu jeder Zeit, selbstverständlich auch an den Tagen, an welchem das Mitglied Abends in der Theatervorstellung beschäftigt ist, gewissenhaft beizuwohnen, und nach besten Kräften zu einer gelungenen Gesammtwirkung beizutragen.

Art. 3. Ein Orchester-Mitglied des k. k. Hof-Operntheaters darf ausserhalb desselben seine Kunst in Wien oder Umgebung nur dann öffentlich ausüben, wenn dadurch die vertragsmässige Dienstleistung im k. k. Hof-Operntheater nicht im geringsten beeinträchtigt wird, oder eine solche anderweitige öffentliche Kunstthätigkeit nach Anschauung und Entscheidung der Direction den künstlerischen Interessen und der Würde des k. k. Hof-Operntheaters nicht zuwiderläuft. Namentlich ist den Orchester-Mitgliedern die Mitwirkung in anderen Theatern, als den k. k. Hoftheatern nicht gestattet.

Art. 4. Jedes Orchester-Mitglied erhält das zu seinen Leistungen nöthige Instrument von der Direction des k. k. Hof-Operntheaters gegen Empfangsbestätigung beigestellt, ist verpflichtet, dasselbe in gutem Stand zu erhalten und darf es ausserhalb des k. k. Hof-Operntheaters nicht benützen. Mit dem Erlöschen des Vertrages ist das Instrument gegen Ausfolgung der Empfangsbestätigung in gutem Stande wieder zurückzustellen.

Der Musiker spielt nicht

MIT DEM SATZ DES RUNDFUNKSPRECHERS: „ES SPIELTEN DIE Wiener Philharmoniker" endet häufig eine Konzertsendung. Dies bietet uns zwar verständlichen Sinngehalt, doch könnte man fragen, ob das Verbum „spielen" die Tätigkeit des Orchesters zureichend darstellt. Der Spielmann des frühen Mittelalters war ein Berufstänzer mit vermutlich kultischen Aufgaben. In späterer Zeit bezeichnete man als Spielmann den Musiker, der seine Kunst gegen Entgelt darbot, jedenfalls einen Künstler mit spezifischer Leistung. In der Folge sind die Wörter „Spiel" und „spielen" durch die Vielfalt ihrer Anwendung fast zu leeren Hülsen geworden, die sehr Unterschiedliches aufnehmen. Wir benennen die Mittel, mit denen sich das Kind seine Umwelt aneignet, als Spiele. Man spielt außerdem Fußball, Tennis, Schach oder Bridge, man spielt im Kasino oder auf der Börse, und mancher Vabanquespieler, der sich aufspielt, vermag seine Probleme spielend zu lösen. Das Wort „Spiel" bezeichnet zumeist etwas, das in Gegensatz zu Arbeit und Pflicht steht. Friedrich Schiller allerdings verwendete es für die den gesellschaftlichen Zwängen enthobene künstlerische Tätigkeit, für das Hervorbringen einer Welt des schönen Scheins. Nur in diesem philosophischen Sinn mag die Darstellung eines symphonischen Kunstwerks als „Spiel" gelten – als Zugang zu einer Welt der Schönheit, die der harten Realität abgewandt ist. Das Orchester öffnet uns diesen Zugang, doch muß es dabei ernste professionelle und oft sehr schwere Arbeit leisten. Es spielt nicht.

Die physische und psychische Belastung des Orchestermusikers ist durch wissenschaftliche Untersuchungen belegt. Diese zeigen, „daß es bei den Orchestermusikern sowohl innerhalb der arbeitstäglichen Inanspruchnahme als auch im Verlauf der gesamten Spielzeit zu einer psychophysischen Beanspruchung kommen kann, die nach unseren Erfahrungen über die zahlreicher Industrie- und Verwaltungstätigkeiten hinausgeht" (Schmale/Schmidtke, 1985, 80). Besonders bedeutsam ist der psychische Anteil an der generellen Belastung des Orchestermusikers. Als Indikator hiefür kann die Steigerung der Pulsfrequenz während der Arbeit angesehen werden. Messungen haben gezeigt, daß beispielsweise die Pulsfrequenz eines Klarinettisten in der Probe um 20 pro Minute und beim Konzert um 47 pro Minute ansteigen kann. Dieser Wert ist auffallend hoch, wenn man ihn mit der Pulsfrequenzsteigerung bei einem Maschinenformer im Gießereibetrieb vergleicht, die ungefähr 30 pro Minute beträgt. Zur allgemeinen Erhöhung der Pulsfrequenz, die bei solistischen Einsätzen bis zu 150 Pulsschlägen pro Minute führen kann, kommt die Beanspruchung des Organismus durch die Frequenzschwankungen. Diese sind bei den Blechbläsern am größten (Piperek, 1971, 23). Sie entstehen bei allen Musikern unter anderm durch die sogenannte Einsatzspannung, das heißt durch das verstärkte Bewußtwerden der individuellen Verantwortung, welche „mit der streng taktgebundenen zeitrichtigen Einsatz-Produktion – insbesondere auch bei Solostellen – verbunden ist" (Piperek, 1971, 7).

Untersuchungen von Musiktherapeuten haben gezeigt, daß das aktive Musizieren sich auf das vegetative Nervensystem in einer Weise auswirkt, die nicht vom Willen des Musikers gesteuert werden kann. Die Einflüsse erstrekken sich auf den Hautwiderstand, die Atmung und das Herz-Kreislaufsystem. Auch das Tempo bleibt für den Ausführenden nicht ohne Folgen: Während ein langsames Zeitmaß die Steigerung der Pulsfrequenz noch in Grenzen hält, kann ein Allegro vivace den Schlag auffallend beschleunigen.

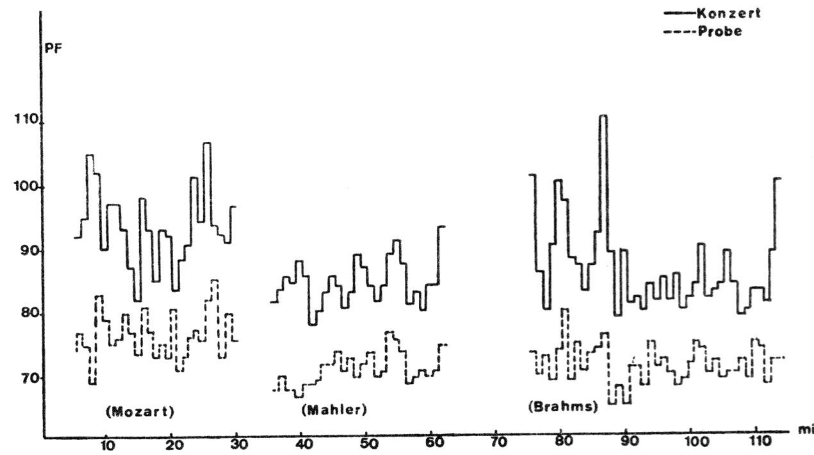

Solche meßtechnische Befunde geben über die Inanspruchnahme des Orchestermusikers objektiv Auskunft. Sie sagen jedoch nichts darüber aus, wie diese Belastung subjektiv empfunden wird, denn die volle Identifizierung mit der dargestellten Musik läßt im Spieler ein Gefühl der Befriedigung entstehen, wenn auch Körper und Seele einen hohen Preis für das Gelingen entrichten. Trotzdem sollte nicht übersehen werden, daß es beim Musizieren auch riskante physische Belastungen gibt. So haben Schallpegelmessungen in der Bundesrepublik Deutschland und in der Schweiz gezeigt, daß manche Orchestermitglieder bei ihrer Berufsausübung Lautstärken ausgesetzt sind, die zuweilen die Schmerzgrenze überschreiten (vgl. Frei, 1981; Bruhn, 1985). Dies gilt vor allem für die Instrumentalisten, die nahe dem Schlagwerk sitzen, und mehr noch für die vor den Blechbläsern postierten (Piperek, 1971, 35). Seit den 1977 und 1978 durchgeführten Untersuchungen bei Mitgliedern des Zürcher Tonhalle-Orchesters weiß man, daß rund die Hälfte der Musiker die Hörbelastung subjektiv als stark oder gar extrem empfindet und daß durch die Orchestertätigkeit mit zunehmendem Dienstalter Höreinbußen entstehen können (Frei, 1979 und 1981). Was ein solches Berufsrisiko bedeutet, muß hier nicht erläutert werden.

Die Belastung des Orchestermusikers beschränkt sich aber keineswegs auf die genannten Phänomene, sondern rührt auch von den Anforderungen her, die sich aus der geistigen Konzentration ergeben. Diese Konzentration drückt sich in der hirnelektrischen Aktivität durch schnelle Spannungsschwankungen aus, die in jüngster Zeit mit Hilfe des Encephalogramms dargestellt werden konnten. Die Schwankungen verweisen auf die „enorme geistige Konzentrationsleistung und die damit verbundene zentralnervöse Belastung des Musikers während der Ausübung seiner Tätigkeit" (Piperek, 1971, 29).

Sicherheit des Arbeitsplatzes

Um diesen Beanspruchungen geistiger und körperlicher Art standzuhalten, muß sich der Künstler möglichst frei von existentiellen Sorgen wissen. Unser Jahrhundert hat die soziale Sicherheit, die im gewerblichen und industriellen Bereich durchgesetzt wurde, allmählich auf das Orchester übertragen. Das gilt auch für die Mitglieder des Wiener Opernorchesters. Um die Mitte des vorigen Jahrhunderts konnte davon freilich noch keine Rede sein. Franz von Holbein, ein sozial gesinnter Theaterleiter, der von 1848 bis 1853 an der Spitze der Oper stand, hielt es für seine Pflicht, die Arbeitsbedingungen des Orchesters zu verbessern, und verlangte in einem Schreiben an die vorgesetzte Behörde „die Erhöhung der über allen Ausdruck kärglichen Besoldung mancher Künstler des trefflichen Orchesters" (Stern, 1900, 59f.). Diese Forderung blieb damals ungehört: Die Musiker mußten weiter mit geringen Bezügen und mit Dienstvereinbarungen arbeiten, die sich oft nur über eine Spielzeit erstreckten. Auch ein 1855 mit allen Orchestermitgliedern abgeschlossener Vertrag brachte keine materielle Besserung. Für unsere Begriffe befremdend ist auch die darin enthaltene Bestimmung, die der Direktion das Recht der Kündigung einräumte, nicht aber den einzelnen Musikern.

In der Saison 1865–66 baten die Mitglieder des Hofopernorchesters direkt um eine Erhöhung ihrer Bezüge. Die zuständige Behörde beauftragte Hofrat Josef Ritter von Raymond, eine Untersuchung über die Lage der Musiker vorzunehmen. Sein Bericht zeichnete ein tristes Bild: „Es ist eine nicht zu verkennende Tatsache, daß das vortreffliche Institut des Opernorchesters, die Perle unseres Operntheaters, sehr gering bezahlt ist. Virtuosen wie z.B. (Karl) Schlesinger, (Karl) Hofmann, (Moriz) Kässmayer beziehen kaum 50 fl monatlich. Man könnte sagen, sie seien auf Lektionen (private Lehrtätigkeit) angewiesen. Das ist insoferne richtig, als die Mehrzahl bezüglich der Kunstfertigkeit auf den verschiedenen Instrumenten Schüler finden würde; allein die Orchesterproben nehmen die Mitglieder zu häufig, und zwar gewöhnlich von 10 oder 11 Uhr vormittags bis 2 Uhr nachmittags und noch länger in Anspruch. Da diese Leute aus leichtfaßlichen Gründen in entfernten Vorstädten ... wohnen müssen, so ist nur ein kleiner Teil des Nachmittags bis zur Theaterstunde übrig um Lektionen zu geben ... Kurz: der Nebenverdienst unserer Orchester-Mitglieder kann bei allem Eifer nur ein spärlicher sein." (Stern, 1900, 61)

Die Fürsprache des hohen Beamten blieb ohne Erfolg. Nicht einmal von der Praxis, Verträge nur für die Dauer eines Jahres abzuschließen, wurde abgegangen, doch sahen die um 1870 verwendeten Vertragsformulare bei Nichtkündigung immerhin eine automatische Verlängerung um jeweils ein Jahr vor. Die lange Zeit so unzulänglichen Gehälter der Opernmusiker machen verständlich, welche Rolle die zusätzlichen Einkünfte aus philharmonischer Konzerttätigkeit spielten. So wissen wir zum Beispiel, daß im Jahr 1897 aus dem Erlös der acht Abonnementkonzerte rund 32.000 Gulden aufgeteilt wurden. Im Durchschnitt entfielen also auf jedes Mitglied etwa 300 Gulden. Wie sehr dieser Betrag ins Gewicht fiel, kann durch Vergleich mit den Bezügen in der Oper belegt werden. So erhielt beispielsweise Franz Schmidt als Cellist aufgrund seines 1896 abgeschlossenen Vertrags eine Jahresgage – einschließlich der sogenannten Aktivitätszulage – in der Höhe von 780 Gulden.

Vorsorge für Alter und Krankheit

Schon Otto Nicolai rechnete es zu seinen vornehmsten Pflichten, die materielle Existenz der aus Altersgründen aus dem Orchester scheidenden Musiker sicherzustellen. Im Herbst 1844 notierte er in sein Tagebuch: „Die sechs Konzerte ergaben einen Überschuß von ca. 8.000 Gulden. Wenn bei unsrer nur temporären Anstellung ein Pensionsfonds denkbar wäre, so würden diese Konzerte den schönsten Fonds dazu beisteuern können. Vielleicht setze ich auch das noch durch!" (Nicolai, 1892, 132) Diese Idee, die Nicolai nicht verwirklichen konnte, wirkte weiter. 1849–50 wurden Konzerte veranstaltet, deren Ertrag zur Gründung eines „Pensionsfonds für das Orchesterpersonal" bestimmt war, doch auch zwanzig Jahre danach, als Herbeck im neuen Opernhaus Konzerte zugunsten des Pensionsfonds veranstaltete, fehlte es noch an einer rechtlichen Grundlage. In den um 1870 abgeschlossenen Musikerverträgen hieß es zwar, daß „nach zehnjähriger tadelloser Diensttätigkeit bei eintretender unverschuldeter Dienstunfähigkeit" Anspruch auf Unterstützung aus dem Fonds bestehe, doch der Zusatz „insoweit dessen Mittel reichen" zeigt die Grenzen dieses Anspruchs.

Die Lage verbesserte sich ein wenig, als Kaiser Franz Joseph im Jahr 1872 die Errichtung eines „Pensions-Institutes des k.k. Hof-Operntheaters" genehmigte. Dieses Institut ermöglichte zwar die Ausschüttung von Personal-, Witwen- und Waisenrenten sowie Gnadengaben, doch erstreckten sich diese Leistungen auf das gesamte Opernpersonal und mußten deshalb bescheiden bleiben. Immer wieder standen die Orchestermitglieder vor der Aufgabe, alten oder kranken Kollegen zu helfen. Die erhaltenen Akten dokumentieren sehr tragische Fälle, wie etwa den eines Posaunisten, der sechs Jahre nach seiner Pensionierung in eine „trostlose" Lage geraten war und für den die Kollegen eine Geldsammlung veranstalten mußten.

„Geigerzähler"
In die Strichliste (Rapport) wird jeder einzelne diensthabende Orchestermusiker durch einen senkrechten Dienststrich eingetragen. Zur Berechnung der Spielhonorare kommt dieser Rapport, vom Kassier kontrolliert, in die Kanzlei zum Buchhalter. Vom Ordnungswahrer werden zum Beispiel bei Proben oder Schallplattenaufnahmen fehlende Kollegen telefonisch benachrichtigt oder diverse Ersatzmänner verständigt. Als „Geigerzähler" – auf seiner Strichliste waren die Geigerkollegen in großer Anzahl – ging der allseits beliebte Ordnungswahrer in die interne Orchestergeschichte ein. (Welt, 1989, 138)

Um Mittel für solche Zwecke bereitzuhalten, entschloß sich das Orchester 1879, ein außerordentliches Konzert zu veranstalten, dessen Reinertrag nicht, wie üblich, aufgeteilt, sondern einer Versicherungskasse zugeführt werden sollte. Das von Hans Richter dirigierte Konzert fand am 6. Januar 1880 statt. Es begann mit Webers „Euryanthe"-Ouvertüre, darauf folgte Mendelssohns Violinkonzert mit Pablo de Sarasate als Solist, und schließlich Beethovens Neunte. Der Reinerlös erreichte den ansehnlichen Betrag von zweitausendfünfhundert Gulden und hätte die Errichtung einer Versicherungskasse erlaubt. Bei der außerordentlichen Generalversammlung vom 30. Mai 1880 zeigte sich jedoch eine Sinnesänderung der Majorität der Orchestermitglieder: Das Geld wurde nicht dem Gründungsfonds zugeleitet, sondern unter die Mitglieder verteilt, obgleich mehrere Herren vom Komitee, angeführt von dem Cellisten Carl Udel, unter heftigen Protesten zurücktraten. Dennoch setzte sich schließlich das Solidaritätsbewußtsein durch. Im September 1886 gründeten die Musiker den „Verein Nicolai, Kranken-Kassa der Mitglieder des k.k. Hof-Opernorchesters". Mit dieser Namensgebung ehrte das Orchester jenen Mann, der hohen künstlerischen Einsatz mit sozialem Engagement verbunden hatte. Der Verein sollte es ermöglichen, erkrankten Kollegen Hilfe zu leisten und im Todesfall den Hinterbliebenen einen Beitrag zu den Beerdigungskosten zuzuwenden. Die Mittel wurden durch Konzerte aufgebracht, bei denen die Mitglieder ohne Honorar mitwirkten, sowie durch Spenden. Zu den hochherzigen Spendern gehörte unter anderen auch Hans Richter, der bereits zum Gründungsfonds beitrug. Später sind in den Spenderlisten auch die Namen Johann Strauß und Gustav Mahler zu finden.

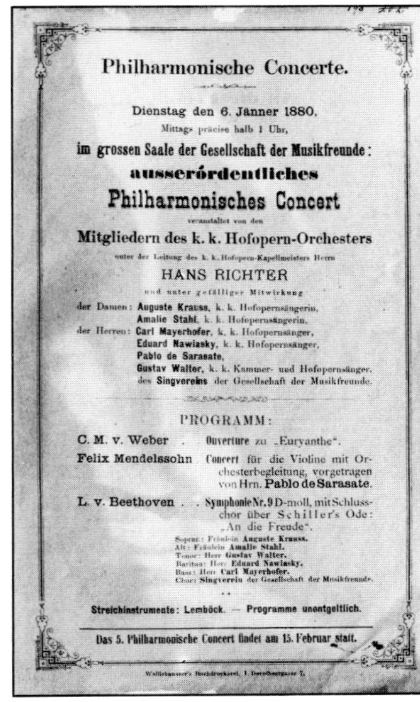
Philharmonische Concerte.

Dienstag den 6. Jänner 1880,
Mittags präcise halb 1 Uhr,
im grossen Saale der Gesellschaft der Musikfreunde:
ausserórdentliches
Philharmonisches Concert
veranstaltet von den
Mitgliedern des k. k. Hofopern-Orchesters
unter der Leitung des k. k. Hofopern-Kapellmeisters Herrn
HANS RICHTER
und unter gefälliger Mitwirkung
der Damen: Auguste Krauss, k. k. Hofopernsängerin,
Amalie Stahl, k. k. Hofopernsängerin,
der Herren: Carl Mayerhofer, k. k. Hofopernsänger,
Eduard Nawiasky, k. k. Hofopernsänger,
Pablo de Sarasate,
Gustav Walter, k. k. Kammer- und Hofopernsänger,
des Singvereins der Gesellschaft der Musikfreunde.

PROGRAMM:

C. M. v. Weber . Ouverture zu „Euryanthe".
Felix Mendelssohn Concert für die Violine mit Orchesterbegleitung, vorgetragen von Hrn. Pablo de Sarasate.
L. v. Beethoven . . Symphonie Nr. 9 D-moll, mit Schlusschor über Schiller's Ode: „An die Freude".
Sopran: Fräulein Auguste Krauss.
Alt: Fräulein Amalie Stahl.
Tenor: Herr Gustav Walter.
Bariton: Herr Eduard Nawiasky.
Bass: Herr Carl Mayerhofer.
Chor: Singverein der Gesellschaft der Musikfreunde.

Streichinstrumente: Lemböck. — Programme unentgeltlich.

Das 5. Philharmonische Concert findet am 15. Februar statt.

Wallishausser's Buchdruckerei, I. Dorotheergasse 7.

Krankenkasse, Pensionsfonds und Konzerteinnahmen verhalfen den Philharmonikern allmählich zu einem sozialen Status, um den sie die weniger gut gestellten Wiener Musiker beneideten. In seinen unveröffentlichten Lebenserinnerungen hat Alexander Wunderer auf die Sonderstellung hingewiesen, die sich die Philharmoniker schon vor 1900 geschaffen hatten. Als Kind fragte Wunderer einmal seinen Vater, den Hornisten Anton Wunderer, nach der Bedeutung des Wortes „Philharmoniker". Vater Anton, der beim Bühnenorchester der Hofoper beschäftigt war, ohne je in den Orchesterraum oder gar zu den Philharmonikern zu gelangen, gab dem Sohn eine merkwürdige Antwort: „Wer Philharmoniker ist, hat ausgesorgt für sein ganzes Leben." (Wunderer, 1947, 12) Die existentielle Sicherheit galt dem Nicht-Philharmoniker offenbar als das hervorstechende Merkmal dieser Elite-Musiker. Der Verein Nicolai war ein Zeichen dieses privilegierten Status.

Aus den alljährlichen Konzerten des Vereins, die der Auffüllung des Fonds der Krankenkasse dienten, entwickelten sich schließlich die Nicolaikonzerte, die freilich nicht sogleich diesen Namen trugen. Bemerkenswert ist, daß sich in diesen Veranstaltungen die soziale Idee mit besonderen musikalischen Zielen verknüpfte. Anfangs bestand nicht die Absicht, den acht Konzerten ein neuntes gleicher Art hinzuzufügen, sondern etwas Neues zu versuchen. Die im Bericht über das erste Vereinsjahr enthaltene Prinzipienerklärung verlangt die alljährliche Veranstaltung eines Konzerts, „dessen Programm aus selten gehörten und nicht in den Rahmen eines großen Orchestral-Konzertes gehörigen Werken bestehen soll". Das erste Konzert im Februar 1887 erfüllte diesen exquisiten Programmanspruch mit Beethovens Oktett für Bläser in Es-Dur, op. 103, Schumanns „Spanischem Liederspiel", op. 74, und Mendelssohns Oktett in Es, op. 20, für Streichinstrumente in „vierfacher Besetzung". Eine solche Programmwahl begünstigte allerdings die Einnahmen nicht, die erst im Verlauf der folgenden Jahre durch populärere Konzerte von der Art musikalischer Akademien gesteigert werden konnten. Beethovens Neunte Symphonie gelangte erstmals 1897 in ein Nicolaikonzert und eroberte sich nach der Jahrhundertwende nach und nach den beherrschenden Platz.

Vor dem Ersten Weltkrieg konnte der Verein Nicolai seine sozialen Aufgaben aus den Zinsen des angesammelten Kapitals erfüllen. Die Inflation der zwanziger Jahre zehrte das Vereinsvermögen auf. Deshalb schufen die Musiker einen neuen „Nicolai-Fonds", der die gleichen Dienste leistete. 1938 war die Existenz dieses Fonds ebenso gefährdet wie die Existenz der Wiener Philharmoniker. Die weitere Entwicklung schildert der gewissenhafte Chronist des Orchesters aufgrund eigener Erfahrung: „Die Wiener Philharmoniker blieben mitsamt ihrem Fonds in der alten Form bestehen, doch der Zweite Weltkrieg ließ trotz aller Erlaubnis auch diesen Fonds in nichts zerrinnen. Das sollte den Philharmonikern meiner Generation zur Warnung dienen. Sie hielten auch nach 1945 an der Idee der Versicherung in Krankheitsfällen fest, von einer Anhäufung von Kapital aber nahmen sie endgültig Abstand. Man einigte sich auf ein Umlagesystem, und dieses funktioniert bis zum heutigen Tag." (Strasser, 1980, 278)

GRENZEN DER BELASTUNG

Was hat die Erörterung sozialer und wirtschaftlicher Aspekte – so könnte man fragen – eigentlich in einer Darstellung des künstlerischen Wirkens der Wiener Philharmoniker zu suchen? Die Antwort auf eine solche Frage müßte auf die intellektuelle, psychische und physische Belastung des Musikers verweisen, die soziale und rechtliche Rahmenbedingungen solcher Art erfordert, daß die künstlerische Leistung durch sie gesteigert wird. Da die Position im Opernorchester in jeder Hinsicht die Existenzgrundlage der philharmonischen Musiker bildet, mußte hier auch auf die Sozialgeschichte des Opernorchesters eingegangen werden. Unser Überblick hat gezeigt, wie langwierig und steinig der Weg zur angemessenen Sicherstellung des Opernmusikers war. Er führte von absoluter Unterordnung in einem Institut, das dem „ostentativen Kultur-

aufwand" des Kaiserhauses diente, zur Partner-Stellung in der Zweiten Republik, vom Wohltätigkeitskonzert zum erst 1958 geschaffenen Bundestheater-Pensionsgesetz, von Hofrat Raymonds sympathischem Gutachten zum Orchester-Kollektivvertrag von 1983.

Rückblickend muß man feststellen, daß es nicht einfach war, bei den jeweils für Kunst- und Kulturpolitik Zuständigen Einsicht in die spezifischen Orchesterprobleme zu wecken. Das liegt im Wesen aller „Betriebe" der darstellenden Künste und der Musik, die im ökonomischen Sinn zum sogenannten „archaischen Sektor" der Wirtschaft gehören, das heißt der Produktivitätssteigerung nicht fähig sind (vgl. Baumol 1966; Abrams, 1984, 65). Dennoch ist es recht und billig, die in diesem Sektor Arbeitenden – die wir nicht „Spielende" nennen wollen – am Produktivitätszuwachs der Gesamtgesellschaft und dessen sozialen Auswirkungen teilnehmen zu lassen. Für jeden Industriearbeiter gilt es als selbstverständlich, daß Schwer- und Mehrarbeit bei der Diensteinteilung und bei der Abgeltung berücksichtigt werden. Warum sollte also die Leistung des Opernmusikers bei einer länger als fünf Stunden dauernden „Parsifal"-Aufführung genau so veranschlagt werden wie bei der um vieles kürzeren „Salome"?

Tatsächlich legt eine mit der Personalvertretung des Staatsopernorchesters im Jahre 1969 abgeschlossene Vereinbarung fest, daß bei sechs namentlich genannten Werken Richard Wagners, die „überlange Dauer" haben, auf die besondere Belastung der Orchestermusiker durch eine zweifache Besetzung Rücksicht genommen werden soll und daß bei Werken mit einer Vorstellungsdauer zwischen drei Stunden und fünfundvierzig Minuten und vier Stunden und fünfzehn Minuten („Lohengrin", „Rosenkavalier", „Tannhäuser") die „Anrechnung eines Doppeldienstes wegen der besonderen Belastung angestrebt wird".

Diese und ähnliche Bestimmungen über das Dienstlimit bei Proben und Vorstellungen schützen den Opernmusiker vor ungebührlicher Inanspruchnahme und schaffen erst – das muß sehr deutlich betont werden – jenen Freiraum, ohne den das Orchester seine philharmonischen Aufgaben nicht wahrnehmen könnte. Erst die Nutzung dieser sozialen Errungenschaften ermöglichte es den Philharmonikern, die Chancen zu ergreifen, die sich in der Vergangenheit noch nicht geboten hatten: Flugtourneen, Schallplatteneinspielungen, Film- und Fernsehaufnahmen. Künstlerische Tätigkeit solchen Ausmaßes schlägt, wie keineswegs verheimlicht wird, auch wirtschaftlich zu Buche, und dies wiederum hat wohltuenden Einfluß auf die Existenzsicherung. Allerdings wird dieser wirtschaftliche Vorteil mit einer zuweilen ungewöhnlich starken physischen und psychischen Belastung erkauft.

Wie diese Belastung eingeschätzt und bewältigt wird, ist individuell sehr verschieden. Dem einen mag es zuviel werden, der andere empfindet gerade dieses Zuviel als Ansporn. So beantwortet ein Philharmoniker die Frage nach den Faktoren, die den musikalischen Sondercharakter des Orchesters begründen, nicht nur mit dem Hinweis auf den Klangcharakter der Holzbläser, die Spielweise aller Instrumentalisten und die Verbindung von Opern- und Konzerterfahrungen, sondern auch mit einer Bemerkung über die kontinuierliche künstlerische Anspannung: „Durch die fast ständige Überbelastung an den Rand seiner Kraft gedrängt, muß sich jeder Musiker seiner äußersten Reserve bedienen und erzielt so die absolute Höchstleistung." (Mario Beyer, zweite Geige)

So verschieden die hier behandelten Belastungen – je nach Instrument und Alter – auch beurteilt werden, so scheint doch Übereinstimmung darüber zu bestehen, daß die Orchesterarbeit in den letzten Jahrzehnten nicht nur extensiver geworden ist, sondern auch intensiver. Die Anforderungen an den Musiker haben sich gesteigert, und vor allem die spieltechnischen Ansprüche, die heute gestellt werden, sind höher als je zuvor. Wenn also von der Belastung des Musikers gesprochen wird, ist nicht bloß der durch das Musizieren ausgelöste und meßbare Streß ins Kalkül zu ziehen, sondern es zählen auch die Aufgaben, die von den Komponisten gestellt wurden, die Hörerwartung, die das Publikum der Gegenwart entwickelt hat, und nicht zuletzt die Anstrengung, die mit der Aufzeichnung für Schallplatte und Fernsehen verbunden ist.

Spieltechnik: Beethoven und Wagner als Erzieher

Die künstlerische Geschichte des Orchesters könnte auch als eine Geschichte des Ringens um spieltechnische Qualifizierung dargestellt werden. Am Anfang steht das Bemühen, den klassischen Meisterwerken der Symphonik gerecht zu werden. Nicht nur die Gründung der Philharmonischen Konzerte, auch die Errichtung des Wiener Konservatoriums stand unter dem Leitgedanken, daß den großen Musikschöpfungen eine angemessene Konzertwiedergabe folgen müsse. Die Schüler des Konservatoriums wurden nicht etwa ausgebildet, um dem musikalischen „Selbstgenuß" zu frönen, wie es hieß; sie sollten vielmehr durch Instrumentalunterricht dazu befähigt werden, bei anspruchsvollen Konzertveranstaltungen mitzuwirken. Inspiration und Maßstab waren die Symphonien Beethovens. An ihnen vor allem hatte sich die Spieltechnik zu bewähren. Wenn dies gelang, dann zögerte auch die Kritik nicht, den Erfolg zu feiern. So heißt es noch in einer Rezension eines von Herbeck im Dezember 1869 geleiteten Konzerts: „Man erinnert sich nicht, Beethovens Sinfonia eroica je mit solchem Geist, mit solchem Schwung, mit solch technischer Vollendung wie bei dieser Gelegenheit gehört zu haben. Selbst das Glück stand mit dieser Aufführung im Bunde, denn die berüchtigte Hornstelle im Trio des Scherzos, die kein Engel und kein Teufel in seiner Gewalt hat, ging schön und glatt vorüber ..." (*Fremdenblatt*, 21. Dezember 1869)

Immer wieder wandten die strengen Beobachter ihr Ohrenmerk solchen kritischen Passagen in Beethovens Werken zu, wie etwa der „berüchtigten Hornstelle" in der Eroica.

Als Hans Richter in seinem philharmonischen Antrittskonzert die Eroica dirigierte, hielt es ein Kritiker sogar für angemessen, die Namen der Hornisten zu nennen, die das, was „kein Engel und kein Teufel in seiner Gewalt hat", zu meistern wußten. Die Rezension in der *Österreichischen Musiker-Zeitung* vom 16. November 1875 bezeichnete die Wiedergabe der Symphonie als Glanzpunkt des Konzertes und fügte hinzu: „Der Beifall war auch demgemäß und wollte namentlich nach dem Scherzo mit der gefährlichen Hornstelle, welche von den Herren Schantl, Pichler und Tidl mit außerordentlicher Sicherheit geblasen wurde, kein Ende nehmen."

Dieser Bericht lenkt unsere Aufmerksamkeit darauf, daß das Publikum jener Zeit noch gewohnt war, nach jedem Satz einer Symphonie Beifall zu klatschen – und gelegentlich die Wiederholung des akklamierten Satzes durchzusetzen. Die Integrität des symphonischen Ablaufs, die man heute durch andächtige Stille zwischen den Sätzen sichert, wurde damals nicht empfunden und daher nicht respektiert. Noch in den zwanziger Jahren berichtete Alexander Wunderer, damals Vorstand der Philharmoniker, mit unverhohlenem Staunen von den Erfahrungen des Orchesters bei einer Deutschland-Tournee: das Publikum habe zwischen den einzelnen Symphoniesätzen nicht applaudiert, aber – so fügte er hinzu – das Wiener Publikum werde sich das nie abgewöhnen. Schon wenige Jahre später aber waren die Beifallskundgebungen innerhalb eines symphonischen Werks auch in Wien abgeschafft. Nicht nur manche Dirigenten, wie vor allen Wilhelm Furtwängler, hatten dahin gewirkt, sondern auch die Musiker selbst, die sich mehr und mehr als nachschaffende Diener am Werk des schaffenden Komponisten verstanden. Das Streben nach ungebrochener Wiedergabe des Kunstwerks verlieh dem Konzert die Weihe, die uns heute selbstverständlich erscheint. Diese Respekthaltung kam auch der spieltechnischen Perfektion zugute. Die Kompositionen der zweiten Hälfte des neunzehnten Jahrhunderts haben den Musikern neue, unerwartete Aufgaben gestellt. Das gilt vor allem für die Werke Richard Wagners. An der Lösung der Probleme, die in Wagners Partituren enthalten sind, haben sich die instrumentalen Fähigkeiten des Orchesters entfaltet. Diese Auffassung drängt sich nicht erst im Rückblick auf, nein, sie wurde schon vor der Jahrhundertwende von den Musikern selbst vertreten.

Im Anschluß an das Konzert, das Siegfried Wagner zugunsten der Krankenkasse des Vereins Nicolai am 19. Januar 1896 dirigierte, brachten die Philharmoniker dem Sohn Richard Wagners im Foyer des Musikvereins eine Huldigung dar, bei der der Flötist Roman Kukula eine Ansprache hielt. Darin feierte er Richard Wagner, „dessen bewunderungswürdige unsterbliche Werke das Orchester erst auf jene Höhe brachten, auf welcher es sich gegenwärtig befindet ..." (Verein Nicolai, Ausschuß-Bericht 1895–96, 8) Um seine These zu verdeutlichen, fügte er noch das Wort eines Wiener Kritikers hinzu, der die Bedeutung der Meisterwerke für die musikalische und spieltechnische Nobilitierung der Philharmoniker unterstrich: „Beethoven machte aus Musikanten – Musiker, Richard Wagner aber machte aus Musikern – Künstler."

INNOVATIONEN DES ZWANZIGSTEN JAHRHUNDERTS

Der vertraute und anfangs durchaus nicht reibungslose Umgang des Opernorchesters mit den Bühnenwerken Wagners mußte auch dem Konzertorchester Gewinn bringen. Die neuen Kompositionen, die sich das Orchester in seiner Geschichte aneignete, haben Lernprozesse ausgelöst, die die künstlerische Qualifikation der Musiker steigerten. Das Verhältnis zwischen Komponist und Orchester beruht jedoch auf einer Wechselwirkung, auf gegenseitiger Befruchtung. Richard Strauss empfahl angehenden Komponisten nachdrücklich, bei Orchestermusikern Rat zu suchen und „sich durch die verschiedenen Instrumentalisten persönlich mit der genauen Technik, den Registertimbres und Präludiergeheimnissen des Stimmzimmers für jedes einzelne Instrument vertraut zu machen" (Berlioz, 1905, S. I). Nicht nur der Komponist also stellt dem Orchester neue Aufgaben – auch der ausübende Musiker regt durch seine Fertigkeit „den schöpferisch Tätigen zu neuen Ideen an" (ebenda, S. II).

Diese dialektische Wechselbeziehung kennzeichnet auch die Entwicklung in unserem Jahrhundert. Erst die spieltechnische Verfeinerung schuf das Potential, das den Kompositionen gerecht wurde und die Komponisten aufs neue anregte. Was dem Orchester dabei abgefordert wurde, ließe sich in einem Lexikon zusammenfassen und wurde auch zusammengefaßt (Read, 1953). Schon ein flüchtiger Blick läßt uns ahnen, welch neuartige Leistungen Komponisten wie Bartók und Berg, Debussy und Honegger, Mahler und Prokofjew, Respighi und Schönberg, Schostakowitsch und Strawinsky vorschrieben. Die Liste der technischen Innovationen, mit denen ein Orchester zu leben hat, ist schier ohne Ende: Erweiterung des Tonbereichs, Differenzierung von Bogentechnik und Vibrato bei den Streichern, Flatterzunge, Glissando und Portamento beim Holz, gestopfte und offene Töne sowie der Einsatz von Dämpfern beim Blech; die Vielfalt der Schlägel und ihres Gebrauchs beim Schlagwerk und so weiter und so fort.

Was eine solche Enzyklopädie orchestraler Kunstgriffe alles verzeichnet, bildet Bestandteil der täglichen Praxis des Orchesters, dessen kollektive Erfahrung in einem so komplexen Bereich zumeist über den Erfahrungsschatz manches noch so umfassend gebildeten Dirigenten hinausgehen muß. Man versteht darum den guten Rat, den Richard Strauss seinen Dirigenten- und Komponistenkollegen gab, als er sie auf die Kenntnisse und Fertigkeiten der Musiker verwies. Strauss selbst hat die musikalischen Fähigkeiten der Wiener Philharmoniker gelegentlich klug auszunützen gewußt. Als einmal bei einer Probe der Einsatz nicht klappen wollte, bat er das Orchester, ohne sein Zeichen zu beginnen, und, siehe da, es gelang. Sein Kommentar lautete: „Ich weiß, es liegt meistens am Kapellmeister." Hugo Burghauser, der diese Episode überliefert, setzte allerdings hinzu: „Es lag natürlich an der gesteigerten Konzentration aller, sobald sie sich ihrer eigenen Initiative überlassen wußten." (Burghauser, 1979, 12)

Die Wiener Philharmoniker haben es im Lauf ihrer Geschichte immer besser verstanden, eine gemeinschaftliche Individualität zu formen und das Reservoir individueller Kenntnisse in den Dienst kollektiven musikalischen Handelns zu stellen. Die Meisterschaft dieses Orchesters ist nicht vom Himmel gefallen. Sie ist ein Ergebnis harter Arbeit von Musikergenerationen. Denn der Musiker spielt nicht.

Dieser Satz bestätigt sich auf wieder andere Art, wenn man die anstrengende Leistung bei Tonaufnahmen in Betracht zieht. Die Produktion dieser Aufnahmen basiert zwar auf der in Oper und Konzert gewonnenen Erfahrung, aber sie steht unter anderen Gesetzen. Sie entbehrt der wärmenden Resonanz eines Publikums. Sie vollzieht sich aus technischen Gründen in kürzeren oder längeren Abschnitten (sogenannten „Takes"). Sie muß nicht nur den Anweisungen des Dirigenten und dem eigenen künstlerischen Gewissen folgen, sondern auch auf die Wünsche der Aufnahmeleitung und des technischen Stabs Rücksicht nehmen. Vor allem aber muß die Studioarbeit ein Höchstmaß an Perfektion erreichen, ohne dabei die Spontaneität vitalen Musizierens zu gefährden.

Die Tondokumente, die auf diese Weise entstehen, setzen wiederum neue Maßstäbe. Eine gefeierte Sopranistin meinte einmal auf die Frage, ob sie Angst vor Konkurrenz habe: „Ja, ich habe im Konzertsaal Angst vor der Konkurrenz meiner eigenen Schallplatten." Auch das Orchester muß heutzutage im Konzertsaal mit seinen eigenen Langspielplatten und Compact-Discs in Wettbewerb treten. Die Aufzeichnung philharmonischer Leistungen – so willkommen sie dem Orchester sein mögen, das weltweit wirken will – erhöht die Ansprüche eines Publikums, dessen Hörerwartungen vor den Lautsprechern geformt wurden und das diese Erwartungen auch im Konzertsaal erfüllt wissen will. Durch ihre eigenen Tonaufnahmen haben die Wiener Philharmoniker die Anforderungen an sich selbst erhöht. Elektroakustische Aufzeichnung und Wiedergabe haben einen künstlerischen Standard erzeugt, von dem sich die philharmonischen Vorväter nichts träumen ließen. Als sie noch spielten, stand noch nicht so viel auf dem Spiel.

PHILHARMONIKER PRIVAT

Die bisherigen Kapitel haben gezeigt, daß der Arbeitstag der Philharmoniker zumeist länger dauert und von stärkeren Spannungen geprägt ist als der ihrer Zuhörer. Allein durch Opernverpflichtungen und die zahlreichen philharmonischen Aktivitäten – Konzertproben und Konzerte, Schallplatten- und Videoaufnahmen, Reisevorbereitungen und Reisen – ist im Durchschnitt eine Vierzigstundenwoche erreicht, wenn nicht überschritten. Gewiß gibt es anstrengende und bequeme Wochen, aber die letzten sind selten. Dazu kommen Unterricht – privat oder an einer öffentlichen Lehranstalt –, Kammermusik aller Art, nicht zuletzt die ständige Weiterbildung auf dem Instrument. Zwölf der Herren werden außerdem von ihren Kollegen in den Vorstand delegiert, wo sie Verwaltungsarbeit im Dienste aller leisten. Es ist somit keine Seltenheit, daß Philharmoniker, zumindest zeitweise, sechzig und mehr Stunden in

der Woche arbeiten. Sie könnten diese Belastung wohl kaum aushalten, wären sie nicht Fanatiker ihres Berufs und ihrer Berufung.

Vielleicht wirkten unsere Fragen nach der Freizeitbeschäftigung der Philharmoniker auf manche von ihnen etwas provokant. Haben sie denn überhaupt Freizeit? Gibt es für jeden ein paar Stunden, die nicht mit Arbeit, mit dem Weg von der Oper zum Aufnahmestudio, vom Musikvereinsgebäude zur Musikhochschule und den meist hastig dazwischen eingenommenen Mahlzeiten ausgefüllt sind? Erstaunlicherweise haben nur ganz wenige angegeben, daß sie wegen beruflicher Überlastung keine Zeit fänden, einem Hobby nachzugehen. Die überwiegende Mehrheit der von uns befragten

Orchestermitglieder machte sehr konkrete Mitteilungen über Freizeitbeschäftigungen. Die Stunden der Muße sind zwar rar, doch sie werden intensiv genutzt; man wüßte etwas mit ihnen anzufangen, auch wenn es mehr davon gäbe.

Wie anhand von Untersuchungen nachgewiesen werden konnte, ist das, was gemeinhin das Spiel des Musikers genannt wird, harte Arbeit. Was aber tut er, wenn er ausnahmsweise nicht arbeitet, sondern wirklich spielt im weitesten Sinn? Da die künstlerische Tätigkeit der Philharmoniker sitzend ausgeübt wird, gebührt der Bewegung in der Freizeit ein dominierender, weil gesundheitlich notwendiger Platz. Die meisten Orchestermitglieder, die im Grünen wohnen, widmen sich mit Begeisterung der Gartenpflege. Andere betreiben Sport aller Art, wobei die relativ risikoarmen Disziplinen wie Wandern, Schwimmen oder Angeln im Vordergrund stehen. Der Musiker muß sich ja mehr als andere Berufstätige vor Verletzungen der Arme und Hände hüten. Dennoch haben sich nicht wenige der Instrumentalisten zu Schilauf, Radfahren, Tennis und Bergsteigen bekannt – einer ist sogar Obmann eines alpinistischen Vereins.

Neben dem Sport wurden als Mittel zur Entspannung sehr häufig Photographieren und Filmen genannt, seltener Spiele wie Schach oder Bridge, sehr häufig dagegen Lektüre, wobei mehrere Orchestermitglieder ausdrücklich naturwissenschaftliche, technische und medizinische Literatur erwähnten, einer zeitgeschichtliche und ein weiterer Bücher über zeitgenössische bildende Kunst.

Einige sehr ausgeprägte Interessen sollen hier besonders genannt werden. Mehrere Orchestermusiker befassen sich in ihrer Freizeit mit Naturheilkunde beziehungsweise Homöopathie. Einer der Herren widmet sich Tischler- und Schlosserarbeiten mit dem Ziel, ein altes Bauernhaus zu restaurieren, wie überhaupt die Ausgestaltung des eigenen Heims viele beschäftigt. So etwa sammelt ein Philharmoniker Antiquitäten verschiedener Art, ein anderer hat sich auf Biedermeiermöbel spezialisiert. Mehrere Herren verwenden ihre freie Zeit zum Zeichnen, wobei für zwei von ihnen die Karikatur eine besondere Rolle spielt. Auch Reisen zählen zu den philharmonischen Hobbies, womit zweifellos nicht die einem starren Terminplan folgenden Konzerttourneen des Orchesters gemeint sind. Mit Reiselust hat auch das Sammeln von alten Reiseführern zu tun – zweitausend Stück bis jetzt, wie einer der Musiker angegeben hat –, und in gewissem Sinn auch die liebevolle Beschäftigung mit einer Modelleisenbahn.

Dies alles sind freilich Hobbies, wie sie auch bei anderen Berufen durchaus denkbar sind. Die Philharmoniker wären aber nicht, was sie sind, wenn unter ihren Freizeitbeschäftigungen nicht auch die Musik eine hervorragende Rolle spielte. Einer der Kontrabaßspieler widmet seine Freizeit der Erforschung seines Instruments. Ein Trompeter befaßt sich mit seinen Trompeten, von denen er eine kleine Sammlung besitzt. Einer der Cellisten fertigt in seiner Freizeit musikalische Bearbeitungen und Arrangements an, und ein anderer sammelt Schriften des Wiener Kritikers Eduard Hanslick. Ein Klarinettist beschäftigt sich mit dem Management des eigenen Bläserensembles, einer der Sekundgeiger sammelt Schallplattenraritäten und ein weiterer vor allem Platten seines Geigeridols Jascha Heifetz. Natürlich haben sehr viele unter ihren Hobbies auch die Kammermusik genannt und etliche auch das Komponieren, worunter allerdings jeder etwas anderes versteht, da die Spannweite von Werken für das klassische Orchester bis zur elektronischen Musik reicht.

Das Bekenntnis zu diesen so unterschiedlichen Freizeitbeschäftigungen beweist, daß die Philharmoniker trotz chronischer Überlastung und Streß doch auch Freizeit haben. Sie fällt freilich sehr unregelmäßig an. Und hier sollten wir vielleicht auch an die Familien, vor allem an die Gattinnen der Orchestermitglieder denken. Sie teilen das Schicksal vieler Künstlerfrauen: Wenn andere Männer gegen Abend nach Hause kommen und das Familienleben beginnt, gehen die Musiker zum Dienst (womit allerdings nicht gesagt ist, daß sie den Nachmittag zu Hause verbracht haben). Am Sonntagvormittag, wenn andere einen Ausflug planen, gibt es ein Philharmonisches Konzert oder eine Messe in der Hofkapelle. Und rund sechs Wochen im Jahr ist der Ehemann und Familienvater überhaupt verreist. Natürlich gibt es auch richtige Ferien, aber die sind kurz, denn schon beginnen die Proben in Salzburg, wohin man die Familie immerhin mitnehmen kann und wo es dann so ähnlich zugeht wie zu Hause in Wien: am Vormittag Probe und am Abend Aufführung.

Der Dienst an der Musik hat seine festen Spielregeln. Er verlangt ungewohnt hohen Einsatz auch und vor allem zu jenen Stunden, in denen wir entspannt von der Mühe des Alltags dem Orchester lauschen. Diese Belastung, die der Musiker mit allen darstellenden Künstlern teilt, formt seinen Lebensstil und das Verhältnis zur Familie, von deren Beitrag zum philharmonischen Erfolg die Chronik des Orchesters ungerechterweise nichts vermeldet.

Abbildung auf Seite 278: An Bord des Dampfers „Köln"; Südamerika-Tournee, 1923

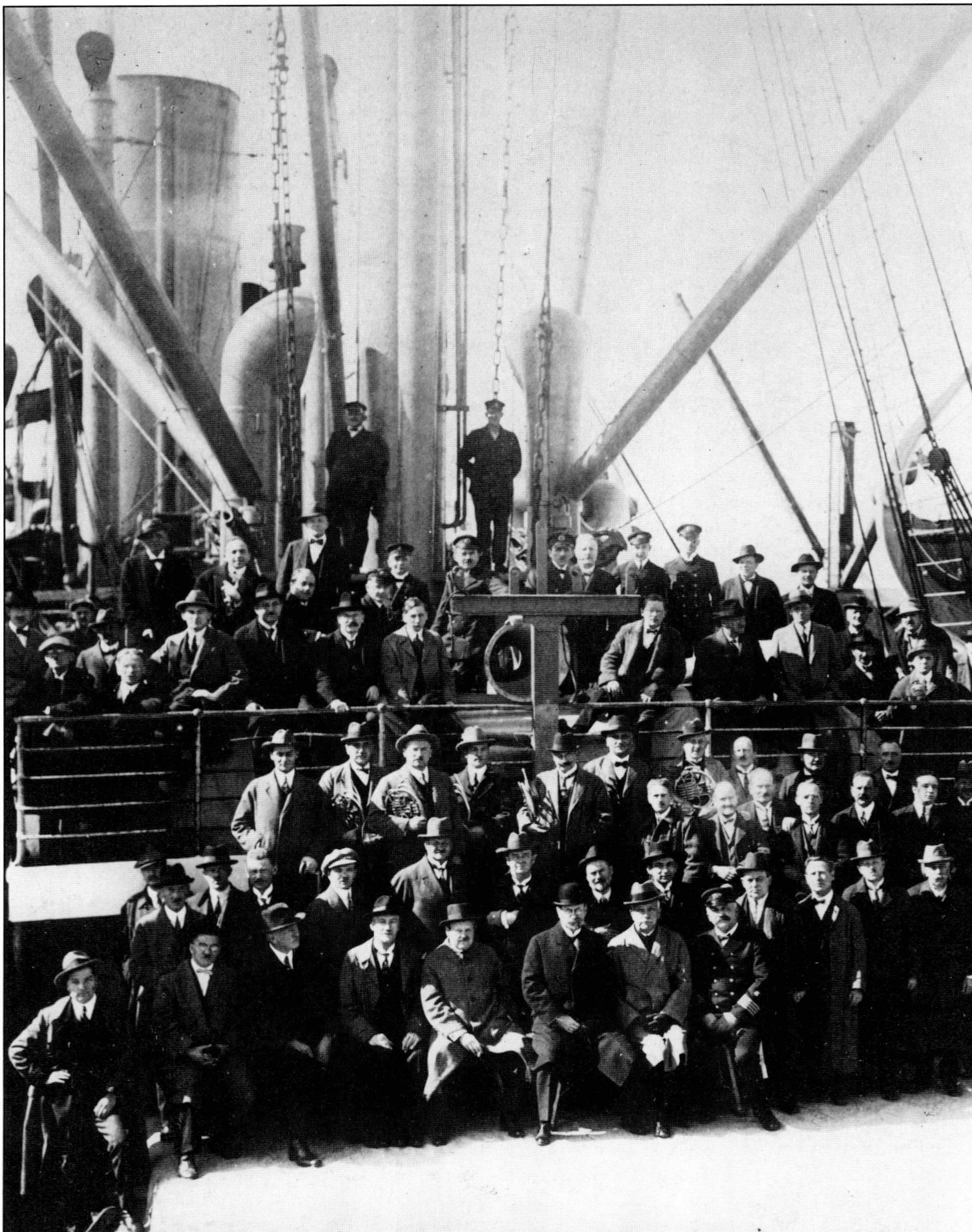

Philharmonisches Weltkonzert

Als „globales Dorf" erscheint unsere durch die Technik verengte weite Welt. Diese These des Kulturphilosophen und Medienforschers Marshall McLuhan bestätigt sich im Musikleben. Schallplatte, Rundfunk und Fernsehen haben die traditionelle Konzertsituation gesprengt und es ermöglicht, „die Zahl der an einem Konzertvortrag Teilhabenden ohne die Schaffung noch größerer Konzerträume zu erhöhen und damit das ‚Konzert für Millionen' zu verwirklichen". (Schwab, 1971, 190) Miterleben, Mitempfinden und Mitgenießen waren zuvor an den Versammlungszwang von Musizierenden und Publikum gebunden. Die Zahl der Hörer, die von einer musikalischen Darbietung erreicht werden konnte, war durch diesen Zwang begrenzt.

Als sich die Philharmoniker 1842 konstituierten, konnten sie von einer Beseitigung dieser Schranke noch nichts ahnen. In den vier Konzerten seiner ersten Saison erreichte das Orchester nicht mehr als ein paar tausend Menschen: Wiener Freunde der Musik und vermutlich auch einige Gäste aus weiterer Ferne, die Ohren- und Augenzeugen der Darbietungen im Redoutensaal sein durften. Wer den Wiener Philharmonikern lauschen wollte, mußte sich an die Stätte ihres künstlerischen Wirkens begeben.

Gegen Ende des ersten Jahrhunderts ihrer Geschichte haben die Mitglieder des Orchesters – anfänglich wohl befremdet, dann beglückt und schließlich höchst selbstbewußt – eine radikale Ausdehnung der Konzertreichweite erlebt. Zuerst überbrückte der Rundfunk die räumliche Distanz und ließ auch ferne Hörer zu Zeugen philharmonischer Kunst werden; gleichzeitig gelang es, wenn auch nicht mit einem Schlag, dem zuvor zur Vergänglichkeit verurteilten Klingen dingliche Materialität und Dauer zu verleihen. Der Erfindergeist von Thomas Alva Edison und Emil Berliner bahnte jene Umwälzung an, die bis zu Compact Disc und Video führen sollte und die unser kulturelles System radikal gewandelt hat. In dieser Mediamorphose der Musik formierte sich schließlich auch jenes Weltpublikum, das die Philharmoniker zu gewinnen verstanden. Ein einziges Neujahrskonzert – durch Rundfunk und Fernsehen übertragen, durch Platten und Musikkassetten verbreitet – erreicht nun eine Hörerschaft, die weit größer ist als die Zahl all jener Menschen, die im neunzehnten Jahrhundert philharmonische Konzerte erlebten. An die Seite des Ereignisses im Konzertsaal mit seiner nach wie vor bestrickenden Aura der Einmaligkeit ist dank technischer Transportmittel nun auch die raum- und zeitentrückte Kommunikation mit einem philharmonischen Weltpublikum getreten. Vor Beginn dieser Ära verhielt es sich anders: Wenn die Philharmoniker andere Hörer als ihre heimischen erreichen wollten, dann mußten sie sich auf Reisen begeben. Seit 1900 hat das Orchester seine Reisen und Tourneen allmählich immer intensiver gestaltet. Anfangs war dies nur ein Bemühen, sich dem Publikum anderer Städte und Länder vorzustellen. Heute aber begegnen die Wiener auf ihren Reisen vielen Musikfreunden, die mit dem philharmonischen Klangbild längst vertraut sind.

DIE ERSTEN EXPEDITIONEN

Im Jahre 1895 erschien das Berliner philharmonische Orchester erstmals in Wien, um sich unter seinen prominentesten Dirigenten, Richard Strauss, Karl Muck und Felix Mottl, im Großen Musikvereinssaal dem Publikum zu stellen. Schon zwei Jahre danach kamen die Berliner wieder, diesmal mit Arthur Nikisch und Felix von Weingartner, obwohl sie zu dieser Zeit auch Gastkonzerte in Kopenhagen, Paris und Zürich absolvierten. Die Wiener Philharmoniker hingegen ließen erst im Jahr 1918 in Berlin ihre Kunst hören. Gewiß beruhte der Vorsprung der Berliner nicht nur auf Unternehmungsgeist und Reisetüchtigkeit, sondern vor allem auf der Ungebundenheit, der sie sich als Konzertorchester erfreuten. Die Wiener Philharmoniker waren als Opernorchester zwar sozial besser gestellt, aber zehn Monate im Jahr an ihre Wirkungsstätte gefesselt. Bis zur Jahrhundertwende mußten sie sich mit kleineren Ausflügen nach Salzburg, Graz, Brünn und Budapest begnügen, und als Mahler sie 1900 nach Paris – ihre erste Auslandsreise – führte, geschah dies in der zweiten Junihälfte, als das Hofopern-Theater schon Sommerpause hielt. Auch die Englandreise (1906) unter Franz Schalk, die Mitwirkung bei der Münchener Richard-Strauss-Woche (1910), die Tournee durch sieben Schweizer Städte (1917), die Fahrt durch die Tschechoslowakei (1921) und sogar die musikalischen Expeditionen nach Südamerika (1922 und 1923) fielen in die hochsommerlichen Ferienwochen.

Mit den zwei Tourneen nach Südamerika überflügelten die Wiener erstmals ihre Berliner Kollegen, die zwar ganz Europa – von Portugal bis Rußland – bereist, aber noch nicht den Ozean überquert hatten. Das Orchester verdankte die Einladung seinem ständigen Dirigenten Felix von Weingartner, der in Argentinien und Brasilien großes Ansehen genoß und Wert darauf legte, sich einmal an der Spitze seines Wiener Orchesters zu zeigen. Keiner der reisegewohnten Philharmoniker von heute kann nachempfinden, was die Fahrt eines Orchesters nach Südamerika im Jahre 1922 bedeutete: Äquatortaufe, Abenteuer, Entdeckungen, Eldorado. Jeder Geiger ein Kolumbus, jeder Bläser ein Konquistador. Nach mehrwöchiger Schiffsreise trafen die Musiker in Rio de Janeiro mit Weingartner zusammen, der vorher in Buenos Aires Opernvorstellungen dirigiert hatte. „Es überkam mich mit seltsamer Freude, als ich, auf der Fahrt in mein Hotel, in den Straßen der tropischen Stadt mit mächtigen Lettern ‚Wiener Philharmoniker' angekündigt las. Ein erwartungsvolles Publikum füllte das Teatro Municipal bis zum letzten Platz. Die zahlreichen stattlichen Erscheinungen und Charakterköpfe des Orchesters, das trotz der Leiden des Krieges eine würdevolle Haltung bewahrt hatte, wirkten überraschend und suggestiv, noch ehe eine Note erklungen war. Wir durften eine Reihe von künstlerischen Festen feiern, die meine auf die Reise gesetzten Hoffnungen voll erfüllte…" (Weingartner, 1929, 361)

Die erste Auslandsreise: Pariser Weltausstellung 1900

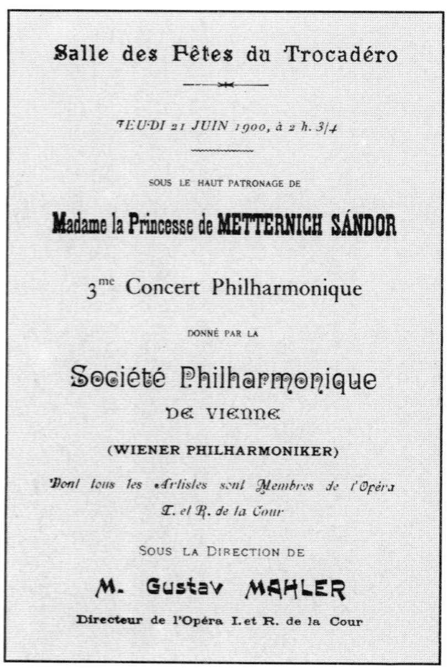

Salle des Fêtes du Trocadéro

JEUDI 21 JUIN 1900, à 2 h. 3/4

SOUS LE HAUT PATRONAGE DE

Madame la Princesse de METTERNICH SÁNDOR

3me Concert Philharmonique

DONNÉ PAR LA

Société Philharmonique

DE VIENNE

(WIENER PHILHARMONIKER)

Dont tous les Artistes sont Membres de l'Opéra

I. et R. de la Cour

SOUS LA DIRECTION DE

M. Gustav MAHLER

Directeur de l'Opéra I. et R. de la Cour

Südamerika-Tournee 1922. Rio de Janeiro, vor dem Teatro Municipal. In der Mitte Felix von Weingartner

Südamerika-Tournee 1923. Rio de Janeiro, vor dem Teatro Municipal. In der Mitte Richard Strauss

Südamerika-Tournee 1965. Rio de Janeiro, vor dem Teatro Municipal. In der Mitte Karl Böhm

Nach dem letzten Konzert in Rio fuhr ein kleines Ensemble, darunter der Geiger Mairecker, der Cellist Buxbaum und der Kontrabassist Madenski, nach São Paulo, um einen Kammermusikabend zu geben, und dann ging es nach Santos, wo sich das gesamte Orchester nach Montevideo einschiffte. In Buenos Aires war der Jubel so groß, daß man die vorgesehene Zahl der Konzerte spontan vermehrte, daß auch die Bläservereinigung konzertierte, und schließlich der Wunsch laut wurde, die Philharmoniker als Opernorchester zu hören. Das alles war nicht bloß ehrenvoll, sondern auch gewinnträchtig!

Während der Großteil des Orchesters auf der südlichen Halbkugel Triumphe einheimste, spielten die wenigen Daheimgebliebenen gemeinsam mit philharmonischen Pensionisten und Substituten in zwei Konzerten der Salzburger Festspiele. Dirigenten waren die beiden Operndirektoren Richard Strauss und Franz Schalk. Die Salzburger Festspiele waren in diesem Jahr noch ein Versuch, an den nur einige Künstler wie Strauss, Hofmannsthal und Reinhardt glaubten. Schon 1925 aber hatten sie die Anfangskrisen überwunden und sich auf Dauer etabliert. Die Philharmoniker hatten damit ein weiteres Wirkungsfeld, wodurch die ausgedehnten Sommertourneen, kaum begonnen, ein Ende fanden. 1923 aber waren sie im Sommer noch frei und wünschten sich nichts sehnlicher als eine Wiederholung der Südamerika-Reise. Tatsächlich wurde das Orchester erneut eingeladen, allerdings nicht mit seinem ständigen Dirigenten Weingartner, sondern mit Staatsoperndirektor Strauss (was eine philharmonische Vorstandskrise heraufbeschwor).

Die zweite Südamerika-Tournee unterschied sich von der ersten vor allem durch die Programmgestaltung, da Strauss auf die neuere Musikproduktion Bedacht nahm und neben eigenen Kompositionen Werke von Mahler und Reger einstudierte. „Endlich, nach sechswöchigem Konzertieren – Strauss hat in dieser Zeit zweiunddreißig Konzerte und sechs Opernaufführungen dirigiert! – richtete sich der Kurs unserer Schiffsreise nordwärts. Nur noch ein Konzert in Bahia stand bevor ... Richard Strauss war als Operndirektor bereits von Wien reklamiert worden und entschloß sich seinem Wiener Amt zuliebe, das letzte Konzert auszulassen. Er fuhr einfach weiter, während das Orchester pflichtgemäß in einer Freiluftarena unter dem Sternenhimmel des Südkreuzes spielte. Als Dirigent fungierte Alexander Wunderer, der trotz Spitzbart und Glatze als ‚Riccardo Strauss' einen ... stürmischen Erfolg erntete ..." (Burghauser, 1979, 23) Auch die Konzertreisen der nächsten Jahre durch österreichische und deutsche Städte fielen in die – durch die Salzburger Festspiele verkürzte – Urlaubszeit. Nur Einzelkonzerte in nahe gelegenen Städten wie Prag waren auch während der Opernsaison möglich. Erst Furtwängler gelang es, die Philharmoniker Ende April 1930, also während der Spielzeit, durch einige deutsche Städte nach London und Paris zu führen. Clemens Krauss folgte wenige Jahre später mit einer Italien-Tournee.

Der Zweite Weltkrieg hat die Reisetätigkeit der Philharmoniker nicht gänzlich unterbunden, aber anderen, kunstfremden Zwecken dienstbar gemacht. Hatten sie vorher das Prestige der Wiener Musikkultur gefördert, so wurden sie nunmehr von der politischen Propaganda zur Beschönigung von Unrecht und Gewalt benützt. Dies zeigen die Knappertsbusch-Konzerte in Krakau nach der Unterwerfung Polens, dies zeigt auch die Reise in die Niederlande, kurz nachdem die deutsche Wehrmacht einmarschiert war. Im Jahr 1943 fuhr Furtwängler, der zuvor die Berliner Philharmoniker nach Dänemark und Schweden geführt hatte, mit den Wienern nach dem Norden, wobei er Programme mit Wiener Note wählte, eins sogar mit dem „Kaiser-Walzer" als Abschluß.

SINN UND MÜHSAL DER TOURNEEN

Die wiedererstandene Republik Österreich sandte bereits in den ersten Nachkriegsjahren sowohl die Staatsoper als auch die Philharmoniker ins Ausland, wohl wissend, daß es keine besseren Argumente für die Eigenständigkeit dieses Landes gab als die klassische Wiener Musik und ihre Interpretation durch dieses Orchester. Im März 1947 reisten die Musiker unter Josef Krips und Paul Paray nach Frankreich, im September desselben Jahres ging es nach Edinburgh und London. Die fünf Konzerte der Wiener Philharmoniker beim Edinburgh Festival wurden von Bruno Walter dirigiert, der Wien 1938 hatte verlassen müssen. Seine freundschaftliche Haltung, seine Noblesse und Toleranz trugen viel dazu bei, daß das Orchester auf der britischen Insel akzeptiert und sogar bejubelt wurde. Beim Abschied hielt der Dirigent eine Ansprache, in der er die Wirkung der Gastkonzerte resümierte: „Wissen Sie, was in diesen Wochen geschehen ist? Was Sie gemacht haben? Ein Stück Weltgeschichte. Es gehört nämlich in die Weltgeschichte, was Sie durch Ihre Leistungen hier vollbracht haben ... Damit aber haben Sie eine ganz große Botschaft als Mission erfüllt. Denn Sie haben Edinburgh und der Welt gezeigt, daß dieses Wien lebt und nicht vergehen kann..." (Philharmoniker, 1947, 32) Die Philharmoniker waren über den Verlauf der England-Reise so glücklich, daß sie eine kleine Broschüre drucken ließen, der sie, Bruno Walter zitierend, den Titel gaben: „Die Wiener Philharmoniker – ein Stück Weltgeschichte."

Schon im folgenden Jahr waren die Philharmoniker wieder in England, diesmal unter Furtwängler. 1950 fuhren sie mit Clemens Krauss das erste und einzigemal nach Ägypten und noch im selben Jahr mit Furtwängler in die skandinavischen Staaten. In achtundvierzigstündiger Bahnfahrt ging es nach Stockholm, wo die ersten Konzerte stattfanden, und von dort auf dem Luftweg nach Helsinki. Sieben Flugzeuge waren damals notwendig, um das Orchester zu transportieren, zwei davon allein für die Instrumente. In Finnland statteten die Philharmoniker dem greisen Jean Sibelius einen Besuch ab, der ihnen von Brahms und Bruckner erzählte, die er

Das Orchester erwies sich als starker Pfeiler der Wiener Kultur. Man lauschte einem flexiblen, höchst präzisen Klangkörper, der reich an musikalischen Nuancen und von seltener Einheitlichkeit im Streben nach den höchsten interpretatorischen Zielen ist. Dieses Orchester machte hörbar, daß es aus einem Mutterschoß und aus einer Schule hervorgegangen ist, daß es mit Recht überall bewundert wird, wo man Musik macht, und daß es ein Instrument ist, dem ein Dirigent alles und jedes abverlangen kann. Die Leonoren-Ouvertüre Nr. 3, die Bernstein, Mahlers Beispiel folgend, zwischen die beiden Bilder des zweiten Aktes einlegt, hat mit ihrer fiebrigen Großartigkeit die Ausdrucksfähigkeit des Orchesters gesteigert und das Publikum zu einer Begeisterung mitgerissen, die nicht enden wollte ...

Duilio Courir über das Gastspiel der Wiener Staatsoper mit „Fidelio" an der Mailänder Scala, Corriere della Sera, 12. Februar 1978 (Original italienisch)

Konzert unter Josef Krips im Theater des Herodes Atticus, Athen 1969

sechzig Jahre zuvor kennengelernt hatte, als er in Wien bei Robert Fuchs und Carl Goldmark studierte (*Musikblätter*, 5, 13). Und alle diese Reisen fanden während der Opernspielzeit statt, denn der Sommer war für Salzburg reserviert; die Festspiele waren nach dem Krieg mit neuem Impetus wiedererstanden.

Die Vereinbarung, die das Staatsopernorchester 1953 mit seinem Dienstgeber abschloß, legalisierte ein bereits bestehendes Gewohnheitsrecht, wenn den Musikern sechs Wochen Abwesenheit im Jahr während der Opernsaison zugestanden wurden. Da der Spielbetrieb aufrechterhalten wurde, ergaben sich mancherlei Probleme, die erst durch die Vergrößerung des Opernorchesters gelöst werden konnten.

Die Philharmoniker, die bereits vor Entwicklung des Flugverkehrs ausgedehnte Reisen unternommen hatten, gehörten auch zu den ersten Orchestern, die die neuesten technischen Transportmittel in Anspruch nahmen. Als sie 1956 zum ersten Mal Japan besuchten, galt ein solches Unternehmen, zumal der Flug über den Nordpol, noch als Abenteuer; sie trugen ihrer Pioniertat durch den Abwurf einer rot-weiß-roten Fahne über dem Pol Rechnung. Im selben Jahr ging es zum erstenmal in die Vereinigten Staaten, wo sich Carl Schuricht und das Orchester besonders für Bruckner einsetzten, was damals ebenfalls eine Pionierleistung war. Solche Fernreisen gehören seit 1956 zum philharmonischen Repertoire: Im Verlauf von 35 Jahren gelangte das Orchester dreizehnmal nach den U. S. A. und elfmal nach Japan.

Zu Beginn dieser Ära gab es freilich noch mehr weiße Flecken auf dem philharmonischen Globus. Die Weltreise mit Karajan führte das Orchester 1959 nach Indien, Honolulu und Kanada. 1962 ging es, ebenfalls unter Karajan, in die Sowjetunion. China wurde 1973 mit Abbado besucht und Mexiko 1981 mit Carlos Kleiber. Viele der Tourneen steigerten nicht etwa bloß das Ansehen des Orchesters in der Welt, sondern brachten auch merkbare wirtschaftliche Vorteile für Österreich und vor allem für seinen Fremdenverkehr. Ja, selbst ganz und gar „unmusische" Produkte erweisen sich angeblich als leichter exportierbar, wenn vorher Wiener Musik ein freundliches Klima erzeugt hat.

Die einzige Tournee, für die die Wiener Philharmoniker staatliche Zuschüsse erhielten, war die 1973 im Anschluß an den Besuch in Japan und Korea durchgeführte Expedition nach China, wo das Orchester über ausdrücklichen Wunsch der Regierung auftrat. „Damit ist erneut eine österreichische Kuriosität angeschnitten, denn Österreich exportiert dieses Orchester nicht, die Philharmoniker arrangieren sich auch ihre Reisen selbst und sie reisen ohne Subventionen . . ." (Altenburger, 1979, 14) Der Vermerk „ohne Subventionen" rückt eine unrichtige Vorstellung zurecht, die weit verbreitet ist. Die Wiener Philharmoniker erhalten zwar Zuschüsse aus dem Budget des Ministeriums für Unterricht und Kunst, doch haben sich diese – wie der amtliche „Kunstbericht" ausweist – zwischen 1970 und 1990 von rund acht Millionen Schilling auf zweieinhalb Millionen Schilling jährlich verringert. Damit ließen sich kostspielige Tourneen nicht finanzieren. Die Organisation derartiger Unternehmungen ist nicht nur aufwendig, sondern überdies so kompliziert, daß sie auch technisch nicht in der Kanzlei des Orchesters bewältigt werden könnte. Die Reisen in Europa werden seit einem halben Jahrhundert von der Münchener Firma Wylach betreut, in den U. S. A. kann sich das Orchester auf das Know-how des New Yorker Concert Artists Management stützen. Unter der Aufsicht des philharmonischen Geschäftsführers vereinbaren diese Agenturen die Konzerttermine und die Honorare, reservieren die Hotels und buchen die Reisetickets. „Sie garantieren auch die Bezahlung der Konzerthonorare." (Blovsky, 1991)

Zu den gängigen Fehlmeinungen gehört die Auffassung, das Orchester unternehme Tourneen aus Gewinnstreben. „Die Philharmoniker verdienen nicht unmittelbar an den Reisen. Im Gegenteil, ohne Sponsoren wären die Tourneen nicht durchzuführen. Früher einmal wurden Einkünfte aus Reisen noch steuerlich begünstigt behandelt, aber das ist schon lange nicht mehr der Fall." (Resel, 1991) Dennoch halten die Philharmoniker an der Idee fest, nicht nur im Wege der technischen Medien allüberall präsent zu sein, sondern auch „live" in den großen Musikzentren zu wirken.

Derartige Expeditionen fordern von jedem einzelnen Musiker maximalen Einsatz. Vor Antritt der ersten Reise um die Welt im Jahre 1959 erhielt jeder von ihnen ein mehr als achtzig Seiten starkes Büchlein im Taschenformat, das den Reiseplan enthielt. In seiner Erinnerung an diese Tournee schrieb der Geiger Erich Graf: „Wenn man nun den Reiseplan durchblätterte und an manchen Tagen etwa las: 9 Uhr Abflug, 11 Uhr Landung, 19 Uhr Konzert, so sah das recht behaglich aus, die Praxis freilich lehrte, daß in diesem Fall die Koffer um 6.30 Uhr, manchmal schon um Mitternacht gepackt und zum gemeinsamen Transport auf das Flugfeld bereit gestellt sein mußten ... und daß man nach der Landung auf dem neuen Flugplatz ebenfalls wieder zwei bis drei Stunden rechnen mußte, bis man im Hotel angelangt war ... und nun mußte erst der Frack, dessen ‚Antlitz' immer faltiger wurde, neben manch anderem ausgepackt werden." (Musikblätter 14, 4)

Der anstrengende Reisealltag wird gelegentlich durch Mißgeschick noch um einen Grad beschwerlicher. So wurde nach der Landung in Ann Arbor (U. S. A. 1987) festgestellt, daß Regenwasser in die Container eingedrungen war und daß sechs Geigen, zwei Bratschen und zwei Kontrabässe Schaden erlitten hatten, den der mitreisende Geigenbauer in Nachtarbeit beheben mußte. Auch der Londoner Nebel hat dem Orchester schon Sorgen bereitet, denn er verhinderte im Herbst 1989 die rechtzeitige Landung, so daß die Musiker mit Mühe um 19.30 Uhr die Festival Hall erreichten. Da war das feierliche „Antlitz" des Fracks vergessen. Man musizierte in Reisekleidung ...

Es ist unmöglich, die Wiener Philharmoniker zu hören, ohne an die Geschichte dieses Ensembles zu denken. Beethoven, Brahms, Bruckner, Strauss und Mahler, die Giganten der symphonischen Literatur, waren diesem Orchester persönlich verbunden. Man denke sich ein Tourneeprogramm, in dem jedes Stück in inniger Beziehung zur eigenen Stadt steht. Das genau ist es, was die Wiener bieten.
Karen Monson in „Chicago Daily News", 8. April 1976 (Original englisch)

Nein, bequem sind die philharmonischen Konzertreisen bestimmt nicht. Das Erstaunlichste an diesen großen und kostspieligen Tourneen ist die Tatsache, daß sie überhaupt unternommen werden. Sie belasten nicht nur die Reiseteilnehmer (etwa 70 bis 115 Musiker, je nach Programm), sondern auch die in Wien verbleibenden Kollegen. Das „Heimorchester", das die Arbeit in der Staatsoper fortsetzt, hat vermehrten Dienst zu leisten – jeder einzelne an sechs von sieben Abenden der Woche. Warum also bleiben die Philharmoniker bei ihrer Reisestrategie? Ist jeder einzelne so begierig, in der Welt herumzukommen und – hart arbeitend – von dieser Welt kaum mehr zu sehen als Konzertsäle und Hotelzimmer?

„Reisen mögen vor Jahrzehnten für die Mitglieder attraktiv gewesen sein", meint Werner Resel. „Heute sind sie eher eine zusätzliche Verpflichtung, die man auf sich nimmt, um international präsent zu sein. Das Live-Konzert lenkt die Aufmerksamkeit auf das Schallplatten-Repertoire oder verstärkt das schon bestehende Interesse." (Resel, 1991)

Nicht nur in den großen Musikstädten empfindet das Publikum das Bedürfnis nach lebendiger Begegnung mit den Philharmonikern. Gerade abseits dieser Zentren ist der Wunsch noch viel größer, einmal auch zum Augenzeugen jener Kunst zu werden, der man als Ohrenzeuge vor dem Lautsprecher längst begegnet ist. Noch in den siebziger Jahren gastierten die Philharmoniker in mehreren Städten Japans, danach mußten sie sich – auch aus praktischen Gründen – mit geringerer Streuung begnügen. Gegen bedenkenlose Ausweitung der Reiserouten sprechen zuweilen auch künstlerische Erwägungen. Das römische Publikum zu erreichen, läge im Interesse des Orchesters, doch die italienische Hauptstadt verfügt über keinen Konzertsaal, der philharmonischen Anforderungen entspräche. Auch dort, wo geeignete Konzerträume durchaus zur Verfügung stehen, können sie der vollen künstlerischen Entfaltung hinderlich sein – wie etwa die Zugluft beweist, die die Instrumentalisten in einem amerikanischen Saal belästigt (dessen Name hier verschwiegen sei).

Dennoch ist der Blick auf das Weltpublikum – akzentuierter als je zuvor in der bisherigen Orchestergeschichte – kennzeichnend für philharmonische Sicht. „Man muß sich zur Welt öffnen, überall und in den Medien gegenwärtig sein, nicht allein durch musikalische Leistungen, sondern auch mit dem Profil einer einzigartigen Gemeinschaft." (Resel, 1991) Das philharmonische Konzept ging immer schon über die Grenzen Österreichs hinaus. Daraus entwickelte sich schließlich die Idee, zumindest eines der Wiener Konzertprogramme alljährlich auch in anderen europäischen Hauptstädten zu präsentieren: ein philharmonischer Euro-Zyklus, der sich auf Berlin, London und Paris erstreckt.

Konzerttourneen und Konzertübertragungen ergänzen einander. Das Orchester hat bald nach der Einführung des Hörfunks in den zwanziger Jahren an der Gestaltung dessen teilgenommen, was

Das Sedlak-Winkler-Quartett. Die Mitglieder leisteten in jungen Jahren musikalische Pionierarbeit bei Radio Wien.

schon 1930 als die Epoche des „musikalischen Kunstwerks in elektrischer Fernübertragung" bezeichnet worden ist. Die Veränderung des Konzertlebens durch das Radio wurde früh signalisiert: Die Übertragung von Konzerten „spielt plötzlich im Musikleben der modernen Kulturvölker eine überaus wichtige Rolle und ihr Einfluß stellt der musikalischen Soziologie und Kulturkunde ganz neue Aufgaben". (Winzheimer, 1930, 15) In diesem historischen Wandel wurde das Orchester von Anfang an mit einer der zentralen Fragen des Medienzeitalters konfrontiert: wie kann sich übertragene Musik als selbständiges und sinnvolles Kunstgebilde präsentieren? Die Wiener Philharmoniker haben diese künstlerische Herausforderung durch die Radiotechnik in einer Weise angenommen, die vermerkt zu werden verdient, weil sie Geschichte gemacht hat.

FRÜHE RADIO-VERSUCHE: AMBITIONEN UND ERFOLGE

In den Jahren 1924 und 1925 zählte der junge Philharmoniker Fritz Sedlak, später Konzertmeister und Vorstand des Orchesters, zu den bekanntesten Persönlichkeiten von Wien. Auch Leute, die klassische Musik im allgemeinen und Kammermusik im besonderen mieden, wußten genau, daß er Primus im Sedlak-Winkler-Quartett war, denn sie hörten seinen Namen und sein Spiel, wenn sie abends mit Kopfhörern vor dem primitiven, oft selbstgebauten Detektorapparat saßen. Am 1. Oktober 1924 hatte Radio Wien den regulären Sendebetrieb aufgenommen, und, obwohl es lange, unverhältnismäßig lange dauerte, bis die Philharmonischen Konzerte übertragen wurden, waren die Philharmoniker durch Pioniere wie Sedlak und andere vom ersten Tag an dabei.

Das neue Medium verfügte anfangs über ein einziges Studio in

Zimmergröße, das eigentlich nur für Vorträge, Lesungen und Kammermusik geeignet war. Da aber bald nach Beginn des Sendebetriebs der hundertste Geburtstag Anton Bruckners zu feiern war, zwängte man in dieses Zimmer ein kleines Orchester, „bestehend aus Mitgliedern der Wiener Staatsoper". Das künstlerische Resultat dieses „Studio-Kapazitäts-Experiments", wie man es rundfunkintern bespöttelte, war gering, das organisatorische beachtlich, denn damit war bewiesen, daß der Senderaum selbst für Minimalbesetzungen unzureichend war und unbedingt vergrößert werden mußte (Ergert, 1974, I, 61 f.).

Im Gegensatz zu der erwähnten Bruckner-Feier kennen wir von den drei Haydn-Symphonien, die am 9. Dezember 1924 aus diesem Raum gesendet wurden, die genaue Besetzung: fast lauter Philharmoniker unter der Leitung von Alexander Wunderer. Das Streicher-Ensemble war nur fünfköpfig, es bestand aus dem Sedlak-Winkler-Quartett und dem Kontrabassisten Otto Stix; das Bläser-Ensemble umfaßte Wunderer, Adolf Billino, Karl Strobl, Karl Romagnoli und Karl Stiegler. Dieser Abend zeitigte zwar „kein ganz schlechtes Ergebnis, doch blieb die Klangwirkung naturgemäß weit hinter den Erwartungen zurück" (Radio Wien, 11/1).

Bereits das folgende Jahr, das am 1. Januar, 20 Uhr, mit einem Kammermusikabend des durch etliche Philharmoniker verstärkten Sedlak-Winkler-Quartetts eröffnet wurde, brachte enorme technische Fortschritte. Am 11. Januar trat der erweiterte Senderaum in Funktion, in dem am 25. Januar ein Sonntagvormittagskonzert der Wiener Philharmoniker stattfand, das von Rudolf Nilius dirigiert wurde. Nilius war ein einstiger Kollege, der sieben Jahre lang in der Oper und in den Philharmonischen Konzerten das Cello gespielt hatte, ehe er sich der Kapellmeisterlaufbahn zuwandte. Wie stark die Orchesterbesetzung nunmehr war, ist nicht überliefert, vermutlich noch immer recht bescheiden, trotz des vergrößerten Raums. Immerhin kamen die Philharmoniker in Form eines Kammerorchesters schon am 4. Februar wieder ins Studio, um unter Wunderer zu musizieren, und ebenso am 22. Februar, einem Sonntag, an dem wieder Nilius dirigierte. Aufgeführt wurden Mozart-Konzerte und -Divertimenti, Wolfs „Italienische Serenade", Wagners „Siegfried-Idyll" und anderes in kleiner Besetzung.

Schon im Mai dieses Jahres gab es Sendungen aus dem Wiener Konzerthaus, und am 24. August 1925 glückte nach einigen Versuchen das Unfaßbare, das technische Wunder: die Übertragung einer Aufführung von Mozarts „Don Juan" von den Salzburger Festspielen nach Wien. In diesem Jahr hatten sich die Festspiele nach mehrmaligem Anlauf konsolidiert. Die Wiener Staatsoper zeigte einige ihrer Aufführungen, und die Wiener Philharmoniker gaben drei Konzerte. Ermutigt durch die gelungene „Don Juan"-Übertragung, wurde im nächsten Sommer zwischen Salzburg und Wien eine dreihundert Kilometer lange Freileitung gelegt, durch die drei Opernvorstellungen, ein Abend des Rosé-Quartetts und am

27. August das Philharmonische Konzert unter Franz Schalk (mit einer Aufführung der Achten Symphonie von Bruckner) nach Wien transportiert wurden. Da schon vorher, nämlich am 12. März 1926, die erste Sendung aus der Wiener Staatsoper erfolgt war, eine Vorstellung der „Meistersinger von Nürnberg", waren Staatsopernorchester und Philharmoniker, die bisher von etwa zweitausend Besuchern je Darbietung gehört worden waren, mit einem Schlag für hunderttausend da. Ihr elitärer Charakter war – zumindest für einige Zeit – aufgehoben, denn kein Radiopublikum späterer Zeiten, als die technischen Zaubereien schon öde Selbstverständlichkeit waren, hat den Philharmonikern so dankbar und so aufmerksam gelauscht wie die Kopfhörerschaft der frühen Jahre. Diese Entdeckungsreisenden im unerforschten Radiowellenreich stellten sich nämlich nicht die Frage, ob sie „ernste" Musik überhaupt schätzten, sie waren beglückt, den Raum überwunden zu haben und an einem Ereignis teilzunehmen, das zehn oder dreihundert Kilometer entfernt stattfand.

VORAUSSICHTLICHER ARBEITSPLAN FÜR DIE ZEIT VOM 1. - 31. OKTOBER 1984

Mo.	1.10.	Schallpl.Maazel VII. Mahler	Schallpl.Maazel	ZAUBERFLÖTE
Di.	2.10.	Schallpl.Maazel	Schallpl.Maazel	ARABELLA
Mi.	3.10.	Schallpl.Maazel Adagio + 3.Satz/X.Mahler	Schallpl.Maazel	ZAUBERFLÖTE
Do.	4.10.		Reisepr.Bratislava Mozart A-Dur KV 201	TOSCA
Fr.	5.10.			ARABELLA
Sa.	6.10.	Probe KARL V.		HOLLÄNDER
So.	7.10.		Abreise Bratislava	TOSCA Kzt. Bratislava
Mo.	8.10.	Probe KARL V.	Schallpl.-Bernstein Mozart Haffner/Linzer	ARABELLA
Di.	9.10.	Probe LULU	Schallpl.Bernstein	CAPRICCIO
Mi.	10.10.	Probe KARL V.	Pr.TV-Kzt Bernstein	HOLLÄNDER
Do.	11.10.	Probe KARL V.	Pr.TV-Kzt Bernstein	TOSCA
Fr.	12.10.	Probe TV-KztBernstein	Pr.TV-Kzt Bernstein	CAPRICCIO
Sa.	13.10.	15^h	TV-Kzt Bernstein(A)	ZAUBERFLÖTE
So.	14.10.	TV-Kzt Bernstein(A)		TOSCA
Mo.	15.10.	Hauptpr. KARL V.		CAPRICCIO
Di.	16.10.	Gen.Pr. KARL V.		BARBIER
Mi.	17.10.	Retakes Bernstein (A)	Playbacks Bernstein	LULU
Do.	18.10.	Probe TV-Kzt Bernstein	Probe TV-Kzt Bernst.	Premiere KARL V.
Fr.	19.10.	Pr. Ballett (Heimoreh) Pr.TV-Kzt Bernstein	Probe TV-Kzt Bernst.	VERKAUFTE BRAUT
Sa.	20.10.	15^h	TV Kzt Bernstein (B)	TRAVIATA
So.	21.10.	TV-Kzt Bernstein (B)		LULU
Mo.	22.10.	Probe COSI, retakes Bernstein (B)	Playbacks Bernstein	KARL V.
Di.	23.10.	Abreise Hamburg Probe COSI		ZAUBERFLÖTE Kzt.Hamburg (B)
Mi.	24.10.	Probe COSI		TRAVIATA Kzt.Ostberlin (A)
Do.	25.10.	Probe COSI		BALLETT (s.Aush.) Kzt.Westberlin (B
Fr.	26.10.			ZAUBERFLÖTE
Sa.	27.10.			COSI FAN TUTTE Kzt.Düsseld. (B)
So.	28.10.			TRAVIATA Kzt.Hannover (A)
Mo.	29.10.			ZAUBERFLÖTE
Di.	30.10.		Schallpl.Solti Entführung	COSI Kzt.Madrid (B)
Mi.	31.10.		Schallpl.Solti	TRAVIATA Kzt.Barcelona (A)
Do.	1.11.	Rückflug nach Wien		

Philharmonischer Arbeitsplan für einen Monat

Das Jahr 1927 wurde mit einem Radiokonzert der Philharmoniker unter Weingartner eingeleitet. Es war freilich kein Neujahrskonzert im späteren Sinn, sondern eine Darbietung klassischer Werke mit der Dritten Symphonie von Brahms als Schlußpunkt. Wenig später wurde aus dem Wiener Konzerthaus ein Programm mit Werken von Richard Strauss, dirigiert von Richard Strauss, übertragen, und fast jede Woche kamen Sendungen aus der Staatsoper. Dabei beschränkte man sich keineswegs auf die populären, gängigen Werke, sondern übertrug auch Opern wie „Falstaff", „Die Frau ohne Schatten" und „Tristan und Isolde". Auch in diesem Jahr wurden mehrere Veranstaltungen der Salzburger Festspiele übernommen und nicht bloß in Wien und Graz gehört, denn schon waren mehrere deutsche Sender, sowie Radio Prag, Radio Warschau und Radio Zagreb angeschlossen. Vier Jahre später gab es bereits Übertragungen aus Salzburg nach Amerika. Der philharmonische Klang überschritt die Grenzen von Ländern und von Kontinenten, und alle Musikfreunde, die bisher nur von den Wiener Philharmonikern gehört hatten, konnten sie jetzt hören.

DIE ERSTEN SCHALLPLATTEN

Trotz der unleugbaren Bedeutung der Schallplatte für die Resonanz, die die Wiener Philharmoniker in der Welt finden, haben die Musikhistoriker der technischen Vermittlung philharmonischer Kunst noch wenig Aufmerksamkeit gewidmet. Sogar die Spurensicherung, die der historischen Forschung aufgetragen ist, wurde zumeist versäumt, denn weder Verträge und Aufnahmeprotokolle aus alter Zeit, noch Kataloge der Schallplattenfirmen wurden systematisch aufbewahrt. Diese galten als Zeugnisse einer eher „kommerziellen" Aktivität, der man für die Kunst nur marginale Bedeutung zuerkannte. Heute wissen wir, daß diese Dokumente das philharmonische Wirken in einem zentralen und immer wichtiger werdenden Bereich spiegeln.

Der uns zugängliche Teil der Schallplatten-Chronik der Wiener Philharmoniker läßt zumindest die Hauptlinien der Entwicklung erkennen. In den zwanziger Jahren schlossen die Musiker ihren ersten langfristig konzipierten Aufnahmevertrag mit der englischen Firma „His Master's Voice“. Als Studio diente der Mozart-Saal des Wiener Konzerthauses, der damals „Mittlerer Konzerthaussaal“ genannt wurde. „Die Aufnahmeapparatur“, so berichtet ein sowohl in musikalischer wie technischer Hinsicht kompetenter Philharmoniker, „stand im Künstlerzimmer, das Orchester spielte im ausgeräumten Saal. Ein großer, nach heutigen Begriffen völlig unzulänglicher Lautsprecher gab das Ergebnis der sogenannten Probeaufnahme wieder. Es war der Jammer der Technik jener Zeit, daß zunächst nur Probeaufnahmen auf der Wachsplatte aufgezeichnet wurden und daß diese Aufnahmen durch das Abspielen sogleich unbrauchbar wurden. Die endgültige Aufnahme konnte man erst hören, wenn die erste Probepressung vorlag.“ (Strasser, 1964, 78)

Zu den Dirigenten dieser frühen Schallplattenära gehörten Franz Schalk, Bruno Walter, Clemens Krauss, Robert Heger und Karl Alwin. Die Aufnahmetechnik zwang zur Unterteilung der Partituren in etwa vier Minuten lange Abschnitte und stellte an die Musiker besonders hohe Anforderungen. So waren für Beethovens „Pastoralsymphonie“ in der von Schalk dirigierten Aufnahme nicht weniger als zehn Plattenseiten erforderlich. Otto Strasser erinnert sich noch „an die große Leistung unseres damaligen Hornisten Karl Stiegler, der den ganzen, überaus schwierigen Hornpart völlig fehlerfrei fünf- oder sechsmal blies, bis eben alles andere auch klappte“ (Strasser, 1964, 78).

In den dreißiger Jahren wurden für das mit „His Master's Voice“ kooperierende Unternehmen Columbia mehrere Symphonien Beethovens aufgenommen, die Felix von Weingartner dirigierte. Den Anfang machte die Neunte Symphonie, die im Mittleren Konzerthaussaal auf sechzehn Plattenseiten festgehalten wurde (Dyment, 1976, 75). Dies nahm vier Tage in Anspruch (2. bis 5. Februar 1935). Das Solistenquartett bestand aus Luise Helletsgruber, Rosette Anday, Georg Maikl und Richard Mayr. Für die Aufnahmen von Beethovens Siebenter und Achter Symphonie unter Weingartner im Februar 1936 wurde der Große Musikvereinssaal gewählt. Im Mai 1936 folgte die „Eroica“, und im Oktober 1937 kehrte man für die Einspielung der Ersten Symphonie und des Tripelkonzerts von Beethoven wieder ins Konzerthaus zurück. Das Solistentrio des Tripelkonzerts bestand aus der Pianistin Angelica Morales, dem Violoncellisten Stefan Auber und dem damaligen Konzertmeister des Orchesters Richard Odnoposoff, der in diesem Jahr auch beim Ysaye-Wettbewerb in Brüssel den zweiten Platz (hinter David Oistrach) eroberte.

Mit einiger Wehmut muß man feststellen, daß die Schallplatten-

technik damals weder gerüstet war, das reichhaltige Repertoire der Philharmoniker umfassend zu dokumentieren, noch deren Instrumentaltechnik in allen subtilen Einzelheiten festzuhalten. Im Jahre 1936 war die Entwicklung immerhin so weit gediehen, daß die Firma Columbia es wagen konnte, eine Konzertdarbietung in Anwesenheit des Publikums aufzuzeichnen. Anlaß bot die 25. Wiederkehr von Gustav Mahlers Todestag. In dem Gedächtniskonzert unter der Leitung von Bruno Walter, das am 24. Mai stattfand, erklang „Das Lied von der Erde“ mit den Solisten Kerstin Thorborg und Charles Kullmann. Die vierzehn Plattenseiten dürfen als eine Klangurkunde aufgefaßt werden, die nicht nur den Stil des Orchesters belegt, sondern auch die Konzeption des Dirigenten, der aus Mahlers Schule hervorgegangen war und die Uraufführung dieses Werkes dirigiert hatte.

Eine ähnliche Sonderstellung im Katalog historisch bedeutsamer Aufnahmen behaupten die zehn Schellackplatten, die von einem Abonnementkonzert im Januar 1938 – wenige Wochen vor der Annexion Österreichs – herrühren. Damals entstand die erste „Live“-Aufnahme von Mahlers Neunter Symphonie unter der Leitung Bruno Walters, deren ästhetischer Rang auch durch das gelegentlich hörbare Hüsteln einiger Konzertbesucher nicht gemindert wird.

Ansätze zu einer schöpferischen Verbindung der Philharmoniker mit den Fachleuten einer Musikindustrie, die immer neue Aufnahmepraktiken entwickelte und mit den Klangproblemen des Orchesters immer vertrauter wurde, waren zu dieser Zeit offenbar schon gegeben. Politik und Krieg machten diese Ansätze in Österreich wieder zunichte. Selbst die Kataloge jener Zeit legen davon Zeugnis ab, wie uns das Schicksal eines für damalige Begriffe spektakulären Projektes zeigen kann. „His Master’s Voice“ hatte den Versuch unternommen, Wagners „Walküre“ auf Platten zu bannen. Die Philharmoniker und Bruno Walter waren dafür gewonnen worden, und im Jahre 1936 konnten acht Schellackplatten angeboten werden, von denen der erste Aufzug mit den Stimmen von Lotte Lehmann (Sieglinde), Lauritz Melchior (Siegmund) und Emanuel List (Hunding) zu hören war. Gleichzeitig mit den Aufnahmen des ersten Aufzugs hatte man in Wien auch schon Teile des zweiten festgehalten, der 1938 vervollständigt werden sollte. Dazu kam es nicht, weil Österreich im März dieses Jahres seine Selbständigkeit verlor und Bruno Walter nicht nach Wien zurückkehren konnte. So vereinbarte das englische Unternehmen „His Master’s Voice“ mit seiner deutschen Tochtergesellschaft Electrola, das Projekt nach Berlin zu verlagern, die Wiener Philharmoniker durch das Berliner Staatsopernorchester und Bruno Walter durch den Dirigenten Bruno Seidler-Winkler zu ersetzen. Ein ambitioniertes Projekt geriet dadurch zum Torso, denn der dritte Aufzug wurde überhaupt nicht mehr aufgenommen. Trotzdem gilt der in Wien entstandene erste Aufzug der „Walküre“ als Markstein nicht nur in der Geschichte der Philharmoniker, sondern der Phonographie überhaupt.

Während der „Ring"-Aufnahmen mußten wir gelegentlich einen Teil des Sofiensaal-Gebäudes benützen, der an die Hauptstraße grenzte und wo Aufnahmen unmöglich gewesen wären ohne Absperrung des Straßenverkehrs. Die Polizei hat nie versäumt uns zu helfen, ohne Rücksicht auf die Ungelegenheiten, die wir ihr und übrigens auch den Lenkern umgeleiteter Fahrzeuge bereiteten. Als es einmal passierte, daß wir fast achtzehn Monate lang nicht um Absperrung der Straße bitten mußten, meldete sich eines Tages die Polizei, um zu fragen, ob sie in irgendeiner Weise unser Mißfallen erregt hätte, und bot jederzeitige Straßensperre an. Ich glaube, daß das bezaubernd ist; es stellt die angenehmere Seite der Dorf-Mentalität dar.
Aus dieser seltsamen sozialen Struktur hat sich eine Tradition und ein Stil des Musizierens entwickelt, der einzigartig und meiner Meinung nach unübertroffen ist ... Kein anderes Orchester in der Welt weiß so gut, worauf es beim Orchester ankommt – auf den Sinn oder Instinkt, durch den hundert Männer zu einem einzigen Musikinstrument von unendlicher Schmiegsamkeit werden, den Sinn, durch den diese Männer einhellig und unverzüglich die Kontur einer Phrase, die Sanftheit eines Diminuendo, den Aufbau eines Crescendo fühlen. Das wird erreicht durch die Kenntnis dessen, was der Nachbar tut, und durch das Zusammenwirken mit ihm. Es ist eine Tradition, die von Generation zu Generation weitergegeben wird ... Diese Tradition hat kein materielles Substrat. Sie kann nicht anders als in oberflächlichen Worten analysiert und darum auch nicht nachgeahmt werden.
John Culshaw: Ring Resounding, London 1967, 68f. (Original englisch)

ZUR STUDIOTECHNIK NACH PHILHARMONISCHEM MASS

Während des Zweiten Weltkriegs entstanden Aufnahmen für die deutsche Firma Electrola, und von 1946 an gab es wieder enge Zusammenarbeit mit der englischen Columbia. Voraussetzung für die nun beginnende Aktivitäten war nicht nur das Wiedererscheinen Österreichs auf der politischen und musikalischen Landkarte, sondern auch eine sich stetig verfeinernde Aufnahme- und Wiedergabetechnik. Erst jetzt wurde der Frequenzbereich so erweitert, daß er das gesamte Klangspektrum des Orchesters erfassen konnte; die Aufnahme auf Magnetband gestattete es, musikalische Abschnitte von beliebiger Dauer aufzuzeichnen; und die Mikrorillen der Langspielplatte konnten bis zu dreißig Minuten Musik auf einer Plattenseite speichern.

Diese Verbesserungen beseitigten die technischen Hindernisse, die bisher die Aufnahme von Opernwerken erschwert hatten, und kamen gerade rechtzeitig, um die Zusammenarbeit des Orchesters mit einigen bedeutenden Dirigenten kurz vor deren Ableben zu dokumentieren: Clemens Krauss schloß im März 1954 die Aufnahme von „Salome" ab, Wilhelm Furtwängler beendete im September 1954 die Aufzeichnung der „Walküre", und Erich Kleiber im selben Jahr eine Einspielung des „Rosenkavaliers", die in achtzehn dreistündigen Sitzungen im Großen Musikvereinssaal entstand.

Kurz vor seinem Tod hat Erich Kleiber die musikalische Fruchtbarkeit der neuen Schallplattentechnik gewürdigt. Er meinte, daß künftige Historiker dem Musikleben der fünfziger Jahre ein besonders wichtiges Merkmal zuerkennen würden, denn in diesem Zeitabschnitt habe sich auch in Regionen, die hochrangige musikalische Darbietungen noch nicht kannten, ein „kundiges und anspruchsvolles Publikum" herausgebildet (Kleiber, 1956, 15).

Kleibers Prognose hat sich bestätigt. Die neuen Methoden der Aufzeichnung und Reproduktion von Musik haben die Meisterwerke in meisterlicher Darstellung an ein neues und stets wachsendes Publikum herangeführt. Dieses wurde mit den Schallplatten nicht nur unmittelbar konfrontiert, sondern auch mittelbar durch den Rundfunk. Noch bedeutungsvoller aber erscheint die Tatsache, daß das Orchester nun einen vorher undenkbaren Stellenwert in der technischen Vermittlung von Musik erringen konnte. Die transparent gewordene Sonorität und das liebevolle, immer gewandter werdende Eingehen der Technik auf die Feinheiten der Partituren trugen dazu bei, daß die Schallplatte nicht mehr als Erinnerung an lebendige Darbietung oder als Surrogat angesehen wurde, sondern als eine künstlerisch bedeutsame Gestaltung eigener Art. Es war ein Novum in der Schallplattengeschichte, daß an der Wiener „Rosenkavalier"-Aufnahme von 1954 nicht die vokalen Leistungen allein gewürdigt wurden, sondern auch die „reiche und komplexe Orchesterfaktur", wie der Rezensent der englischen Fachzeitschrift *The Gramophone* im Oktober 1954 schrieb.

John Culshaw (vorne Mitte) und sein Aufnahmeteam

Eine historische Wende in der Schallplattengeschichte der Wiener Philharmoniker wurde 1950 durch die Unterzeichnung eines Vertrags mit der englischen Firma Decca eingeleitet, der ein langfristiges und in der Folge immer ambitionierteres Arbeitsprogramm vorsah (Strasser, 1964). Der Erfolg dieser Partnerschaft, die für zwei Jahrzehnte bestimmend blieb und sich auch danach, wenngleich auf geänderter Grundlage, fortsetzte, hing in hohem Maß von der Harmonie zwischen Orchester und Studiotechnik ab. Victor Olof, der als Leiter des Decca-Teams zu den Philharmonikern stieß, war glücklicherweise ein behutsamer Aufnahme-Stratege, der die Eigenart philharmonischen Musizierens zu schätzen wußte. Sein Nachfolger John Culshaw erwies sich als ein so idealer Partner der Wiener Philharmoniker, daß das Orchester ihm und seinem Team im Jahr 1959 die Nicolai-Medaille verlieh.

WIENS GEHEIMES OPERNHAUS

Daß die Wiener Philharmoniker dem Aufnahmeleiter John Culshaw Anerkennung zollten, sollte nicht zur Annahme verleiten, daß die Zusammenarbeit mit ihm immer reibungslos verlaufen wäre. Schon die Wahl des Aufnahmeortes mußte manche Orchestermitglieder befremden. Culshaw war nämlich der Auffassung, daß die verfügbaren Wiener Konzertsäle den neuen Anforderungen der Musikaufnahme nicht entsprachen, und er entschied sich deshalb nach langem Suchen für ein Gebäude, das im neunzehnten Jahrhundert eine Badeanstalt beherbergt hatte und später für Kongresse und Ballveranstaltungen verwendet wurde: die Sofiensäle im dritten Wiener Gemeindebezirk. Diesen fehlte es zwar an künstlerischer Aura, doch erwiesen sie sich als höchst zweckmäßig. Hier wurden nun, anfangs behelfsmäßig, die technischen Anlagen installiert, und hier fand neben vielen anderen auch die Stereoaufnahme von Wagners „Rheingold“ statt, die ein neues Kapitel der Schallplattengeschichte einleiten sollte.

Das Projekt, das im September und Oktober 1958 verwirklicht wurde, markiert auch den Beginn einer engen Zusammenarbeit des Orchesters mit dem Dirigenten Georg Solti. Trotz der illustren Besetzung, die Kirsten Flagstad, Set Svanholm und George London einschloß, durfte die Schallplattenfirma von einer „Rheingold“-Aufnahme nicht mehr als einen Prestigeerfolg erwarten. Auch die neue Stereophonie, die hier auf phantasievolle Art eingesetzt wurde, konnte keine Hoffnungen auf große Absatzchancen wekken, denn die Stereoplatte hatte damals noch nicht das Vertrauen des Publikums gefunden. Selbst in den Vereinigten Staaten, dem Fortschrittsland der technischen Musikreproduktion, betrug der Wertanteil von Stereoplatten am gesamten Plattenumsatz damals nicht mehr als sechs Prozent.

„Rheingold“ aus dem Sofiensaal veränderte die Lage. Diese Aufnahme hatte das gewisse Etwas, das die Plattenkäufer vom musikalischen Nutzen der Stereophonie überzeugte. Es war das neue Raum-Klangbild, das die Leute zwang, „aufzuhorchen und Notiz zu nehmen“ (Gelatt, 1965, 315). Die drei Stereoplatten mit „Rheingold“ figurierten bald an der Spitze der amerikanischen Verkaufslisten – sozusagen im Wettstreit mit den populären Spitzenreitern der Hit-Paraden.

Dieser Erfolg war der künstlerischen Leistung des Dirigenten, der Sänger und des Orchesters zu danken. Von nicht geringerer Bedeutung aber war die Aufnahmephilosophie Culshaws, der in der neuen Raum-Klang-Technik keinen Selbstzweck sah, sondern ein Mittel, die Anweisungen Wagners bis ins letzte Detail zu beobachten. Culshaw hat die Geschichte der Arbeit im Sofiensaal, an der er mehrere Jahre teilnahm, in einem aufschlußreichen Buch erzählt. Darin ist von hochfliegenden Plänen und von Mißerfolgen, von Trivialitäten des Aufnahme-Alltags und von kleinen Katastrophen die Rede. Weder er noch sonst irgend jemand verfolgte gleich von Anbeginn den Plan, einen kompletten „Ring“ auf zwanzig Stereoplatten zu pressen. „Es war eher so, daß einige von uns davon träumten ohne zu erwarten, daß es je dazu kommen würde ...“ (Culshaw, 1967, 15)

Der Traum ging aber in Erfüllung. Auf „Rheingold“ (1958) folgten „Siegfried“ (1962), „Götterdämmerung“ (1964) und schließlich „Walküre“ (1965). Die seltsame Reihung, die den „ersten Tag“ an das Ende setzte, erklärt sich aus durchaus kommerziellen Erwägungen. Die Firma Decca hatte noch eine ältere Teilaufnahme aus „Walküre“ in ihrem Katalog und wollte deren Absatz durch eine neue und vollständige Einspielung nicht allzu früh gefährden. Diese ökonomischen Erwägungen gingen jedoch Hand in Hand mit einer großzügigen Investitionspolitik, die aus dem Sofiensaal und den Nebenräumen allmählich ein stabiles und mit modernsten Geräten

ausgestattetes Musikstudio machten. Wir waren Zeugen, als hier im April 1964 das neue Mischpult aufgestellt wurde, das von der österreichischen Firma Siemens und Halske nach den Plänen von Gordon Parry, dem technischen Chef des Decca-Teams, gebaut worden war. Erst die achtundzwanzig Aufnahmekanäle des Geräts genügten den musikalischen Anforderungen der „Götterdämmerung"-Partitur.

Der Aufbruch ins musikindustrielle Zeitalter: Plattenaufnahmen im Wiener Sofiensaal

Mit der Ausgestaltung des Sofiensaals haben John Culshaw und das englische Unternehmen, dem er angehörte, den Philharmonikern die gebührende Reverenz erwiesen. Ein Weltkonzern hatte Wien zu einem Standort seiner Musik-Produktionen gemacht, um das künstlerische Potential der Philharmoniker optimal zu nutzen. Aus dem Konnex von Orchester, Staatsoper und subtiler Studiotechnik entstand die Institution, die wir „Wiens geheimes Opernhaus" genannt haben. Rund dreißig Jahre lang (bis in die späten achtziger Jahre) wurden hier Konzerte und Opern gespielt, die kein Live-Publikum hatten und doch ein Weltpublikum erreichen. Hier kam es – um nur ein markantes Beispiel zu nennen – 1971 zu der von Leonard Bernstein geleiteten Aufnahme des „Rosenkavalier", parallel zu den Aufführungen dieses Werkes in der Wiener Staatsoper.

Die Aufzeichnung einer Oper hat freilich ihre eigenen Gesetze.

Bei mancher Digitalaufnahme, die in den letzten Monaten auf meinem Plattenteller landete, habe ich mich nach ihrem Sinn gefragt; allzu oft erfüllte sich der in einer spektakulären Klangwirkung, die sich von der jeweiligen Musik beliebig entfernte (oder sich ihr auch annäherte). Im vorliegenden Fall ist so etwas wie die musikalische Eignungsprüfung des technischen Fortschritts gelungen, und zwar in Demo-Qualität: Man kann diese Platte ebenso als Janáček-Freund genießen wie als HiFi-Fan. Die raffiniert gemischten Klangvaleurs der Sinfonietta sind von den Decca-Technikern auf eine Weise eingefangen worden, die man bislang nicht kannte. So ist die Platte keineswegs zu einem Nebenprodukt von Sir Charles Mackerras' Wiener Opernzyklus in Sachen Janáčeks geworden, sondern eine zentrale Leistung.
Ulrich Schreiber über die Aufnahme von Orchesterwerken von Leoš Janáček (Sinfonietta, „Taras Bulba") in der Zeitschrift HiFi Stereophonie, August 1981, S. 826)

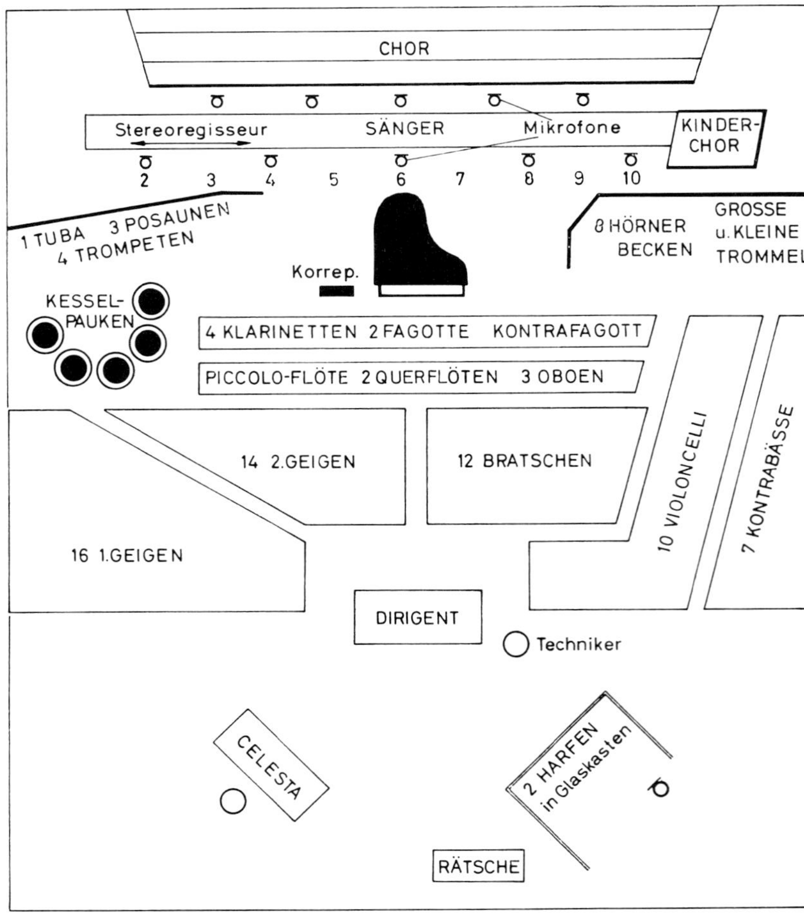

Aufnahme des „Rosenkavalier" unter Leonard Bernstein, 1971. Studio-Aufstellung

Keine Oper wird in der Reihenfolge eingespielt, welche die Partitur vorgibt, sondern „nach Maßgabe wirtschaftlich-organisatorischer Faktoren in eine bestimmte Anzahl von Teilstücken zerlegt". So etwa begann Bernsteins Aufnahmeplan für den „Rosenkavalier" mit dem Vorspiel zum dritten Akt und wurde am vierzehnten Tag mit einem Abschnitt aus dem zweiten Akt beendet. Was also im Sofiensaal zu hören war, bestand aus Detailproben und aus zweihundertdreiundneunzig Teilaufnahmen („Takes"), die nach Abschluß der Sitzungen in mühevoller Präzisionsarbeit zu einem einheitlichen Ganzen zusammenzufügen waren (Breh, 1971).

Der Einsatz der Philharmoniker für die Opernschallplatte orientiert sich aber durchaus nicht nur am gängigen Repertoire. Zuweilen stellt sich das Orchester auch in den Dienst von Projekten, die Lücken in den Plattenkatalogen schließen. So ermöglichte es die Zusammenarbeit mit dem Dirigenten Charles Mackerras, der in Prag als Schüler von Vaclav Talich mit der tschechischen Oper vertraut wurde, vier Bühnenwerke von Leoš Janáček aufzuzeichnen:

„Katja Kabanova" (1976), „Die Sache Makropoulos" (1978), „Aus einem Totenhaus" (1979) und „Jenufa" (1982).

Der Übergang von der Langspielplatte zur Compact Disc hat den Stellenwert von Opernaufnahmen noch erhöht. Zu den neueren philharmonischen Opern-Einspielungen gehören u. a.:

Titel	Dirigent	Firma	Jahr
Falstaff	Karajan	Philips	1980
Lohengrin	Solti	Decca	1985/ 86
Così fan tutte	Levine	Deutsche Gram.	1987
Wozzeck	Abbado	Deutsche Gram.	1987
L'Italiana in Algeri	Abbado	Deutsche Gram.	1988
Un Ballo in Maschera	Karajan	Deutsche Gram.	1989
Don Giovanni	Muti	EMI	1990

Zu den hier erwähnten Musik-Firmen kommt noch das amerikanische Unternehmen Telarc hinzu, mit dem die Philharmoniker jeweils Einzelprojekte vereinbaren. Die Kooperation mit der Firma CBS erstreckte sich auf ein ambitioniertes Unternehmen: die Aufzeichnung sämtlicher Symphonien von Mahler, die unter der Leitung von Lorin Maazel zwischen 1982 und 1989 erfolgte.

Die vielfältigen rechtlichen und wirtschaftlichen Probleme, die sich aus solcher Tätigkeit ergeben, stellen den Vorstand und die Geschäftsführung vor immer neue Aufgaben. Hatte man sich im ersten Jahrhundert der Orchestergeschichte vorwiegend mit musikalischen und organisatorischen Fragen zu befassen, so sind nun Probleme zu bewältigen, die mit der medialen Mutation der Musik verbunden sind: vom rechtlich stichhaltigen Formulieren der Vertragstexte bis zur Verteidigung des philharmonischen Klangideals, das auch in der technischen Vermittlung unversehrt bleiben soll.

Dabei gilt es, ein für das Orchester optimales Gleichgewicht zwischen Konzert- und Opernaufnahmen zu erzielen und jene Medienfirmen als Partner zu wählen, die dem Sinn der Künstlergemeinschaft entsprechen können und wollen. Im Verlauf der letzten Jahrzehnte schienen sich die Philharmoniker immer mehr von dem Rat leiten zu lassen, den ihnen Wilhelm Furtwängler schon am 10. August 1948 brieflich gegeben hat: „Meiner Meinung nach können Sie aus Ihrer jetzigen Situation, gerade weil Sie von allen Seiten gewünscht werden, durchaus dieselbe Haltung einnehmen, die ich im Jahre 1937 eingenommen hatte, nämlich keinen Ausschließlichkeitsvertrag einzugehen." Und der Dirigent schloß damals mit der Mahnung, die Philharmoniker mögen „ihr freies Verfügungsrecht und ihre Unabhängigkeit bewahren".

Wir dürfen mit Sicherheit annehmen, daß der große Dirigent diesen Ratschlag nicht etwa nur aus wirtschaftlichen Gründen gegeben hat, sondern auch – und vor allem – aus künstlerischen Überlegungen. Furtwängler hat gewiß erkannt, daß man die Musikaufnahmen eines Orchesters durchaus nicht als profitable „Nebentätigkeit“ anzusehen hatte, sondern daß die Überantwortung des Klangprodukts an das technische Medium dem Orchester hohe künstlerische Verantwortung aufbürdet. Die Schallplatte konfrontiert das Publikum ausschließlich mit der Musik. Alles, was mit dem Hervorbringen von Musik verbunden sein mag, ist abgetan. Damit gewinnt das musikalische Kunstwerk eine Autonomie zweiten Grades, eine allem Äußerlichen entrückte Selbstzweckhaftigkeit.

AUTONOME MUSIK ALS HÖCHSTES ZIEL

Das Orchester, das nach Paragraph 1 seiner Statuten die Hauptaufgabe in der „Pflege der Konzertmusik“ erblickt, wurde durch diesen zweiten und neuen Weg der musikalischen Kommunikation aufs höchste herausgefordert. Die Dominanz des „Rein-Musikalischen“ stärkte das Empfinden für die Autonomie der Kunst, wie sie der klassischen Idee entsprach. Goethe meinte im „Wilhelm Meister“, daß Musik das Allgemeinste sei, das sich denken ließe, und daß der Blick auf den Menschen, der Musik hervorbringt, den Effekt dieser Allgemeinheit zerstöre: „Die wahre Musik ist allein fürs Ohr.“

Wir glauben nicht, daß Goethe von einem technischen Kunstbegriff geträumt hätte, der den Blick auf das Musizieren verstellt. Seine beredte Forderung ist bloß letzte Konsequenz des klassischen Anspruchs auf Autonomie der Kunst. Das Orchester, so ließe sich Goethes Idee fortspinnen, präsentiert „wahre Konzertmusik“ einem ihm unsichtbaren Publikum, das seinerseits die Musiker mit dem Auge nicht wahrnimmt.

Von diesem implizit in der klassischen Ästhetik enthaltenen Gedanken war auch die wienerisch-autonome Musikauffassung Eduard Hanslicks geleitet. Friedrich von Hausegger (1872–1948), der vehement gegen Hanslick polemisierte, mußte sich auch energisch gegen die klassische These wenden, daß Musik allein fürs Ohr bestimmt sei. Er vertrat die Meinung, daß nur das „sichtbare Orchester“ das Bedürfnis des Hörers befriedige, weil man „tatsächlich Menschen an der Hervorbringung von Musik beteiligt sieht“. (Hausegger, 1903, 339) Die Publikumsakzeptanz von Schallplatten- und Kassettenmusik widerlegt diese Auffassung. Diese Medien bewahren nur die akustische Spur des Musizierens. Solche Reinigung von allem Beiwerk des Hervorbringens und seiner äußeren Umstände ließe sich als die schlechthin höchste Stufe der Kommunikation des autonomen Musikwerks auffassen. Das Konzert ist nicht mehr eingebettet in die äußeren Umstände des Geschehens. Musik wird um ihrer selbst willen mitgeteilt und empfangen.

Dem Begriff „Konzert“, bisher als *orts- und zeitgebundene Realisierung* autonomer Musik verstanden, müßte im Hinblick darauf ein neuer Konzert-Typus gegenübergestellt werden: Das Konzert als *technisches Verfahren* im Dienste autonomer Vermittlung autonomer Musik. Das Repertoire dieses Weltkonzerts geht über das Programm der alljährlich im Großen Musikvereinssaal angebotenen Abonnementkonzerte und über das der Reiseprogramme weit hinaus. Es füllt ganze Schallplattenkataloge.

Ein Orchester, das sich in diesem Weltkonzert neuen Typs präsentiert, ist all den Fährnissen ausgesetzt, die aus dem Gegen- und Miteinander von Kunst und Technik herrühren. Die Wiener Philharmoniker wissen, daß es zu einer natürlichen und oft unvermeidlichen Spannung zwischen ihrem Klangideal einerseits und der Aufnahmeidee der Musikindustrien anderseits kommen kann. Sie wünschen, daß die technische Aufzeichnung und deren Reproduktion möglichst deckungsgleich mit dem Klangbild des Konzertsaals sei. Solche Identität von technisch vermittelter und Live-Musik ist – wie uns Fachleute längst nachgewiesen haben – ein hohes Ideal, dem man zustreben soll, das man aber nicht zur Gänze realisieren kann. Unbestritten ist dennoch, daß die Technik auch manches Problem der orchestralen Balance zu bewältigen vermag, dessen Lösung im Konzert nicht oder nur ausnahmsweise gelingt.

Angesichts dieser Spannung ist die Verantwortung des Musikers für das „technische Endprodukt" besonders hoch. Viele Dirigenten sind mit diesem Problem vertraut. Die unermüdlichen Diskussionen, die Lorin Maazel in den Jahren 1982 bis 1989 mit dem Aufnahmeteam im Verlauf der Einspielung sämtlicher Symphonien Gustav Mahlers geführt hat, sind ein Beispiel dafür, das viele Philharmoniker nicht vergessen werden ... Aber auch das Orchester selbst nimmt an dieser Auseinandersetzung teil. Nahezu jeder Konzern bekennt sich – aus seiner eigenen Tradition – zu einer spezifischen Auffassung. Die Unterschiede betreffen u. a. das Verhältnis von Direktschall und reflektiertem Schall, die Zahl der eingesetzten Mikrophone, das Verhältnis von „realer" Regelung des Klangbildes durch die Musiker selbst zur „technischen" Regelung am Mischpult und so fort.

Ein Orchester, das auch vor dem neuen Weltpublikum bestehen will, kann der Verantwortung für das, was seiner Kunst im technischen Kanal zustoßen mag, nicht ausweichen. Die Musiker wollen prüfen, ob das, was elektronisch vermittelt wird, wirklich ihren Intentionen (und nicht nur denen des Dirigenten) entspricht. Die Kontrolle findet nicht erst als „Manöverkritik" im nachhinein statt, sondern schon im Arbeitsprozeß selbst. Während der Pausen, in denen das Aufnahmeteam die Teilergebnisse („Takes") abhört, erlahmt die Aufmerksamkeit der Musiker keineswegs. Nicht bloß Konzertmeister oder Musiker, denen solistische Passagen anvertraut sind, nehmen an der Hörkontrolle teil. Es besteht die einhellige Auffassung, daß das Orchester insgesamt darüber wachen muß, seine Klangpersönlicheit zu wahren. Dieser Gedanke findet seinen Niederschlag sogar in den Verträgen mit den Musikindustrien, die den Philharmonikern ein Mitspracherecht bei der Gestaltung der Aufnahmen und ihrer Freigabe an die Öffentlichkeit sichern.

Glückliches Gelingen. Leonard Bernstein dankt den Musikern.

KLINGENDE PHILHARMONISCHE GESCHICHTE

Die Zeugnisse philharmonischen Wirkens beschränkten sich lange Zeit auf schriftliche Dokumente. Der Biograph des Orchesters hatte seine liebe Mühe, wenn er aus Berichten, Rezensionen und Memoiren etwas von der verklungenen Klanglichkeit der Wiener Philharmoniker destillieren und in Worte fassen wollte. Die Schallplatte hat solche Anstrengung überflüssig gemacht – zumindest für einen Teil der philharmonischen Geschichte des zwanzigsten Jahrhunderts. So können wir z. B. den philharmonischen Umgang mit Beethovens Dritter Symphonie bis ins Jahr 1936 zurückverfolgen. Seither wurden nicht weniger als zehn Versionen der „Eroica“ mit den Wiener Philharmonikern aufgezeichnet.

Beethoven: Eroica – Aufnahmen der Wiener Philharmoniker

Dirigent	Firma	Jahr
Felix von Weingartner	Columbia	1936
Wilhelm Furtwängler	His Master's Voice	1947
Wilhelm Furtwängler	His Master's Voice	1952
Erich Kleiber	Decca	1955
Pierre Monteux	Decca	1957
Georg Solti	Decca	1959
Hans Schmidt-Isserstedt	Decca	1965
Karl Böhm	Deutsche Gram.	1975
Leonard Bernstein	Deutsche Gram.	1978
Claudio Abbado	Deutsche Gram.	1985

Diese Liste beginnt mit Weingartner, der dem Orchester dreißig Jahre hindurch verbunden war und der seine „Ratschläge für die Aufführung klassischer Symphonien“ in einer dreibändigen Publikation (1906–1918) hinterlassen hat, und schließt mit Künstlern, die das Beethoven-Bild der jüngsten Generation geprägt haben. Besser als jede verbale Analyse vermögen diese klingenden Dokumente aus fünf Jahrzehnten auch die musikalische Entwicklung des Orchesters zu belegen: die Entfaltung seiner spieltechnischen Tugenden ebenso wie die Bewahrung seiner Eigenart.

Gewiß, auch die Musiker selbst können einiges von dieser Klanggeschichte melden. Manche unterstreichen das unverändert festgehaltene Klangideal der Bläser, andere die Konstanz von Phrasierung, Agogik und Balance. Vom Streicherklang wird zuweilen gesagt, er sei in den letzten Jahrzehnten „schlanker“ geworden. Während die konstanten Elemente meist der Tradition zugeschrieben werden, wird die erhöhte spieltechnische Perfektion von vielen mit den Anforderungen im Tonstudio und dem internationalen Wettbewerb erklärt.

Herbert von Karajan

CD-JUBILÄUMS-EDITION

Die Debatte über diese für die philharmonische Biographie so wichtigen Fragen konnte bisher nicht mit unanfechtbarem Beweismaterial geführt werden. Eine philharmonische Jubiläums-Edition von historischen Aufnahmen (auf vierzehn Compact Discs) liefert nun die Grundlage für den Versuch, die Eigenheit des Orchesters und zugleich dessen Veränderung näher zu bestimmen. Diese Edition ist eine kulturhistorische Tat, denn sie erschließt Schätze, die aus uneinheitlichen Beständen herrühren: Aufnahmen verschiedener Plattenfirmen sowie Aufzeichnungen des Deutschen Reichsrundfunks, der Sendergruppe „Rot-Weiß-Rot" und des Österreichischen Rundfunks. Die Zeugnisse gehen zurück bis zu Johann-Strauß-Aufnahmen aus dem Jahre 1929 (mit Erich Kleiber und Clemens Krauss). Sie präsentieren ein charakteristisch philharmonisches Programm mit illustren Dirigenten: Richard Strauss (u. a. „Till Eulenspiegel"), Wilhelm Furtwängler (Beethovens Neunte), Clemens Krauss, Bruno Walter, Hans Knappertsbusch (Schubert), Carl Schuricht, Otto Klemperer (Beethovens Fünfte), Karl Böhm, Herbert von Karajan und Leonard Bernstein. Diese Belege aus den Jahren 1929 bis 1976 gestatten authentischere Schlüsse als jede auf Erinnerungen fußende Argumentation.

In der Erstausgabe des vorliegenden Buches (1986) haben wir das Bedauern darüber ausgesprochen, daß die Musikwissenschaft den in Archiven schlummernden Zeugnissen philharmonischer Vergangenheit noch kaum Aufmerksamkeit geschenkt hat. Mit ihrer Jubiläums-Edition machen die Philharmoniker ihre Klanggeschichte der Forschung zugänglich und geben überdies jedem Musikfreund die Möglichkeit, sich selbst eine Vorstellung von einem erheblichen Abschnitt der philharmonischen Klanggeschichte zu bilden. CD hat historische Perspektiven eröffnet.

Aus dieser Sicht erscheinen die Tonaufnahmen der Wiener Philharmoniker keineswegs bloß als Mittel zur Eroberung eines Weltpublikums; sie sind auch materieller und geistiger Bestandteil des musikalischen Erbes der Nation. Es wäre deswegen abwegig, die Tätigkeit der Philharmoniker im Tonstudio als „Nebenbeschäftigung" einzustufen – wie dies gelegentlich noch geschieht. Als solche mochte diese Aktivität zu Beginn erscheinen; doch die Errungenschaften elektronischer Speicherung und Reproduktion von Musik haben diese „Nebentätigkeit" längst zu einem Kernstück des Musiklebens der Gegenwart gemacht.

Der Fortschritt der Technik und vor allem der Übergang von analoger zu digitaler Aufzeichnung und Wiedergabe hat der nur für das Ohr bestimmten Darbietung zentrale Stellung in der Musikkultur verschafft. Dennoch bleibt die Bemühung sinnvoll, dem Auge und dem Ohr zugleich zu dienen. Das Musiktheater fordert dazu ebenso heraus wie das Bedürfnis, bedeutende Musikereignisse sowohl akustisch wie optisch zu dokumentieren.

CD-VIDEO: TON UND BILD

Video-Produktionen orientierten sich anfangs am wachsenden Programmbedarf der immer zahlreicher werdenden Fernsehkanäle des Kabel- und Satellitenzeitalters und an der Hoffnung, für diese Produkte in den Heimen der Musikfreunde eines Tages einen ähnlich großen Markt zu finden wie für Schallplatten. Die Wiener Philharmoniker wirkten schon 1948 an einer Serie von Musikkurzfilmen mit, die unter der künstlerischen Leitung von Joseph Krips und Karl Böhm standen. Von 1970 an führte die Zusammenarbeit mit Leonard Bernstein zu einer großen Anzahl von Videoproduktionen, die vor allem dem symphonischen Repertoire galten (Haydn, Beethoven, Brahms, Schumann, Mahler). Die Münchener Firma Unitel, die für diese Zwecke einen Exklusivvertrag mit den Philharmonikern geschlossen hatte, investierte beachtliche Mittel, die es gestatteten, auch große Opernprojekte zu verwirklichen. Karl Böhm dirigierte vor den Kameras „Figaros Hochzeit" und „Die Fledermaus" sowie einige Bühnenwerke von Richard Strauss: „Salome" (1974), „Arabella", „Ariadne auf Naxos" (1977) und „Elektra" (1981). Video-Opern dieser Art, zu denen auch „Hänsel und Gretel" (unter Solti), „La Clemenza di Tito" (Levine), „Madame Butterfly" (Karajan), „Rigoletto" (Chailly) und „Falstaff" (Solti) gehörten, rechtfertigen zweifellos den dafür notwendigen Aufwand, denn es ist ein ästhetischer Gewinn, wenn uns nicht nur die Opernmusik erreicht, sondern auch das szenische Geschehen über den Bildschirm.

Die Erwartungen, die in den siebziger Jahren an derartige Investitionen geknüpft worden waren, haben sich offenbar nicht restlos erfüllt. Kommerziell geführte TV-Unternehmen griffen nicht ganz so munter zu, denn um ihr Geschäft mit der Werbewirtschaft zu machen, mußten sie auf hohe Einschaltquoten achten – und die waren mit Elektras Familiengeschichte nicht ganz so leicht zu erzielen wie mit der Denver Clan-Story. Die Chance, für Video ein nennenswertes Publikum zu gewinnen, deutete sich erst mit der Videokassette an und gewann mit der Bildplatte langfristig berechenbare Rationalität. In Japan und den U. S. A., zum Teil auch in England und Frankreich, stellten Musik-Videos zu Beginn der neunziger Jahre eine beachtliche Marktgröße dar. Der deutsche Bundesverband der phonographischen Wirtschaft schätzte die Zukunftsaussichten optimistisch ein: „Die gerade in jüngster Zeit unternommenen gemeinsamen Anstrengungen der Hardware- und Software-Seite geben allen Anlaß zu der Hoffnung, daß zusätzliche Impulse auch von diesem technisch so eindrucksvollen digitalen Bildtonträger ausgehen." (*Phono-Press*, 1991, 1)

Der erste unter den großen Künstlern, die die Chance von CD-Video erkannt und darauf reagiert haben, war Herbert von Karajan, der mit seiner Firma Telemondial in Monte Carlo das Instrument zur Verwirklichung jener Pläne schuf, denen seiner Meinung nach

6. Dezember 1991: Mozarts Requiem im Wiener Stephansdom. Die Philharmoniker unter Sir Georg Solti.
Die Aufführung wurde von Fernsehen und Rundfunk in alle Welt gesendet.

die Zukunft gehörte. Von 1982 an leitete Karajan insgesamt 28 Studio-Produktionen und 17 Live-Mitschnitte von Konzerten, an denen die Berliner und bald auch die Wiener Philharmoniker beteiligt waren.

Die Wiener vereinbarten 1983 vertraglich die Zusammenarbeit mit Telemondial. Zu den Ergebnissen dieser Kooperation mit Karajan gehören: Der Salzburger „Rosenkavalier" von 1984, der Salzburger „Don Giovanni" von 1987, „Ein deutsches Requiem", die Symphonien Nr. 8 und 9 von Dvořak, die Symphonien Nr. 4 bis 6 von Tschaikowsky, Verdis „Messa da Requiem" und die Aufzeichnung des einzigen von Karajan dirigierten Neujahrskonzertes (1987).

Die Erfüllung von Karajans letztem Willen, eine Gesamtausgabe seiner audiovisuellen Produktionen zu veranstalten, ist gesichert, seit „Karajans Vermächtnis für Home Video" vom japanischen Konzern Sony erworben wurde. Die Sorgfalt, mit der der Dirigent selbst die Einzelheiten der Regie und Schnittechnik überwacht und aus dem ungemein reichhaltigen Bildmaterial (rund 20.000 Meter für jede Produktion) die der Musik adäquaten Passagen ausgewählt hat, ermöglicht jedem Musikfreund, im eigenen Heim die Synthese technischer und künstlerischer Bemühungen zu verfolgen, die für diesen Dirigenten so charakteristisch war.

Der Gesamtkatalog von CD-Video weitet sich von Jahr zu Jahr aus. Produktionen von Unitel gehen in das Repertoire der Firmen Decca und Deutsche Grammophon ein. Die Neujahrskonzerte der Wiener Philharmoniker 1989 (Carlos Kleiber) und 1990 (Zubin Mehta) figurieren im Video-Repertoire ebenso wie die zahlreichen Beethoven-Aufnahmen unter Leonard Bernstein. Die Zusammenarbeit des Orchesters mit Riccardo Muti, der vertraglich an die britische Firma EMI gebunden ist, bringt es mit sich, daß unter dem Etikett „EMI-Vision" als eines der ersten Ton-Bild-Zeugnisse Schuberts Große C-Dur-Symphonie (Nr. 9) mit den Wiener Philharmonikern figuriert.

Die Ton-Bild-Produktion verdankt diesen Entwicklungsschub der digitalen Technik. Noch sind die Einnahmen aus diesem Bereich nicht spektakulär, doch werden sie vom Orchester als „wirtschaftlich interessant" eingeschätzt. Noch ist die Ton- und Bildqualität bei der Reproduktion von CD-Video über eines der üblichen TV-Empfangsgeräte nicht gerade beglückend. Doch in Japan, in den U. S. A. und neuerdings auch im Rahmen eines Forschungs- und Entwicklungsprogramms der Europäischen Gemeinschaft wird auf wesentliche Verbesserungen hingearbeitet. Neue technische Normen, die vor allem auf die Vervollkommnung des Bildes durch High Definition Television (hochauflösendes Fernsehen) abzielen, lassen erwarten, daß in nicht allzu ferner Zeit ein ansehnlicher Teil der Haushalte über Geräte verfügen wird, die CD-Video attraktiv machen. Die Wiener Philharmoniker sind für dieses neue Zeitalter gerüstet.

PROGRAMME FÜR DAS WELTKONZERT

Wenn in der Vergangenheit von den Programmen der Wiener Philharmoniker die Rede war, dann begnügte man sich mit der Nennung jener Werke, die sie im Konzertsaal vor Publikum dargeboten haben. Die Statistik, die Hedwig Kraus als Archivarin der Gesellschaft der Musikfreunde in Gemeinschaft mit dem philharmonischen Kontrabaßspieler Karl Schreinzer im Jahre 1942 vorgelegt hat, enthielt noch keinerlei Hinweis auf die philharmonischen Schallplatten, die es damals immerhin schon gab. Heute wäre es undenkbar, von diesen zu schweigen, denn sie repräsentieren das, was die gewaltige Mehrheit des Weltpublikums von den Wiener Philharmonikern erfahren kann und in der Tat erfährt. Das Orchester hat Verständnis für diese neue Sachlage entwickelt. 1986 erschien der erste Schallplattenkatalog der Wiener Philharmoniker, der sich in fünf Sprachen präsentiert: englisch, französisch, spanisch, japanisch und deutsch. Der Katalog nennt nicht nur die Werke, alphabetisch gereiht nach den Namen der Komponisten, sondern auch die Namen der Firmen, die Plattennummern, und gibt sogar Aufschlüsse über Jahr und Ort der Aufnahme. Auch über die Art der Aufnahme (analog oder digital) wird informiert. Seit 1986 erscheinen alljährlich Ergänzungen, an die sich im Jubiläumsjahr 1992 eine vollständige Ausgabe anschließt.

Wir kennen kein Orchester, das einen ähnlich sorgfältig redigierten Katalog seines für die Musikwelt bestimmten Programms veröffentlicht. Es ist ein Zeichen für das Selbstbewußtsein der Wiener Philharmoniker, daß sie sich auch dieser Aufgabe stellen. Um so erfreulicher dünkt uns, daß die Kataloge nicht nur die Namen der lobenswerten Sponsoren nennen, die die Drucklegung fördern, sondern auch den Namen des Philharmonikers, der die Redaktion des Katalogs besorgt. Im Konzert kann man ihn bei den Schlaginstrumenten entdecken. Sein Name ist Roland Altmann.

Freunde der Wiener Philharmoniker, die das jeweils aktuelle Verzeichnis von (erhältlichen) Aufnahmen des Orchesters zu studieren wünschen, können diesen Katalog anfordern: im Wiener Büro des Orchesters (Bösendorferstraße 12, A-1010 Wien).

Johann Strauss und die Philharmoniker

Die Neujahrskonzerte, die über Rundfunk und Fernsehen in die Welt gesendet werden, verdanken ihre Popularität der Synthese von Strauß-Melodien, ihrer authentischen Interpretation durch die Wiener Philharmoniker und dem in aller Welt gefeierten Jahresbeginn. Sie vermitteln nicht nur Freude, sondern festigen auch so manche stereotype Vorstellung vom ewig Walzer tanzenden Wien. Dies ist das älteste und falscheste Klischee, und es könnte auch noch die Vorstellung auslösen, die Philharmoniker hätten von Anfang an – schon zu Lebzeiten des Walzerkönigs und vielleicht gar unter seiner Leitung – auf diese Art den Jahresbeginn gefeiert. So war es nicht.

Ein bekanntes Wiener Schattenbild aus dem vorigen Jahrhundert zeigt Johann Strauß, Johannes Brahms und Hans Richter, den Dirigenten der Philharmoniker, beim Kartenspiel. Die Harmonie ist trügerisch. Wir wissen zwar, daß Johannes den Johann liebte und schätzte und daß Hans den Werken des Johannes in Wien zum Durchbruch verhalf, doch über die Beziehung zwischen Hans und Johann läßt sich nichts Ähnliches berichten. Seltsamerweise haben die Philharmoniker, die unter Brahms und Bruckner, Wagner und Verdi, Mahler und Dvořak, Grieg und Massenet auftraten, kaum jemals unter dem zu seiner Zeit berühmtesten Komponisten, unter Johann Strauß Sohn, gespielt. Mit großer Mühe haben Historiker eine Veranstaltung ausfindig gemacht, in der das Orchester und Johann Strauß zusammentrafen: ein von der chinesischen Weltaus-

Johann Strauß. Schattenriß von Hans Schließmann

stellungskommission veranlaßtes Konzert, in dem Otto Dessoff, Johann Herbeck und Johann Strauß dirigierten und das k.k. Hof-Opernorchester – wohlgemerkt: nicht die Philharmoniker! – aufspielten. Auf Strauß entfielen in diesem Konzert von 1873 bloß drei Programmnummern, darunter der „Spanische Nobelgardemarsch" seines Vaters und sein eigener Donauwalzer. Eine weitere Begegnung gab es erst 1899 im Hofopern-Theater, als das Pensionsinstitut eine Matineevorstellung der „Fledermaus" veranstaltete. „Die Ouvertüre dirigierte der Komponist selbst. Schon bei seinem Erscheinen lebhaft akklamiert, wurde Johann Strauß auch nachher sehr gefeiert." (*Neues Wiener Tagblatt*, 23. Mai 1899) Es war das letzte Auftreten des Walzerkönigs in der Öffentlichkeit.

Und was geschah zwischen Donauwalzer und „Fledermaus"-Ouvertüre? Aus dem Jahr 1886, das genau in der Mitte liegt zwischen den zwei genannten Begegnungen, gibt es ein bisher unbeachtetes Dokument. Im Dezember stand das hundertste Konzert der Philharmoniker unter Hans Richters Leitung bevor, und Richter schrieb an das Orchester einen offenen Brief, in dem er sich offizielle Feiern verbat und ein gemütliches Beisammensein „an dem bestimmten Ort" vorschlug: „Dort sollen Sie von den famosen Schrammeln die unvergleichlichen Lannerschen Walzer vorzüglich aufgeführt hören." (*Fremdenblatt*, 18. Dezember 1886) Eduard Strauß, der jüngste der Brüder, der seit Josephs Tod die berühmte Strauß-Kapelle leitete, las Richters Schreiben in der Zeitung und hatte nichts Eiligeres zu tun, als seinem Bruder Johann einen ressentimentgeladenen Brief von vier Seiten zu schicken. Darin stellte er rhetorisch die Frage, warum Richter Lannersche Walzer erwähne, die von den Schrammeln doch nie gespielt würden; nicht dagegen die Straußschen Walzer, was er als „verblümte Animosität gegen unseren Namen" auffaßte, die ihm aber in diesen Kreisen nicht fremd sei. Schließlich kam Eduard direkt auf die Philharmonischen Konzerte zu sprechen: „Ich habe Dich schon oft aufmerksam machen wollen, daß Dein Besuch dieser Konzerte immer von hämischen Bemerkungen dieser Gilde begleitet war. Ich bitte Dich, eingedenk des Briefes Richters zu sein – für den es also keinen Straußschen Walzer gibt ... und weder morgen noch künftighin die Konzerte dieser Leute zu besuchen." (Briefautograph, Wiener Stadtbibliothek)

Das sind aufschlußreiche Zeilen. Wir erfahren nicht nur, daß Johann Strauß ein Besucher der Philharmonischen Konzerte war, sondern lernen auch die Empfindlichkeit kennen, mit der Eduard Strauß den durchaus harmlos klingenden Brief Hans Richters aufnahm. Seine Überreaktion hängt wohl mit dem Ehrgeiz, als ernster Musiker zu gelten, zusammen, ein Bestreben, das auch Johann Strauß teilte. Eduard Strauß und sein Orchester traten ja keineswegs nur in Ballsälen und Vergnügungsetablissements auf; sie gaben an Sonntagen auch Konzerte im Großen Musikvereinssaal, sogar am 19. Dezember 1886, an dem mittags, halb ein Uhr, das Phil-

Johannes Brahms, Johann Strauß und Hans Richter beim Kartenspiel. Schattenriß von Otto Böhler

harmonische Konzert stattfand, von dessen Besuch Eduard seinem Bruder abriet, und abends, fünf Uhr, das Strauß-Konzert. Gerade in seinen Veranstaltungen im Goldenen Saal dirigierte Eduard neben Kompositionen der Familie viele Orchesterstücke des klassischen Repertoires, wogegen in den Philharmonischen Konzerten niemals ein Werk der Strauß-Dynastie zu hören war.

Johann Strauß wiederum kämpfte, sein Walzerkönigreich hinter sich lassend, in den achtziger Jahren des vorigen Jahrhunderts darum, als Komponist ernst genommen zu werden. Mit dem „Zigeunerbaron“, ursprünglich als komische Oper konzipiert, hoffte er, ins Hofopern-Theater einzuziehen, aber er mußte sich schließlich zu einer Operette mit „Borstenvieh und Schweinespeck“ herablassen, die im Theater an der Wien uraufgeführt wurde. Ins Hofopern-Theater gelangte er erst sechs Jahre später mit dem „Ritter Pazman“, der aber ein Mißerfolg wurde und bloß neun Aufführungen erlebte. In verhängnisvoller Weise verdüsterte das Ringen um dramatischen Ausdruck und um größere kompositorische Formen in jener Zeit das Leben und Schaffen von Johann Strauß. Daß er in dieser Lage die Freundschaft und Anerkennung des Hofopern-Kapellmeisters und philharmonischen Dirigenten Hans Richter gebraucht hätte, steht außer Frage. Was gab es denn in dem Konzert vom 19. Dezember 1886, welches das hundertste unter Richter war? Eine neue Symphonie von Richard Heuberger, den wir nur mehr als Komponisten des „Opernball“ kennen, die dritte Serenade von Robert Fuchs und die Erste Symphonie von Beethoven. Strauß war ausgeschlossen.

Da wir die Musikgeschichte nicht nach unserem Geschmack umschreiben können, müssen wir zur Kenntnis nehmen, daß Johann Strauß und die Wiener Philharmoniker zwar in derselben Stadt, aber in verschiedenen Kultursphären zu Hause waren. Strauß-Walzer wurden bei den Philharmonikern erst unter Weingartner salonfähig, der auch den „Zigeunerbaron“ ins Hofopern-Theater holte. Bleibt die Frage, wo sie das Walzerspielen gelernt haben? Lag es ihnen im Blut? Hing der Wiener Himmel voller Geigen? Die Antwort ist ebenso einfach wie verblüffend: Viele Mitglieder der Philharmoniker waren bei Strauß in die Schule gegangen, auch wenn sie davon nicht viel redeten. In dem bösen Brief von Eduard, in dem er sich über Richter ärgert, steht nämlich noch ein äußerst vielsagender Passus: „Ab und zu vergißt der gewesene Hornist Richter nicht wer er war! Und die 27 einst gewesenen Dienst-Untergebenen von mir huldigen dieser Straußen-Beißerei!“ Das heißt, daß 1886 bei den Philharmonikern nicht weniger als siebenundzwanzig ehemalige Mitglieder des Strauß-Orchesters anzutreffen waren. Kein Wunder, denn an die Hofoper wurden zumeist nur Musiker engagiert, die bereits Orchesterpraxis erworben hatten, in der Provinz, an einem der vielen Wiener Musiktheater oder eben in der Strauß-Kapelle (und viele philharmonische Blechbläser von heute bedauern, daß es solche Möglichkeiten nicht mehr gibt).

Mit dem Engagement an die Hofoper waren die Musiker in eine höhere soziale Schichte aufgestiegen, von der sie auf das Strauß-Orchester hinunterblickten. So mag es zumindest Eduard Strauß empfunden haben, als er seinem Bruder den verärgerten Brief schrieb. Da freilich die Entlohnung der Opernmusiker nicht ganz dem hohen Sozialprestige entsprach, unterhielten manche von ihnen bisweilen illegale Beziehungen zur Tanzmusik, um die spärliche Gage aufzubessern. Eine anonyme Denunziation, die unter den Opernakten aufbewahrt wird, nennt etwa den Posaunisten Ertel, der im Kursalon mitgewirkt habe, was den Mitgliedern des Hofopern-Orchesters streng verboten war. Außerdem habe der Trompeter Ginzel im zweiten Orchester der „Herren Strauß“ gespielt, und der Posaunist Schuöcker bei Ziehrer in den Blumensälen. Wie häufig solche Seitensprünge der Orchestermitglieder vorkamen, kann niemand sagen. Der Brotneid der anderen Musiker wird sie in Grenzen gehalten haben.

DAS NEUJAHRSKONZERT

Die Musik von Johann Strauß eroberte ihren Platz im philharmonischen Musizieren erst allmählich. Legal und endgültig wurden die Strauß-Familie und die Philharmoniker erst lange nach dem Tod der Brüder Strauß zusammengeführt. Die Feiern zum hundertsten Geburtstag des Walzerkönigs (1925) mit Strauß-Konzerten unter Weingartner und Schalk bekräftigten den späten Bund. Bei einer Deutschland-Tournee unter Bruno Walter und Erich Kleiber zählte der Donau-Walzer als Draufgabe schon zum unabdingbaren Reiseprogramm. Am 11. August 1929 widmete Clemens Krauss, frischgebackener Direktor der Wiener Staatsoper, ein Orchesterkonzert

Publikum an gedeckten Tischen beim Konzert des Strauß-Orchesters. Zeichnung von W. Gause

der Salzburger Festspiele zur Gänze den Werken von Johann Strauß Sohn. Darin war das Programm der späteren Neujahrskonzerte bereits vorgebildet: die Ouvertüren zu „Zigeunerbaron" und „Fledermaus", die köstlichsten Walzer und Polkas und auch schon das „Perpetuum mobile"; der Donauwalzer als Draufgabe vervollständigte das Programm. Zur Jahreswende wurde ein Philharmonisches Konzert dieser Art erstmals 1939 veranstaltet. Nach dem Zweiten Weltkrieg ist das Neujahrskonzert – nicht zuletzt durch Radio und Fernsehen – zum weltweit wirkenden Ereignis geworden.

Das Neujahrskonzert verdankt seine Entstehung und seinen Welterfolg also keineswegs einem spontanen Einfall. Es hat sich allmählich zu dem entwickelt, was es heute ist. Spontan ist bloß die Musizierfreude des Orchesters, das der Musik, die großteils aus dem Ballsaal stammt, so viel nuancenreiches Eigenleben verleiht, daß man sie auch ohne eigene Bewegung voll genießen kann. Hector Berlioz, der Johann Strauß Vater und sein Orchester bei einem Besuch in Wien hörte und bewundern lernte, fiel schon auf, daß die Tänzer manchmal innehielten, um dem Komponisten Beifall zu spenden: „So ist der Tanz nicht eifersüchtig und gönnt der Musik ihr Teil an der Freude und an dem Erfolg." (Berlioz, 1914, 402)

Clemens Krauss bereitete die Aufführungen mit Sorgfalt vor. Da man die Werke des Walzerkönigs lange Zeit nicht so ernst wie „ernste Musik" nehmen wollte, gab es zwar gedruckte Orchesterstimmen, aber kaum Partituren, nach denen der Dirigent seine Einsätze geben konnte. Das Archiv der Philharmoniker verwahrt eine Reihe von Klavierauszügen, in die Krauss handschriftlich die unerläßlichen Instrumentationshinweise eingetragen hat. Über dem Klaviersatz des Walzers „Künstlerleben“ findet man Notizen wie Oboe solo, Cello, Klarinette und so weiter. Erst durch die sukzessive erscheinende Gesamtausgabe wird dem Dirigenten diese Arbeit abgenommen.

Als der Neujahrsdirigent Clemens Krauss starb (1954), fahndeten die Philharmoniker nach einem Nachfolger. Sie fanden ihn in ihren eigenen Reihen. Konzertmeister Willi Boskovsky hatte – wie manche Philharmoniker der vorangegangenen Generation – seine Laufbahn in einer Kurkapelle und im Orchester von Johann Strauß III., einem Sohn Eduards, begonnen und den echten Walzertakt in sich aufgenommen, ehe er zu den Philharmonikern kam. (Diemann, 1983, 147) Willi Boskovsky (1909–1991), Schüler des Philharmonikers Franz Mairecker, leitete geigend und Einsätze gebend die Neujahrskonzerte eines Vierteljahrhunderts, von 1955 bis 1979.

Mit der Violine in der Hand, mitspielend und dirigierend wie vor ihm Willi Boskovsky, stand Lorin Maazel vor den Philharmonikern der Neujahrskonzerte 1980 bis 1986. Ihm folgten Herbert von Karajan, Claudio Abbado, Carlos Kleiber, Zubin Mehta und wiederum Abbado. Diese festliche Veranstaltung fasziniert ein Publikum, das man das größte aller Zeiten nennen darf und das von Jahr zu Jahr immer noch wächst. Nach vorsichtigen Schätzungen erreicht das Neujahrskonzert allein durch die Radioübertragungen durch 30 Stationen in 20 Ländern nicht weniger als 112 Millionen Menschen in Europa, Amerika und Japan. Selbst der „eiserne Vorhang“, der früher Europa politisch geteilt hat, schien durchlässig zu werden, wenn der Walzer „Seid umschlungen Millionen“ erklang. Weit nachhaltiger noch wirkten die Fernsehübertragungen aus dem Großen Musikvereinssaal. Die Neujahrs-Reichweite der Philharmoniker lag, wie aus den Akten des Österreichischen Rundfunks hervorgeht, in den jüngsten Jahren zwischen 44 und 52 Millionen Haushalten. Dies noch ohne Berücksichtigung Chinas, wo die Wiener Neujahrsbotschaft im Jahre 1991 von nicht weniger als 200 Millionen Haushalten empfangen wurde.

Man versteht, warum die Philharmoniker, wenn sie auf Reisen gehen, fast immer auch einen Strauß-Walzer im Gepäck haben. Dennoch bleiben Konzerte, die Strauß in den Mittelpunkt stellen, in der Regel auf Wien beschränkt – wenn man von den Strauß-Konzerten absieht, die Willi Boskovsky 1959 und 1969 in Japan geleitet hat. In Wien erklingt das Neujahrsprogramm nicht weniger als dreimal: im Silvesterkonzert, im eigentlichen Neujahrskonzert, das um die Erde geht, und – schon vor dem Silvestertag – in einem Konzert für das Österreichische Bundesheer und dessen obersten Befehlshaber, den Bundespräsidenten. Diese Gäste hören als erste, was das jeweilige Neujahrskonzert bringen wird.

Alle Philharmonischen Konzerte sind ausverkauft, das Neujahrskonzert ist das „ausverkaufteste“. Die Plätze wären wohl auf Jahre hinaus vergriffen, wenn die Kartenverwalter Reinhard Öhlberger (Fagott) und Gerhard Kaufmann (Cello) solche Vormerkungen entgegennähmen. Erst wenn das Neujahrskonzert verklungen ist, werden schriftliche Bestellungen aus dem Ausland für das nächste Konzert berücksichtigt. Das gesamte Kontingent ist dennoch ab 2. Januar binnen weniger Tage oder gar Stunden erschöpft.

Wenn die Philharmoniker wollten, könnten sie das Neujahrsprogramm eine Zeitlang en suite spielen. Sie wollen aber nicht. Auch sie fürchten das Wien-Walzer-Klischee; musikalischer Frohsinn soll nicht zur Serienware verkommen. Auch dies gehört zur musikalischen Gesinnung eines auf seine unverwechselbare Eigenart bedachten Orchesters.

Nicht en suite, nur an Feiertagen: Carlos Kleiber beim Neujahrskonzert 1992

Anhang

Bibliographie

Das Verzeichnis liefert bibliographische Angaben zu den Schriften, auf die im Text in abgekürzter Form Bezug genommen wird, sowie zu anderen Publikationen, aus denen wesentliche Erkenntnisse geschöpft werden konnten. Zeitungen, Zeitschriften, Gesetze, Verordnungen und Verträge, die im Buch vollständig genannt sind, wurden in die Bibliographie nicht aufgenommen. Zitate aus fremdsprachigen Werken erscheinen im Text des Buches in deutscher Übersetzung. Das Wort „Musikblätter" verweist auf die seit 1945 erscheinenden Musikblätter der Wiener Philharmoniker.

ABBADO, CLAUDIO: *Absolventen über ihre Zeit an der Hochschule.* In: *Österreichische Musikzeitschrift,* Jg. 43 (1988), 105 f.

ABRAMS, REBECCA ANN: *Harmony and Discord: The Social Structure of a Symphony Orchestra.* Dissertation, Harvard University, Cambridge, Mass., 1984

AKADEMIE FÜR MUSIK UND DARSTELLENDE KUNST IN WIEN: *Jahresberichte, 1908/09–1918/19 (Wien 1909–1920), 1933/34–1937 (Wien o. J.), 1941/42 (Wien o. J.), Sommersemester 1945–1954/55 (Wien 1960)*

ALTENBURGER, ALFRED: *Rede,* 5. Dezember 1979 (Typoskript)

– *Die Wiener Philharmoniker in Ostasien.* In: *Österreichische Musikzeitschrift,* Jg. 28 (1973), 269 f.

– *Zur allgemeinen Situation der Wiener Philharmoniker und zur Entwicklung ihrer Position bei den Salzburger Festspielen.* In: *Musikblätter,* Jg. 41 (1987), 5

AST, MAX W.: *Die Entwicklung des musikalischen Programms von Radio Wien.* In: *Radio Wien,* Jg. 11 (1934), 1, 30 ff.

BACHRICH, SIGMUND: *Aus verklungenen Zeiten.* Wien 1914

BARTOSCH, JOSEF: *Das symphonische Orchester in rechtlicher Sicht.* In: Piperek, Maximilian (Hrsg.): *Streß und Kunst,* Wien, 1971

BAUER, ANTON: *Opern und Operetten in Wien.* Graz 1955

BAUMOL, WILLIAM J. und BOWEN, WILLIAM G.: *Performing Arts – the Economic Dilemma.* New York 1966

BECKER, HEINZ: Artikel „Orchester". In: *Die Musik in Geschichte und Gegenwart,* Bd. 10, Kassel 1962

BENADE, ARTHUR H.: *Fundamentals of Musical Acoustics.* New York 1976

BERANEK, LEO L.: *Music, Acoustics and Architecture.* New York 1962

BERLIOZ, HECTOR: *Lebenserinnerungen.* München 1914

– *Instrumentationslehre.* Ergänzt und revidiert von Richard Strauss. Leipzig 1905. Neuausgabe 1955

BERNSTEIN, LEONARD: *Von der unendlichen Vielfalt der Musik.* München 1984

BIBA, OTTO (Hrsg.): *Die Wiener Philharmoniker. Botschafter der Musik.* Ausstellung, Linz 1976, Katalog

– *100 Jahre Philharmoniker in Salzburg.* Ausstellung, Internationale Stiftung Mozarteum, Katalog, Salzburg 1977

– *Die Unvergleichlichen. Die Wiener Philharmoniker und Salzburg.* Wien 1977

BLAUKOPF, HERTA: *Gustav Mahler – Richard Strauss, Briefwechsel 1888 bis 1911.* München 1980

BLAUKOPF, KURT: *Große Dirigenten.* Teufen 1957[2]

– *Musik auf dem Bildschirm.* In: *HiFi Stereophonie,* Jg. 10 (1971), 4, 282 ff.

BLOVSKY, WALTER: *Aufzeichnungen über Gespräche der Verfasser mit Walter Blovsky.* Mai 1991

BÖHM, KARL: *... die unnachahmlichen Wiener Philharmoniker.* Ansprache. In: *Süddeutsche Zeitung,* 28. März 1967

– *Ich erinnere mich ganz genau.* Autobiographie, hg. von Hans Weigel. München 1973 (Originalausgabe Zürich 1968)

BORRIS, SIEGFRIED: *Die großen Orchester. Eine Kulturgeschichte.* Hamburg und Düsseldorf 1969

BRAHMS, JOHANNES: *Briefwechsel* Bd. XVI. *Johannes Brahms im Briefwechsel mit Otto Dessoff.* Berlin 1922

BREH, KARL: *Stereo-Produktion einer Oper.* In: *HiFi-Stereophonie,* Jg. 10 (1971), 7, 537 ff.

BROSCHE, GÜNTER: *Richard Strauss – Franz Schalk. Ein Briefwechsel.* Tutzing 1983

BRUHN, HERBERT: *Sinfonieorchester.* In: Bruhn, H. u. a. (Hrsg.), *Musikpsychologie.* München 1985, 417–423

BUNDESMINISTERIUM für Wissenschaft und Forschung (Hrsg.): *Orchester in Österreich.* Wien 1984

BURGHAUSER, HUGO: *Philharmonische Begegnungen. Erinnerungen eines Wiener Philharmonikers.* Zürich 1979

CLOUGH, F. F. und CUMING, G. J.: *The World's Encyclopedia of Recorded Music.* London 1952

CRAVEN, ROBERT R. (Hrsg.): *Symphony Orchestras of the World. Selected Profiles.* Westport, CT 1987

CULSHAW, JOHN: *Ring Resounding.* London 1967

DEL MAR, NORMAN: *Anatomy of the Orchestra.* London-Boston 1981

DENKSCHRIFT zum außerordentlichen Konzert, 2. Mai 1920. *1860 Philharmonische Konzerte 1920,* Wien 1920

DIEMANN, KURT: *Seid umschlungen, Millionen. Das Neujahrskonzert der Wiener Philharmoniker.* Wien 1983

DODERER, HEIMITO VON: *Julius Winkler.* Wien o. J. (1937)

DYMENT, CHRISTOPHER: *Felix Weingartner, Recollections and Recordings.* Rickmansworth, England, 1976

ERGERT, VIKTOR: *50 Jahre Rundfunk in Österreich.* Salzburg 1974–1977

FESTSPIELHAUS = *Das neue Salzburger Festspielhaus. Zur Eröffnung am 26. Juli 1960.* Salzburg 1960

FOSTER, MYLES B.: *History of the Philharmonic Society of London: 1813–1912.* London 1912

FREI, JÜRG: *Die Gehörbelastung des Orchestermusikers.* Dissertation, Zürich 1979

– *Gehörschäden durch laute Musik.* Manuskript o. J. (Zürich 1981)
FREIBERG, GOTTFRIED VON: *Das Horn.* In: Müller-Blattau, Joseph (Hrsg.), *Hohe Schule der Musik,* Bd. 4. Potsdam 1938
FUHRICH, EDDA und PROSSNITZ, GISELA: *Die Salzburger Festspiele. Bd. 1. 1920–1945.* Salzburg 1990
FUHRMANN, PETER: *Untersuchungen zur Klangdifferenzierung im modernen Orchester.* Regensburg 1966
FURTWÄNGLER, WILHELM: *Die Wiener Philharmoniker.* Rede anläßlich ihrer Hundertjahrfeier. Wien 1942
GALLUP, STEPHEN: *Die Geschichte der Salzburger Festspiele.* (Ohne Ort). 1989
GÄRTNER, HANS: *Der Weg zu den Schlaginstrumenten.* In: Müller-Blattau, Joseph (Hrsg.), *Hohe Schule der Musik,* Bd. 4, Potsdam, 1938
GRAF, MAX: *Die Wiener Oper.* Wien 1955
GRASBERGER, FRANZ: *Die Wiener Philharmoniker bei Johann Strauß.* Wien 1963
HACKENBERG, HUGO und HERMANN, WALTER: *Die Wiener Staatsoper im Exil 1945–1955.* Wien 1985
HADAMOWSKY, FRANZ: *Die Wiener Hoftheater (Staatstheater).* Teil I, Wien 1966; Teil II, Wien 1975
– *Richard Strauss und Salzburg.* Salzburg 1964
HADAMOWSKY, HANS: *Oboeschule.* 1. Teil. Wien 1973 A
– *Die Klang- und Musiziertradition der Wiener Bläserschule.* Hochschule für Musik und darstellende Kunst, Wien, Schriftenreihe des Instituts „Wiener Klangstil" Wien 1973 B
HALFPENNY, ERIC: *Der Kontrabaß.* In: Baines, Anthony (Hrsg.), *Musikinstrumente.* München 1962
HANSLICK, EDUARD: *Geschichte des Concertwesens in Wien.* Wien 1869
– *Concerte, Componisten und Virtuosen der letzten fünfzehn Jahre. 1870–1885.* Berlin 1886
HAUSEGGER, SIEGMUND VON (Hrsg.): *Gedanken eines Schauenden.* Gesammelte Aufsätze von Friedrich von Hausegger. München 1903
HEISTER, HANNS-WERNER: *Das Konzert. Theorie einer Kulturform.* Wilhelmshaven 1983
HELLSBERG, CLEMENS: *Das Historische Archiv der Wiener Philharmoniker. In: Musikblätter,* Jg. 39 (1985), Folge 10
– *Gedenken und Besinnung.* In: *Musikblätter* Jg. 42 (1988), 7
– *Rückblick auf eine große Ära. Die Wiener Philharmoniker und ihr Ehrendirigent Herbert von Karajan.* In: *Musikblätter,* Jg. 44 (1989), 1
HERRMANN-SCHNEIDER, HILDEGARD: *Status und Funktion des Hofkapellmeisters in Wien (1848–1918).* Innsbruck 1981
HOFMANNSTHAL, HUGO VON: *Festspiele in Salzburg.* Wien 1952
HOLY, ALFRED: *Lebenserinnerungen eines Harfenspielers.* Typoskript o. J. Ges. der Musikfreunde. Sign. 15123/157
HONIGSHEIM, PAUL: *Max Weber in Heidelberg.* In: *Kölner Zeitschrift für Soziologie und Sozialpsychologie,* Jg. 15 (1963), Sonderheft 7, 161–271
HORVATH, ROLAND: *Unsere Zusammenarbeit mit Leonard Bernstein, eine statistische Übersicht.* In: *Musikblätter,* Jg. 40 (1985), 2
HUPPERT HUGO: *Schach dem Doppelgänger.* Halle 1979
JERGER, WILHELM (Hrsg.): *Briefe an die Wiener Philharmoniker.* Wien 1942
KAMERMAN, JACK: *The Organizational Containment of Conductors' Authority: Artistic and Financial Goals at the New York Philharmonic, 1922–1936.* In: *Journal of the Conductors' Guild 1988,* 9: 122–132
– *The Ledger and the Score: Administrative and Artistic Conflict at the Royal Philharmonic Society of London 1916–1918.* Vortrag, Conference on Social Theory, Politics and the Arts, New York 1990. (Zur Publikation vorgesehen in: *Journal of the Arts Management and Law)*
KARAJAN, HERBERT VON: *Mein Lebensbericht.* Aufgezeichnet von Franz Endler. Wien 1988
KARPATH, LUDWIG: *Begegnung mit dem Genius.* Wien 1934[2]
KAUT, JOSEF: *Die Salzburger Festspiele 1920/1981.* Mit einem Verzeichnis der aufgeführten Werke und der Künstler des Theaters und der Musik, zusammengestellt von Hans Jaklitsch. Salzburg 1982
KLEIBER, ERICH: *Foreword.* In: *The Decca Book of Opera.* London 1956
KONSERVATORIUM F. MUSIK U. DARST. KUNST, WIEN: *Statist. Berichte 1890/91–1907/08.* Wien 1891–1908
KRALIK, HEINRICH: *Die Wiener Philharmoniker. Monographie eines Orchesters.* Wien 1938
– *Das große Orchester. Die Wiener Philharmoniker und ihre Dirigenten.* Wien o. J. (1952)
KRAUS, HEDWIG und SCHREINZER, KARL: *Wiener Philharmoniker 1842 bis 1942.* Statistik. Wien 1942
KRETSCHMANN, THEOBALD: *Tempi Passati. Aus den Erinnerungen eines Musikanten.* Wien 1910
– *„Etc.",* II. Teil der *Tempi Passati.* Wien 1913
KUNITZ, HANS: *Die Instrumentation.* Teil VIII (Posaune), Teil IX (Tuba). Leipzig 1959
LITSCHAUER, ERHARD: *Der Dienstbetrieb des Orchesters der Wiener Staatsoper – rechtliche Grundlagen und persönliche Erfahrungen.* Arbeit im Rahmen des Ergänzungsstudiums an der Hochschule für Musik und darstellende Kunst, Wien. Unveröffentlicht. Wien 1988
GUSTAV MAHLER BRIEFE, *Neuausgabe,* erweitert und revidiert von Herta Blaukopf. Wien 1982
MARK, DESMOND: *Zur Bestandaufnahme des Wiener Orchesterrepertoires.* Wien 1979
MEYER, JÜRGEN: *Akustische Untersuchungen über den Klang des Hornes.* In: *Das Musikinstrument,* Jg. 12 (1967), Heft 1–2

– *Akustik und musikalische Aufführungspraxis.* Frankfurt/Main 1972
MITTAG, ERWIN: *Aus der Geschichte der Wiener Philharmoniker.* Wien 1950
MOZART: *Briefe und Aufzeichnungen.* Gesamtausgabe. Bd. III, Kassel 1963
MUCK, PETER: *Einhundert Jahre Berliner Philharmonisches Orchester.* 3 Bände. Tutzing 1982
MUSIKBLÄTTER DER WIENER PHILHARMONIKER: Jg. 1 (1945/46) ff. (Die erste der im Text genannten Ziffern bezeichnet den Jahrgang, die zweite die Folge innerhalb des Jahrgangs)
NICOLAI, OTTO: *Otto Nicolais Tagebücher nebst biographischen Ergänzungen,* hg. von B. Schröder. Leipzig 1892
– *Briefe an seinen Vater.* Hg. von Wilhelm Altmann. *Deutsche Musikbücherei,* Bd. 43. Regensburg 1924
PAUMGARTNER, BERNHARD: *Die Wiener Philharmoniker.* In: Pawel, Karl (Hrsg.): *Salzburger Festspielalmanach 1925.* Salzburg 1925
PERGER, RICHARD VON: *Denkschrift zur Feier des fünfzigjährigen ununterbrochenen Bestandes der Philharmonischen Konzerte in Wien. 1860–1910.* Wien 1910
PERGER, RICHARD VON und HIRSCHFELD, ROBERT: *Geschichte der k.k. Gesellschaft der Musikfreunde in Wien.* Wien 1912
PEYSER, JOAN: *Leonard Bernstein. Eine Biographie.* Hamburg 1988
PEZZL, JOHANN: *Johann Pezzl's Neueste Beschreibung von Wien,* 6. verb. und verm. Ausg. Wien o. J. (ca. 1823)
PIPEREK, MAXIMILIAN (Hrsg.): *Streß und Kunst.* Wien 1971
PIRCHAN, EMIL; WITESCHNIK, ALEXANDER und FRITZ, OTTO: *300 Jahre Wiener Operntheater.* Wien 1953
PLANYAVSKY, ALFRED: *Geschichte des Kontrabasses.* Unter Mitarbeit von Herbert Seifert. Tutzing 1984[2]
– *Die vor-philharmonische Zeit.* In: *Österreichische Musikzeitschrift,* Jg. 21 (1967), 74–108
– *Franz Lachners Wiener „Künstler-Verein".* In: *Das Orchester,* Jg. 15 (1967), Nr. 3, 97–108
POHL, C. F.: *Festschrift aus Anlaß der Feier des 25jährigen ununterbrochenen Bestandes der im Jahre 1842 gegründeten Philharmonischen Concerte in Wien.* Wien 1885
POSPÍŠIL, VILÉM: *Die tschechische Philharmonie.* Prag 1956
PRIEBERG, FRED K.: *Kraftprobe. Wilhelm Furtwängler im Dritten Reich.* Wiesbaden 1986
PRIHODA, KURT: *Die Wiener Schlagwerkschule.* In: *Das Orchester,* Jg. 27 (1979), IX, 647–8
PROSL, ROBERT MARIA: *Die Hellmesberger. Hundert Jahre aus dem Leben einer Wiener Musikerfamilie.* Wien 1947
PRZISTAUPINSKY, ALOIS: *50 Jahre Wiener Operntheater.* Wien 1919
RADIO WIEN (Zeitschrift), Wien 1924 ff.
READ, GARDNER: *Thesaurus of Orchestral Devices.* London 1953
RECENSIONEN und Mitteilungen über Theater und Musik (Zeitschrift), Jg. 6 (1860)
REHM, WOLFGANG: *Salzburg 1980, ein Jahr der Jubiläen im Zeichen Mozarts.* In: *100 Jahre Internationale Stiftung Mozarteum, 25. Mozartwoche,* Programm
REID, ROBERT H. (Hrsg.): *The Gramophone Shop Encyclopaedia of Recorded Music.* New York 1948[3]
RESEL, WERNER: *Ansprache bei der Gedenkfeier für Herbert von Karajan am 16. September 1989.* In: *Musikblätter* Jg. 44 (1989), 1
– Aus der Sicht des Philharmonikers. (Zum Thema „Streichernachwuchs in Österreich"). In: *Österreichische Musikzeitschrift,* Jg. 45 (1990), 3–4
– *Aufzeichnungen über Gespräche der Verfasser mit Werner Resel.* April–Juni 1991
RHEINHARDT, PAUL GUSTAV (Hrsg.): *Biographien der Wiener Künstler und Schriftsteller.* Wien 1902
SACKVILLE-WEST, EDWARD und SHAWE-TAYLOR, DESMOND: *The Record Guide.* London 1951
SAMOHYL, FRANZ: *Die Wiener Streicherschule.* In: *Österreichische Musikzeitschrift,* Jg. 24 (1969), 12, 705 f.
SCHINDLER, ANTON: *Biographie von Ludwig van Beethoven.* Münster 1860
SCHMALE, HUGO u. SCHMIDTKE, HEINZ: *Der Orchestermusiker, seine Arbeit und seine Belastung.* Mainz 1985
SCHMIDL, A.: *Wien wie es ist.* Wien 1833
SCHUH, WILLI (Hrsg.): *Richard Strauss, Briefe an die Eltern.* Zürich 1954
SCHUSTER, WOLFGANG: *Konstruktionsmerkmale und Klangstil des Wiener Schlagwerks.* Referat beim Symposium „Klang und Komponist", Wien, Juni 1990. (Bericht in Vorbereitung)
SCHÜTZ, IRIS: *Jagdhorn, Wiener Horn, Doppelhorn in der Geschichte des Wiener Waldhornvereines 1883–1983.* Diplomarbeit, Hochschule für Musik und darstellende Kunst, Wien 1983
SCHWAB, HEINRICH W.: *Konzert. Öffentliche Musikdarbietung vom 17. bis 19. Jahrhundert.* [Besseler, Heinrich und Bachmann, Werner (Hrsg.): *Musikgeschichte in Bildern.* Bd. 4, Lieferung 2]. Leipzig 1971
SCHWARZL, SIEGFRIED: *Das Wiener F-Horn und seine Zukunftsaufgabe. In: Das Orchester,* Jg. 18 (1970), 5
SHANET, HOWARD: *Philharmonic. A History of New York's Orchestra.* New York 1975
SIEBZEHN PLUS EINS (17+1). Informationsblätter Hochschule für Musik und darstellende Kunst, Wien, Juni 1981
SITTNER, HANS: *Zurück zur Normalstimmung?* In: *Österreichische Musikzeitschrift,* Jg. 1 (1946), 12, 396 f.
STERN, JULIUS: *Fünfzig Jahre Hof-Operntheater.* In: Lothar, Rudolph und Stern, Julius (Hrsg.), *Fünfzig Jahre Wiener Hoftheater unter der Regierungszeit des Kaisers Franz Joseph I.* Wien o. J. (1900[2])
STRASSER, OTTO: *Die Wiener Philharmoniker und die Schallplatte.* In: *phono,* Internationale Schallplatten-Zeitschrift, Jg. 10 (1964), 4
– *Und dafür wird man noch bezahlt. Mein Leben mit den Wiener Philharmonikern.* Wien 1974

– *100 Jahre Wiener Philharmoniker in Salzburg.* In: *Österreichische Musikzeitschrift,* Jg. 32 (1977), 327–332
– *Richard Strauss und die Wiener Philharmoniker.* In: *Richard Strauss-Blätter.* Neue Folge, Juni 1980, 3
– *Das Nicolai-Konzert der Wiener Philharmoniker.* In: *Musikblätter,* Jg. 34 (1980), 10
– *Sechse is. Wie ein Orchester musiziert und funktioniert.* Wien 1981
– *Fragen des Nachwuchses in europäischen Orchestern.* In: *Das Orchester,* Jg. 5 (1983), 440–2
STRAUSS, RICHARD: *Vorwort zur Intrumentationslehre von Hector Berlioz.* Leipzig 1905. Neuausgabe 1955
STRAUSS, RICHARD – HOFMANNSTHAL, HUGO: *Briefwechsel.* Hg. von Willi Schuh. Zürich 1978
SULZER, JOSEPH: *Ernstes und Heiteres aus den Erinnerungen eines Wiener Philharmonikers.* Wien 1910
SWAROWSKY, HANS: *Wahrung der Gestalt.* Hg. von Manfred Huss, Wien 1979
THAYER, ALEXANDER WHEELOCK: *Ludwig van Beethovens Leben,* Bd. V, hg. von Hugo Riemann. Leipzig 1908
TRENNER, FRANZ (Hrsg.): *Richard Strauss, Dokumente seines Lebens und Schaffens.* München 1954
ULLRICH, HERMANN: *Alfred Julius Becher als Wiener Musikkritiker.* In: *Österr. Musikzeitsch.,* Jg. 27 (1972), 596 ff.
VEREIN „NICOLAI“. *Ausschuß-Berichte, 1.–20. Vereinsjahr.* Wien 1887–1906
WEIGEL, HANS: *Das Buch der Wiener Philharmoniker.* Salzburg 1967
WEINGARTNER, FELIX: *Über das Dirigieren.* Leipzig 1905[3]
– *Ratschläge für Aufführungen klassischer Symphonien.* Wiesbaden 1958[4]. (Erstausgabe, 3 Bände, 1906–1918)
– *Lebenserinnerungen.* Wien 1923. II. Bd. Zürich 1929
WELT, ALFRED: *Der Dienstbetrieb des Orchesters „Wiener Philharmoniker“ – Historische Dokumente und Kommentar.* Arbeit im Rahmen des Ergänzungsstudiums an der Hochschule für Musik und darstellende Kunst, Wien. Unveröffentlicht. Wien 1990
WIENER PHILHARMONIKER (Hrsg.): *Musikblätter* (siehe diese)
– *Wiener Philharmoniker 1842–1942.* 2 Bde. Bd. II = Statistik (siehe Kraus, Hedwig und Schreinzer, Karl)
– *Zur Stimmtonfrage. Eine Antwort der Wiener Philharmoniker.* In: *Österr. Musikzeitschrift,* Jg. 2 (1947), 1/2
– *Die Wiener Philharmoniker – ein Stück Weltgeschichte.* Edinburgh-London 1947. Wien 1947
– *125 Jahre Wiener Philharmoniker.* Wien o. J. (1967)
– *1860 Philharmonische Konzerte 1920. Denkschrift zum außerordentlichen Konzert, 2. Mai 1920*
WINCKEL, FRITZ: *Phänomene des musikalischen Hörens.* Berlin 1960
– *Die beste Akustik.* In: Gesellschaft der Musikfreunde (Hrsg.): *Hundert Jahre Goldener Saal.* Wien o. J. (1970)
– *Über das Einstimmen des Orchesters.* In: *Das Orchester,* Jg. 21 (1973), 4, 210 f.
WINZHEIMER, BERNHARD: *Das musikalische Kunstwerk in elektrischer Fernübertragung.* Augsburg 1930
WUNDERER, ALEXANDER: *Franz Schmidt.* 1941 (mit späteren Zusätzen). Manuskript, Franz Schmidt-Gesellschaft, Wien
– *Chronik.* 1947. Typoskript. Privatbesitz, Wien
ZELLNER'S Blätter für Theater, Musik und bildende Kunst (Zeitschrift), Jg. 15 (1869) f.
ZWINK, EBERHARD (Hrsg.): *Auswirkungen der Salzburger Festspiele auf Wirtschaft und Arbeitsmarkt.* Salzburger Dokumentation, Band 54. Salzburg 1981

Die Rechtsgrundlagen philharmonischer Selbstverwaltung

Die Mitglieder des Orchesters haben die rechtlichen Rahmenbedingungen ihrer Tätigkeit stets selbst bestimmt. Die einzige Ausnahme hievon bildet die nationalsozialistische „Bekanntmachung“ vom 5. August 1939, die dem Orchester eine Änderung seiner Satzung aufzwang: jüdische Musiker mußten von der Mitgliedschaft ausgeschlossen werden, und an die Stelle des gewählten Vorstands trat ein vom Reichsminister für Volksaufklärung und Propaganda in Berlin ernannter „Vereinsführer“. Im folgenden sind die historischen Dokumente angeführt, die – mit der eben genannten Ausnahme – die Grundlagen philharmonischer Selbstverwaltung gebildet haben und bilden. Wo nicht anders vermerkt, handelt es sich um gedruckte Texte.

Geschäfts-Ordnung (1862) der philharmonischen Concert-Unternehmung. Handschriftlich. Historisches Archiv der Wiener Philharmoniker.

Geschäfts-Ordnung der philharmonischen Concert-Unternehmung (genehmigt in der außerordentlichen Generalversammlung vom 10. Sept. 1869). Handschriftlich. Historisches Archiv der Wiener Philharmoniker.

Geschäfts-Ordnung der philharmonischen Concert-Unternehmung in Wien. Beschlossen in der ordentlichen General-Versammlung am 4. Juni 1870.

Geschäfts-Ordnung der philharmonischen Concert-Unternehmung in Wien. Beschlossen in der Versammlung am 7. September 1882.

Geschäfts-Ordnung der philharmonischen Konzert-Unternehmung in Wien. Wien 1903.

Geschäfts-Ordnung der philharmonischen Konzert-Unternehmung in Wien. Wien 1907.

Statuten des Vereines „Wiener Philharmoniker“. Wien 1908.

Statuten des Vereines „Wiener Philharmoniker“. Vermerk der Genehmigung durch den k.k. Minister des Innern vom 17. August 1909.

Anhang (zu den Statuten von 1909). Vermerk der Genehmigung durch den k.k. Minister des Innern vom 6. Dezember 1911.

Anhang zur Geschäfts-Ordnung des Vereines „Wiener Philharmoniker“ vom 30. September 1909. Beschlossen in der außerordentlichen Hauptversammlung vom 23. September 1911.

Bekanntmachung des Stillhaltekommissars für Vereine, Organisationen und Verbände vom 5. August 1939. In: Der Reichskommissar für die Wiedervereinigung Österreichs mit dem Deutschen Reich, Nachrichtenblatt Nr. 42, 16. August 1939.

Satzung des Vereines Wiener Philharmoniker. Maschinschrift. Vermerk der Staatlichen Verwaltung des Reichsgaues Wien vom 7. März 1940.

Geschäftsordnung der Wiener Philharmoniker. Wien o. J. (1940).

Satzungen des Vereins Wiener Philharmoniker. Wien 1946.

Geschäftsordnung des Vereines Wiener Philharmoniker. Wien 1950.

Satzungen des Vereines Wiener Philharmoniker. Wien 1965.

Satzungen des Vereines Wiener Philharmoniker. Wien 1978.

Namenregister

BILDNACHWEIS

Archiv Christian Brandstätter: *26, 28, 29, 30, 31, 32, 34, 36, 38, 39, 43, 44, 53, 60, 62, 63, 67, 78, 80, 83, 109, 111, 185, 194, 195, 198, 221, 225, 230, 309;*
Archiv des ÖGB, Wien: *51;*
Archiv der Wiener Philharmoniker: *21, 22, 33, 37, 49, 50, 54, 56, 68, 71, 72, 76, 79, 81, 85, 95, 98, 103, 104, 108, 116, 124, 144, 145, 149, 151, 152, 159, 167, 172, 183, 184, 186, 188, 191, 197, 201, 203, 205, 207, 218, 232, 236, 238, 239, 240, 242, 262, 267, 275, 280, 281, 287, 289, 293;*
Bildarchiv der Österreichischen Nationalbibliothek: *41, 46, 61, 64, 65, 91, 202, 207, 228;*
Elfriede Hanak, Wien: *127, 141, 155, 157, 208, 214;*
Elisabeth Hausmann, Wien: *45;*
Harald Hofmeister, Wien: *303;*
Winnie Jakob: *257;*
Siegfried Lautermann, Überlingen: *301;*
Kunst- und Kulturarchiv Erich Lessing, Wien: *199;*
Stadtgeschichtliche Museen, Nürnberg: *136;*
ORF/Foto Schafler: *129, 132/133;*
Barbara Pflaum: *178;*
Privatbesitz: *14/15, 47, 52, 90, 93, 102, 138, 139, 142, 148, 160, 165, 173, 177, 181, 182, 190, 226, 264, 278, 306;*
Vivianne Purdom, Rom: *9, 12, 86, 89, 101, 113, 114, 117, 128, 141, 161, 163, 169, 175, 176, 209, 211, 212, 244, 250, 269, 286, 295, 300;*
Photo Schaffler, Salzburg: *134, 135, 255, 256, 259;*
Gerhard Trumler, Wien: *130, 131;*
Votavafoto: *44.*